W0062214

Das Buch

Günter Gaus zählte zu den einflußreichsten Journalisten und Publizisten der Bundesrepublik. Als Chefredakteur des *Spiegel* hat er Willy Brandts Ostpolitik den Weg geebnet, als erster Leiter der »Ständigen Vertretung« der Bundesrepublik in der DDR deutschlandpolitische Weichen gestellt, als Begründer der legendären Interviewreihe »Zur Person« ein Stück Zeit- und Fernsehgeschichte geschrieben. Seine Autobiographie, an der er bis zu seinem Tod gearbeitet hat, ist auch in unvollendeter Form ein Zeitzeugnis ersten Ranges. Mit der ihm eigenen Mischung aus scharfem Intellekt und sensibler Beobachtungsgabe führt uns Gaus zurück in die bewegenden 60er und 70er Jahre und schildert auch seine Kindheit und Jugend in Braunschweig, seine Erlebnisse im Bombenkrieg und seine ersten journalistischen Erfahrungen in den 50er Jahren. Ob von den Anfängen beim Fernsehen, den Begegnungen mit führenden Politikern seiner Zeit oder den Jahren beim *Spiegel* – stets weiß Gaus mit sicherem Gespür für Pointen und Anekdoten brillant zu erzählen und versteht es wie kein zweiter, das politische und gesellschaftliche Klima der frühen Bundesrepublik zu erfassen.

Der Autor

Günter Gaus (1929 – 2004) war seit 1953 als politischer Redakteur tätig, u.a. bei der *Süddeutschen Zeitung*. 1965 – 69 war er Programmdirektor beim Südwestfunk Baden-Baden, 1969 – 73 Chefredakteur des *Spiegel* und 1974 – 81 erster Leiter der Ständigen Vertretung der Bundesrepublik bei der DDR. Seine 1963 begonnenen Fernsehinterviews – »Zur Person« (ZDF), »Zu Protokoll« (ARD) – gehören zu den erfolgreichsten Sendungen des deutschen Fernsehens. Seit Anfang der 90er Jahre war er Mitherausgeber der Wochenzeitung *Freitag*. Er hat zahlreiche Bücher veröffentlicht.

In unserem Hause ist von Günter Gaus bereits erschienen:

Was bleibt, sind Fragen

Günter Gaus

Widersprüche

Erinnerungen eines
linken Konservativen

Ullstein

Besuchen Sie uns im Internet:
www.ullstein-taschenbuch.de

Umwelthinweis:
Dieses Buch wurde auf chlor- und säurefreiem Papier gedruckt.

Ungekürzte Ausgabe im Ullstein Taschenbuch
1. Auflage April 2006
© Ullstein Buchverlage GmbH, Berlin 2004/Propyläen Verlag
Umschlaggestaltung: Büro Hamburg
Titelabbildung: ullstein bild
Satz: Franzis print & media GmbH, München
Gesetzt aus der Sabon
Druck und Bindearbeiten: Ebner & Spiegel, Ulm
Printed in Germany
ISBN-13: 978-3-548-36823-8
ISBN-10: 3-548-36823-9

Inhalt

I.

Der vergangene Tag

Gestern, am 9. Mai 2000, ist die Strahlentherapie, die mir verordnet worden war, zu Ende gegangen. Insgesamt sind es dreiundvierzig Bestrahlungen gewesen; zunächst dreiundzwanzig in der rechten Leistenbeuge, danach zwanzig am Hals und unter den Achseln. Viermal wöchentlich wurden sorgfältig berechnete, vermessene und mit Farbstift markierte Stellen von der Strahlenkanone beschossen: montags, dienstags, donnerstags, freitags jeweils etwa zwanzig Sekunden von oben, dann von unten; die Tage dazwischen als Zeit zum Erholen. Vorausgegangen war eine Chemotherapie. »Rattengift« nannten die freundlichen Schwestern die Mischung, die sie mir tropfenweise einflößten. Lästige und unangenehme Nebenwirkungen der beiden Heilbehandlungen hat es weniger gegeben, als zu befürchten gewesen war. Die Folgen eines Brechdurchfalls mußten im Krankenhaus kuriert werden. Mein Körper war stark dehydriert und wurde deshalb mit Kochsalzlösung aufgefüllt. Die Halsbestrahlung hat den Speichelfluß in meinem Mund erheblich vermindert; diese quälende Beeinträchtigung wird längere Zeit andauern. Binnen kurzem habe ich neunzehn Kilo abgenommen. Meine Haare sind schon wieder einigermaßen nachgewachsen.

Im August zuvor war auf der rechten Seite meines Halses ein geschwollener Lymphknoten ertastet worden. Der

Krebs, der mir nach dem Leben trachtete, war das sogenannte schnell wachsende Non-Hodgkin-Lymphom, benannt nach dem britischen Arzt und Naturforscher Hodgkin (1798–1866), der diese krebsige Erkrankung erkannt hatte. Es gibt auch ein langsam wachsendes Lymphom. Mein Hämatologe nannte das schnelle Wachstum vorteilhaft, weil dadurch die bösartigen Veränderungen eher entdeckt würden. Habe ich das richtig wiedergegeben? Obwohl ich von einer lebensbedrohenden Krankheit befallen war und mir an einer Gesundung sehr gelegen, blieb mein Interesse an medizinischen Kenntnissen gering. Ich entwickelte auch jetzt kein Bedürfnis, mitreden zu können mit den Fachärzten, Hämatologen und Radiologen, mit denen ich zehn Monate eng, sozusagen auf Leben und Tod, verbunden war.

Fast ein Jahr lang verbrachte ich nun viel Zeit in Wartezimmern. Aufgefallen ist mir in diesen Räumen die außergewöhnliche Höflichkeit der Wartenden. Niemals habe ich ein lautes, unfreundliches Wort gehört. Der Namensaufruf eines Wartenden, er möge sich zum Arzt begeben, war kein einziges Mal von unwilligem Murren begleitet, daß man doch schon länger warte als der Aufgerufene. Demütig aus Angst.

Eines Vormittags in der hämatologischen Ambulanz des hamburgischen Krankenhauses, in dem ich behandelt wurde, sah eine Schwester für einen langen, prüfenden Blick von der Kanüle auf, die sie mir in den Arm einsetzte für das Eintröpfeln des Rattengifts. Ich hatte gesagt, wenn ich mich dafür kräftig genug fühlte, so würde ich gewiß an die Wand gelehnt im Korridor warten und nicht auf einem Stuhl zwischen den anderen Patienten. Die Angst im Wartezimmer erschien mir fast körperlich verdichtet. Viele junge Leute, Dreißigjährige und Jüngere, saßen dort; die Männer kahlköpfig oder mit einer Kappe über dem Schädel; die Frauen mit Perücken oder einem Tuch um den Kopf, das bei einigen wie ein Turban gebunden war. In den Bombennächten

1943, 44, 45 hatten viele Frauen einen solchen Turban getragen, um ihr Haar vor dem Funkenflug aus den brennenden Häusern zu schützen. Hatten die hier wartenden Krebskranken Großmütter zu Hause, die ihnen gezeigt hatten, wie man das Tuch so zweckmäßig wie halbwegs kleidsam bindet? Die Anwesenheit der jungen Menschen an diesem Ort wirkte auf mich gelegentlich wie eine Obszönität.

Ich habe nicht gezögert, meine – verblaßte – Prominenz im Umgang mit den Ärzten auszunutzen. Als Interviewer im Fernsehen über Jahrzehnte und mehr noch als Staatssekretär und erster »Leiter der Ständigen Vertretung der Bundesrepublik Deutschland bei der Deutschen Demokratischen Republik« bin ich längere Zeit in der Öffentlichkeit weithin bekannt gewesen. Auch meine vier Jahre als Chefredakteur des *Spiegel* Anfang der siebziger Jahre hatten mir zu öffentlicher Beachtung verholfen. Wenn irgend möglich, habe ich in den Gesprächen mit den Ärzten vor Beginn und am Ende des medizinischen Teils einen Konversationston angeschlagen. Bücher, Reiseerfahrungen, Urlaubspläne – alles war mir willkommen, was zu dem Eindruck beitragen konnte, hier unterhalten sich zwei gute Bekannte, die auf gesellschaftlichem Fuße miteinander stehen. Sind nicht alle Patienten um eine solche vorgetäuschte Normalität bemüht? Freilich habe ich auch einige beobachtet, die offensichtlich vor dem medizinischen Personal nichts anderes als unterwürfig sein wollten. Natürlich läßt sich einer situationsbedingten Entpersönlichung leichter widerstehen, wenn die Ärzte und Krankenschwestern selber an der Biographie ihres Patienten interessiert sind und gern nachweisen wollen, daß sie mehr als das Medizinische im Kopf haben. Ich erlag durchaus der Versuchung, in die Gespräche einfließen zu lassen: Seinerzeit war ich gerade das und das geworden, noch ziemlich jung, oder: In jenem Jahr ist mein zweites Buch erschienen und hat sich ganz gut verkauft.

Ich habe also während der Krankheit mein Licht nicht unter den Scheffel gestellt. Nur nicht reduziert werden auf ein Krankenblatt. Jemand bleiben auch im Alter. Ich nahm an mir wahr, daß ich jeden Nachruhm, könnte ich auf einen solchen rechnen, preisgeben würde für eine vorübergehende, aber im Alter oder im Krankheitsfalle noch wirksame Prominenz. Ich sagte meiner Frau: »Der Ruhm der Welt ist am nützlichsten im Hospital.« Wir wußten beide, daß meine Angeberei – »damals war ich gerade Chefredakteur geworden« – mir am Ende nichts helfen würde.

Eine klare Auskunft, welche Überlebenschancen meine Grunderkrankung bei ihrem ersten Auftreten älteren Menschen einräumt, wurde mir nicht gegeben. Was könnten Statistiken besagen? Jeder Fall sei anders. Das ist gewiß so richtig, wie es aber wohl auch einen Erfahrungswert der Sterberate unter Siebzigjährigen mit Non-Hodgkin-Lymphom gibt. Nur eine Ärztin, die ihren Chef vertrat, wurde in dieser Sache deutlich. Nach einer Statistik aus den USA, sie zeigte mir eine Schautafel, liege die Chance eines Erkrankten in meinem Alter bei dreißig Prozent. Jedoch werde sie wahrscheinlich höher, wenn ich mich einer bestimmten, bisher an mir nicht angewandten schärferen Chemotherapie unterzöge; einer Therapie, an die sie glaube. Die medizinische Wissenschaft als Glaubensfrage.

Ich empfand stark, eine wie niedrige Zahl die Dreißig ist. Ich sprach mit meiner Frau darüber. Sie wollte die Ärztin zur Rede stellen wegen der Gedankenlosigkeit, Bedenkenlosigkeit, Gleichgültigkeit, mangelnden Menschenkenntnis – was mochte es sein? –, mit der diese unausgesprochen, aber nachhaltig Zweifel geweckt hatte an der Therapie, die ihr Chef mir verordnet hatte. Zu meiner Erleichterung verzichtete meine Frau schließlich auf die Auseinandersetzung. Ein Wortwechsel mit der Ärztin hätte nur mein Gefühl vollständiger Abhängigkeit von den Medizinern verstärkt. Ich war auf eine verschwiegene Weise unterwürfig. Wir entschlossen uns, der Ärztin nicht zu glauben, sondern weiter dem Professor zu vertrauen, der bald von seinem Kongreß zurückkehrte.

So zurückhaltend die Ärzte in der Regel waren, von der einen Ausnahme abgesehen, sich über meine Aussichten auf Heilung zu äußern, so eindeutig sind sie in einer anderen Vorhersage gewesen: Das schnell wachsende Non-Hodgkin-Lymphom, meine sogenannte Grunderkrankung, wird nach einer geglückten Therapie, wie sie mir wohl zuteil wurde, nicht in jedem Falle nach einiger Zeit zurückkommen; aber natürlich kann es wieder auftreten. Die Frage, ob es noch einmal entsteht, wird, wenn ich es richtig verstanden habe, längstens in fünf Jahren beantwortet werden. Gewiß ist eines: Kehrt diese Art Krebs zurück, so haben Menschen in meinem Alter, ich bin 1929 geboren, keine Chance auf Heilung mehr.

Bis zu diesem Absatz habe ich im Gleichschritt mit der Zeit geschrieben. Inzwischen sind seit dem Ende der Bestrahlung acht Tage vergangen. Wegen der noch anhaltenden Immunschwäche meines Körpers hat sich an meinen Armen und Beinen eine heftig juckende Hautentzündung bilden können. Alsbald werde ich nun mit dem Schreiben hinter der Zeit zurückbleiben; nicht wegen des Hautjuckens, sondern weil ich gewöhnlich langsam schreibe.

Es verschlägt für diesen Text nichts, wenn mir jetzt die Gegenwart davonläuft. Ich will Erinnerungen aufschreiben, begebe mich also ohnehin in frühere Zeiten, besinne mich auf vergangene Tage. Wer ist es, der sich hier zu erinnern bemühen wird? Am Anfang meines Buches *Die Welt der Westdeutschen* habe ich mich 1986 so vorgestellt: »Geboren im November 1929 in Braunschweig; bei Kriegsende ein Halbwüchsiger, in manchen Dingen naiv, in anderen frühreif; als die beiden deutschen Staaten gegründet wurden ein Student, den der Katholizismus so fesselte, daß er zu ihm übertreten wollte; während Rudi Dutschke demonstrierte, beschäftigt mit einer Karriere als Journalist; im Alter von Fünfzig im Staatsdienst als Vertreter der Bundesrepublik Deutschland bei der Deutschen Demokratischen Republik; heute im Grunde überzeugt, daß wir unterwegs sind in eine böse Zukunft.« Ende des Zitats. Ich bin nicht zum katholischen Glauben konvertiert.

Meine Frau, unsere Tochter, unsere Freunde haben mich schon länger gedrängt, Erinnerungen aufzuschreiben. Schließlich hat die Krankheit bewirkt, daß ich mich nun an diese Arbeit mache. Wird mir genug Zeit dafür bleiben? Das bewußte Wahrnehmen meiner Erkrankung und des Alterns, an anderen und an mir selber, hat mein Mißtrauen gegenüber der Dauerhaftigkeit von Lebensumständen erheblich verstärkt. Noch vor zehn Jahren war mir die todsichere Endlichkeit des Daseins weder in den Sinn gekommen noch ins Gemüt vorgedrungen. Seither hat sich mein Bewußtsein von Grund auf verändert. Ich habe mich an Beerdigungen gewöhnt.

Jeder Hund hat seinen Tag; dann gehört ihm zwar nicht die Welt, aber doch der Hase; er ist auf der Höhe der Zeit. Mein Tag war lang und meistens sonnig. Vor gut zehn Jahren ist er zu Ende gegangen. Ich schreibe dies, nach längerer Unterbrechung, im April 2001. Dabei habe ich keineswegs in dem zurückliegenden Jahrzehnt nur ein kontemplatives Leben geführt. Es war durchaus eine Vita activa: Ich habe, auch während meiner Erkrankung, meine Interviewreihe »Zur Person« im Fernsehen fortgesetzt. Neben anderen bin ich Herausgeber der links-pluralistischen Wochenzeitung *Freitag*, zu deren Herkunft auch der *Sonntag* gehört, die gelegentlich aufmüpfige Kulturzeitschrift der DDR. Im Sommer 1990, als die allermeisten Deutschen meinten, die Ver-

einigung aus Ost und West werde ein Volksfest mit Frei-
bierausschank, habe ich die skeptische Erzählung *Wendewut*
geschrieben, die im November 1990 erschien und sogleich
vom *Spiegel* lächerlich gemacht wurde und von der *Frankfurter Allgemeinen Zeitung* zum »Ärgernis« erklärt. Unter
Lesern aus dem Osten war sie eine Zeitlang fast eine Art
Kultbuch. Erich Böhme, mein Nachfolger in der Chefredaktion des *Spiegel*, fragte mich später, ob ich denn geglaubt
habe, daß Rudolf Augstein, der mich um meinen Posten in
Ost-Berlin beneidet habe, mich nun auch noch als Autor einer Erzählung habe anerkannt sehen wollen? Ich habe da
und dort in den neunziger Jahren Aufsätze verfaßt und Vorträge gehalten, vor allem in den neuen Bundesländern. Einige der Texte sind in dem Sammelband *Kein einig Vaterland* festgehalten worden. Ich freue mich an meiner Arbeit,
überwiegend befriedigt sie mich. Aber mein Tag, der sprich-
wörtliche, die Epoche, zu der meinesgleichen gehörte – jener
Tag, jene Epoche sind vor einem Jahrzehnt mit der so genannten Wende in Deutschland und Europa vergangen.

Meine Generation, so habe ich im Jahre 1989 als meine
Überzeugung publiziert, hat in Westdeutschland an einer
Pause mitgewirkt: an jener Spanne Zeit, die der Mensch als
historisches Wesen nach einem tiefen Sturz braucht, bis er
sich wieder reckt und ein weiteres Mal die metaphorische
Morgenluft wittert. Es ist eine Epoche, in der die kon-
struktive außenpolitische Gestaltung auf kleine Schritte, auf
Kompromisse, auf vertragliche Regelungen, auf Respekt vor
Einflußzonen, auf behutsame evolutionäre Veränderungen
des Status quo gerichtet ist. Wie lange diese Schonfrist
währt, hängt von der Tiefe des Sturzes ab, den der alte
Adam, die alte Eva getan haben. In Europa dauerte es fast
ein halbes Jahrhundert, bis 1989/90 die Geschichte auf breiter Front ihr Gewohnheitsrecht zurückverlangte. Die Entspannungspolitik der Pause wurde zum Opfer ihrer Erfolge.

Im Sommer 1989, am Vorabend der Wende, habe ich im *Spiegel* geschrieben: »Eine hochgestimmte Geschichtsdeutung meldet sich zurück, der die erbarmenswürdige Gebrechlichkeit des Menschen noch niemals in den Sinn kam. Die Alten haben ihre bösen Erfahrungen überlebt und sind wieder aufgeschlossen für historische Gelegenheiten. Die Jungen wollen endlich ihre eigenen Erfahrungen machen, wobei das Verlangen danach die Vorstellungskraft, was das bedeuten kann, weit übersteigt. Die Ratio wird kleinlauter… Das Ende der Geschichte, als das die zwingenden Fakten nach dem tiefen Sturz 1945 empfunden wurden, mündet in einen neuen Aufbruch der Gefühle. Über Europa rauscht der ominöse Mantel. In einem Satz gesagt, der seine Vergangenheit hat und jetzt neuerlich eine Zukunft beansprucht: Nun ist Polen wieder offen – im hergebrachten wie im übertragenen Sinne. Den Erwartungen sind nicht länger Grenzen gesetzt. Mehr oder weniger ist Polen überall – vom Baltikum bis zum Plattensee. Träume werden wieder öffentlich. Der Unerschrockene mag es eine Normalisierung nennen.« Soweit aus meinem Essay, veröffentlicht kurz bevor die Geschichte ihren Lauf nahm. Ist sie eine Wiederholungstäterin? Das ist wohl eine Definitionsfrage. Jedenfalls inszeniert sie häufig mit neuen Texten die alten Dramen.

Ich gestehe: Mein Text war und ist defätistisch. Mit einer solchen Einstellung würde die Menschheit noch in Höhlen leben. Ich kenne diesen Einwand. Aber ist mit ihm auch schon falsch und überholt, was ich damals schrieb, wenn man die seitherige und die nüchtern vorhersehbare Entwicklung in Europa bedenkt: unbeeindruckt von der Agitation der Mehrheit der deutschen Politiker über die angeblich nur segensreiche Osterweiterung der Europäischen Union; unbeteiligt an der ratlosen Augenauswischerei auf dem Balkan; ohne den Kopf in den Sand zu stecken vor der Anarchie des Kapitalismus in Rußland? Wird in der Berliner Republik nicht zunehmend in einem gewissen Ton über unser nationales Ego und seine historische Rolle als europäische Vormacht zwischen Amerika und Rußland schwadroniert? Es wabert wieder in manchen Leitartikeln; Politiker sind vollmundiger geworden; und der und jener Historiker beansprucht die Deutungsmacht über einen Sinn des Politischen, gemäß dem die solidarische Gesellschaft nichts und der – menschenleere? – Staat als Vollstrecker von Geschichte alles gilt. Deutschland wird, Deutschland muß, Deutschland soll. Wer, bitte, ist Deutschland – wer, nicht was? Kassandra, übrigens, ist immer erst nach der Katastrophe populär.

Ich werfe hier keine moralischen und ethischen Fragen auf, obwohl die Verelendung vieler, vieler Menschen in Osteuropa und Rußland, die weit über die Nöte der kommunistischen Mangelwirtschaft hinausreicht, uns Privilegierten solche Fragen ins Gewissen rufen sollte. Auch verkenne ich nicht den Gewinn an – vor allem individueller – Freiheit und anderen Formen höherer Mündigkeit, den die Wende im einstigen Ostblock, den einen mehr, den anderen weniger, gebracht hat. Dennoch werden meine Erinnerungen in mancher Hinsicht die eines Dissidenten sein, vom Standpunkt des heute Vorherrschenden betrachtet.

Ein Jahr vor der Wende, also vor dem späten, vollständigen Ende der Nachkriegszeit, lud mich Valentin Falin nach Moskau ein. Er ließ seine Einladung von Nikolai Portugalow übermitteln, einem Mann meines Alters, mit dem ich oft gesprochen hatte. Portugalow, russischer Jude, war seit Beginn der siebziger Jahre der unermüdliche Gesprächspartner vieler westdeutscher Journalisten und Politiker gewesen. Er vertrat die politischen Positionen der Sowjetunion differenzierter, intelligenter als die offiziellen Moskauer Verlautbarungen es taten. Ideologische Debatten vermied er. Niemand zweifelte daran, daß er dem sowjetischen Geheimdienst zugeordnet war; was jedoch, soweit ich weiß, niemals belegt worden ist. Solcher Umgang wurde allgemein zu den selbstverständlichen, für beide Seiten nützlichen Begleiterscheinungen des Kalten Krieges gerechnet, der mit der Vertragspolitik zwischen Bonn und Moskau und den übrigen Staaten des Ostblocks, einschließlich der DDR, seit Ende der sechziger Jahre allmählich entschärft worden war. Ein gängiger Witz unter Journalisten lautete, Portugalow sei – so, wie es einst Hauskaplane gab – der »Hausrusse« der bundesrepublikanischen Medien. Ich hatte ihn als Chefredakteur des *Spiegel* kennengelernt. Er war 1971 mit Falin in die Bundesrepublik gekommen, als dieser sowjetischer Botschafter in Bonn wurde.

Valentin Falin, geboren 1926, ist ein historisch gebildeter Mann, ein Sammler von Porzellan und russischen Landschaftsbildern des 19. Jahrhunderts. Er pflegte vertrauensvolle Beziehungen zu Bundeskanzler Willy Brandt und dessen außenpolitischem Chefplaner Egon Bahr. Falin war ein selbständig denkender Diplomat, was nach meinen Erfahrungen im Staatsdienst weder im westlichen noch im östlichen Apparat die Regel war. Bei Leonid Breschnews Staatsbesuch in Bonn im März 1973 handelte Falin über Nacht mit dem damaligen Staatssekretär des Auswärtigen Amtes, Paul Frank, eine Formel aus, die sowohl der sowjetischen Lesart des Viermächte-Abkommens über Berlin als auch der bundesdeutschen Forderung nach Einbeziehung von West-Berlin in alle zwischenstaatlichen Verträge der Bundesrepublik entsprach. So konnte Breschnews Besuch mit Vertragsabschlüssen gekrönt werden.

Bis zur Wende gehörte es zur Routine aller westdeutschen Unterhändler, sobald die jeweils anstehenden Sachfragen einigermaßen zufriedenstellend gelöst waren, zum guten Ende noch die Aufnahme der nun so genannten Frank-Falin-Formel in das Vertragswerk zu verlangen. Dem wurde auch stets auf die eine oder andere Weise entsprochen, sofern nicht die Gegenseite die Verhandlungen zunächst einmal, aus welchen Gründen auch immer, scheitern lassen wollte. Aber ein leichtes Auguenlächeln war durchaus auf beiden Seiten des Verhandlungstisches zu sehen, wenn schließlich, von allen erwartet, der westdeutsche Vormund die Frank-Falin-Formel nachdrücklich auf sein West-Berliner Mündel angewendet wissen wollte.

Gelegentlich zeigte sich die DDR störrisch. Als Leiter der Ständigen Vertretung der BRD seit 1974 war ich vom neuen Bundeskanzler Helmut Schmidt zum »zentralen Verhandlungsführer« mit dem anderen deutschen Staat ernannt worden. Zum Jahresende 1976 hatte ich mit der DDR den sechsspurigen Ausbau einer Autobahnbrücke auf DDR-Gebiet nahe Helmstedt ausgehandelt, was den Transitverkehr erheblich verbesserte. Dann kam ich auf die Frank-Falin-Formel zu sprechen. Was denn West-Berlin, so fragte man von der DDR-Seite des Verhandlungstisches, vertraglich mit der Brücke bei Helmstedt zu tun habe? Die Benutzung der ausgebauten Brücke durch West-Berliner sei doch schon durch das allgemeine Transitabkommen gesichert. Pflichtgemäß wies ich eine solche Argumentation zurück; auch tat ich es aus der Erfahrung, daß der Teufel im Detail besiegt werden muß. Wir fanden den Ausweg über einen förmlichen Brief von mir an den DDR-Unterhändler, in diesem Falle Vize-Außenminister Kurt Nier, zur Erstreckung der Frank-Falin-Formel auf den Brückenvertrag; einen Brief, den Nier, Auguenlächeln, nicht zurückwies.

Das Absurde mancher Lösungskonstruktionen war uns westdeutschen Praktikern der Entspannungspolitik, denen das Machbare genügte, damit es gemacht werden könnte, gelegentlich bis zur Verdrossenheit bewußt. Gordische Knoten zu durchschlagen, verbot jedoch die machtpolitische Situation in Europa: Die Grenze der Sowjetunion verlief an der Elbe. Aber ein Schwertstreich zur angeblichen Verbesserung der auf vielen Menschen schwer lastenden Lebensumstände im geteilten Deutschland hätte auch nicht der herrschenden Geisteshaltung in der Erschöpfungspause entsprochen. Realitätssinn und Vernunft ließen uns statt dessen den Nutzen kleiner Schritte erkennen, mit denen wir weit kamen.

Nicht nur Valentin Falin, auch Nikolai Portugalow trat beim Bonner Besuch Breschnews im März 1973 besonders in Erscheinung. Portugalow, der ein vorzügliches, altmodisches Deutsch spricht, hatte die Tischrede Breschnews beim offiziellen Abendessen auf dem Petersberg bei Bonn, im damaligen Gästehaus der Bundesregierung, zu dolmetschen. Die Rede war nichtssagend; politisch ging sie nicht übers protokollarisch Selbstverständliche hinaus. Ich vermute, Breschnew nahm Rücksicht auf die DDR, die damals wohl einigermaßen verunsichert war, weil sie mit dem Grundlagenvertrag zwischen Bonn und Ost-Berlin – Egon Bahrs historischem Werk – um ein bißchen Freischwimmen nicht mehr herumkam (was sie später auch ganz gut konnte).

Zwei Abende vorher, bei einem Abendessen im kleinen Kreis, achtzehn Personen, in der Residenz von Bundeskanzler Brandt, Hausherrin die so liebenswürdige wie elegante wie souveräne Rut Brandt, war Breschnew aus sich herausgegangen. (Der Bundeskanzler hatte mich zu Tisch geladen, weil er mich Breschnew und Gromyko vorstellen wollte als »demnächst unser Botschafter in der DDR«. Noch am selben Abend habe ich mir Notizen gemacht und dabei auch Formulierungen im Wortlaut festgehalten.) Der gravitätisch erstarrt wirkende Zar der östlichen Welt erzählte, wie er den Tag im Sommer 1941 erlebt hatte, an dem die Deutschen in die Sowjetunion einfielen. Breschnew war damals mittlerer Parteifunktionär in einer Provinz, aus der Weizen vertragsgemäß nach Deutschland geliefert wurde.

Am Tag, bevor der Krieg begann, sei noch unter seiner, Breschnews, Aufsicht ein langer Güterzug mit Getreide für »die deutschen Münder« abgefertigt worden. Am 22. Juni dann, dem »unheilvollen Tag«, sei er auf Jagd gegangen. Als er spät abends zurückgekommen sei, habe in allen Wohnungen des großen Hauses, in dem er wohnte, Licht gebrannt. Er habe gedacht, da sei nun also der Besuch angekommen, auf den ein Hausbewohner (Breschnew: »ein deutschstämmiger Russe«) seit Wochen schon gewartet habe, und im Haus werde gefeiert. Aber als er eingetreten sei, habe er gehört, warum in allen Wohnungen noch Licht brannte: »Die Türen standen offen. Die Leute redeten nicht viel. Manche Frauen weinten.«

Ob der 22. Juni 1941 genau so gewesen ist für Leonid Breschnew? Ob es wirklich ein Deutschrusse war, der Besuch erwartet hatte? Breschnew hatte eindrucksvoll bedächtig erzählt; die Erinnerung hatte ihn offensichtlich berührt. Seine Bewegtheit teilte sich der Runde am Tisch mit. Alsbald ergriff Helmut Schmidt das Wort, damals Finanzminister, und berichtete seinerseits vom jüngsten deutsch-russischen Krieg: Tagsüber habe er für sein Land gekämpft und nachts habe er sich mit seinem Gewissen herumgeschlagen. Willy Brandt schwieg; seine Frau fand eine Überleitung zur Gegenwart.

Zum Abschluß des Besuchs auf dem Petersberg hingegen – gut einhundertfünfzig Personen aus Staat, Wirtschaft und Medien waren versammelt – blieb Breschnew, wie gesagt, eher förmlich und langweilig. Es hieß, er habe nachmittags seinen Spaß gehabt mit einem Mercedes-Coupé, einer »Aufmerksamkeit« der deutschen Industrie für den sowjetischen Staatsgast, an dessen Steuer er die Serpentinenstraße am Petersberg hinunter- und wieder hinaufgefahren sei. Nikolai Portugalow gab als Dolmetscher sein Bestes, um der Rede des Generalsekretärs der KPdSU Atem einzuhauchen, womöglich Feuer zu geben: Er trug die Redepassagen, die er abschnittweise übersetzte, wie ein Rhapsode vor. Ein leichtes, amüsiertes Raunen ging durch den Speisesaal, als Portugalow in einer Art Sprechgesang die Stimme hob und senkte und, entgegen jeder Regel, am Ende einer Phrase wieder hob. Wollte er so Spannung erwecken vor der nächsten rhetorischen Dürre? Jahre später fragte ich ihn, ob er sich noch seiner Rhapsodie von damals erinnere. Nicht ohne Verlegenheit, die ihm sonst nicht eigen ist, gestand er, daß er »das Erhebende dieser deutsch-russischen Zusammenkunft« habe ausdrücken wollen. Ein Dolmetscher als Troubadour. Portugalow sieht nach eigenem Bekunden einen Teil seines Lebenssinns darin, »immer zur deutschen Fraktion in Moskau« gehört zu haben. Im Jahr 1990 war er der Bote aus Moskau, der ins Bonner Kanzleramt die Mitteilung brachte, daß die Sowjetunion unter gewissen Kautelen mit der Vereinigung der beiden deutschen Nachkriegsstaaten einverstanden sei.

Nikolai Portugalows Name ist damit endgültig zum Inhalt einer Fußnote im Geschichtsbuch geworden. Das bedeutet viel in eines Menschen Leben. Liegt in dieser Rangerhöhung die Erklärung für die Entfremdung zwischen Falin und Portugalow, die bald nach dem Ende der Sowjetunion zutage trat? Fühlte sich Falin, der wesentlich an dem Konzept mitgewirkt hatte, das 1990 zur Entsendung Portugalows ins Kanzleramt führte, von dem Boten in den Schatten gestellt? Oder standen die beiden beim Dahinscheiden der Sowjetunion, etwa beim Konflikt zwischen Gorbatschow und dem Parlament, auf verschiedenen Seiten? Manches, wovon Falin und Portugalow berichten, bleibt unbestimmt.

Falin war, nachdem er 1978 von seinem Bonner Posten nach Moskau zurückgekehrt war, nach einem mehrjährigen Karriereknick 1988 zum Leiter der Abteilung für internationale Beziehungen im Zentralkomitee der KPdSU ernannt

worden. In dieser Funktion war er einer der einflußreichsten Außenpolitiker der östlichen Weltmacht. Portugalow
hatte mit ihm Bonn verlassen und blieb in der ZK-Abteilung
sein Mitarbeiter. Heute klagt Falin, er habe bei der Auflösung des Zentralkomitees sein Büro »mit allen Akten« binnen weniger Stunden unter Bewachung räumen müssen. Portugalow hat sich mir gegenüber dazu nicht geäußert. Wie es
aussieht, stehen Valentin Falin und Nikolai Portugalow seither nicht einmal mehr auf Grußfuß.

Meine Frau und ich gehen dann und wann mit Falin und
seiner Frau zum Essen in Hamburg, in dessen Nähe die beiden – vorsichtshalber? – vorübergehend Quartier genommen haben. Portugalow lebt eher dürftig in Moskau. Er meldet sich telefonisch bei mir, wann immer er zu einer
Diskussion im deutschen Fernsehen eingeladen ist – der nun
schon historische »Hausrusse« der deutschen Medien. Wenn
irgend möglich, treffen wir uns. Falls es dann spät wird am
Abend, gibt Nikolai gelegentlich einen wütigen Haß gegen
das untergegangene Regime zu erkennen. Valentin hingegen
bekundet auf Nachfrage ein hochmütiges Bedauern über die
Unfähigkeit der Menschen, eine große Idee zu verwirklichen.
Übereinander schweigen beide so gut wie vollständig.

Im Herbst 1988 also, ein Jahr vor der Wende in Deutschland und Osteuropa, lud mich Portugalow in Falins Auftrag
nach Moskau ein. Es solle, so formulierte er, über »die Lage
in Mitteleuropa« diskutiert werden. Ich unterrichtete von
der Einladung meinen früheren Dienstherrn Willy Brandt,
nun der Elder Statesman der Bundesrepublik, der mich einst
als Staatssekretär ins Kanzleramt berufen hatte. Ich bat ihn,
auch Bundeskanzler Kohl zu informieren, wenn es ihm geraten erschiene. Nichts an meiner Reise sollte auch nur im
Halbdunkel bleiben. Als Journalist war ich gewiß nicht eingeladen worden. Aber seit meiner Zeit als Bonns Ständiger

Vertreter in Ost-Berlin von 1974 bis 1981 und drei Büchern seither über Probleme und Folgen der deutschen Teilung galt ich als westdeutscher DDR-Experte. Ich kaufte meine Flugscheine bei der Lufthansa; Portugalow hatte von »Gast in Moskau sein« gesprochen. Er empfing mich am Flughafen der sowjetischen Hauptstadt und hatte eine höfliche und zügige Abfertigung bei der Einreise vorbereitet.

Mich erheiterte der Unterschied zu meinem vorherigen Besuch in Moskau. Im Jahr 1972 war ich als Chefredakteur des *Spiegel* eingereist, um herauszufinden, wie die sowjetische Regierung reagieren würde, falls die Ostverträge im Bonner Bundestag scheitern sollten. Der *Spiegel* hatte in den Monaten zuvor durch einige Artikel Unwillen in Moskau erregt; unser »Hausrusse« hatte es uns berichtet. Meine Frau begleitete mich auf der Reise. Wir hatten, wie verlangt, alle Kosten im voraus bei »Intourist« beglichen und dabei, wie wohl von uns erwartet, die oberste Preisklasse gewählt. Dazu gehörte, daß wir von einer gepflegten Limousine am Flughafen abgeholt würden. Jedoch, jedoch: Nach eher unhöflichen und hochbürokratischen Einreiseformalitäten hatten wir längere Zeit zu warten. Ob es wohl, wie einst bei der mittelalterlichen Folter, in Zollbehörden international Vorschriften über verschiedene Härtegrade bürokratischer Schikanen gibt? Wir warteten etwa eine Stunde. Schließlich holte uns der Fahrer eines sehr klapprigen Taxis in der Wartehalle des Flughafens ab, um uns nach Moskau ins Hotel zu fahren. Gegebenenfalls konnte die großmächtige Sowjetunion sehr persönlich werden.

Allerdings endete diese Geschichte einer harmlosen Heimzahlung unversehens mit einer Pointe auf Kosten der sowjetischen Infrastruktur. Auf halbem Wege nach Moskau ging unserem Taxi das Benzin aus. Der Chauffeur bedeutete uns zu warten. Er verschwand in einem nahegelegenen Neubauviertel. Nach seiner Rückkehr gab er uns durch Handzeichen zu verstehen, daß er telefoniert habe. Nun warteten wir zu dritt. Etwa dreißig Minuten später näherte sich ein großer Tankwagen und hielt hinter unserem kleinen Automobil. Unser Fahrer holte einen Eimer – einen Eimer! – aus dem Kofferraum und ging, von mir begleitet, ans Ende des langen Tanklasters. Dort drehte dessen Fahrer einen Hahn auf und füllte den Eimer mit Benzin. Zurück beim Taxi, nahm unser Chauffeur einen Trichter und goß den Kraftstoff in den Tank seines Wagens. Meine Frau und ich winkten derweil dem Fahrer des Tankzugs freundlich zu, der nach erbrachter Hilfe höflich hupend weiterfuhr. Es gab keine sonstigen Vorkommnisse auf dem Weg ins Hotel. Am nächsten Tag habe ich die Begebenheit in der – für Deutschland zuständigen – Dritten Europäischen Abteilung des sowjetischen Außenministeriums gern erzählt.

Diesmal verlief die Fahrt nach Moskau hinein ohne Zwischenfall. Valentin Falin hatte mich in einem Hotel untergebracht, das Touristen nicht offenstand, sondern für Gäste der sowjetischen Regierung reserviert war. Es war ein solider Neubau, besser ausgestattet als die üblichen Devisenhotels, gelegen in dem inneren Stadtviertel, in dem hohe Funktionäre wohnten, darunter auch Falin. Milizionäre bewachten an einer Schranke die Zufahrt zu einem großen Vorhof, der vor Passanten durch ein schmiedeeisernes Gitter geschützt war. Portugalow, ein leistungsstarker Schmeichler, erläuterte mir, dies sei das Gästehaus für bedeutende Personen; nur einen Rang niedriger als die Gästehäuser auf den Leninhügeln, in denen die großen Tiere von auswärts einquartiert wurden.

Das Hotel vermittelte mir in den vier Tagen meines Aufenthalts einen letzten Abglanz der internationalen Anziehungskraft, die das kommunistische Moskau einst für intellektuelle Bürgerliche, die ein ideales politisches Ziel suchten, gehabt hatte. Stalin hatte diese Gefolgschaft aus dem bürgerlichen Europa und den USA seinem Terror geopfert. Der Unabhängigkeitskampf der Dritten Welt und die damit verbundenen emanzipatorischen und sozialen Fragen aber hatten Moskau erneut zum Ziel einer internationalen, bürgerlichen, gebildeten Pilgerschar werden lassen. Am Frühstücksbüffet des Hotels lernte ich eine elegante, gesellschaftlich gewandte Frau von Mitte Vierzig kennen, eine Südamerikanerin bürgerlicher Herkunft. Sie besuchte ihren Mann, der in einem Moskauer Krankenhaus von den Spätfolgen einer Schußverletzung kuriert wurde. Weiteres berichtete die Frau nicht; aber allem Anschein nach war der Mann Kommandant einer Guerilla-Truppe der Dritten Welt. Soweit ich es beurteilen konnte, wohnten viele Chilenen in dem Hotel. Ich sah Afrikaner, auch Iraner, so schien mir, Inder wie Pakistani, Männer und Frauen. Chinesen sah ich keine.

Das internationale Flair des Hotels hatte es nicht vor Gorbatschows Feldzug gegen den Alkohol bewahrt. Wenn Falin mit Portugalow und mir im Hotel speiste, so mußte er ein Formular unterzeichnen, damit uns Wein serviert wurde. Portugalows Rang in Falins ZK-Abteilung genügte nicht, um Gorbatschows Nüchternheitsgebot für den Gast der Regierung außer Kraft zu setzen.

Falin empfing mich in seinem Büro im Gebäude des Zentralkomitees der Kommunistischen Partei der Sowjetunion. Portugalow hatte mich im Hotel abgeholt. An einem der Eingänge des großen Hauses in der Moskauer Innenstadt wurden wir erwartet. Eine Offizierswache kontrollierte sorgfältig Portugalows Ausweis und meinen Passierschein. Wir fuhren mit dem Fahrstuhl in ein oberes Stockwerk und gingen einen langen Korridor entlang. Er war nicht sehr breit; nach meiner optischen Erinnerung hatte er grünliche, bilderlose Wände; kein Geräusch von Bürobetrieb war zu hören hinter den vielen geschlossenen Türen, die wohl schalldicht waren. Ich erinnere mich, daß ich beeindruckt war von dem Ort, an dem ich mich befand. Das Gebäude des ZK der KPdSU sprach Gefühle in mir an, die auch aus kolportagehaften Vorstellungen gespeist wurden: Die reale historische Bedeutung des Ortes vermischte sich mit dem Dämonischen, das von kafkaesken Unbegreiflichkeiten des Moskauer Machtapparats wie der Apparatmacht erzeugt worden war, verstärkt durch jahrzehntelange antikommunistische Propaganda und Agitation. Das Kämmerchen freilich, in das mich Portugalow vom Korridor zuerst führte, weil er mir seinen Arbeitsplatz zeigen wollte, spottete jeder Dämonisierung: Es bot gerade ausreichend Platz für einen altmodischen Schreibtisch, zwei Stühle und einen gebrechlich wirkenden Aktenschrank. Gegenüber der Tür befand sich ein hohes, schmales Fenster, auf dem Fensterbrett waren Papiere abgelegt. Man mußte sich etwas recken, um auf einen Hinterhof, vielleicht auch nur einen Lichtschacht, hinaussehen zu können.

Die Wände in Falins Büro waren behängt mit Landkarten von Afghanistan, darunter auch Militärkarten. Die Probleme, denen sich die Sowjetunion in jener entlegenen Gegend gegenübersah, wurden in dieser Zeit immer größer. Und wie sei die Lage in Mitteleuropa einzuschätzen? Nach der Begrüßung kam mein Gastgeber ohne Umschweife zur Sache. Ich hielt mich bedeckt; vor allem, weil ich noch rätselte, warum man mich zu einer Diskussion über dieses Thema nach Moskau eingeladen hatte. Ich erläuterte, was ich seit einiger Zeit da und dort, auch in einem Vortrag vor der Gesellschaft für Außenpolitik in London, über »zentraleuropäische Konföderationen auf Sachgebieten« vorgetragen hatte. Ich zielte damit auf eine evolutionäre Bewegung der beiden deutschen Staaten und ihrer Nachbarn, Benelux ebenso wie Polen und Tschechoslowakei, die auf verschiedenen Gebieten – Umweltschutz, Verkehrsplanung – zu überstaatlichen Beratungs-

und schließlich Beschlußgremien führen sollte: Schritt für Schritt, blockübergreifend, aber die deutsche Frage konföderativ entschärft, die Rechte der vier Mächte gewahrt. Es war ein für die historische Pause bezeichnender politischer Ansatz: eine bedächtige Schrittfolge. Kleinmütig? Valentin Falin hielt sich zurück gegenüber meinem Planspiel.

Beim Abendessen mit Falin und Portugalow in meinem Hotel, Falin leistete seine Unterschrift für grusinischen Wein, hörte ich dann, wer mit mir zu sprechen wünschte: Alexander Jakowlew, aus dem diplomatischen Dienst der Sowjetunion kommend, jetzt, so hieß es allgemein, der zweite Mann im Staat hinter Gorbatschow. Es dauerte drei Tage, bis unser Gespräch zustande kam. Mehrmals wurden anberaumte Termine verschoben, weil Jakowlew, so erklärte mir Portugalow, zu Gorbatschow in den Kreml gerufen worden sei. Das konnte ich verstehen. Ich verbrachte einen Abend beim bundesrepublikanischen Botschafter. Ein junger Dolmetscher des Zentralkomitees begleitete mich in der Wartezeit von einem außenpolitischen Institut zum nächsten. Im Grunde kreisten alle Gespräche von sowjetischer Seite um die Frage: Was will die Führung der DDR? Wie ist ihre Haltung zu verstehen? Ich beschränkte mich immer geläufiger auf meinen Gedanken einer zentraleuropäischen Konföderation auf Sachgebieten. So redeten wir aneinander vorbei, meinerseits nicht ganz ohne Absicht. Im ganzen fühlte ich mich zunehmend irritiert. Portugalow erzählte mir, Jakowlew habe in diesem Jahr einen Teil seiner Sommerferien im Bezirk Dresden in der DDR verbracht. In der Hauptstadt Berlin habe er sich nicht gemeldet. Hatte er mit Modrow gesprochen, dem SED-Sekretär im Bezirk Dresden? Davon wußte Portugalow nichts, oder er verschwieg es.

Falin begleitete mich dann zu Alexander Jakowlew. Ein anderer Eingang ins Gebäude des Zentralkomitees; ein großes Vorzimmer; offene Türen in zwei Nebenzimmer; mehrere

Sekretäre und Sekretärinnen, ein wartender Offizier höheren Ranges. Mein Gespräch mit Jakowlew, von Falin gedolmetscht, dauerte fast eineinhalb Stunden; am nächsten Tag berichtete die *Prawda* davon. Jakowlew machte sich einige Notizen über die zentraleuropäischen Konföderationen. Er war offensichtlich ein höflicher Mann. Denn wirklich interessiert war er nur an der Frage, was »die Führung der DDR«, kein Name fiel, im Sinn habe. Freilich verschleierte Jakowlew das Thema stärker, als es meine Partner in den vorangegangenen Gesprächen, die Institutsdirektoren, getan hatten. Ich begriff, daß seine Sommerreise in den Bezirk Dresden eine Erkundungsfahrt gewesen war. Ich hielt mich vor Jakowlew bedeckt, was ich wohl auch dann getan hätte, wenn ich die Moskauer Frage hätte beantworten können. Zu meiner Verwunderung – Deutsche meines Alters sind nicht eingestellt auf nationale Emotionen – hatte ich in den Gesprächen eine Art deutsches Unabhängigkeitsbedürfnis entwickelt: Was geht es die Russen an, wonach sie, mehr oder weniger verdeckt, fragen? Ein Anflug von Irrationalität zum Fürchten.

Ich kehrte mit der beunruhigenden Überzeugung nach Hause zurück, daß das führende außenpolitische Personal der Sowjetunion verwirrt war, ratlos im Blick auf die DDR, ihr westliches Glacis. Eine ratlose Militärmacht kann schnell unberechenbar werden. Das war im Herbst 1988. Der junge Dolmetscher übrigens, beschäftigt im ZK der KPdSU, dem ich zum Abschied Deutsche Mark geschenkt hatte – Portugalow hatte mir versichert, das würde nicht taktlos sein –, sagte mir, als er sich bedankte, nun könne er sich endlich auf dem Schwarzen Markt ein Neues Testament kaufen. Moskau im Vor-Wende-Herbst.

Am 1. September 1989, zum fünfzigsten Jahrestag des Ausbruchs des Zweiten Weltkriegs, fand in Krakau ein deutschpolnisches Symposion über – na, über was wohl? – Mitteleuropa statt, an dem ich teilnahm. Kurz vorher hatte ich den schon erwähnten Essay geschrieben über die metaphorische Morgenluft, die weithin gewittert wurde. Mein Debattenbeitrag über evolutionäre Veränderungen des Status quo wurde höflich aufgenommen, erschien mir aber selber schon und wohl mehr noch vielen Zuhörern wie das Auftragen der politisch-intellektuellen Mode von gestern. Ich war niemals vorher in Krakau gewesen. Das Hochamt, das – bildlich gesprochen, Fahnen hier, Fahnen dort – der polnische Nationalismus und die katholische Nationalkirche auf dem Wawel, dem Burgberg, miteinander feierten, beeindruckte und erschreckte mich. Die polnischen Studentinnen und Studenten, mit denen ich während des zweitägigen Symposions sprach, äußerten übereinstimmend eine starke Vorfreude: auf die Zeit, in der sich »die zwanzig Millionen Ukrainer gegen die Russen erheben werden«. Diese »große Zeit« stehe nahe bevor. »Der Unerschrockene mag es eine Normalisierung nennen«, heißt es in meinem Morgenluft-Text. Ein gebranntes Kind, auch aus einer großen Zeit, hatte ihn verfaßt.

Im Französischen Dom auf dem Berliner Gendarmenmarkt, der damals Platz der Akademie hieß – noch existierte die DDR –, habe ich am 16. Dezember 1989 zum letzten Mal über die zentraleuropäischen Konföderationen als eine aktuelle politische Erwägung in der gegebenen Lage gesprochen. Ich empfand die Notwendigkeit, dazu beizutragen, die entstandene Bewegung konzeptionell einzudämmen, bevor sie außer Kontrolle geraten könnte. Im überfüllten Dom habe ich den Vorschlag in sechs Punkten unterbreitet und begründet: »Fünftens: Nichts, gar nichts würde für die künftige deutsch-deutsche Entwicklung verbaut, alles bliebe offen, käme aber aus dem allgemeinen Palaver der letzten Wochen heraus und würde in einen europäischen Rahmen gestellt, der nicht nur eine Floskel ist. Sechstens: Es entstünde... eine Art Klammer oberhalb der Blöcke, bei Beibehaltung der Blöcke (in der Sicherheitspolitik), solange sie für die Stabilität notwendig sind.«

Man ersieht aus dem Zitat: Er hat kein Gottvertrauen, der Mann. Weiß er denn nicht, daß Gott ein Deutscher ist? Aber, wendet der Mann ein: Was ist, wenn er mit Margaret Thatcher im Bunde ist und auf seiten der stärkeren Bataillone steht, als die man immer noch die sowjetischen ansehen muß? Heute weiß man, daß jedes Planspiel außerhalb der nationalstaatlichen Antwort auf die deutsche Frage schon im Dezember 1989 überholt war. Rückblickend wirkt es sogar komisch. Eine Epoche kam immer schneller und schneller an ihr Ende. Ich selber habe an den Anfang meines Vortrags im Französischen Dom schon die Frage gestellt: »Haben meine politischen Freunde, habe ich, als der erste Leiter der Ständigen Vertretung der Bundesrepublik bei der DDR, habe ich alles, vieles falsch gesehen? Welche Fehler haben wir gemacht? Wie ist es zu dem gekommen, was jetzt ist? Daß es so gekommen ist, daß es jetzt und in diesem Tempo kommen würde, habe ich nicht für möglich gehalten. Ich habe gedacht, es geht mit den von mir mit getanen kleinen Schritten.« Man sieht: Der Stoff für selbstkritische Erinnerungen wird mir nicht ausgehen.

Im Sommer 1990 dann, alles war entschieden, zog einer meiner Reiterfreunde die Bilanz der Wende. Fast all mein Lebtag bin ich leidenschaftlich gern geritten. Von denen, mit denen ich Jagden ritt – vor dem Sprung über ein schwieriges Hindernis den albernen Spruch im Sinn: diesseits die ewige Schande, jenseits der sichere Tod –, habe ich Auffassungen und Weltanschauungen gehört, die unsereins gewöhnlich nicht kennenlernt. Sie haben mir, wofür ich danke, Illusionen genommen. An einem Sommerabend im Jahr 1990 also, die staatliche Vereinigung war nahe, sagte der Reiterfreund: »Das Volk hat es immer gewußt.« Er war Prokurist in der Versicherungsbranche. Meine Frage nach seinem Platz im Volk verstand er nicht. Er wiederholte nur: »Das Volk hat es immer gewußt.« Da war es wieder, nach fast einem halben Jahrhundert: das Mystische, das Dunkle jenseits der Vernunft. Aus dem Munde eines Versicherungskaufmanns raunte es, das Unwiderlegbare. Der »Bocksgesang« des Botho Strauß, des Ernst Jünger seiner Zeit, knüpfte wenige Jahre später hier an. Unsere historische Pause war zu Ende. Mein Tag, lang und meistens sonnig, war vergangen.

Was kennzeichnet mein gegenwärtiges Leben, nun ich beginne, Erinnerungen zu sammeln? Vor allem, natürlich, meine Erfahrungen mit dem Krebs. Lassen sie sich auf einen Begriff bringen? Ergebenheit? Fügsamkeit? Dann und wann fehlten sie mir. Aber seit der Krankheit dauert ein wesentlich verstärktes Bewußtsein des Glücks an, mit meiner Frau eine Reise zu machen, einen gesprächigen Abend unter Freunden zu erleben, die journalistischen Erfolge der Tochter zu verzeichnen, mit der Enkelin zu diskutieren. Ich erwäge, mir wieder ein Pferd zu kaufen. Freilich, ich werde es wohl nicht tun, denn mein Selbstvertrauen in meine körperlichen Fähigkeiten ist schwächer geworden.

Ich erinnere mich, daß meine Eltern klagten, im Alter verfliege die Zeit so schnell. Dieses Gefühl ist mir seit einigen Jahren vertraut. Ich habe die Erfahrung gemacht, daß von einem bestimmten Zeitpunkt an – Ende sechzig oder unter dem Eindruck einer schweren Erkrankung – das noch verbleibende Leben sich im Empfinden des alternden Menschen beschleunigt: Eben war es im neuen Jahr noch Frühling, und schon ist es wieder Winter, indes das zurückliegende Leben sich zu einer immerwährenden Gegenwart, allenfalls zu einer jüngsten Vergangenheit verfestigt. Die Farben der Erinnerung werden blasser, aber die Distanz auch zu lange schon Vergangenem scheint in diesem trügerischen Lebensgefühl einer ersten Stufe des Altseins nicht mehr größer zu werden. Ich vermute, daß sich hierin abzeichnet, was nach weiteren Jahren zum Triumph des Langzeitgedächtnisses über das Kurzzeitgedächtnis führen wird.

Ob auf einer höheren Altersstufe – werde ich sie erreichen? – die Beschleunigung der restlichen Lebenszeit, wie ich sie jetzt wahrnehme, sich im Gefühl noch einmal vermindern wird bis zu dem Empfinden, die Zeit stehe still? Auch wenn man dann nicht von Krankheiten und den Folgen einer allgemeinen Hinfälligkeit gepeinigt und geplagt wird – gibt es dennoch die Qual einer Zeit, die zu langsam vergeht? Sehr alte Menschen höre ich gelegentlich darüber klagen. Kehrt die Ungeduld der Jugend also im hohen Alter noch einmal zurück, weil auf beiden Lebensstufen die Gegenwart gering geachtet wird?

Meine Wahrnehmung, daß von einem gewissen Alter an Teile der Vergangenheit im Empfinden nicht weiter entrücken, sondern sich zur Gegenwart der Alten gesellen, als gehörten sie zu ihr – diese Beigabe zur Gegenwart aus zurückliegenden Zeiten nenne ich das »Plusquampräsens«. Aber das Leben mit einem Plusquampräsens hat Folgen für den Umgang mit Jüngeren. Ich mußte verstehen lernen, daß meine Altersgenossen und ich einerseits und Jüngere andererseits, auch solche, die kaum zwanzig Jahre jünger sind, unvermeidlich von zwei gänzlich verschiedenen Vergangenheiten sprechen: immer dann, wenn die Rede auf Entwicklungen, Ereignisse und Personen kommt, die nicht nur zu den Lebzeiten der Älteren gehören, sondern auch schon zu denen der Jüngeren. Also: Bismarcks Tod vor mehr als hundert Jahren fällt für die heute Siebzig- wie Vierzigjährigen in ein und dieselbe Vergangenheit. Aber, ein Beispiel nur, Willy Brandts Ostpolitik vor gut einem Vierteljahrhundert liegt, so habe ich mühsam begriffen, für die heute Vierzigjährigen im emotionalen Bewußtsein fast so weit zurück wie

Bismarcks Tod. Für uns Ältere jedoch, ob wir für Brandts Politik oder gegen sie waren, befindet sich die Zeit vor einem Vierteljahrhundert unmittelbar hinter der letzten Ecke, um die wir gerade gebogen sind. Denn wir haben nun ein Alter erreicht, zu dem das Plusquampräsens seinen Teil beisteuert. Für die Jüngeren aber, selbst für solche, die seinerzeit als Jungsozialisten oder Jungliberale Willy Brandt Fakkelzüge gebracht haben, wird nach meinem Verständnis des Alterns erst im weiteren Lauf der Zeit ein anderer, späterer Vergangenheitsabschnitt – vielleicht der Fall der Berliner Mauer – zu einer immerwährenden Gegenwart hinter der akuten Gegenwart werden.

Ausgestattet mit meinen jüngsten Erfahrungen, Empfindungen und Einsichten sowie im Besitz des Plusquampräsens wende ich mich meinen Erinnerungen an das Vergangene zu.

II.

Aus einer entschwundenen Welt

Im oberen Teil des hellbraun gebeizten Küchenbüfetts, wo hinter Glasscheiben das »gute Kaffeegeschirr« zur Schau gestellt war: sogenannte Sammeltassen nebst Untertassen und Kuchentellern, jedes Gedeck mit anderen Blumen bemalt, die meisten Stücke goldgerändert – zwischen diesen Prunkstücken verwahrte meine Mutter eine Fotografie, die sie zum Schutz vor Rissen und Knicken in ein Schreibheft gelegt hatte. Sie hatte das Bild, das mich mit einer Hakenkreuzfahne über der rechten Schulter zeigte, aus der braunschweigischen Zeitung ausgeschnitten. Zu sehen war ein etwa vierjähriger Junge von der Seite, mit hellblonden, gelockten Haaren, die bis auf den Kragen eines Matrosenanzugs herabfielen. Der Junge marschierte auf dem sandigen Paradeplatz vor dem ehemals herzoglichen Stadtschloß Braunschweigs. Das Foto muß, aus meinem Alter zu schließen, im Frühjahr oder Sommer 1934 aufgenommen worden sein.

Wann immer die Sammeltassen für eine sonntägliche Kaffeetafel mit Verwandten und Bekannten aus dem Büfett genommen wurden, holte meine Mutter auch das Zeitungsfoto hervor und reichte es herum. Mit ungeniertem Stolz tat sie es auch vor immer denselben Gästen. Und die Gäste ließen mich, der ich bei Kakao und Kuchen mit am Tische saß, das Foto ebenso regelmäßig sehen: »Nun sieh mal, was du für ein großer Junge bist. Und die hübschen Locken.« Mit der Zeit variierten die Besucher das Kompliment: »Nun sieh mal, was du für ein hübscher Junge warst. Aber groß bist du geworden. Und wo sind die Locken geblieben, Hete?« Die Frage war nicht ohne Bosheit gestellt. Verwandte wie Freunde wußten, daß Hete, meine Mutter – Hedwig hieß sie in den amtlichen Papieren –, von ihrem Mann, meinem Vater, hintergangen worden war: Bevor ich zu Ostern 1936 eingeschult wurde, war er heimlich mit mir zum Friseur gegangen, um meine »Mädchenlocken«, so sagten der Vater und sein Barbier, abschneiden zu lassen. Ich war dankbar. Meine Mutter indes weinte, als sie mich sah – sie hatte immer nah am Wasser gebaut –, und schmollte ein Abendessen lang mit ihrem Mann. Länger brachte sie es ihm gegenüber nicht zustande; im kühlen Umgang mit ihren Schwestern, weniger mit den Brüdern, war sie ausdauernder.

Die Hakenkreuzfahne, die ich auf dem Foto geschultert hatte, gehörte nicht mir. Derlei hätten mir meine Eltern nicht geschenkt. Sie waren keine Anhänger der »Partei«, wie sie und Verwandte und Freunde die neue Herrschaft nannten; auch solche unter ihnen, die ihr durchaus anhingen. Was meine Mutter mit Stolz erfüllte, war, daß das Bild ihres einzigen Kindes in der Zeitung gestanden hatte. Eine Freundin meiner Mutter – meine Eltern hatten wegen ihres Obst- und Gemüseladens unter der Woche wenig Zeit für mich – war mit mir spazieren gegangen, damit ich »an die Luft« käme. Dabei begegnete uns der Fotograf der Lokalzeitung, der wohl ein Motiv für einen nationalsozialistischen Feiertag – Hitlers Geburtstag am 20. April? – suchte; hellblonder Knabe bevorzugt. Die Parteifahne hatte er vorsorglich dabei gehabt. Ich bin sicher, daß mir der Stock mit dem Tuch daran gefallen hat. Ich wollte schon damals Soldat werden. Warum sollte ich nicht paradieren mögen?

Mein Vater hatte auf eine stille Weise einen selbständigen Kopf. Was mochte er gewählt haben in der Weimarer

Republik? Er hätte es mir nicht gesagt. Wenn ich ihn später fragte, welcher Partei er bei der letzten Bundestagswahl seine Stimme gegeben habe, dann wies er die ungehörige Frage zurück: Allen Ernstes galt ihm die Wahrung des Wahlgeheimnisses auch vor dem Sohn als sein gutes staatsbürgerliches Recht. Ich denke, das Ausüben seiner Rechte erschien ihm als eine Demokratenpflicht.

Willi Gaus wurde 1897 als jüngster Sohn unter sechs Geschwistern auf einem kleinen Bauernhof mit Tischlerwerkstatt nördlich von Braunschweig geboren; dort, wo der karge Haferboden der Lüneburger Heide nach Süden hin in die fetten Rübenäcker übergeht. Aus dem Ersten Weltkrieg, zu dem er sich freiwillig gemeldet hatte, war er mit einem kleidsamen Streifschuß an der linken Wange zurückgekehrt. Fortan wollte er offenbar erst einmal viel Spaß haben. Daß er keinen Jux ausließ, der ihm möglich war, schließe ich aus dem, was Verwandte und Freunde nur andeuten mußten, um als Eingeweihte zu lachen, wenn sie mit meinem Vater zusammensaßen und ich ihnen zuhörte. Sein Vater Ernst Gaus, noch unter dem letzten Welfenkönig geboren, war, wie fast die ganze Sippschaft, ein fester Anhänger des welfischen Königreichs Hannover, das die Preußen 1866 gegen jedes Recht zu einer preußischen Provinz gemacht hatten. Besonders tückische Köter wurden von meinem Großvater gern »Otto« genannt, wobei er Bismarcks Vornamen im Sinn hatte. Er hat es mir noch selber erzählt, wenn ich in den sommerlichen Schulferien zu langen Besuchen auf dem Hof war. Nicht einmal am 1. August 1914, dem Beginn des Ersten Weltkriegs, als ganz Europa vor Lust auf Stahlbäder verrückt war, hat er, ganz gewiß ein deutsch gesinnter Mann, schwarz-weiß-rot geflaggt. Diese Fahne gehörte für ihn auch an diesem Tag zu einem Reich, zu dessen Entstehung das preußische Unrecht von 1866 wesentlich beigetragen hatte. Nach dem Krieg, in der Weimarer Republik, unterstützte mein Großvater die welfische Deutsch-Hannoversche Partei. Er schickte ihren Wahlrednern einen Kutschwagen zur Bahnstation, damit die Herren zu ihren Versammlungen gefahren würden. Willi, sein jüngster Sohn, wurde zum Kutschieren abkommandiert.

Der Kutscher war unwillig. Mein Vater war kein Anhänger Hitlers und auch kein Gefolgsmann Hugenbergs und seiner Deutschnationalen Partei. Was mag sein sorgsam gehütetes Wahlgeheimnis in jener Zeit gewesen sein? Hat der Kriegsheimkehrer womöglich auf dem platten Lande sozialdemokratisch gewählt? Für den Platz auf dem Kutschbock jedoch bekannte er sich nun demonstrativ zu einer Farbe, die ganz gewiß nicht die seine war: Er trat in den Stahlhelm ein, die rechte Sammlung ehemaliger Soldaten, stramm national im kargen Wortschatz wie im üppigen Liedgut. Willi Gaus, so erzählte er mir fast ein halbes Jahrhundert später eines Abends, wurde Stahlhelmer wegen der Uniform mit schwarz-weiß-roter Kokarde. So angetan saß er auf dem Kutschbock vor dem kleinen Bahnhof, beobachtete genüßlich den welfischen Wahlredner, der sich ratlos umsah – Ernst Gaus, ein zuverlässiger Mann, hatte doch einen Wagen schicken wollen, und der dort konnte es wohl nicht sein –, bis mein Vater sich erbarmte und als Sohn eines Welfen zu erkennen gab. Es war, als hätte Helmut Kohl in einen Wagen steigen müssen, der mit SPD-Plakaten beklebt war. Mein Großvater fand einen anderen Kutscher.

Es gibt ein Foto von meinem Vater aus den zwanziger Jahren, auf dem er mit einem Spazierstock und einer weißen Blume am linken Revers seines dunklen Anzugs vor einem dörflichen Festzelt abgebildet ist. Er ist Schützenkönig in seinem Heimatdorf gewesen, wozu, wie er mir gestand, weniger Schießfertigkeit gehörte als die verbürgte Verpflichtung seines Vaters, für die Königswürde seines Sohnes zwei Schweine zu schlachten und sich auch mit Freibier nicht lumpen zu lassen, damit die Schützenbrüder und ihre Damen – Brause und Likör für sie – nicht zu darben hätten. Mein Großvater meinte, es müsse wieder einmal eine neue Scheibe ans Haus gehängt werden. Sie zeigte einen Hirsch vor Tannendickicht, wie ich als Kind bewundernd sah. Ich wollte sie mitnehmen in unsere Wohnung in Braunschweig.

Auch ein Motorrad besaß mein Vater eine Zeitlang. Auf einem Foto sitzt er hinter einem breit ausladenden Lenker, eine eng anliegende Lederkappe bedeckt seinen Kopf, eine große Staubbrille hat er nach oben vor die Stirn geschoben. So fuhr er über Land. Ich habe erst sehr viel später, als Halbwüchsiger, begriffen, wenn ich sonntags auf dem Rücksitz unseres Automobils mit den Eltern spazieren fuhr, warum meine Mutter in manchen Dörfern, die wir passierten, etwas verkniffen blickte oder auch fragte: »Willst du sie mal besuchen?« Mein Vater lächelte dazu.

Er war ein großer Erzähler von Dorfgeschichten. Ich habe mir oft vorgenommen, abends ein Tonband mitlaufen zu lassen, wenn er und meine Mutter bei uns zu Besuch waren und der Vater übers Erinnern ins Plattdeutsche fiel. Ich habe es versäumt. Von einem anderen Schützenkönig berichtete er, sich selbst dabei erheiternd, daß sein Vater diesem unberittenen Mann für den Festumzug ein Pferd geliehen habe. Mein Großvater, Landwirt und Tischlermeister, der erst 1943 starb und den ich noch gut kennenlernte, handelte nebenbei mit Pferden. Von dem ausgeliehenen Schwarzbraunen wußten er und ein paar Eingeweihte, daß das Tier die Eigenheit hatte, fünfzig Schritt nach dem Verlassen eines Hofgrundstücks sich erst einmal niederzulegen, ob im Wagengeschirr oder unter dem Sattel. Für einige Minuten war es durch nichts, weder durch Zureden noch Gertenschlag noch Schenkeldruck, davon abzubringen. Dann stand es auf und war nun folgsam. Mein Vater vermutete, das Tier habe zu einer Clownsnummer in einem kleinen Zirkus gehört und

sein Vater habe es zu Winterbeginn gekauft, um es durch-
zufüttern.

Der Schützenkönig wußte von dieser Clownerie nichts.
Stolz ritt er vom Hof, geschmückt mit Kette und Medaillen,
den Insignien seiner frisch erworbenen Würde – und mußte
nach fünfzig Schritten unter dem Kichern der Ehrenjung-
frauen, dem Johlen der Schützenbrüder und den Hochrufen
des Publikums ohnmächtig warten, bis sein Königsroß sich
wieder erhob und weiterschritt zur Festwiese. Drei Minuten
öffentlich das Opfer eines bäuerlichen Scherzes zu sein, das
ist eine lange Zeit.

Pferde bedeuteten viel in der Familie Gaus. Mein Vater
erzählte von einem Großonkel aus dem wohlhabenden
Zweig der Gäuse. Bei Ausbruch des Ersten Weltkriegs 1914
nannte dieser Bauer zwei sogenannte Passer sein eigen: Kalt-
blüter gleicher Größe und gleicher Farbe, fuchsrot mit heller
Mähne und hellem Schweif. Als die Pferde-Musterungs-
kommission des Militärs diese beiden Pferde von Schleswi-
ger Rasse im August 1914 für den Kriegsdienst beschlagnahmte, striegelte der Besitzer die Tiere sorgfältig, kämmte
ihnen Mähne und Schweif, sah ihnen nach, als sie vom Hof
geführt wurden, ging dann in den Pferdestall und erhängte
sich gegenüber den Boxen, die nun leer waren.

Mein Vater hatte die einklassige Dorfschule absolviert
und dann eine Lehre als Gestütswärter im hannöverschen
Landgestüt in Celle begonnen. Nach dem Krieg half er auf
dem väterlichen Hof und verdingte sich da und dort. So
baute er mit am Mittellandkanal nördlich von Braunschweig; manchmal auch als Aushilfs-Lokführer der Trans-
portlorenbahn. Ich überquere die Brücke an dieser Stelle des
Kanals nicht, ohne die Böschung rechts und links zu mu-
stern, für die mein Vater Sand und Kies herangeschafft hat.
In meinen Tagträumen als Junge sah ich ihn beim Bau der
Western Pacific Railroad im Wilden Westen.

Im Jahr 1927 oder 1928 gründete der nächstältere Bruder meines Vaters, Heinrich, der in einen Hof im Nachbardorf eingeheiratet hatte, einen Großhandel mit Kartoffeln und Gemüse. Dazu schaffte er sich einen alten Lastwagen an, kaufte Kartoffeln, Bohnen, Erbsen und Karotten bei den Bauern auf, verkaufte das Gemüse an nahegelegene Konservenfabriken, von denen es seinerzeit noch viele kleine gab, und verhökerte die Kartoffeln zentnerweise an Stadtkundschaft zum Einkellern für den Winter. Mit dem Lastwagen fuhr er durch die Straßen Braunschweigs, hielt an den Ekken und rief sein Angebot aus. Dann schulterte er die Kartoffelsäcke, trug sie in den Keller und leerte sie in hölzerne Kisten. Die Keller durften nicht feucht sein, weil andernfalls die Kartoffeln zu keimen anfingen, faulten und schließlich ungenießbar wurden.

Statt einer Fußnote: Von welchem Detail an werden meine Erinnerungen, vor allem solche aus dem Hörensagen von Eltern, Onkeln, Tanten, Großmutter und Großvater, unverständlich für die Generation meiner Enkelin Nora, geboren 1987? Einkellern? Was bedeutet einkellern? In meiner Kindheit war es eine beruhigende Feststellung, über jemanden, der seine Arbeit verloren hatte, krank geworden oder sonst in wirtschaftliche Nöte geraten war, zu sagen: Wenigstens hat er schon seine Kartoffeln im Keller. Oberhalb des Kleinbürgertums, im mittleren Mittelstand, wurde die entsprechende Absicherung gegen soziale Bedrängnisse mit dem Begriff gekennzeichnet: »Aber er hat ein bißchen was auf der hohen Kante.« Von der Kartoffelkiste als Symbol für Sicherheit im Leben zum Sparbuch. In Kriegszeiten freilich kehrten auch die höheren Schichten zurück zu den Kartoffeln.

Mein Vater beteiligte sich am Geschäftsbetrieb seines Bruders. Er chauffierte den Lastwagen. Später berichtete er gelegentlich von Fahrten mit Bruder Heinrich bis ins Vorland des Harzgebirges südlich von Braunschweig, um dort Gemüse aufzukaufen. Der Gewinn der Firma konnte bei einer so weiten Anfahrt nur kärglich sein. Aber inzwischen wußte und verstand ich genug von Onkel Heinrich. Ich vermutete begründet, daß solche Unternehmungen nicht zuletzt auch Reisen zu seinen Freundinnen waren. Er hatte bei den Goslarer Jägern gedient, fast eine Gardetruppe nach seiner Beschreibung, und kannte von daher manche Dörfer in der sanft ansteigenden Gegend, die nach Goslar, der alten Kaiserpfalz, hinführte. Er war ein Charmeur, ein Frauenheld, ein ländlicher Bonvivant, der sich im gemischten Gesangverein, wie der Zusammenschluß von Frauen und Männern zum Chorsingen und zur Geselligkeit genannt wurde, mit seinem Bariton hervortat. Meine Mutter mißbilligte die einschlägigen Angewohnheiten ihres Schwagers scharf, schon aus Solidarität mit dessen Frau. Aber ich habe sie, als ich sieben, acht Jahre alt war, geschmeichelt lächeln sehen, Onkel Heinrich abwehrend, aber nicht unwirsch vor die Brust stoßend: »Ach, du mit deinen Redensarten«, wenn er ihr Komplimente machte. Ich begriff die harmlose, mich jedoch befremdende Alberei damals nicht, aber beobachtete sie vielleicht gerade deswegen sehr aufmerksam. Erst später verstand ich auch, wovon die Rede war, als ich eines späten Abends im Halbschlaf meine Mutter bestimmten Tons meinem Vater zuflüstern hörte, sie wolle nicht länger dulden, daß Heinrich seiner Frau sage, er sei bei uns gewesen, wenn er doch ganz woanders war. Bis zum Jahreswechsel 1938/39, als wir in eine eigene Wohnung umziehen konnten, wohnte ich mit meinen Eltern in zwei Räumen, Wohnküche und Schlafzimmer, zur Untermiete und schlief neben dem Ehebett.

Wenn mein Vater von den Fahrten mit dem Lastwagen in Richtung Harz erzählte, so beschränkte er sich auf die Beschreibung der Geschäftstätigkeit der Firma. Niemals machte er auch nur die kleinste Andeutung über amouröse Reisezwecke seines Bruders. Niemals habe ich ihn einen sogenannten Herrenwitz erzählen hören, auch nicht im Kreis seiner Skatfreunde, wenn ich als Erwachsener auf Besuch daneben saß.

Die Firma der Brüder Gaus war für den Kartoffel- und Gemüsehandel en gros gegründet worden. Schon im Herbst 1928 wurde der Betrieb auf einen Geschäftszweig en detail ausgeweitet. Auf dem Braunschweiger Altstadtmarkt, ringsum Fachwerkhäuser und ein gotisches Rathaus, wurde mittwochs und sonnabends, an den Markttagen, ein Stand für Gemüse aufgeschlagen. Hinter dem Verkaufstisch stand Willi, der auch Kartoffelbestellungen notierte, so daß Heinrich seine Erdäpfelsorten namens Hansa und Sieglinde nicht mehr an den Straßenecken auszurufen brauchte. So blieb es fürderhin: Onkel Heinrich betrieb Handel en gros, bis er Ende der sechziger Jahre sein groß gewordenes Geschäft samt drei Zwanzigtonnern mit Anhänger seinem ältesten Sohn übergab. Mein Vater und meine Mutter – sie war weit unternehmerischer als er – machten einen Erfolg aus einem kleinen Obst- und Gemüseladen, der für die Qualität seines Angebots gerühmt wurde. Nur ganz, ganz leicht angeflecktes, angestoßenes Obst ließ meine Mutter in den Kisten und Körben, in denen die Ware präsentiert wurde; die etwas – etwas – unschönen Stücke wurden sorgfältig nach unten geräumt und erst beim Eintüten mit geschickter Hand als geringe Beigabe den sonst makellosen Früchten hinzugefügt. Stärker beschädigte Pfirsiche, Birnen und Äpfel wurden an Kinder aus der Nachbarschaft verschenkt, die deswegen nach Schulschluß vorbeikamen. Der Rest wurde meinem Vater und mir, durchaus wohlschmeckend, als geschmortes Kompott serviert.

Hier kann es ebenso stehen wie an jeder anderen Stelle, an der ich von meiner Mutter berichte: Ihre Herzensgüte war groß und unverwüstlich. Sie neigte dazu, sich gekränkt zu fühlen, vor allem im Kreis ihrer Geschwister, meiner Onkel und Tanten, sechs an der Zahl; sie konnte nachtragend sein. Aber nichts davon hatte Bestand, wenn sie erkannte, die oder jener benötige jetzt Hilfe. Ihr gelegentliches Aufbrausen ermattete stets binnen kurzem an der Langmut meines Vaters.

Als mein Vater im Herbst 1928 seinen Stand auf dem Altstadtmarkt aufschlug, bot schräg gegenüber, so erzählte er im Alter, eine junge Frau feine Gemüsesorten und Äpfel an. Eine Person Mitte zwanzig, was gut geschätzt war: Die Person, die meine Mutter wurde, war 1903 geboren worden. Ihre gute, etwas untersetzte Figur war offensichtlich eine Augenweide. Die hellblonden Haare waren gewellt. Die Kittelschürze über dem Kleid sah aus, als sei sie an diesem Morgen frisch gebügelt worden für den Tag. Adrett sozusagen, eher Feinkostverkäuferin als Gemüsehändlerin. Hete war das älteste Kind aus der zweiten Ehe eines Gemüsebauern, der auf wenigen Morgen Pachtland am Stadtrand Braunschweigs eine bescheidene Selbständigkeit behauptete; sie ging dem klein gewachsenen, krumm gearbeiteten Mann über alles. Meine Erinnerung an ihn vermerkt einen grauen Schnurrbart und eingefallene, schlecht rasierte, weiß stoppelige Wangen. Wenn ich über Nacht blieb und im Bett der Großmutter schlief, weckte mich manchmal der keuchende, asthmatische Husten des alten Mannes. Viele Kissen im Rücken hielten seinen Oberkörper in halb sitzender Stellung. Nach dem Hustenanfall hörte ich in der dunklen Schlafkammer, wie der Großvater sich räusperte und Schleim in einen Napf neben seinem Bett spuckte. Ich fürchtete mich.

Großvater Karl Hartmann war mit meiner Großmutter in zweiter Ehe verheiratet. Seine erste Frau war gestorben und hatte ihm vier halbwüchsige Söhne und eine Tochter hinterlassen. Mit seiner zweiten Frau hatte er dann noch einmal neun Kinder, von denen zwei früh gestorben sind. Meine Mutter, das älteste eheliche Kind von Karl und Minna Hartmann, faßte das Leben meiner Großmutter liebevoll-gläubig und weitab von jeder Ironie gern in dem Satz zusammen: »Jedes Jahr ein Kind geboren, eins beerdigt, eins in die Schule gebracht und eins konfirmiert.« Das war zwar die Behauptung von etwas ganz und gar Unmöglichem. Sie charakterisierte aber treffend die ungeheure Last, die meine Großmutter neben ihrer Arbeit auf den Gemüse- und Erdbeerfeldern, neben dem Trubel der Hausschlachtungen, neben Marmelade kochen und Gemüse einwecken und neben dem Haushalten mit den kargen Einkünften der Familie zu bewältigen hatte. Hinzu kamen die Sorgen mit den fast schon erwachsenen Kindern aus der ersten Ehe ihres Mannes. Diese Stiefkinder, soweit sie noch lebten, habe ich 1956 bei der Beerdigung ihrer Stiefmutter auf einem Dorffriedhof am Stadtrand, wo damals noch Äcker begannen und heute Wohnblöcke stehen, aufrichtig trauern sehen. Mein Halbonkel Ernst, der weichste unter ihnen, weinte bitterlich. Die Nazis haben Minna Hartmann wegen ihres Kinderreichtums das Mutterkreuz verliehen, mit dem sie sich an hohen christlichen Feiertagen zum Kirchgang schmückte.

Die Großmutter war eine kirchenfromme Protestantin, die niemals einen Katholiken gesehen hatte, bevor nach dem Krieg 1945 die ersten Flüchtlinge aus Schlesien kamen. Sie glaubte fest, daß Katholiken straflos sündigen dürften bis hin zu Mord und Totschlag, wenn sie danach beichteten, was automatisch, so ihre Überzeugung, zur Vergebung führte, die dann mehr oder weniger auch von der staatlichen Justiz respektiert wurde. Wenn ich Anfang der fünfziger Jahre in den Semesterferien von der Universität München nach Hause kam, dann verlangte die Großmutter, daß ich sie alsbald besuchte, damit sie mich fragen konnte: »Du hast doch da sicher eine Freundin. Ist sie eine Katholische?« Eine »Katholische«, als Substantiv gebraucht, nicht als Adjektiv: Ich mag nicht ausschließen, daß diese Bezeichnung, die im Tonfall meiner Großmutter durchaus etwas Verächtliches, Herabsetzendes hatte, bis auf den Dreißigjährigen Krieg zurückgeht, als in Norddeutschland von Tillys brandschatzenden, mordenden Katholischen die Rede war. In meiner ländlichen Verwandtschaft, die wenig gebildet war, aber viel undeutliches Wissen aus Erzählungen über Generationen hinweg mit sich trug – noch waren keine Fernsehfabeln dazwischen geraten –, bin ich nach meinem Eindruck öfter als einmal auf unbewußte Spuren aus dieser langen Schreckenszeit der Deutschen jeder Konfession gestoßen.

Nachhaltig erzog mich die Großmutter im Aberglauben. Manches davon habe ich inzwischen abgestreift, aber einiges ist mir doch geblieben. Viel gab sie auf ihre Träume. In allen Einzelheiten kannte ich einen Traum, den sie bald nach dem Ersten Weltkrieg gehabt hatte. Sie hatte ihn so oft ihren Töchtern erzählt, daß ich ihn nicht nur von ihr selbst, sondern auch von meiner Mutter und zwei Tanten gehört habe, die stolz waren auf das erwiesene Traumtalent der Matriarchin. Der Traum: Die Großmutter, eine noch junge Frau – ihr jüngstes, letztes Kind, im Jahre 1919 geboren, war kaum aus den Windeln heraus –, sah sich im Traum auf einer Bank neben der Haustür sitzen (ich kannte später die Bank) und Erbsen aus der Schote auspulen, wie es im Hannöversch-Braunschweigischen heißt. Da blickte sie auf und sah einen der Stiefsöhne auf den Hof kommen, unversehrt, aber vollbärtig, von dem man seit seiner russischen Gefangenschaft lange nichts mehr gehört hatte. Ich weiß nicht mehr, welcher angeheiratete Sohn ihr im Traum erschien: Onkel Ernst oder Onkel Männe, der im Taufschein Hermann hieß. Onkel Paul hatte an der Westfront gekämpft, Onkel Arthur war noch zu jung gewesen für den Krieg. Aber von Belang ist ja auch nur, daß am Tag nach dem Traum, die Großmutter saß auf der Bank und pulte Erbsen aus, der lang vermißte Stiefsohn unversehrt, aber mit Bart, aus Rußland nach Hause kam.

Als der achtzigste Geburtstag meiner Großmutter gefeiert wurde, weinte die alte Frau öfter als sonst. War sie gerührt von den Ehrungen? Der Kirchenchor brachte der schlichten, aber niemals einfältigen Minna Hartmann ein Ständchen. Sie war verhältnismäßig fromm, stolz auf das Mutterkreuz des Dritten Reichs und auch ungeniert Stiefmutter des Sohnes Männe, von dem das Dorf wußte, daß er Kommunist war. Immerhin war Kalter Krieg. Der Bürgermeister übergab Blumen. Der Pastor war zu Gast an der üppigen Kaffeetafel; Männe, der Kommunist, und Paul, der Sozialdemokrat, verhielten sich unauffällig. Die Großmutter vergoß Tränen. Es wurde der Familie allmählich peinlich. Als sie nicht viel später starb, erwiesen ihre Personaldokumente, aufbewahrt in der Wäschekommode in der Schlafstube, daß sie drei Jahre jünger war, als sie ihr Leben lang gesagt hatte. Es waren Tränen eines Schuldbewußtseins gewesen. Sie war noch gar nicht achtzig Jahre alt, als die Gemeinde sie feierte. Offenbar hatte sie sich als junge Ehefrau für älter ausgegeben, um ihre mütterliche Autorität gegenüber den fast gleichaltrigen Stiefkindern zu stärken. Minna Hartmann.

Mein Vater erzählte, daß er nach ein paar Tagen der jungen Frau gegenüber seinem Verkaufsstand nun regelmäßig zur Frühstückszeit in einem Becher Kaffee reichte, den er in einer filzbespannten und dazu noch in eine Decke gehüllten Feldflasche von zu Hause auf den zugigen Altstadtmarkt mitgebracht hatte. Der Vater und der älteste Bruder der Frau musterten ihn, den Kaffee-Kavalier, anfangs argwöhnisch, wenn sie zum Marktschluß die Körbe und Kisten auf einen einspännigen Pferdewagen luden – ich habe, ein Foto zeigt es, vier Jahre später auf dem braven Tier gesessen, es hieß Egon – und mit der Kaffeefreundin davonfuhren. Alsbald kam auch einmal deren Mutter, die schon beschriebene Minna, und zog ihren künftigen Schwiegersohn in ein Gespräch. Ich vermute, sie hat ihn nach dem Woher gefragt; nach dem Dorf, aus dem er stammte; und für wen er hier mit Gemüse handelte. Ach, halb für einen Bruder und halb für sich selber? Wirklich eine volle Hälfte?

Hete und Willi nahmen gemeinsam an der Ballsaison 1928/29 in Hetes Dorf teil: Feuerwehrball, Karnevalsball des Schützenvereins, kleiner Ball des Gesangvereins für Chormitglieder, Angehörige und einige Gäste von auswärts. Die Zeitläufte waren im großen und ganzen noch gut. Die Weltwirtschaftskrise überfiel die Menschen erst ein Jahr später. Mein Vater hatte sein Motorrad für die rund fünfundzwanzig Kilometer in sein Heimatdorf. Gelegentlich blieb er wohl auch über Nacht.

Am 23. November 1929 wurde ich im Städtischen Krankenhaus zu Braunschweig geboren; unehelich. Mein Vater lag mit Lungenentzündung darnieder; geheiratet wurde im folgenden Jahr. Der Winter 1929/30 hatte früh begonnen und wurde mir von Mutter und Großmutter als bitter kalt geschildert. Oma holte meine Mutter und mich aus dem Krankenhaus ab. Ich wurde in ein großes Federkissen gehüllt. Die beiden Frauen liefen etwas über eine Stunde nach Hause. Meine Mutter erzählte mir noch bis zu ihrem Tod 1988 gern, wie sie damals, im schneefrostigen Winter 1929, meine Füße vor dem Erfrieren gerettet hat: »Gerade früh genug« habe sie gesehen, daß ich unten aus dem Kissen herausrutschte, in dem Oma mich aus dem Krankenhaus davontrug.

Mein Vater verkaufte sein Motorrad, als er 1930 heiratete. Willi und Hete begannen ihr Eheleben und ihre gemeinsame Geschäftskarriere in Armseligkeit. Beides, Ehe wie Geschäft, wurde ein großer Erfolg. Von dem materiell dürftigen Anfang sprach meine Mutter oft mit nachträglicher Lust. Wie sie es schilderte, verwahrte das junge Ehepaar seine Leib- und Bettwäsche in Apfelsinenkisten, die aufeinandergestellt worden waren. Diese Kisten zeugten vom erweiterten Sortiment des Geschäfts. Zum heimischen Obst waren »Südfrüchte« hinzugekommen.

Meine Eltern gaben den Marktstand auf und verlegten das Geschäft, nun überdacht und hinter Fenster und Tür, in ein gutbürgerlich gemischtes Stadtviertel in der Nähe eines Parks: kleinbürgerliche Handwerker und Ladeninhaber; ein Mittelstand aus Prokuristen und Bankangestellten, deren Frauen Wert darauf legten, daß ihre Männer Bankbeamte genannt wurden; ein paar Straßenzüge mit Wohnhäusern des oberen Mittelstands; einige Arbeiter. Die proletarische Kundschaft schätzte meine Mutter am höchsten. Die Frauen der Arbeiter ließen zwar die Woche über bis zur Lohnzahlung am Freitag anschreiben, zahlten dann aber prompt.

Und vor allem: Die Leute, die etwas Besseres darstellen wollten und mußten, gaben viel Geld für Garderobe aus und sparten am Essen. Die Arbeiter jedoch verlangten eine gute Mahlzeit auf dem Tisch; daran wurde nicht mehr geknausert als unumgänglich war, und keinesfalls wegen äußerer Aufputzerei. Eine solche Einstellung zu des Lebens Notwendigkeiten erfreute die Geschäftsfrau Hete Gaus, die im Einkauf wie Verkauf die Seele des Unternehmens war, über dessen Tür geschrieben stand: Willi Gaus, Obst und Gemüse. Mein Vater bewunderte – und respektierte – die Tüchtigkeit seiner Frau. Er blieb gelassen, wenn sie aufbrauste, etwa weil ein größerer Händler beim Einkauf günstigere Preise hatte herausschlagen können als sie. Dennoch – oder deshalb – wurde das Geschäft meiner Eltern, wie ihre Freunde anerkennend sagten, eine »Goldgrube«. Die Freunde fügten freilich auch hinzu und spielten damit auf das hohe Preisniveau des kleinen Ladens an: Das Geschäft von Hete sei auch eine »Apotheke«. Meine Mutter meinte dazu, daß Qualität Geld koste.

Die städtische Heimat meiner jungen Jahre – ich verließ Braunschweig nach dem Abitur 1949 und kam von da an nur noch auf Besuch, allmählich vor allem zu Beerdigungen – lag außerhalb der Wälle, die einst die Altstadt umschlossen hatten. Die Oker, ein grünlicher Fluß, der vom Harz herkommt, begrenzte das Wohngebiet auf der Seite zur Innenstadt hin. Diesseits der Oker, keine zweihundert Meter von unserer späteren Wohnung entfernt, standen (und stehen) rechts und links der Straße die im simplifizierten Schinkel-Stil erbauten kleinen Zollhäuser an der früheren Stadtgrenze. Manche Straßen waren noch von Bäumen gesäumt, Kastanien und Robinien, die bald den Flammen des Bombenkriegs zum Opfer fielen. Da und dort hatten sich kleine Landhäuser gehalten, die hundert Jahre vorher von wohlhabenden Leuten im englischen Stil ins Grüne gebaut worden waren. Jetzt waren sie flankiert von drei- und vierstöckigen Wohnhäusern, errichtet an der Wende zum 20. Jahrhundert. Viele hatten kleine Vorgärten hinter schmiedeeisernen Gittern. Hinter den Landhäusern waren die Stallgebäude zu sehen, in denen früher die Kutschpferde standen.

Zum Stadtviertel gehörten zwei aufgelassene alte Friedhöfe. Auf einem von ihnen liegt Lessing begraben. Später, nach dem Krieg, pflegte ein Schulfreund aus der Unterprima bei Dämmerung mit seiner Freundin dort zu lustwandeln. Vorher hatte er im Museumspark jenseits der Oker eine Blume gebrochen, wenn die Jahreszeit es möglich machte. Er legte sie an Lessings Grab nieder, und die Freundin las dazu ein selbstverfasstes Gedicht. Der Freund berichtete mir von dem Ritual, als er mir ein Bündel dieser Gedichte im Austausch gegen eine Kurzgeschichte übergab, die ich geschrieben hatte. Nicht lange vorher hatten wir blutige Kriegserfahrungen gemacht. Die Lyrikerin, von der einige

Gedichte Ende der fünfziger Jahre in Tageszeitungen gedruckt wurden, beging Selbstmord, noch bevor sie dreißig Jahre alt geworden war.

Regelmäßig im Sommer wechselte meine Heimat aufs Land. Die Schulferien verbrachte ich auf dem Hof samt Tischlerei, auf dem mein Vater aufgewachsen war. Der Großvater lebte dort auf dem Altenteil. Der älteste Bruder meines Vaters bewirtschaftete das kleine Anwesen: Onkel Otto. Für diesen Vornamen gab es in der welfisch gesinnten Familie nur eine Erklärung, die ich mir später von meinem Vater geben ließ: Die Großmutter, die vor meiner Geburt gestorben war, nahm es mit der Treue zum angestammten Herrscherhaus nicht so genau wie ihr Mann. Sie strich ihm gegenüber gelegentlich die Vorzüge heraus, die die preußische Provinzverwaltung im Vergleich zur entschwundenen königlich-hannoverschen angeblich habe. Nur im Scherz? Ich stelle mir gern vor, daß die Großmutter an dem Vers ihren Spaß gehabt hätte, der das Denkmal des letzten Königs, hoch zu Roß, vor dem Hauptbahnhof in Hannover schmückt: »Und seines Volkes Stolz und Lust ist unser König Ernst August.« Spottlust über Hochtrabendes hat zu ihr gepaßt. Aber sie ist niemals nach Hannover gekommen. Immerhin hat sie mit den Waffen einer Frau, wie sich vermuten läßt, den Vornamen Bismarcks für ihren erstgeborenen Sohn durchgesetzt. Ein hintersinniger Witz, mit dem sie im Geist an der Seite ihres jüngsten Sohnes Willi auf der Kutsche saß, als dieser im Stahlhelm-Uniformrock welfische Wahlredner verschreckte.

Aus Gerechtigkeit gegen meinen Großvater muß ich hier aber noch einmal belegen, daß auch er kein Kind von Traurigkeit gewesen ist, wenn es nicht gerade um die Welfenfrage ging. Zu dieser Gesinnungssache hier nur noch soviel: Sie setzte sich fort bis ins dritte Glied. Der Großvater, ein hagerer Mann mit preußisch-blauen Augen, hat nicht mehr erlebt, daß nach dem Zweiten Weltkrieg sein ältester Enkel, fast eine Generation älter als ich, im heimischen Landkreis die Deutsche Partei mit begründete, in der er eine Welfenpartei sah, bis er ihre schwarzweißrote Grundierung erkannte. Mein Vetter, so argwöhne ich, hatte womöglich die Wiederherstellung der königlichen Personalunion von Hannover und Großbritannien im Sinn. Er kannte sich aus in Landesgeschichte und dynastischen Angelegenheiten. Von seinem Familienzweig ging früh Bildung aus. Seine Mutter, das älteste Kind meines Großvaters, hatte in einen größeren Hof eingeheiratet. Es war genug Geld fürs Geistige vorhanden. Ihr zweiter Sohn, der Bruder des politisierenden Hoferben, studierte, promovierte – wozu er damals einen Ariernachweis zu erbringen hatte – und starb Jahre nach dem Krieg als pensionierter Oberstudiendirektor.

Zu Jux und Dollerei zurück. Von meinem Großvater also kannte mein Vater die folgende Dorfgeschichte: In den neunziger Jahren des 19. Jahrhunderts mußte ein Nachbar zur Regelung seiner Erbschaftsansprüche gegen einen weit entfernten Familienzweig ins Westfälische reisen. Mit der Eisenbahn ab Braunschweig, umsteigen in Hannover und von dort aus ins schier namenlose Unbekannte. Der Reisende nahm vorsichtshalber zwei Schützenbrüder zur Begleitung mit, einer von ihnen war mein Großvater Ernst Gaus. Hinter Hannover suchte der Reisende den Abort im Zug auf. Seine Begleiter sprachen mit dem Schaffner, Geld wurde übergeben – und die Verschwörung nahm ihren Lauf. Als der Reisende sich erleichtert hatte und wieder auf den Gang trat, händigte ihm der Bahnbeamte ein paar kleine Münzen aus: Entgelt für den Dünger, den er unter sich gelassen hatte und der in dieser Gegend fast Goldes wert war, jedenfalls seinen Preis hatte. Im Abteil zurück, erzählte er den Schützenbrüdern von dem vorteilhaften Geschäft. Von nun an ging er auf den Abort, wann immer er den Schaffner in der

Nähe sah und kassierte. Aber bevor die Reise, die sich so glücklich angelassen hatte, endete, trat der fürs Spaßvergnügen angeworbene Schaffner auf den Reisenden zu und forderte ihm einen Taler ab, eine Menge Geld damals, drei Mark: In diesem Landstrich gäbe es zu viel natürlichen Dünger, weswegen für die Benutzung des Aborts eine Gebühr erhoben werde.

Ob die Geschichte aus einem Heimatkalender stammt, der in der Familie gelesen wurde, und dann auf eine wirklich stattgehabte Reise als Pointe übertragen worden war? Ich bezweifle das und vermute begründet, daß sie hier zum ersten Mal gedruckt wird. Seinerzeit wurde in meiner Familie nicht viel gelesen. Erst später sah ich bei jüngeren Tanten Romanhefte. Und als meine Eltern ihr Geschäft geschlossen hatten und noch für ein Jahrzehnt Wohnung im Heimatdorf meines Vaters nahmen, bevor das Altersheim in Braunschweig ihr Ort wurde und dann die Pflegestation und schließlich der Friedhof – da begann mein Vater Kriminalromane zu lesen, wozu er einen Abend lang an einem Glas schottischen Whisky nippte. An beides, an Kriminalromane wie an Whisky, hatte ich ihn herangeführt.

Onkel Otto war mein Herbergsvater im Sommer. Meine Herbergsmutter, Tante Anna, früh ergraut, besaß ein fein geschnittenes Gesicht mit großen dunklen Augen; stets war sie schwarz gekleidet. Sie führte mich Sechs-, Sieben-, Acht-, Neunjährigen am ersten Tag meiner unendlichen Ferien in die »Gute Stube« links von der Eingangsdiele und zeigte mir eine Erdbeertorte, große Erdbeeren auf Mürbeteig in Vanillepudding gebettet, die dort auf dem Tisch stand. Ich wußte, daß nun jeden Morgen, solange ich blieb, eine neue Torte dort sein würde, wenn ich die vorige tagsüber stückweise aus dem Haus geholt hatte, um sie mit meinen Freunden aus dem Dorf, sitzend auf einem ausgedienten Ackerwagen, zu essen.

Die »Gute Stube« wurde sonst nur zu Mahlzeiten bei Hochzeiten, Taufen und Beerdigungen sowie an Weihnachten benutzt. Auf einer Kommode zwischen zwei Fenstern, die zum Hof hinausgingen, lagen zwei schwere, durchsichtige Glaskugeln, in denen bunte Glasfäden kunstvolle Spiralen bildeten. Daneben stand eine kleine Artilleriegranate, die eine in naiver Manier gemalte Kraterlandschaft zeigte, darüber die Inschrift: Verdun, Frankreich, 1916. Gelebt wurde in der gewöhnlichen Stube rechts von der Diele. Sie war möbliert mit einem rot gepolsterten Sofa mit hoher Rückenlehne und halbhohen Armlehnen, einem großen Tisch, sechs Stühlen (bei Bedarf wurden weitere aus der »Guten Stube« geholt), einem Geschirrschrank und einem Korbsessel mit geblümten Sitz- und Rückenkissen. Diesen Sessel hatten, wie ich stolz wußte, meine Eltern dem Großvater geschenkt. Sonntags wurde in der gewöhnlichen Stube gegessen. Alltags versammelten sich die Familie, ein Geselle aus der Tischlerwerkstatt und zur Erntezeit eine junge Frau als Hilfskraft zu frühen Mahlzeiten mittags und abends in der Küche. Gekocht wurde auf einem großen Herd, unter dessen Platte ein Feuer lärmte, das aufloderte, wenn man die Eisenringe hochhob, um nachzuheizen. Der massive Tisch, die Stühle und Hocker waren mit den Jahren wie die Decke der Küche vom Rauch schwarz gebeizt worden. Ich frühstückte später als die Erwachsenen. Mir ist der Geschmack der Milchsuppe noch vertraut, in die Brot gebrockt wurde und ein Stück Butter hineingegeben, das gelblich in der warmen Milch verlief.

Oft vesperten wir auch mittags am Feldrand. Die Brote mit Wurst und Speck samt meinen Butterbroten lagen in einem Korb unter einer dünnen Decke. Zu trinken gab es Malzkaffee für die Erwachsenen und Himbeersaft für mich, dessen Sirup Tante Anna selber eingekocht hatte. Die Getränke waren in Steinkruken mitgebracht worden, die wie

Bierflaschen einen Bügelverschluß hatten. Nach dem Essen blieben alle noch ein paar Minuten schweigsam im Gras sitzen, bis Onkel Otto als erster aufstand und so das Zeichen für das Ende der Vesperzeit gab. Dann und wann, wenn es sehr warm war, bin ich nach dem Essen eingeschlafen. Tante Anna weckte mich nicht. Schlaftrunken räkelte ich mich später und sah die Erwachsenen hinten auf dem Feld Getreide zu Bündeln schnüren und in Stiegen aufstellen. Benötigst du zum Verständnis eine Fußnote, Nora?

Ich hätte nicht mitgehen müssen aufs Feld. Ich hätte bei meiner Erdbeertorte bleiben können. Ich war den Sommer über ein freier Mensch. Um diese Freiheit noch zu steigern, bin ich eines Tages mit dem Jungen vom Nachbarhof, Heini Heuer, nach Amerika aufgebrochen. Ich las viel und wußte ungefähr, daß wir über Hamburg weiterkommen müßten. Wir konnten unbemerkt entweichen. Nach vier Kilometern Fußmarsch kehrten wir im nächsten Dorf bei einer Tante Heinis ein, um noch einmal kräftig zu essen. Unsere kargen Auskünfte, wohin wir unterwegs seien, befriedigten die Tante nicht. Sie telefonierte mit Heinis Mutter (Telefon gab es auf dem Hof schon, weil zu ihm ein Fuhrgeschäft gehörte), schläferte unsere Wachsamkeit mit Schmalzbroten und roter Grütze ein, und alsbald wurden wir wieder eingefangen. Heinis Mutter und meine Tante Anna holten uns mit Fahrrädern zur Erdbeertorte heim.

Onkel Otto und Tante Anna hatten Sorgen in den dreißiger Jahren. Natürlich wußte ich das nicht. Jedoch schnappte ich manchmal Teile eines Gesprächs auf, die mir unverständlich blieben, aber gerade deswegen meine Neugier weckten. Viele meiner Erinnerungen sind begründet in einer Eigenheit, die unsere Tochter Bettina auch an unserer Enkelin Nora entdeckte und die sie veranlaßte, das Kind gelegentlich einen »großen Lauschangriff« zu nennen. Das meiste reimte ich mir falsch zusammen; manches erkannte ich wohl halbwegs richtig, ohne es ganz zu verstehen; anderes konnte ich oft erst viel später für mich erhellen.

Die Sorgen hatten mit Geld zu tun. An einem Sonntag in einem der Jahre meiner Großen Sommer trafen alle Brüder und Schwestern Onkel Ottos mit ihren Ehepartnern in seinem Haus zusammen. Sie kamen zu Fuß, soweit sie am Ort wohnten. Onkel Heinrich und seine Frau kamen im Automobil, ebenso meine Eltern aus Braunschweig. Eine Schwester reiste mit ihrem Mann im Kutschwagen an. Eine andere kam mit ihrem Mann angeradelt, einem Maurer, der trank, vor allem im Winter, wenn er arbeitslos war. Die Sorgen verdichteten sich sozusagen zu einem Familienklumpen. Man speiste zusammen. Wahrscheinlich ging ich ein und aus, holte mir Erdbeertorte, spielte unter einem Fenster der Stube, in der sie sprachen, blieb auch manchmal hinter dem Stuhl meines Vaters stehen. Ich hörte, ohne zu verstehen, was es bedeutete, daß Otto die Anteile der Geschwister am Hof samt Tischlerei und einigen Äckern, das meiste Land war nur gepachtet, nicht auszahlen konnte. Einige der Geschwister hatten mit dem Geld schon gerechnet. Ich erinnere mich, daß Familiengespräche über Jahre hin immer wieder darauf zurückkamen. Onkel Otto ging es offensichtlich gegen die Ehre, seine Verpflichtungen nicht erfüllen zu können. Meine Eltern nahmen sein Angebot an, sich von ihm ein Schlafzimmer tischlern zu lassen. Die Möbel waren braun, die Betten am geschwungenen Kopfende und am Fußende schwarz eingefaßt. Dazu gehörten eine sogenannte Waschkommode, auf der – auch als wir schon längst ein Badezimmer hatten – ein Wasserkrug und eine Waschschüssel standen, und ein dreitüriger Schrank. Die legendären Apfelsinenkisten, die ich nie bewußt wahrgenommen habe, hatten endgültig ausgedient.

Onkel Ottos wirtschaftliche Nöte, deren Folgen bei einigen Geschwistern das familiäre Zusammengehörigkeitsgefühl erkennbar minderten, waren begründet in der voranschreitenden Industrialisierung. Immer weniger Bauern ließen ihren Töchtern die Möbelausstattung zur Hochzeit in Onkel Ottos Werkstatt anfertigen. Sie selbst lebten, schliefen, starben in den Betten, die einst Ottos Vater Ernst getischlert hatte. Aber wer jetzt, in den dreißiger Jahren, auf seinen Ruf hielt, der fuhr nach Braunschweig in ein Möbelgeschäft. Ich erinnere mich, daß im Sommer nach dem bitteren Familientag Onkel Otto allein in der Werkstatt war. Der Geselle war entlassen worden. Tiefgehende soziale Umbrüche zeichneten sich nun auch auf dem flachen Lande ab, auch in dieser kleinen Tischlerei mit zwei Hobelbänken und einer elektrisch betriebenen Kreissäge. Der Geselle freilich wird schnell wieder Arbeit gefunden haben. Hölzerne Munitionskisten wurden allenthalben in großer Stückzahl fabrikmäßig gefertigt.

Die Hakenkreuzfahne, die ich über der rechten Schulter getragen habe, ist also ein Requisit des Zeitungsfotografen gewesen. Meine Eltern hielten es, wie schon gesagt, nicht mit Hitlers Partei. Jahrzehnte später, als ich als amtlicher Vertreter des westlichen deutschen Nachkriegsstaats beim östlichen hüben wie drüben durchaus bekannt war, las ich in einer Wochenzeitung, wie sich ein etwas älterer Braunschweiger erinnerte, seine Mutter habe einen kleinen Umweg nicht gescheut, um »bei den Eltern von Günter Gaus einzukaufen, weil die keine Nazis waren«. Bei uns zu Hause wurde dieses Faktum nicht artikuliert. Es wurde auch nachträglich, als der Nationalsozialismus untergegangen war, kein Aufhebens davon gemacht. Ich erinnere mich, dass mein Vater mich aufforderte, mit einem Jungen aus der Nachbarschaft zu spielen. Ich meine die Worte im Ohr zu haben: »Du kannst ruhig mit ihm spielen« – als stehe der Junge in Acht und Bann und ich könnte von einer solchen

Ächtung abgeschreckt werden. Später erfuhr ich, daß der Vater des Spielkameraden im Konzentrationslager Dachau gefangen gehalten wurde. Zwischen uns Kindern wurde das Wort nie erwähnt. Ich kannte es nicht und der andere Junge womöglich auch nicht – oder seine Mutter hatte ihm eingeschärft, dieses Wort wie ein schmutziges Wort nicht zu gebrauchen. Aber Anfang des Krieges, als ich elf, zwölf Jahre alt war, habe ich das Wort, den Ortsnamen, dann und wann gehört.

In einem Obst- und Gemüsegeschäft gab es seinerzeit noch nicht viel für den beginnenden Tauschhandel. Erst später im Krieg wuchs der Tauschwert auch von Gemüse. Meine Mutter jedoch hamsterte Eier bei der ländlichen Verwandtschaft. Und die Eier tauschte sie gegen Bohnenkaffee, ein Genußmittel, das ihr bedenkenlos eine läßliche Sünde wert war. Ich mußte den Tausch abwickeln. Die Eier trug ich zu einer Frau, deren Mann »als Offizier in Frankreich« war, wie sie mir versicherte, als sie mir zum ersten Mal ein Päckchen Bohnenkaffee aushändigte. Aber eines Tages war ihr Mann auf Urlaub und gab mir selber sein Beutegut. Und siehe da, der Herr aus der französischen Etappe war ein Zahlmeister, war nur ein Schmalspur-Offizier, so genannt wegen der schmaleren Schulterstücke, wie ich auf den ersten Blick erkannte. Mir waren Rangabzeichen, Orden und auch die dünnen farbigen Biesen der Ausgehuniform, an deren Farben man die Waffengattung ablesen konnte, vollständig vertraut: Weiß besagte Infanterie, rot Artillerie, hellrot Kavallerie (jetzt überwiegend Panzerwagen), schwarz Pioniere und gelb Nachrichtentruppe. Seinerzeit, im Jahr 1940, strebte ich wie selbstverständlich eine Militärkarriere an. Konnte man denn etwas anderes werden wollen als Soldat? Sollte ich Gemüsehändler werden? Ungeduldig erwartete ich, alt genug zu sein, um mich als Kriegsfreiwilliger melden zu können. Hoffentlich dauerte der Krieg lange genug. Wenn ich davon sprach, sah mich mein Vater abschätzig an, so empfand ich, und meiner Mutter wurden die Augen feucht. In der kleinen Familie wurde dann schnell von etwas anderem gesprochen.

Sonntag nachmittags kamen damals fast regelmäßig Onkel Paul, einer der Halbbrüder meiner Mutter, und Tante Alwine, seine Frau, zu uns auf Besuch. Der Bombenkrieg gegen Deutschland hatte noch nicht ernstlich begonnen. Fliegeralarm war nicht zu erwarten. Mit Omnibus und Straßenbahn kamen Paul und Alwine aus dem Dorf am Stadtrand zu uns auf die andere Seite Braunschweigs. Abends, wenn es später geworden war, liefen die beiden eine gute Stunde durch die vorschriftsmäßig für den »Luftschutz« verdunkelte Stadt nach Hause. Sie kamen zum Kaffeetrinken, Bohnenkaffee, und zu einem Stück Sandtorte, einem feinkrümeligen, trockenen Rührkuchen, den selber zu mischen und zu backen als äußerst schwierig galt. Ich holte ihn daher Sonnabend mittags vom Bäcker, der dafür Obst erhielt, das in Obstkuchen aufging, mit dem die Frau des Bäckers ihrerseits Tauschhandel betrieb. Vorerst war Brot nicht allzu knapp. Für die private Versorgung hielten sich die Kriegsfolgen noch auf der Kuchenebene – bei uns.

»Echter« Kaffee, schwärmte Tante Alwine, »richtiger« Kaffee, bekräftigte meine Mutter. Mein Vater und Onkel Paul lachten gutmütig dazu. Später gab es »belegte und bestrichene Brote«: mit harten Mettwurstscheiben belegt und mit thymiangewürzter Leberwurst bestrichen. Dann schwärmte auch Onkel Paul. Gedarbt haben wir im Krieg nicht. Freilich standen meine Eltern oft »mit einem Bein im Zuchthaus«, wie meine zum Dramatisieren neigende Mutter sagte. Sie meinte damit die drakonischen Haftstrafen, die für die »Schwarzschlachtung« eines Schweins verhängt wurden, das mit der gesetzwidrigen Verwurstung nur für den privaten Verzehr der knapper werdenden Versorgung der

Allgemeinheit entzogen wurde. Ein Bruder meines Vaters hatte Schlachter gelernt. Neben einer kleinen Landwirtschaft, in die er eingeheiratet hatte, und neben einem Pferdehandel betrieb er sein Handwerk als sogenannter Hausschlachter, der von Hof zu Hof zog. Dieser weithin gerühmte Meister des Würzens von Leberwurst schlachtete Kriegsjahr für Kriegsjahr auf dem Hof des ältesten Bruders Otto immer auch ein Schwein »schwarz« für den jüngsten Bruder Willi und dessen Familie in der Stadt.

Von diesem Schwein kann immerhin gesagt werden, daß es nicht gänzlich dem familiären Kreis vorbehalten war, sondern bis zu einem gewissen Grade vergesellschaftet wurde: Wenn die amtlich angemeldete Sau ferkelte, wurde ein Ferkel unter Stroh in einer entfernten Stallecke verborgen, für den Fall, daß der Dorfgendarm vorbeikommen und die Zahl der Ferkel registrieren würde. Sollte er dann das Quieken des abgesonderten Tieres wahrnehmen, aber überhören, womit einigermaßen zuverlässig zu rechnen war, so gehörte ihm als Mitwisser später, wenn das inzwischen gemästete überzählige Tier bei Nacht illegal abgestochen und verarbeitet wurde, ein Anteil an Wurst, Schmalz und Schinken.

Und wenn der Gendarm versäumt hatte oder verhindert gewesen war, zu einer Stichprobe vorbeizukommen, und also die Ferkelzahl allein nach den späteren Angaben von Onkel Otto verbuchte, dann bot auch die Schlachtung selbst Gelegenheit, eine Mitwisserschaft an der illegalen Tötung zu gewinnen und sogleich wieder zu verdrängen. Gewöhnlich blieb das der Frau des Ortspolizisten überlassen. Sie mußte nur zur Schlachtzeit im Herbst durchs Dorf gehen und auf Lichtschimmer hinter den verhängten Fenstern der Waschhäuser achten, in denen tagsüber die Futterkartoffeln für legales wie illegales Schweinevieh gekocht wurden und in denen einmal im Jahr vormittags gesetzlich und einmal jährlich nachts gesetzwidrig geschlachtet wurde. Voriges Jahr, so erzählte meine Mutter Tante Alwine, habe die Gendarmenfrau unversehens an ein Fenster bei Otto geklopft und die erhitzt an die Tür eilende Anna gefragt, wie es denn so gehe und stehe: die Anmeldung eines Anspruchs, den man nicht zurückweisen konnte.

Zum Kaffeetrinken – echten, richtigen Kaffee –, zur Sandtorte und später zu den belegten und bestrichenen Brotscheiben mit zwei Flaschen Bier für die Männer, zwei Gläsern Bier für die Frauen und Apfelsaft für mich, saßen wir am Eßtisch in der »großen Stube«, wie das Wohnzimmer für sonntags in der Wohnung genannt wurde, die wir nun endlich bekommen hatten. Nach den Mahlzeiten nahmen meine Mutter und Tante Alwine auf dem dunkelrot und üppig gepolsterten dreisitzigen Sofa Platz; mein Vater und Onkel Paul auf zwei Polstersesseln, die um einen niedrigen runden Tisch gruppiert waren: ein sogenanntes Rauchtischchen mit hölzerner Zigarettendose, Kristallaschenbecher und »Rauchverzehrer« in Gestalt einer porzellanenen Eule, in der eine elektrische Birne brannte. Sofa, Sessel und Rauchtischchen gehörten zur »Klubgarnitur«, deren Vorhandensein und Polsterqualität für das Ansehen des Wohnzimmers im Familien- und Bekanntenkreis noch wichtiger waren als das große, dunkelbraune Büfett, hinter dessen Glastüren im Oberteil jetzt die Sammelgedecke präsentiert wurden, und die Kredenz – ein Möbel, von dem niemand in der ganzen großen Familie genau wußte, wofür es taugen sollte, außer als Nachweis einer gewissen bürgerlichen Wohnkultur. Ärmere Leute besaßen keine Kredenz.

Ich zog mir bei den sonntäglichen Besuchen von Onkel Paul und Tante Alwine einen Stuhl zur »Klubgarnitur« heran. Die beiden Männer erzählten regelmäßig vom Krieg. Beide hatten »an der Westfront gestanden« oder auch »im Westen«. Mein Vater bei einer »schweren MG-Kompanie« vor allem an der Somme, Onkel Paul als Pionier »die schlimmste Zeit vor Verdun«. Von Heldentaten, Tapferkeit, Schneid, Angriffslust wurde niemals berichtet. Mich entflammten die Erinnerungen dennoch jedes Mal, obwohl die Männer auf stets dieselben Geschichten zurückkamen. Sie variierten kaum in den Formulierungen, inhaltlich nie. Ihre Begriffe und Schilderungen waren hauptsächlich, so meine ich heute zu verstehen, auf bange Erwartungen gemünzt: »Der Tommy schoß schon lange Sperrfeuer, als drüben die Leuchtkugeln hochgingen... Wir hörten schon, als wir aus dem Quartier abrückten, daß es vorn mächtig Zunder gab... Unsere Division sollte nach Flandern verlegt werden... Der Unterstand war verschüttet, da ist keiner mehr rausgekommen... Unser Kompaniechef war ein scharfer Hund.«

Mein Vater und Onkel Paul prahlten nicht voreinander mit der Größe der Gefahren, die ihnen gedroht hatten. Ich denke im Rückblick, sie tauschten unbeabsichtigt, unbewußt Lebenserfahrungen von Ohnmacht und Preisgegebensein aus, die für sie im Krieg – ihrem Weltkrieg von 1914/18 – kulminierten. Die Einsicht in die Ohnmacht von ihresgleichen hinderte sie an jeder Verklärung des Krieges. Aber sie hielt sie auch zurück von der Hoffnung, der Krieg lasse sich aus der Welt schaffen. Niemals durfte meine Mutter einen Eintopf aus Möhren servieren. Dieses Gemüse, klein geschnitten, nannte mein Vater »Angstflocken«, weil es vor Angriffen, zu denen er und seine Kameraden mit ihrem Maschinengewehr aus dem Graben mußten, gewöhnlich Möhreneintopf gegeben hatte.

Zwanzig Jahre nach den Erzählungen am Rauchtischchen, im Jahr 1960 – ich arbeitete als Journalist in Bonn –, bin ich mit meinem Vater im Automobil für drei Tage nach Paris gefahren. Er hatte für diese Zeit meiner Mutter das Geschäft allein überlassen. Ich hatte ihn eingeladen, damit er in Friedenszeiten sein ehemaliges Kriegsziel mit fünfundvierzigjähriger Verspätung erreiche. Wir wohnten in einem guten

Hotel an der Oper, spazierten durch die Tuilerien, tranken Kaffee und Cognac an den Champs Élysées, kauften kleine Geschenke für meine Mutter, meine Frau und unsere vierjährige Tochter, besichtigten Notre-Dame und speisten mittags wie abends mit großer Lust. Am Sonntag fuhren wir nach Versailles hinaus. Am Montag morgen reisten wir ab, vorher hatten wir eine Zwiebelsuppe in den alten Hallen gegessen.

Auch von Dachau, dem Konzentrationslager, hörte ich zum ersten Mal im Gespräch zwischen Onkel Paul und meinem Vater. Wenn sie genug vom Krieg gesprochen hatten, berichtete Onkel Paul, der Schlosser gelernt hatte und Facharbeiter in einer Maschinenfabrik in Braunschweig war, von den Verhältnissen an seinem Arbeitsplatz. Manchmal war ein Kollege »abgeholt« worden. Dann rief meine Mutter vom Sofa zu mir herüber: »Darüber mußt du aber nicht sprechen, Junge.« Die beiden Männer erwähnten auch ein anderes Lager, von dem sie nach meinem Empfinden weniger angespannt, weniger beklommen sprachen als von Dachau. Dieses Lager, L 21 genannt, lag zwischen Braunschweig und den »Hermann-Göring-Werken«, Rüstungsfabriken bei Salzgitter nahe dem Harz. Es war ein Lager, so hieß es, für »Bummelanten«, für »Arbeitsscheue«, die dort sechs Wochen »hart angefaßt« wurden, bis sie »wieder spurten«. Die Lagerinsassen wurden geschlagen. Die Ausdrücke, das Faktum, waren offenbar beiden Männern geläufig. Manchmal, wenn Onkel Paul und Tante Alwine sich nach ihrem Besuch verabschiedeten, scherzte der Onkel: «Jetzt muß Schluß sein, sonst komme ich morgen zu spät zur Arbeit und werde abgeholt nach L 21.«

Später, nach 1945, erfuhr ich, daß Onkel Paul in der Weimarer Republik Sozialdemokrat und Gewerkschaftsmitglied gewesen war. Dachau und L 21 waren für ihn und die Familie meiner Mutter nicht die ersten Bezeichnungen für

Schreckenstaten der Nationalsozialisten gewesen. Gleich nach der Machtübernahme der NSDAP 1933 hatten SA-Leute in Braunschweig ein Dutzend Kommunisten eingefangen und in einer Turnhalle bis aufs Blut zusammengeschlagen. Unter den Geprügelten war auch Männe (für Hermann) gewesen, ein Bruder Pauls, ein weiterer Stiefbruder meiner Mutter. Der Krieg, der November 1918 und die Republik hatten Paul zum Sozialdemokraten gemacht, Männe zum Kommunisten. Von den beiden anderen Stiefbrüdern zeigte sich Ernst ganz unpolitisch; der jüngste, Arthur, war ein Mitläufer der Nazis.

Bei größeren Festen und Feiern in der Familie meiner Mutter, Hochzeiten, Taufen, Beerdigungen, zu denen ein Gottesdienst gehörte, verweigerten Paul, der Sozi, und der rote Männe regelmäßig den Kirchgang. Nur einmal, so erinnere ich mich, ließ sich Onkel Paul erweichen, mit in die Kirche zu gehen. Es muß 1937 oder 1938 gewesen sein, eine Taufe wohl. Ich begriff kaum, wovon der Pastor sprach, empfand aber gerade deshalb sein Schauergemälde als höchst aufregend. So blieb mir im Gedächtnis, daß der Mann auf der Kanzel in seine Predigt einfließen ließ, Adolf Hitler sei ein Diener Gottes, sei sein Werkzeug. Denn wenn der Herr den Führer nicht nach Deutschland gesandt hätte – was wäre dann aus dieser Dorfkirche geworden? Die Antwort des Pastors auf seine rhetorische Frage ist mir unvergeßlich. »Ein Kinosaal wäre aus unserer Kirche geworden«, rief er zu uns in den Bänken herunter. Onkel Paul harrte aus bis zum Ende des Gottesdienstes. Er hatte Respekt vor seiner Stiefmutter Minna Hartmann. Aber danach, im Kreis der Familie im Hause des Täuflings, schwor er ein für allemal, sich niemals wieder zum Kirchgang überreden zu lassen. Onkel Männe, der es gleich besser gewußt hatte, lachte und goß ihm zum Trost einen klaren Schnaps ein. Onkel Arthur fragte, ob denn der Pastor nicht ganz recht gehabt habe.

Mein Vater hat mich zweimal körperlich gestraft. Das eine Mal, als ich fünf oder sechs Jahre alt war und meine Mutter mit einer Mutprobe erschreckt hatte. Seine Frau zu erschrecken, konnte mein Vater nicht dulden. Ein Freund und ich waren nacheinander aus dem ersten Stock eines sehr niedrigen Hauses mit einem geöffneten Regenschirm in ein weiches Blumenbeet unter dem Fenster gesprungen – Fallschirmjäger im Training. Nichts war passiert, vom Erschrecken der Mutter abgesehen. Mein Vater gab mir ein paar Schläge mit der Hand auf den Hosenboden und führte seinen weinenden Sohn gleich danach in den Spielzeugladen unseres Stadtviertels, wo er ihm einen neuen, größeren Roller kaufte, blau mit gelben Streifen.

Das zweite Mal wurde mein Vater Jahre später, im Krieg, handgreiflich gegen mich. Die Eltern und ich wanderten an einem freundlichen Herbsttag die vier Kilometer von der Bahnstation, auf der schon lange keine Wahlredner der Welfenpartei mehr ankamen, ins Heimatdorf meines Vaters; auf einen Besuch und zur Verproviantierung. Mutter ging voraus. Einige Schritte dahinter erzählte ich meinem Vater, was ich auf dem letzten Schulungsabend im Heim des NS-Jungvolks gelernt hatte: daß nämlich erst der Führer und seine politische Bewegung den einfachen Leuten und ihren Kindern Aufstiegschancen eröffnet hätten, so daß nun auch sie etwas Besseres werden könnten. Mein Vater hörte meinem Nachgeplapper ein paar Meter weit zu, verhielt dann den Schritt, wandte sich mir zu – auch ich war stehengeblieben –, und gab mir wortlos eine Ohrfeige. Dann ging er, immer noch schweigend, weiter. Ich begehrte nicht auf, wozu ich sonst durchaus neigte. Irgend etwas mußte ich von seinem stummen Zorn verstanden haben. Ich schloß wieder zu ihm auf. Wir erwähnten das Vorkommnis niemals zwischen uns. Meine Mutter, uns voraus, hatte gar nichts davon bemerkt.

Das eine und das andere freilich gefiel meinen Eltern an der nationalsozialistischen Ordnung. Für kleine Geschäftsleute, hörte ich meine Mutter sagen, hätten die Nazis eben doch ein Herz. Das sah ich auch so. Gesetzlich vorgeschrieben war von Mitte der dreißiger Jahre an eine Mittagspause in den Ladenöffnungszeiten. Meine Eltern hatten einen langen Arbeitstag: Kurz nach fünf Uhr morgens aufstehen; ein Frühstück für den schlafenden Jungen vorbereiten, Mittagsbrote für ihn dick mit Butter bestreichen und einpacken; um sechs Uhr mit dem Opel P4 nebst Anhänger zum Einkaufen auf dem Großmarkt sein: wenn man zu spät kommt, sind die Qualitätssorten schon ausverkauft; Kisten und Körbe schleppen und auspacken; von acht bis achtzehn Uhr das Geschäft ohne Hilfskraft offenhalten; zur Spargelzeit und zur Erdbeerernte noch zu altvertrauten Bauern und Großgärtnern über Land fahren, um »günstiger und frischer« einzukaufen als auf dem reglementierten Großmarkt. Eine gemeinsame Mittagspause hatten sich meine Eltern nicht gegönnt wegen der Konkurrenz eines größeren Lebensmittelgeschäfts, »Kolonialwarengeschäfts«, das auch Obst und Gemüse anbot und Verkäuferinnen beschäftigte, die sich ablösen konnten.

Meine Mutter eilte mittags nach Hause. Sie vollendete das vorgekochte Essen, aß hastig mit mir, der ich aus dem Kindergarten gekommen war, und wickelte einen Kochtopf in Decken, um darin die Mittagsmahlzeit für meinen Vater ins Geschäft zu bringen. Er aß dann im hinteren Teil des Ladens, den Kochtopf auf den Knien haltend. Einmal sagte er zu meiner Mutter: »Ich esse wie früher im Graben.«

Ich hatte den Jungen aus unserer Nachbarschaft neidisch zugehört, wenn sie nach dem Kindergarten gesagt hatten, sie müßten nun gleich nach oben in die Wohnung, weil sie zum Mittagessen mit dem Vater – ein Angestellter aus einer nahen Sparkassenfiliale, ein Prokurist aus einer Großhandelsfirma, auch ein Arzt – pünktlich sein mußten. Kaum etwas hat mir ein solches Gefühl sozialer Unterlegenheit vermittelt wie die Frage: Kommt dein Vater mittags zum Essen? Das Gesetz der Nazis zur Mittagspause löste für mich ein Statusproblem. Am ehesten zu vergleichen war das nur noch mit unserer Inbesitznahme einer Wohnung, mit dem Wechsel aus der Untermiete von Wohnküche und Schlafzimmer in eine Mieterrschaft über fünf Räume nebst Küche und Badezimmer. Damals habe ich mir auf dem Schulhof oder auf dem Weg nach Haus oft vor Augen geführt, wie die neuen, von mir mit ausgesuchten Möbel in der »kleinen Stube« und in der »großen« aussehen, wo das Büfett steht und der Sekretär mit Bücherfach – für meine Bücher – und einer herausklappbaren Schreibplatte für meine Mutter zum Sortieren der Belege für die Steuererklärung. Eine Wohnung, man stelle sich vor: eine Wohnung!

Auch gefiel meiner Mutter an der neuen Ordnung die amtliche Preiskontrolle oder jedenfalls die Möglichkeit, daß ein Preiskontrolleur vorbeikommen könnte. Das verhindere ein »Totkonkurrieren« ihres kleinen Fachgeschäfts durch das größere Lebensmittelgeschäft an der nächsten Ecke. Gegen dessen Rabatte komme sie mit ihrer Qualität nicht an. Die bloße Drohung mit einer möglichen Kontrolle genügte ihr, so verstand ich damals schon, weil darin auch die Chance lag, daß gerade kein Kontrolleur kommen würde, wenn sie einmal »besonders günstig« eingekauft hatte und also den Verkaufspreis niedriger als vorgeschrieben ansetzen konnte. Bis zu einem gewissen Grade war meine Mutter eine Spielernatur.

Unseren Umzug in die neue Wohnung datiere ich vage auf die Zeit vor oder nach dem Jahreswechsel 1938/39. Veränderten wir unseren Status schon im Dezember 1938 oder erst im Januar oder Februar des neuen Jahres, in dem dann im September der Zweite Weltkrieg ausbrach? Genau weiß ich nur, daß wir die Nachmieter der Familie Frenkel waren, die ein Schuhgeschäft in der Innenstadt betrieb und bei meinen Eltern einkaufte. Ihre, dann unsere Wohnung lag im zweiten, obersten Stock des Dreifamilienhauses, in dem in einer vorgebauten Ladenzeile unser Geschäft neben einem Milchgeschäft und einer Schuhreparaturwerkstatt untergebracht war. Die Frenkels waren Juden. Irgendwann nach dem 9. November 1938, als in Deutschland die Synagogen brannten – wir sprachen auf dem Schulhof davon –, sind sie in eine Sammelunterkunft gebracht worden. Wie war es genau? Wurden die vier Menschen, die Eltern, ein Sohn, eine Tochter, abgeholt oder wurden sie einbestellt? Vermutlich sind sie abgeholt worden. Die Hausbesitzerin, so wurde erzählt – sie war wie ihr Mann nationalsozialistisch gesinnt und engagiert –, habe der Mutter Frenkel eine Decke gegeben, als diese an jenem Abend die Treppe herunterkam. Nach einigen Tagen wurden die Möbel abtransportiert. Verkauft? Verschifft? Beschlagnahmt? Wenig später zogen wir ein. »Das waren nette Menschen«, sagte meine Mutter dann und wann. Mein Vater schwieg dazu.

Im Herbst 1945 kam Sammy Frenkel in den Garten hinter unserem Haus. Der junge Mann, sieben, acht Jahre älter als ich, trug eine britische Soldatenuniform. Die Hausbesitzerin – ihr Mann war noch in Gefangenschaft –, die Frau aus dem ersten Stock, deren Sohn 1943 im Badezimmer der Wohnung Selbstmord begangen hatte, meine Mutter und ich saßen in der Herbstsonne. Die Frauen flickten Wäsche und stopften Strümpfe. Sammy Frenkel begrüßte uns. Mit seiner Mutter und seiner Schwester war er seinerzeit nach England entkommen. Vater Frenkel war von Deutschen ermordet worden. Nach meiner Erinnerung floß das Gespräch im Garten spärlich, aber ohne Heftigkeit.

III.

Krieg

Vier Jahre, bevor Sammy uns aufsuchte, wortkarg blieb, die Stimme nicht hob, als er vom Tod seines Vaters berichtete, uns mitteilte, seine Schwester, übrigens, habe sich vor kurzem mit einem Engländer verlobt – gut vier Jahre vorher hatte mir mein Vater verkündet, daß wir Deutsche den Krieg verlieren würden. Er sagte es einem schlaftrunkenen Jungen, den er sehr früh morgens wachrüttelte. Er hatte sich auf meinem Bettrand niedergelassen; ich sah ihn dort neben mir sitzen, aber die Augen fielen mir wieder zu. Ich hörte ihn, erschrak, ohne zu begreifen, was seine Mitteilung zu bedeuten hatte. Ich werde mich dann wohl zur Wand gedreht haben und ohne weiteres in den Schlaf zurückgeglitten sein. Mein Vater aber ging an diesem Morgen nicht wieder zu Bett, wie mir meine Mutter später besorgt erzählte, obwohl es doch ein Sonntag war. Es war der 22. Juni 1941, abends kehrte Breschnew nichtsahnend von der Jagd zurück, wie er später an Willy Brandts Tafel berichtete. Mein Vater hatte mir gesagt: »Wir sind in Rußland einmarschiert. Nun verlieren wir den Krieg.« Hatte er im Sommer 41 auch sonntags schon früh Nachrichten gehört aus unserem barock gestalteten »Blaupunkt«-Radio? Erwartete er etwas? Nach dem Krieg konnte man von umfangreichen Truppenverschiebungen aus Frankreich nach Polen im Frühjahr 1941 lesen. Irgend etwas werden aufmerksame Deutsche wie mein Vater seinerzeit gehört und in einen unruhigen Schlaf hineingenommen haben.

Mein Berufswunsch, der einzige, der mir in den Sinn kam, blieb unverändert auf ein Leben als aktiver Offizier gerichtet. Freilich wollte ich nun nicht mehr ins Heer eintreten, sondern meldete mich so früh wie möglich beim Wehrbezirkskommando »kriegsfreiwillig« und als »aktiver Offiziersbewerber« zur Marine. Mein Vater ließ mich gewähren. Vermutlich entwaffnete ihn das anhaltend Kindliche im Wesen des Halbwüchsigen, das um so mehr ins Auge sprang, je bedrückender die Zeitläufte wurden. Mich zu ernüchtern hatte er nur versucht mit dem unwirschen Hinweis, er könne den Lebenswandel eines aktiven Heeresoffiziers nicht bezahlen; dazu gehörten angeblich eigene Pferde, kostspielige Kasinoabende, Ehrenschulden. In dieser parteilichen Kurzfassung eines Herrenlebens in Uniform mischten sich wohl dörfliches Hörensagen aus den feudalen Zeiten vor dem Ersten Weltkrieg; eine instinktive Abneigung gegen mögliche Allüren, die sein Sohn keinesfalls annehmen sollte; ein gehöriges Selbstwertgefühl: Unsereins soll nirgends, wo er ist, nur eine zweite Geige spielen; und das in Kriegszeiten natürliche Bedürfnis eines unpathetischen Vaters, seinen Sohn ganz allgemein zur Vernunft zu bringen. Aber wie hätte das gelingen sollen gegen das kühne Ausweichmanöver, als das der Heldenaspirant seine Uneinsichtigkeit verstand? Kein General? Dann eben Admiral. Auf hoher See konnte man kein Geld zum Fenster hinauswerfen. Und in der Kriegsmarine gab es immerhin, eine Stufe unter dem Großadmiral, den Rang eines Generaladmirals. Seine quadratische Flagge an Bord eines Schiffes zeigte auf weißem Grund das schwarze Eiserne Kreuz und in der linken unteren Ecke zwei gekreuzte Schwerter.

In diesen kindischen Knabenträumen, denen ein Trotz gegen den Vater innewohnte, trat die Naivität des im Krieg

Heranwachsenden zutage. Das Naive beharrte auch im wirksamer werdenden Bombenkrieg, unter wachsenden Schrecken und Ängsten, auf seinem jugendlichen Lebensrecht. Neben ihm, es schließlich doch erstickend, entwikkelte sich eine Frühreife. Vom Jahre 1941 an bereitete der Krieg mir Erfahrungen, deren Bedeutung ich nicht sogleich ganz erkannte, aufgrund derer ich aber, als der Krieg 1945 für Hitlers Deutschland verlorenging, nicht aus allen Wolken fiel wegen der von Deutschen begangenen Verbrechen.

Im Hochsommer 1941 kam die Nachricht vom Tod des Bruders meiner Mutter, Richard. In Friedenszeiten hatte er eine Barbierstube im Haus meiner Großeltern Karl und Minna Hartmann betrieben. Er frisierte und rasierte die Bauern und die Stadtrandjünglinge, sofern die den Gang zum städtischen Herrenfriseur in Braunschweig scheuten. Als Kind durfte ich in Onkel Richards Barbierstube maßvoll den Duftzerstäuber für Rasierwasser betätigen und den Lederriemen berühren, an dem die Rasiermesser geschärft wurden. Beim Kampf um Kiew in der Ukraine war dem Barbier ein Bein abgeschossen worden. »Er blieb auf dem Operationstisch«, so erläuterte sein Kompaniechef brieflich der sehr jungen Witwe die näheren Umstände des Todes ihres Mannes, »für Führer, Volk und Vaterland«. Die Formulierung ist mir im Gedächtnis haftengeblieben, weil meine Mutter, sie hatte laut geweint beim Erhalt der Nachricht, den Satz in den nächsten Wochen oft wiederholte: »Er blieb auf dem Operationstisch.« Wie sie geartet war, wie sie die Welt reflektierte, gebrauchte sie ihn nicht bitter, sondern jedesmal neuerlich bis zu Tränen beeindruckt von der Theatralik dieser Todesbeschreibung.

Der Kompaniechef Richard Hartmanns hatte sich in seinem Brief an einer Floskel aus dem landläufigen Heldengedenk-Deutsch entlanggeschrieben, diese aber dem vorliegenden Todesfall angepaßt. So war aus dem Allgemeinplatz

»Er ist im Felde geblieben« die besondere Unterrichtung geworden: »Er blieb auf dem Operationstisch.« Für meine
Mutter waren, ohne daß sie es auf den Begriff hätte bringen können, des Hauptmanns Worte ein Widerhall aus der
vertrauten Welt der Kinosprache, deren sie sich bei starken
Erschütterungen selbst gern bediente. Sie war ihr geläufig
aus den gehobenen Unterhaltungsfilmen, auch traurige und
tragische waren darunter, die sie sich regelmäßig Montag
abends mit ihrem Mann und einem befreundeten Ehepaar
in einem nahegelegenen Lichtspieltheater zu Gemüte führte.
Heute, übrigens, sind in Äußerungen mancher deutscher Politiker und Medienmacher erste Anklänge von Heldenrhe-
torik wieder zu hören. Die Normalisierung sucht ihren
sprachlichen Ausdruck.

Nach der Kinovorstellung kehrten meine Eltern und ihre
Freunde gewöhnlich noch für ein Stündchen in ein ruhiges
Lokal ein. Spät sollte es nicht werden, Vater und Mutter
mußten früh auf dem Großmarkt sein. Sie kannten die Wir-
tin, deren Mann »an der Front stand«. So werden sie vermutlich zu ihren zwei großen und zwei kleinen Bier minde-
rer Kriegsqualität auch zwei Weinbrand und zwei Likör aus
dem schwarzen Vorrat bekommen haben. Falls die Damen
die Wahl hatten, so hätte meine Mutter einen Eierlikör und
die Freundin einen Sherry Brandy genommen. Nach meiner
Erinnerung beendete der nun schon regelmäßige Fliegeralarm von Jahresbeginn 1944 an dieses montägliche Vergnügen. Statt dessen saßen die beiden Ehepaare fast jeden
Abend in unserer Wohnung zusammen und spielten Rommé,
bis die Sirenen heulten. Zu dieser Stunde sollte ich nicht allein sein. Braunschweig lag am Luftweg nach Berlin. Der
Drahtfunk, vom Luftschutz betrieben (ich weiß heute nicht,
wie Internet funktioniert, ich wußte es damals nicht vom
Drahtfunk), meldete schließlich so gut wie allabendlich, daß
»feindliche Bomberverbände auf dem Weg nach Berlin« wa-

ren. Immer öfter fügte er hinzu: »Nach Süden abgedrehte
Flugzeuge befinden sich im Anflug auf Braunschweig.«

Das befreundete Ehepaar, von mir bei seinem Familien-
namen Onkel und Tante Peters genannt, verlor Ende Februar 1944 fast all sein Hab und Gut unter der Wirkung einer amerikanischen Luftmine; also bei einem Tagesangriff,
die Engländer bombten nachts. Die gängige Metapher für
solche Schicksalsschläge war: »Sie haben nur noch, was sie
am Leibe trugen.« Das war in vielen Fällen wörtlich zu nehmen. Der Kleinbürgerstand kannte das Wort Aktien fast
ausschließlich aus der antisemitischen Propaganda gegen
»Aktienschieber und Börsenjobber«; daß er selber Aktien
besitzen könnte, war so unvorstellbar wie eine Landung auf
dem Mond. Das, was man »auf der hohen Kante« hatte,
das Geld auf den Sparbüchern oder im Strumpf, war nach
heutigen Maßstäben wenig. Der Sparstrumpf meiner Eltern
wurde unter der Wäsche im Schrank hervorgeholt und in
eine bauchige Aktentasche gesteckt zu Personaldokumenten
samt Sparbuch, einer Garnitur Unterwäsche für meine Mutter zum Wechseln, einer Büchse Leberwurst, einer kleinen
Tüte Bohnenkaffee und einem Päckchen Zigaretten für meinen Vater. Die Tasche stand griffbereit, damit sie bei der eiligen Zufluchtsuche im Luftschutzkeller oder Bunker nicht
vergessen wurde.

Daß Onkel und Tante Peters wenigstens noch besaßen,
was sie beim Bombenangriff am Leibe getragen hatten, daß
ihr Leib überhaupt noch existierte, verdankten sie ihrer Entscheidung, diesmal nicht, wie üblich, in den Keller ihres
Wohnhauses zu gehen, als die Sirenen im auf- und abschwel-
lenden Ton Alarm gaben – Entwarnung wurde in gleich-
bleibendem Ton verkündet –, sondern sich in den nächsten
öffentlichen Luftschutzbunker zu flüchten. Onkel Peters
hatte eilig seine Schusterwerkstatt neben dem Laden meiner
Eltern verlassen und im Nachbarhaus seine Frau abgeholt:

71

Laß uns in den Bunker gehen. Warum? Ein Zufall, eine Vorahnung? Die beiden Begriffe waren mehr und mehr in aller Munde: Von Gottes Fügungen zu sprechen war wenig in Mode. Schon gar nicht bei Onkel und Tante Peters, die bekennende Nazis waren. Sie verspotteten meine Eltern, weil die mich Anfang April 1944 konfirmieren ließen. Meine Mutter, die heftig werden konnte, aber auch die Stimmung unter den Freunden nicht eintrüben wollte, versuchte sie mit einer Lesart der christlichen Lehre zu beschwichtigen, die sie gerade erst im Gespräch entwickelte. Danach war Jesus – gewiß ein Jude, was unerwähnt blieb, aber mitschwang – längst nicht mehr so wichtig. Jetzt zähle vor allem Gott. Heute erheitert mich die Vorstellung, daß die schlichte Frau seinerzeit durchaus nennenswerten Kräften der Evangelisch-Lutherischen Kirche Deutschlands wenn nicht ins Herz geblickt hatte, so doch in aller Unschuld ihrem Zungenschlag nahegekommen war.

Als Onkel und Tante Peters nach dem Angriff aus dem schützenden Bunker kamen, besaßen sie also außer ihrem Leben »nur noch, was sie am Leibe trugen«. Sie hatten »noch Glück gehabt«, auch eine Redewendung jener Tage. Es herrschte kaltes Wetter, so hatten sie ihre Wintermäntel angezogen, bevor sie sich eiligen Schrittes über die Okerbrücke in die dickwandige, fensterlose, mit Stahltüren bewehrte Betonzuflucht aufmachten. Etwa eine Viertelstunde brauchten sie für den Weg. Im Keller hätten sie nicht überlebt. Eine amerikanische Luftmine hatte das Haus etwas angehoben mit ihrem Druck und dann zusammenstürzen lassen. So erklärten wir uns damals die Wirkung von Luftminen, die noch über einige Entfernung eintrat, indes gewöhnliche Sprengbomben nur unmittelbar an ihrer Einschlagstelle vernichteten, worauf sie trafen. Ich will nicht mehr lernen, ob unsere laienhafte Erklärung der Waffentechnologie halbwegs zutreffend war. Uns, die potentiellen Opfer, interessierte das Ergebnis.

Unter den Trümmern des Hauses, in dem das Ehepaar Peters gewohnt hatte, sah ich den ersten Toten in meinem Leben. Man hatte ihn unter dem Schutt aus zerbrochenen Steinen, gesplitterten Balken, verbogenen Leitungsrohren und Überresten von Hausrat vermutet. Der Angriff war nicht sehr schwer gewesen; so konnte noch am selben Tag in allen Trümmerbergen nach Leichen gesucht werden. Nach umfassenderen Bombardements konnte es damit Tage dauern. Manche Tote wurden dann zufällig entdeckt. Andere wurden wissentlich wie unwissentlich beiseite geschoben mit den Trümmern, die die Straßen versperrten. Feuerwehrleute, Überlebende aus den zerbombten Häusern, Nachbarn, abkommandierte Hitlerjungen, sofern sie nicht selber ausgebombt waren, Soldaten auf Urlaub, die uns beim Schaufeln schmeichelten, sie seien lieber an der Front als ohnmächtig in einem Keller – sie alle waren an der Arbeit.

Ich half an jenem Februartag 1944 beim Schaufeln und Zerren und Schieben an dem Berg, unter dem die Habe der Freunde meiner Eltern verschüttet lag. Nach kurzer Zeit schon rief einer der Helfer, hier liege der Tote. Vielleicht sei er gar nicht mehr bis in den Keller gekommen. Es war ein älterer Mann auf einem kurzen Besuch bei Verwandten im Haus, die während des Angriffs zur Arbeit waren. Ich sah ein graubraunes Bündel, erkannte einen eingeschlagenen Kopf mit einem roten Striemen an der Wange und einen abgewinkelten Arm. Ich hörte einen Feuerwehrmann sagen, er wies dabei auf den flachen Krater in hundert Meter Entfernung, wo die Luftmine in einen freistehenden Geschäftskiosk eingeschlagen war: »Den, der da drin war, konnten wir aus dem Erdreich kratzen und in einem Schuhkarton aufsammeln.« Hatten sie es getan? Ich wundere mich heute, daß mir diese Formulierungen noch ganz und gar geläufig sind. Am nächsten Morgen hatte ich Schulunterricht. Nachmittags buddelte ich mit meiner Mutter, mit Onkel und

Tante und den beiden anderen Ehepaaren, die in dem Haus gewohnt hatten – ihre Söhne waren im Krieg –, nach Brauchbarem unter dem Schutt. Kochtöpfe, dick eingestaubte Wäsche, auch zwei Bilder, die an einer Wohnzimmerwand gehangen hatten, kamen zutage. Stets gab es dabei ein Hallo, und alle kamen über den Trümmern zusammen, um den Fund zu begutachten. Einmal lachten wir alle – ich kann, wenn ich will, mir viele Geräusche aus jener Zeit ins Ohr zurückrufen –, als Tante Peters eine ihrer kleinen, dünnen, geblümten Sammeltassen gänzlich unversehrt aus dem Dreck grub.

Bevor es an der Heimatfront ernst wurde, kam im Frühjahr 1942 ein Neffe meines Vaters »im Mittelabschnitt« der Front in der Sowjetunion zu Tode. Ich hatte den Vetter noch im Jahr vorher bewundert in der schwarzen Uniform der Panzertruppe. Er hatte in der Familie als Tunichtgut gegolten, weil er nach einer dunklen Geschichte mit einem Motorrad, man sprach nicht weiter darüber – hatte er es sich angeeignet, bevor er es ganz bezahlt hatte? –, zu drei Monaten Gefängnis verurteilt worden war. Nun aber, auf Urlaub im schwarzen Blouson, keine andere Waffengattung hatte einen solchen Uniformschnitt, war er seinen Eltern eine Einladung der Familie zum Sonntagsessen wert gewesen. Solche Essen zogen sich gewöhnlich über den Nachmittag hin, bis die Gäste, die Vieh im Stall hatten, zum Melken und Füttern nach Hause mußten und auch meine Eltern mit mir nach Braunschweig zurückkehrten. »Wie früher die Braunschweiger Husaren«, hatte der Vater des Urlaubers an der Mittagstafel fast ein bißchen geprahlt. In der Sache war das überflüssig. Jeder am Tisch, der sich fürs Militärische interessierte, wußte, daß »die Braunschweiger« schwarz getragen hatten. Die Frauen musterten den Urlauber gründlicher: Gut sähe er aus und gesund, versicherten sie seiner Mutter.

Nun, ein knappes Jahr später, war er tot. Er war nicht auf dem Operationstisch geblieben. In seinem Fall lautete die Redewendung: »Er ist nicht mehr rausgekommen.« Das hatte kein Hauptmann geschrieben. Es war Volkes Stimme. Sie drückte eine Überzeugung aus, die keinerlei Bestätigung brauchte – die sich aber auch nicht durch gegenteilige Berichte dauerhaft widerlegen ließ. Mein Vetter war »bei den Panzern« gewesen, und mit der Dauer des Krieges und seinen wachsenden Opferzahlen verfestigte sich im sozialen Umfeld meiner Familie die Vorstellung von Panzerwagen, die in Brand geschossen worden waren und aus denen die Besatzung »nicht mehr rausgekommen ist«. Dieses Schreckensbild, das nur allzuoft der Wahrheit entsprach, schien alle anderen Todesursachen bei Panzersoldaten zu verdrängen. Mein Vetter ist womöglich beim Löffeln von Erbswurst aus dem Kochgeschirr an einem sonnigen Hang in einem Birkenwäldchen von einer verirrten Granate getötet worden; sein Hauptmann mag geschrieben haben: »bei einer Rast« – Volkes Stimme beharrte auf der Vorstellung vom Feuertod. Das Bild vom Krieg veränderte sich unter den Deutschen von Niederlage zu Niederlage immer schneller. Bei Zusammenkünften der Familie, aus Gesprächen mit Urlaubern, denen ich zuhörte, an kurzen Bemerkungen einkaufender Frauen im Geschäft meiner Eltern, sogar durch ein verändertes Kriegsvokabular auf dem Schulhof nahm ich manches vom Wandel dieses Bildes wahr, weiß es aber erst nachträglich in Worte zu fassen: Aus den gepanzerten Triumphwagen des Frankreichfeldzugs wurden in Rußland glühende Särge.

Wenn im Wehrmachtsbericht Frontabschnitte oder Städte in der Sowjetunion erwähnt wurden, kommentierten meine Eltern das Geschehen an konkreten Einzelfällen: Ist da nicht der Mann von der ...? Aus der Gegend wissen wir von niemandem, oder? Zu Stalingrad, dessen Name von Herbst

1942 an fast täglich in den Nachrichten war, schwieg mein Vater. Ich erinnere mich an eine Trauerkundgebung von »Partei, Staat und Wehrmacht«, wie sich der Herrschaftsapparat selber nannte, Anfang 1943, es wird im Februar gewesen sein, in einer ausgeräumten Fabrikhalle. Vor dem Podium, das mit Hakenkreuzfahnen verhängt war, in der Mitte die Reichskriegsflagge, standen einige Reihen Stühle. Vorn saßen verwundete Soldaten, hinter ihnen uniformierte Parteifunktionäre, wegen der Farbe und Pracht ihrer Amtstracht »Goldfasane« genannt, und höhere Offiziere aus den Dienststellen der Wehrmacht in Braunschweig. Ältere Zivilisten, Fabrikarbeiter, Soldaten aus der Garnison, wir vom »Jungvolk« und halbwüchsige Mädchen vom »Bund deutscher Mädel«, die schon Ansätze von Busen zeigten, füllten die Halle. Gedacht wurde der »Helden von Stalingrad«. Ein Fähnleinführer sprach ein Gedicht; ein Generalmajor und der NS-Kreisleiter von Braunschweig hielten Reden; ein Trompeter blies die Melodie vom guten Kameraden, was mir zum knäbischen Herzen ging. Das gemeinsame Singen des Deutschland- und des Horst-Wessel-Liedes schloß die Feierstunde. Die älteren Männer, die Soldaten, wir Jungen und Mädchen in Uniform blieben in loser Ordnung bei der jeweiligen Gruppe. Ich hatte mich durchaus erheben lassen wollen. Mich irritierte das Gemurmel unter den Männern, das unterdrückte Gelächter, wenn offenbar einer einen Witz erzählte, und das verstohlene Rauchen hinten in der Halle. Aber ich entzog mich nicht unserem Flüstern, mit dem wir uns auf dieses und jenes Mädchen – »siehst du ihren Balkon?« – aufmerksam machten. Später im Jahr fanden zwei weitere Vettern von mir ihren Tod als Soldaten; der eine bei Rückzugsgefechten im Süden der Sowjetunion, der andere mit zwei Kameraden auf der Insel Kreta durch einen Stromschlag, als sie mit ihrer Geschützlafette über eine herabhängende Starkstromleitung fuhren.

Gestorben wurde auch zu Hause. In unserem Dreifamilienhaus lebte auf der ersten Etage ein älteres Ehepaar, der Mann war städtischer Beamter gewesen, mit seinem erwachsenen Sohn, einem Arzt. Der Enddreißiger arbeitete in einem Krankenhaus und war deshalb vom Militärdienst zurückgestellt: uk geschrieben, so lautete der gepriesene Buchstabencode für »unabkömmlich«. Um die Zeit meines vierzehnten Geburtstags herum, im November 1943, sagte mir mein Vater, der Sohn unserer Mitbewohner sei tot. Ich hatte den freundlichen, zurückhaltenden Mann selten gesehen. Er ging früh aus dem Haus und kam spät zurück. Aus Bemerkungen meiner Eltern reimte ich mir zusammen – zutreffend, wie ich Jahre später erfragte –, daß er Selbstmord begangen hatte: die Pulsadern geöffnet, im Wasser der Badewanne verblutet.

Der Vater besuchte wochenlang jeden Tag das Grab seines Sohnes. Merkwürdig gefaßt, so hörte ich dann eines Abends meine Mutter meinem Vater berichten, sei der alte Mann gestern vom Friedhof zurückgekommen. Ein Unbekannter, der täglich nicht weit vom Grab auf- und abgegangen sei, habe zu ihm gesagt, er solle zufrieden sein, daß sein Sohn tot sei. Man hätte ihn sonst abgeholt. Das hatte die Mutter des Selbstmörders meiner Mutter erzählt. Der Unbekannte, ohne Frage ein Gestapo-Mann, den der trauernde Vater erbarmte, hatte auf Freunde des Toten gewartet, um sie festzunehmen. Der Arzt war homosexuell gewesen. Ich wußte seinerzeit, als meine Eltern davon sprachen – »er war ein 175er« –, kaum ungefähr, was das ist. Aber ich empfand stark, daß eine furchteinflößende Macht am Grabe gewartet hatte.

Als der Krieg, der von Deutschland ausgegangen war, in Form des Bombenkriegs immer heftiger, blutiger, folgenschwerer nach Deutschland zurückkehrte, wurden Schulkinder bis zum Alter von zwölf Jahren aus gefährdeten

Großstädten aufs Land gebracht. Sie wurden klassenweise mit ihren Lehrern – nur noch alte Männer oder Kriegskrüppel – evakuiert, wie man sagte. Offiziell hieß die Schutzmaßnahme Kinderlandverschickung, abgekürzt KLV, was wir Kinderlandverschleppung nannten. Die Braunschweiger Schüler kamen in dafür beschlagnahmte Hotels im Harz.

In den Oberschulen blieben zwei Klassen zurück, nachdem die Jüngeren aufs sichere Land verbracht worden waren und die Älteren schon seit längerem, ausgestattet mit einem sogenannten Notabitur, zu den Soldaten eingezogen; in der einen Klasse Schüler aus dem Geburtsjahrgang 1928 und einige aus der ersten Jahreshälfte 1929, in der anderen solche vom Jahrgang 1929 und Anfang 1930. Die Älteren wurden 1944 sogenannte Luftwaffenhelfer, siedelten mit ihrer Klasse in Flakstellungen am Stadtrand über und wurden fortan in Baracken zwischen Flugabwehrkanonen, Entfernungsmeßgeräten und Sperrscheinwerfern unterrichtet – soweit der Luftkrieg Zeit dafür ließ. Die Angeber kamen sich gewaltig vor in ihren Uniformen, geschnitten wie die Kluft der Hitlerjugend, aber blaugrau getönt. Wir aus der jüngeren, in der Stadt verbliebenen Klasse wurden zur Brandwache eingeteilt. Wir waren uns einig, daß unser Dienst gefährlicher wäre als das Ausrufen von Zahlen am Entfernungsmeßgerät der Flak am Stadtrand. Ganz gewiß aber waren wir bei unserer Pflichterfüllung weniger unter Aufsicht.

Jede dritte Nacht, wir wechselten uns ab mit Gleichaltrigen aus anderen Oberschulen, bezogen wir in Gruppen zu fünf oder sechs den Dachboden eines großen öffentlichen Gebäudes – des Rathauses, anderer Ämter, Schulen –, um bei einem Luftangriff Brandbomben zu löschen, bevor sich das Feuer ausbreiten konnte. Die Berufsfeuerwehr war den Bränden allein nicht mehr gewachsen. Manche Gebäude haben wir, oft freilich nur vorläufig, vor dem Niederbrennen

bewahrt, aus anderen mußten wir vor den Flammen flüchten. Wenn eine nächtliche Brandwache »ohne besondere
Vorkommnisse«, also ohne einen Angriff, vorübergegangen
war, fielen am nächsten Morgen die ersten zwei Schulstun-
den aus. Falls Sprengbomben, Luftminen und Stabbrand-
bomben – wenn man sie noch fassen konnte, bevor sie ganz
brannten, konnte man sie vom Dach auf die Straße schleu-
dern – auf Braunschweig abgeworfen worden waren, mußten wir zunächst sehen, ob die elterlichen Wohnungen, aus
denen wir zur Brandwache gegangen waren, und das Schul-
gebäude noch standen. Zunehmend sachlich intonierte
Nachrichten über den und jenen Lehrer oder Schüler, die
über Nacht zu Tode gekommen waren, wurden zahlreicher
unter uns. Wir waren nicht Berlin oder Köln, lagen aber mit
Braunschweig eindeutig vor München, was die nament-
lichen Erwähnungen im Wehrmachtsbericht betraf.

Meistens waren es schöne Abende, bis wir einschliefen,
wenn auf unserer Brandwache kein Alarm kam. Wir lagen
auf Feldbetten, Metallgestellen mit Strohsäcken und dun-
kelgrauen Wolldecken aus Beständen des amtlichen Luft-
schutzes, erzählten uns Witze und sprachen über Mädchen.
Von einigen Deckenbalken des großen Raumes hingen Glüh-
birnen herab, die durch blaue Bemalung vorschriftsmäßig
abgedunkelt worden waren. Einer aus unserer Gruppe hatte
ein Koffergrammophon und Schallplatten seines älteren
Bruders – »für Führer, Volk und Vaterland gefallen«, sagte
er jeden Abend – mit auf den Dachboden gebracht. Wir versammelten uns um das Grammophon und klopften mit den
Füßen den Takt der Musik. Wir »hotteten«, so nannten wir
das. Dazu setzte ich einen Hut auf, den ich auf Wache mitnahm. Bei Angriffen vertauschte ich ihn mit einem der blechernen Schutzhelme, die auf einem Tisch neben unseren
Betten lagen. Es war ein breitkrempiger Hut aus hellgrauem
Filz, verziert mit einem schmalen, schwarzen Band, ein gu-

tes Stück aus der berühmten italienischen Hutmacherei »Borsalino«. Ein Bekannter meiner Eltern, auf Urlaub aus Italien, hatte ihn als Geschenk zu meiner Konfirmation im Frühjahr 1944 mitgebracht.

Mein Lieblingslied auf Brandwache hieß, von einer Frau gesungen, »Saison in Kairo«. In einem der Gebäude, die wir bewachten, kam manchmal die Frau des Hausmeisters – sie vertrat ihren Mann, der Soldat war – zu uns auf den Boden. Sie war wohl dreißig Jahre alt, trug einen Trainingsanzug – »schon für den Keller« – und darüber einen gesteppten Morgenmantel. Sie sprach oft davon, wie lange ihr Mann schon nicht mehr zu Hause gewesen war: »Da fehlt einem doch was.« Mit dem und jenem von uns versuchte sie dann und wann ein paar Tanzschritte. Dabei behielt ich meinen Hut auf. Sie sagte: »Ich habe mir einen Tropfen Kölnisch Wasser hinters Ohr getupft.«

Ein paar Mal veranstalteten wir Rennen mit Straßenbahnwagen. Sie waren in der Innenstadt abgestellt worden, damit sie nicht im Depot durch Bomben alle auf einen Streich zerstört würden. Wir führten den peitschenförmigen Stromabnehmer an die Oberleitung, hatten nun »Saft« und setzten die Waggons mit Hilfe eines Vierkantschlüssels in Fahrt. Der Ritt auf der Straßenbahn, der auf geraden Strecken ein ganz schönes Tempo erreichen konnte, gewann noch an Dramatik, weil er in dunkler Nacht dahinging – manchmal gestoppt vom Fliegeralarm. Aber bald hatten die nächtlichen Streifendienste der Polizei und der Hitlerjugend – ältere Führer, die von der Front abkommandiert worden waren – ein wachsames Auge auf die gelblichen Wagen.

Im September 1944 wurden wir aufgeboten zur Verteidigung des Deutschen Reiches in dessen Vorfeld; nicht länger als Brandwache an der Heimatfront, sondern als Erdarbeiter mit Spitzhacke, Schaufel und Spaten in Holland. Die Verlegung an die Westfront – in einem Sonderzug mit Waggons für Reisende mit Traglasten – beendete meine Annäherung an Dorothee Wittnebe, eine Pfarrerstochter, mit der ich im April konfirmiert worden war. Ich traf sie zwei-, dreimal in der Woche zufällig auf ihrem Nachhauseweg. Wir sprachen über die Schallplatten aus meiner Nachtwache und von ihren Schulfreundinnen, die immer alberner wurden, wie Dorothee mir anvertraute. Bevor wir ihrer elterlichen Wohnung auf Sichtweite nahekamen, verabschiedeten wir uns voneinander. Der Zufall würde es wohl fügen, daß wir uns wiedersahen.

Nachts auf den Dachböden der öffentlichen Gebäude, die wir vor des Feuers Brunst bewahren sollten, erwähnte ich dann und wann meine Begegnungen mit einem Mädchen. Aber ich hütete mich, seinen Namen preiszugeben. Ich war gewarnt: Einer aus unserer Wache hatte den Namen seiner Zufallsbekanntschaft – er habe sie beim Einkaufen kennengelernt – gegen einen Bombensplitter eingetauscht, der vielzackiger war als die gewöhnlichen Straßenfunde nach einem Luftangriff. Fortan stand jener Name – war es Gudrun? – regelmäßig vor Unterrichtsbeginn zusammen mit dem des Splittersammlers an der Tafel im Klassenzimmer, umrahmt von einem Kreideherz. Nicht nur Dorothees Freundinnen, auch meine Schul- und Wachkameraden führten sich immer alberner auf, ließ ich Dorothee wissen. Sie beschwor mich, ihren Namen für nichts auf der Welt zu verraten. Hier steht er nun, fast sechzig Jahre später, zum ersten Mal. Seinerzeit, im September 1944, rettete uns der Gestellungsbefehl zum Sonderzug aus unserer Not: den Namenspreisgeber vor weiterem Hohn und Spott im Klassenzimmer und mich vor der Gefahr, eines Abends doch noch, nach ein paar Tanzschritten mit der Hausmeistersfrau, meinen sonstigen Umgang mit dem weiblichen Geschlecht prahlerisch namhaft zu machen. Nun war nur noch der Rede wert, was wir zu singen gelernt hatten: Ins Feld, in die Freiheit gezogen. Nur im Felde, da ist der Mann noch was wert, da wird ihm das Herz noch gewogen.

Vormittags waren wir aus der Schule mit einem hektographierten Befehl nach Hause geschickt worden, in dem unseren Eltern namens einer Parteidienststelle mitgeteilt wurde, wir seien zu einem Kriegseinsatz verpflichtet worden und hätten uns nachmittags um fünf am Hauptbahnhof in Jungvolk- oder Hitlerjugenduniform einzufinden; ausgerüstet wie zu einem Ferienlager: Nachtzeug, Kulturbeutel, Wäsche, Strümpfe im Marschtornister, auch »Affe« genannt, eine Wolldecke, vorschriftsmäßig gefaltet und um den Affen geschnallt, wie bei den Pimpfen gelernt. Meine Mutter jammerte: »Du bist doch noch nicht einmal fünfzehn.« Mein Vater faltete sorgfältig, Kante auf Kante, meine Decke. Ich beharrte darauf, daß meine Mutter, die mich zur Abfahrt begleitete, in einiger Entfernung vom Bahnsteig Abschied nahm. Auch andere Jungen hatten sich mit dieser Forderung durchgesetzt. Sprachen die Frauen miteinander über ihre Kinder – »noch nicht einmal fünfzehn« –, als sie die Bahnhofshalle verließen? Strebten sie auseinander, um allein zu sein? Wir teilten, als wir den Zug bestiegen, die Verlegenheit jener Kameraden, die nicht hatten verhindern können, daß ihre weinenden Mütter sie bis zur Abteiltür begleiteten. Hohn und Spott kam nicht auf.

Der Sonderzug fuhr von Braunschweig über Peine und Hannover, nach Westen also. Auf beiden Stationen stiegen weitere Jungen und, ebenso wie in Braunschweig, eine Gruppe alter Männer ein. Wie wir später hörten, waren schließlich etwa 600 Menschen in dem Zug unterwegs, darunter rund 150 zwischen sechzig und fünfundsechzig Jahren. Sie waren als weniger wichtige oder halbinvalide Männer aus den Belegschaften von Rüstungsbetrieben und anderen Fabriken »ausgekämmt« worden, wie man es nannte. Sie trugen Arbeitskleidung und hatten kleine Koffer oder feste Pappkartons bei sich, Zivilistengepäck. Sie musterten uns, und einige von ihnen wechselten Blicke untereinander. Dieser stumme Meinungsaustausch über mich Ahnungslosen hinweg ließ vorübergehend meinen Vater und Onkel Paul im Abteil erscheinen.

Wir fuhren die Nacht hindurch und bis zum nächsten Nachmittag. Nachts hatten wir Aufenthalte gehabt, weil Militärzüge – mit Soldaten oder Munition oder Verwundeten – Vorfahrt hatten. Einige Male standen wir vor Städten, an deren Himmeln das Feuerwerk von Luftangriffen zu sehen war. Anfangs hatten wir nicht gewußt, wohin wir transportiert wurden. Jenseits der Reichsgrenze sprach sich dann schnell herum im Zug: Wir sind in Holland. Aber Holland – die Niederlande, gaben sich manche im Abteil kennerisch – war ja unser. Freilich nicht mehr der Luftraum darüber. Zweimal am Vormittag wurde unser Eisenbahnzug von Attacken amerikanischer Tiefflieger gestoppt; ein Indiz für eine gewisse Frontnähe. Niedrig heranbrausende Flugzeuge, deren Motorenlärm in der Nähe noch übertönt wurde von der hämmernden Schußfolge ihrer Maschinengewehre, griffen uns an. Wir sprangen aus dem stehenden Zug und suchten, so gut es ging, Deckung unter und zwischen den Wagen. Denn die Niederlande rechts und links vom Bahngleis waren flach und leer.

Wir erlitten damals keine Verluste. Aber ich lernte an diesem Vormittag zwei Arten von Angst zu unterscheiden. Die Angst im Luftschutzkeller bestand aus einem andauernden Grundgefühl von alsbald möglicher Vernichtung. Ich empfand mich dabei aber zunächst durchaus als Subjekt: als ein seiner selbst bewußtes Wesen. Sobald jedoch Einschläge ganz nah hörbar wurden, ein Beben spürbar war und schließlich das Pfeifen herabstürzender Luftminen in den Ohren gellte, steigerte sich das Grundgefühl zu nur noch kreatürlicher Todesangst. Es widerfuhr mir nicht, aber ich denke, auf dieser Stufe der Existenz, auf der der Mensch nur noch Objekt ist und entsprechend reagiert, kann es zu unwillkürlichen Entladungen von Blase und Darm kommen. Erst wenn der Höllenlärm abebbte, kehrte das Subjekthafte meines Grundgefühls zurück.

Die Angst hingegen, die ich spürte, als ich mich der Länge nach an die Seite des Eisenbahnwagens preßte, soweit wie möglich darunter geschoben – diese Angst zerstörte keinen Augenblick lang meine Selbstgewißheit, Subjekt zu sein. Diese Angst drückte mich nicht herab zu einem bloßen Objekt. Sie war durchsetzt von Wut, nicht nur gegen die angreifenden Tiefflieger, sondern auch auf meine Hilflosigkeit. Rettete mich die Wut davor, nur noch Objekt zu sein? War es, weil ich das Angsterlebnis im Freien hatte und nicht eingesperrt unter einer Decke, an deren schützende Kraft beim nahen Bombenangriff nicht mehr zu glauben war? Lag hier der Grund, warum mein Vater und Onkel Paul aus ihrem Krieg noch nachträglich mit spürbar besonderem Tonfall vom Verschüttetsein erzählten? Ich weiß es nicht. Aber meine unterschiedlichen Ängste sind mir bis heute, nun ich über siebzig Jahre alt bin, vertraut.

Wir stiegen aus dem Zug in Zwolle, einer mittelgroßen Stadt nahe einem Mündungsarm des großen Stroms, der in Deutschland Rhein und in den Niederlanden Ijssel heißt. Ob wir gesungen haben, als wir durch die Straßen zu unserem Quartier zogen, erinnere ich mich nicht mehr. Die alten Männer, die mit ihren Koffern und Kartons den Schluß unserer Marschkolonne bildeten, haben es gewiß nicht getan. Unser Anblick wird die Bürgerinnen und Bürger von Zwolle, die seit Beginn der alliierten Invasion im Juni in Frankreich auf ihre Befreiung von uns Deutschen warteten, nicht entmutigt haben. Wir wurden untergebracht in mehreren ausgeräumten Schulen. In den Klassenzimmern waren Strohsäcke ausgebreitet zum Nächtigen. Auf den Gittern oder Mauern, die die Schulhöfe von der Straße trennten, war Stacheldraht befestigt. Er sollte nachts holländischen Widerständlern das Werfen von Handgranaten auf unsere Unterkünfte erschweren. Verpflegt wurden wir von der Wehrmacht. Dem Malzkaffee, so wollten wir wissen und gaben uns als Erwachsene, wenn wir darüber sprachen, war ein Pulver beigegeben, »Hängolin« nannten wir es, das den Geschlechtstrieb der Soldaten und nun also auch den unseren dämpfen sollte.

Wir haben knapp vierzehn Tage lang einen Graben auf der südwestlichen Seite der Ijssel ausgehoben, rechts und links der Straße zu einer Brücke, die hier über den Strom führte. Wir wurden eingewiesen in unsere Arbeit von ein paar Männern der Organisation Todt, die den Atlantikwall errichtet hatte. Die Invasionsfront war nahe an Holland herangerückt. Wurden an anderen Orten auch Verteidigungsstellungen gebaut? Oder war unser Tun die einzige konkrete Folge einer Planung, die einst in militärischen Stäben ausgedacht und dann im Drange der Geschäfte beiseite gelegt worden war? Waren also nur die Kräfte aus Braunschweig, Peine und Hannover noch in Gang gesetzt worden, weil zufällig dort die Marschbefehle zuerst eingegangen waren? Wir wußten es nicht. Was vorging, erscheint im Rückblick als aberwitzig. Die alten Männer verhöhnten unsere Anstrengungen. Wir Jungen aber waren ganz bei der Sache. Sehr tief ist unser Graben wohl nicht geworden und auch nicht sehr lang. Bagger und andere Maschinen gab es nicht. Wir hantierten mit Spitzhacken, Spaten und Schaufeln. Der Graben sollte anrollende Feindpanzer vor der Brücke aufhalten.

Einige Male unterbrachen Angriffe von Tieffliegern unser Hacken und Graben und Schaufeln. Es gab sie nicht täglich. Die amerikanischen und britischen Flieger fanden genügend lohnendere Ziele hinter der zurückweichenden deutschen Front. Man konnte meinen, wenn die zwei, drei Maschinen herankamen, niedrig über uns hinwegdröhnten und dann in einer steilen Kurve zurückkehrten, es sei nichts als die Lust und Laune der Piloten gewesen, schnell noch einmal auf Jagd zu gehen vor der Landung auf dem heimischen Flugfeld. Es gab Tote und Verwundete unter uns. Wie viele Tote? Ich weiß es nicht mehr. Wohl höchstens ein knappes Dutzend. Größere Verlustziffern hätten einen nachhaltigeren Eindruck hinterlassen.

Wir arbeiteten von morgens bis in den Nachmittag hinein, unterbrochen von einer Kartoffelpampe-Mahlzeit, die von Lastwagen der Wehrmacht aus der Stadt herangekarrt wurde. Dann marschierten wir zurück nach Zwolle und hatten frei bis zum Zapfenstreich, womit der Einbruch der Dunkelheit gemeint war, zu dem wir wieder in unserer Schule sein mußten. Sicherheitshalber durften wir nur in Gruppen in die Stadt gehen. Wir liefen umher, sahen in leere Schaufenster, veralberten holländische Inschriften, blickten holländischen Mädchen nach, versuchten uns bei Soldaten anzubiedern – Methode: woher, wohin, Kamerad? –, tranken Malzkaffee im Soldatenheim, wo wir Krankenschwestern und Blitzmädel – Nachrichtenhelferinnen – musterten, standen gegenüber der großen Kirche auf dem Marktplatz herum. Noch aus Zeiten der Kolonialgeschichte der Niederlande waren Zigarren und Zigarillos in bestimmten Mengen frei zu kaufen. Einer aus unserer Klasse mußte im Lazarett von einer Nikotinvergiftung kuriert werden. In der Innenstadt gab es eine Eiskonditorei, in der wir neben Einheimischen vor dem Tresen auf Bedienung warteten. Die Verkäuferin leistete ihren Teil Widerstand. Sie hörte in der Regel lange nicht, was wir ungebetenen Gäste bestellten. Sie bedeutete uns, kein Deutsch zu verstehen. Einmal war ein Soldat hinter uns eingetreten. Er sagte: »Wenn die Kameraden nicht sofort bedient werden, dann zünde ich eine Handgranate in dieser Bude.« Wir hatten einen großen Bruder; das hatte die Verkäuferin wohl vergessen.

Manches an unseren großen Brüdern in Zwolle irritierte mich. Mir schien, es herrschte eine gewisse Unordnung unter den Soldaten. Jedenfalls sahen viele von ihnen anders aus als gewohnt. Am fremdartigsten wirkten die Marineleute in ihren blauen Jacken, um die sie Koppel geschnallt hatten, und den Hosen, die sie unten in die sogenannten Knobelbecher, die Marschstiefel der Infanteristen, gestopft hatten. Sie trugen Pistolentaschen, viele hatten eine Maschinenpistole umgehängt. Heute weiß ich von Fotografien, wem diese Seeleute glichen: den Matrosen vom November 1918, die Karabiner am Riemen über der Schulter trugen, die Läufe nach unten gerichtet. Beide paßten nicht in die konventionelle Vorstellung von Kriegsschiffpipeln (pipel gleich people: die deutsche Marine angelsächselte immer gern). Die von 1918 hatten ihre Schiffe verlassen, um sich an einer Revolution zu versuchen. Ihre Waffenbrüder von 1944 hatten ihre Schiffe in den französischen Atlantikhäfen vor den Amerikanern und Engländern aufgeben müssen. Sie waren beim Rückzug in die Heeresfront eingegliedert worden.

Waren sie es wirklich, waren sie es vollständig? Bestimmte Gruppen von Soldaten schienen andere Gruppen zu meiden. Fast alle waren, wie unser großer Bruder in der Eiskonditorei, auch beim Stadtbummel so schwer mit Handfeuerwaffen ausgerüstet, als seien sie nur auf einer kurzen Rast von einem Marsch, zu dem sie gleich wieder aufbrechen müßten. Einige Soldaten hielten sich, so sah es für mich aus, ganz abseits. Das Erscheinen von Feldgendarmen, den Kettenhunden, so genannt wegen ihres großen, blechernen Brustschildes, das sie an einer Halskette befestigt hatten, trieb die einzelnen Soldaten schnell in Seitenstraßen, aber gemächlicher zogen sich auch manche Gruppen vor den Militärpolizisten zurück. Was ich damals wahrnahm und empfand, aber in seinem Charakter nicht bestimmen konnte, waren erste Anzeichen einer noch nicht dramatischen, aber schon sichtbaren Auflösung im Hinterland einer bröckelnden Front. Gruppen verselbständigten sich. Einzelne Versprengte, ob absichtlich oder unwillentlich nicht mehr bei ihrer Truppe, suchten Unterschlupf, wo sie ihn fanden. Ich verstand schon besser, was vorging, als ich im März 1945 ähnliche Auffälligkeiten in Braunschweig sah. Aber die Front westlich der Reichsgrenzen, also auch in den Niederlanden, stabilisierte sich im Herbst 1944 noch einmal.

Sonntags arbeiteten wir nicht. Am Sonntag, dem 17. September 1944, einem Tag unter einer leicht verschleierten Sonne am blaßblauen Himmel, standen wir vormittags auf dem Marktplatz von Zwolle. Wir hatten die Einheimischen zum Gottesdienst gehen sehen. Wer von ihnen mit dem Fahrrad kam, nahm es mit in die Kirche. Die calvinistische Kargheit des Raumes – ich hatte einmal hineingesehen – wurde dadurch nicht beeinträchtigt; und die Weltläufte vor der Tür des Gotteshauses rieten dazu, die Fahrräder im Auge zu behalten. Ein ruhiger Tag würde langsam fortschreiten. Was tun gegen die Ödnis freier Zeit in einer abweisenden Fremde? Sollte ich nach Hause schreiben? Immerhin, es wäre ein Feldpostbrief.

Wer hörte das Geräusch als erster? Bannte es sogleich die Aufmerksamkeit aller, die zusammenstanden? Beim Niederschreiben meiner Erinnerungen bemerke ich, daß ich vieles aus der Vergangenheit heraufholen kann. Aber nur wenig ist mir so genau gegenwärtig wie das, was an diesem Vormittag über Zwolle zu hören und dann zu sehen war. Und gewärtig ist mir auch, wie wir Menschen unten auf dem Marktplatz uns verhielten. Sehr schnell war jedes Gespräch verstummt. Niemand mußte sagen: Seid einmal still! Hört einmal! Wir wurden sozusagen gewaltsam zum Hören gezwungen. Wir waren Ohren- und bald auch Augenzeugen eines Geschehens, das seine unverkennbare Dramatik gegen jede theatralische Regel aus seiner nicht enden wollenden Gleichförmigkeit empfing. Wir alle kannten von Zuhause das Geräusch mehrmotoriger amerikanischer Bombenflugzeuge, die sich näherten. Das Geräusch von Zwolle hatte denselben Ursprung, es schlug aber aus einer unvorstellbaren Quantität in eine andere Qualität um: in ein tiefes Grollen, das schon von Ferne die Fenster am Marktplatz klirren ließ. Das Geräusch rief die Menschen, der Gottesdienst konnte noch nicht beendet sein, aus der Kirche heraus. Nun standen die Holländer und die Deutschen, die sich sonst tunlichst mieden, einträchtig nebeneinander und sahen stumm zum Himmel hinauf. Und dann erschienen sie: Hunderte zwei- und viermotoriger amerikanischer Flugzeuge. Die Kriegshistoriker haben inzwischen belegt, daß die Luftarmada, die über uns hinwegflog an jenem Septembertag, als geschlossene Formation die größte war, die bis heute je am Himmel erschienen ist.

Und gerade in Sichtweite über uns bildete sich ein zweiter Strom von Flugzeugen unter dem Blinken und Glitzern und Schimmern der Maschinen. Wir begriffen, daß zu der Dramatik des unablässigen Grollens der Motoren ein Element der Stille hinzugekommen war: Viele, viele Lastensegler klickten die Seile los, die sie mit den Motorflugzeugen verbanden, und begannen ihren Sinkflug, indes die Maschinen über ihnen davonflogen. Lastensegler sind große Segelflugzeuge, in denen mehrere Dutzend Luftlandesoldaten oder schwere Waffen und Geräte Platz haben. Sie werden von Motorflugzeugen an Seilen emporgezogen und lösen sich von ihnen in der Nähe des Landegebiets.

Als die Armada über uns hinwegzog, war keinerlei deutsche Abwehr zu sehen oder zu hören. Diese ergebene Duldung, als die es wirkte, erhöhte noch den Eindruck, eine unerreichbare, wahrhaft überirdische Macht zeige sich am

Himmel. Das Grollen blieb von seiner Annäherung, noch bevor die amerikanischen Flugzeuge zu erkennen waren, bis zu seinem Abebben, als die Flugzeuge schon wieder entschwunden waren, lange, lange Zeit über uns. Schließlich erhob sich doch in der Ferne Kampflärm, Bomben detonierten und Geschütze krachten. Da gingen die Holländer und die Deutschen auf dem Zwoller Marktplatz wieder auseinander.

Eine Zeitlang schwiegen wir noch. Binnen zwei Stunden wurden die Gerüchte, die schnell umliefen, von der Nachricht abgelöst, daß amerikanische Fallschirmjäger und Luftlandetruppen bei Arnheim, einer Stadt etwa fünfzig Kilometer Luftlinie von Zwolle entfernt, gelandet seien und eine Schlacht mit deutschen Militärkräften entbrannt sei. Gleichzeitig rückten über die schmalen Deichstraßen Hollands starke britische Panzerverbände vor, Garderegimenter, um sich mit den Amerikanern bei Arnheim zu vereinen. Erstes taktisches Ziel war die Sicherung einer Brücke dort. Daraus sollte sich der strategische Sieg entwickeln, noch im Jahr 1944 vom Westen her ins deutsche Reichsgebiet vorzustoßen und den Sowjetsoldaten bei der Eroberung Berlins zuvorzukommen. Der Plan scheiterte. Die Amerikaner und Engländer erlitten bei Arnheim ihre letzte schwere, sehr blutige Niederlage gegen die deutschen Truppen mit weit über zehntausend Toten. Die Sowjets kamen als erste in Hitlers Reichshauptstadt.

Die Alten und wir Jungen aus Braunschweig, Peine und Hannover wurden noch am Tag der Luftlandung, gegen Abend, in einen Eisenbahnzug verfrachtet und heimtransportiert. Der Schlachtenlärm begleitete uns, abklingend, über eine Stunde lang. Am nächsten Morgen gab es noch einmal einen Angriff von Tieffliegern auf unseren Zug. Abends waren wir zu Hause. Der Kommentar meiner Mutter zu meinen Berichten aus meinem Krieg hatte sich nicht verändert: »Du bist doch noch nicht einmal fünfzehn.«

Fünfunddreißig Jahre später, 1979, ich war inzwischen Ständiger Vertreter der Bundesrepublik bei der DDR, lud mich der britische Botschafter in Ost-Berlin zu einem Mittagessen in seine Residenz, bei dem wir nur zu dritt waren. Ich hatte ihm einmal auf seinen Wunsch einiges aus meiner Kriegsjugend in Deutschland berichtet. Der andere Mittagsgast war der Staatssekretär des britischen Außenministeriums, der zu Verhandlungen mit der DDR nach Ost-Berlin gekommen war. Er unterrichtete mich über seine Gespräche im Außenministerium und den Empfang bei Erich Honecker und Hermann Axen, dem Außenpolitiker im Politbüro der SED. Danach sagte der Gastgeber, er wolle uns beide noch über unsere jetzigen Funktionen hinaus miteinander bekannt machen. Er berichtete seinem Vorgesetzten aus London von meinen Erlebnissen im September 1944 in Zwolle. Und der Staatssekretär, so sagte mir der Botschafter, habe an jenem Tag als junger Leutnant mit seinem Panzerwagen nach Arnheim durchzustoßen versucht. Wir kamen ins Erzählen. Er sprach von den Panzern und ich von den Flugzeugströmen.

Normalität ist ein weites Feld. Wieder daheim in Braunschweig im Herbst 1944, kehrten wir in unsere vorherige Normalität zurück. Wir gingen zum Schulunterricht und auf Brandwache. Wurde neuerlich gespottet über den Splittersammler, der den Namen seiner Freundin preisgegeben hatte? Rief der Anblick der Tafel in unserem Klassenzimmer, das in der Zwischenzeit nicht kaputtgebombt worden war, die Erinnerung an das Herz mit den Namen darin wach? Ich weiß es nicht mehr; vielleicht, weil für mich schon nach wenigen Tagen die Normalität wieder durchbrochen wurde. Ich erkrankte an Scharlach und geriet im Zusammenhang damit – nicht wegen der Krankheit selbst – in ein tiefes Tal der Angst. Scharlach war damals, vor Anbruch des antibiotischen Zeitalters, eine gefährliche Kinderkrankheit.

Wer von ihr befallen wurde, mußte für sechs Wochen wegen der Ansteckungsgefahr in Quarantäne. Unser Hausarzt wies mich ins Städtische Krankenhaus ein, in dem ich fünfzehn Jahre zuvor im kalten Winter 1929/30 zur Welt gekommen war.

In der Nacht zum 15. Oktober 1944, ich war seit zwei Tagen in Quarantäne auf der Kinderstation, kam es zum schwersten Luftangriff auf Braunschweig während des ganzen Krieges. Brandbomben, aus britischen Flugzeugen abgeworfen, lösten starke Feuer aus. Sie verheerten die mittelalterliche Innenstadt, viele Häuserzeilen und Plätze mit niederdeutschen Fachwerkhäusern, so gut wie vollständig. Zwischen den Schuttbergen ragten noch lange nach dem Krieg die hohen Seitenwände mit den spitzbogigen Fensterhöhlen ausgebrannter gotischer Kirchen empor. Verlorene Gottesburgen. Mehrere tausend Menschen kamen in der Angriffsnacht ums Leben.

Uns Patienten hatten Schwestern in die Luftschutzkeller des Krankenhauses geschafft, nachdem Alarm gegeben worden war. Es mußte dann schnell gehen. Der Voralarm, eine Neuerung mit einer anderen Abfolge von Sirenengeheul, der mehr Zeit gelassen hätte, war notgedrungen ignoriert worden. Er war inzwischen so alltäglich geworden, daß seine Beachtung das knappe Pflegepersonal überfordert hätte. Und vielleicht würden ja die Flugzeuge – die amerikanischen am Tage, die britischen bei Nacht – vorüberfliegen, weiter nach Berlin. Aber diesmal drehten die Bomber auf Braunschweig ein. So eilig wie möglich bewegte sich unsere Krankenschar die Korridore entlang und die Treppen in den Keller hinunter. Bettlägerige Patienten – liegenbleiben durfte nur, wer sich beim besten Willen nicht erheben konnte – wurden an uns vorübergerollt und stauten sich vor dem Fahrstuhl. Für die Bewältigung von Luftangriffen war das

Krankenhaus nicht gebaut worden. Die Korridore und Treppenhäuser waren abgedunkelt. Wir mußten unsere Zuflucht im Keller bei spärlicher Beleuchtung aufsuchen. Kinder weinten. Ich fror in meinem Schlafanzug, obwohl ich einen Mantel übergezogen hatte und Strümpfe in meinen Hausschuhen trug. Die Quarantäne-Ordnung geriet schnell außer Kraft und, als die Bomben detonierten, in Vergessenheit.

Das Krankenhaus wurde bei dem nächtlichen Angriff erheblich beschädigt, mehrere Bettenhäuser wurden völlig zerstört. Das Gebäude, in dessen Keller wir saßen, bebte. Es wurde geschrien, als das Notlicht erlosch und erst nach einiger Zeit flackernd wiederkehrte. Wir waren Objekte. Bis Tagesanbruch blieben wir im Keller, Feuerschein war oberhalb der Kellerschächte zu sehen. Brandgeruch drang von außen herein. Ärzte und Schwestern gingen die Bankreihen entlang und musterten die Patienten. Das Auswahlprinzip war einfach: Wer aus der Kinderstation gehfähig war und alt genug schien, den Weg nach Hause zu finden, wurde entlassen. Sicher war dabei Ratlosigkeit im Spiel. Aber was hätte man anderes tun sollen? Die Plätze im Krankenhaus waren knapp geworden, viele medizinische Einrichtungen vernichtet. Verpflegung und Versorgung mußten neu organisiert werden. Jedenfalls befand ich mich, ausgestattet mit der Weisung, mich sogleich bei unserem Hausarzt zu melden, am frühen Morgen des 15. Oktober auf der Straße. In einiger Entfernung brannten noch weite Teile der Innenstadt. Zunächst waren wir sechs, sieben Halbwüchsige, die sich auf die Feuer zu bewegten. Sie loderten auf unserem Weg nach Hause. Am Rande der Innenstadt trennten wir uns, den Stadtvierteln entsprechend, denen wir zustrebten. Jene, die in der Innenstadt wohnten, mußten in die Unübersichtlichkeit der Schuttberge hinein. Wir anderen suchten Pfade möglichst außerhalb der zugeschütteten Straßen. Es waren lange Umwege für die gerade eben entlassenen Patienten.

Ganz gewiß ist innerhalb meines guten Langzeitgedächtnisses die visuelle Erinnerungskraft die stärkste. Ich kann die Bilder von damals ohne weiteres beleben: die Häusertrümmer, aus denen verkohlte, da und dort noch schwelende Balken hervorstachen. Die offen klaffenden Häuser in der Kulissenhaftigkeit ihrer noch stehenden Innenwände, an denen bis in den obersten Stock hinauf die Tapetenreste der einstigen Wohnzimmer zu erkennen waren. Die Bemühungen von Feuerwehrleuten, Luftschutzhelfern, Hitlerjungen, Zwangsarbeitern, sich an einigen Trümmerhaufen bis in den Keller durchzuwühlen nach etwaigen Überlebenden, von denen noch Klopfzeichen zu vernehmen gewesen waren. Die gespenstischen Ruinen, auf deren staubigen Höhen sich Angehörige von Hausbewohnern eingefunden hatten, Fronturlauber dann und wann, die in ihrer Verzweiflung beredt genug waren, um die Hilfskräfte zum Graben und Beiseiteräumen von Steinen anzubetteln, obwohl nichts mehr unter dem Schutt zu hören war. Die rußgeschwärzten Frauen mit Kindern an der Hand, manche mit Kinderwagen. Die hilflosen Alten. Die Überlebenden schienen umherzuirren, waren aber wohl doch zielstrebig. Sie sprachen zunächst wenig. Die vorherrschenden menschlichen Geräusche – unter lärmendem Feuer und dem Krachen jetzt erst einstürzender Mauern – waren Keuchen, schweres Atmen und Schluchzen. Und über allem die ziehenden Rauchschwaden. Der Besitz dieser Bilder, die Kraft, sie mir zu vergegenwärtigen, ist ein Teil meiner Identität. Und ich weiß, daß die da oben in ihren Maschinen und wir hier unten auf Erden nicht in denselben Krieg verwickelt waren.

Nach gut zwei Stunden befand ich mich in Händen meiner Mutter. Das Geschäft war geschlossen; durch die ausradierte Innenstadt führte keine brauchbare Straße mehr zum Großmarkt. In einer ausgebombten Stadt tritt in jenen Vierteln, die vom jüngsten Angriff kaum oder gar nicht unmittelbar berührt worden waren, für einige Zeit eine gewisse Ruhe ein. Die Leute stehen vor den Hauseingängen. Vorerst gibt es nichts zu tun. Man wartet auf Nachrichten, die von Vorbeieilenden – aus den zerbombten Stadtgebieten oder auf dem Wege dorthin, um das Schicksal von Verwandten und Freunden zu erkunden – mitgeteilt werden. Wenn es gar beim Alarm geblieben ist, also keinen Angriff auf die Stadt gegeben hat, dann ist die Zeit gleich nach der Entwarnung der süßeste Augenblick des ganzen Tages. Die Flakgeschütze schweigen, die Fluggeräusche sind verklungen. Und genau jetzt liegt die längste Zeitspanne bis zum nächsten Alarm vor einem. In einer Stunde würde sie schon eine Stunde kürzer sein.

Ruhiger ist es nur noch beim genauen Gegenteil: in den Minuten vom Alarm bis zu den ersten, sich nähernden Flugzeuggeräuschen. Der Verkehr ruht. Die Stadt hält den Atem an. Und dann kommen sie oder bleiben aus: zehn schrille Pfeiftöne, schnell hintereinander von einer Lokomotive auf dem Güterbahnhof ausgestoßen, die weit über die schweigende Stadt hin zu hören sind. Diese Pfeiftöne waren nach Voralarm und Alarm die höchste Warnstufe. Jetzt war von der Luftschutzzentrale sicher erkannt worden, daß es binnen kurzem, in wenigen Minuten, einen Angriff auf Braunschweig geben würde. Nun durften auch die Eisenbahner, für die das Pfeifen bestimmt war, Schutz suchen. Bis dahin hatte die Durchhalteparole verlangt: »Räder müssen rollen für den Sieg.«

Dies alles sind feste Erinnerungen für mich. Sie quälen mich nicht. Aber sie verhelfen mir zu einem Bewußtsein dessen, was eine umfassende, lang andauernde Kriegswirklichkeit bedeutet. Gelegentlich stockt mir der Atem, wenn ich heute tonangebende Kräfte sagen höre, seit dem 11. September 2001 befänden wir uns im Krieg. Sie reden wie Blinde von der Farbe.

Seinerzeit, im Krieg, holte mein Vater den alten Dr. Wiebrecht zu mir Scharlachkrankem. Der schüttelte den Kopf über die aufgehobene Quarantäne, verfügte eine neue in den Grenzen der Wohnung und verordnete Bettruhe. (Über vierzig Jahre später schrieb der junge Dr. Wiebrecht, der 1944 Militärarzt gewesen war, den Totenschein für meine Mutter aus. Meine Eltern schätzten altvertraute Beziehungen.) Nun lag ich im eigenen Bett, ziemlich erschöpft. Vom nächsten Tag an blieb ich allein in der Wohnung. Das Geschäft meiner Eltern war wieder geöffnet, ein provisorischer Gemüsenachschub vom Großmarkt war eingerichtet worden. Ein Kunde lieh meiner Mutter, als er von meiner Erkrankung hörte, zwei Bücher für mich, die wir nicht herumzeigen sollten: eines von einem Klabund und eines von einem Thomas Mann: die Buddenbrooks. Nach etwa einer Woche, zumeist im Bett verbracht – Klabund las ich lieber als Thomas Mann –, überfiel mich jäh eine tiefe Angst. Bei Fliegeralarm waren meine Eltern gekommen und mit mir in den Keller gegangen, wo die anderen Hausbewohner stillschweigend den Scharlachkranken duldeten; es waren keine Kinder im Haus. Ich weiß nicht, woher die Angst mich anflog. Ich vermute, eine Erregerquelle war die Nacht im Luftschutzkeller des Krankenhauses: das Weinen der kranken Kinder; nervöse Schwestern; der nahe Bombenlärm; der Feuerschein; das flackernde Notlicht; die Kälte. Bis wohin in meinem Gemüt hatten sich die Schrecken der Nacht des 15. Oktober inzwischen vorangearbeitet? Bisher war ich nicht besonders ängstlich gewesen. Bei einigen im Haus galt ich sogar als kaltblütig; fast vorwurfsvoll sagten sie es, weil ich, wenn Sprengbomben in der Nähe fielen und ich unruhig wurde, zu unwillkürlichem Grimassieren neigte, was wie ein gelassenes Lächeln aussehen mochte.

Etwas Unvertrautes also sprang mich am Vormittag jenes Tages beim Voralarm an, als die Angst zum ersten Mal über mich kam. Sie peinigte mich mehrere Wochen. Erst als ich wieder zur Schule ging und nachts auf Brandwache, wurde ich ihrer Herr. Vermutlich half mir dabei die Scham, die mir verbot, mich vor meinen Kameraden so in Panik aufzulösen, wie ich es tat, wenn ich allein in der Wohnung war. Immer war es der Voralarm, nicht erst der Alarm oder die Schreckenstöne aus der Lokomotive, der mich auf die Straße trieb und zum nächsten Schutzbunker flüchten ließ. Meine Angst verlangte von mir, mich bei der Wahl zwischen Keller oder Bunker zugunsten des sichereren Bunkers zu entscheiden, sobald die Sirenentöne des Voralarms aufheulten. Hätten meine Eltern mich in der Wohnung einschließen sollen? Nachts hastete nun meine Mutter mit mir in den dreistöckigen, fensterlosen Betonklotz, der mit schweren Metalltüren verschlossen wurde und etwa dreihundert Menschen Zuflucht bot. Mein Vater konnte uns nicht immer begleiten. Er und andere stadtkundige Männer mußten sich im Wechsel abends in einer Gartenwirtschaft am Stadtrand als Feuerwehrlotsen einfinden, um gegebenenfalls auswärtige Feuerwehren zu Großbränden zu dirigieren. Tagsüber konnten mich meine Eltern nur gewähren lassen. Wenn sie bei Alarm aus dem Geschäft kamen, hatte ich die Wohnung längst fluchtartig verlassen. Schon atemlos, wenn ich die Tür hinter mir zuschlug.

Im Bunker scheute ich noch das spärliche Licht, das von den feuchten Betondecken auf die Menschen herabschien mit ihren Habseligkeiten, die sie in vollgestopften Taschen und Rucksäcken mit sich trugen. Ich suchte den dunkelsten Platz am Ende einer Bankreihe. Ich fürchtete, obwohl die Erkrankung abgeklungen war, die Entdeckung: Du bist doch ansteckend. Hinaus mit dir vor die Tür. Manchmal beobachtete ich Jungen meines Alters, die sich von Bankreihe zu Bankreihe einen Gruß mit geballter Faust entboten und dann schnell in ein anderes Stockwerk liefen. Sie trugen weiße

Schals um den Hals. Ich wußte, sie gehörten zu den »Edelweißpiraten«, Jugendlichen vor allem aus Arbeitervierteln,
deren betont zivilistische Aufmachung und lange Haare Dissidententum, Abweichung von der herrschenden Lehre und
Gesinnung signalisierten. Wir sprachen auf Brandwache von
ihren Prügeleien mit den nächtlichen Kontrollstreifen älterer Hitlerjugendführer.

Eines Tages versagte die elektrische Pumpe, mit der
Frischluft in den Bunker gesaugt wurde. Ein Luftschutzwart
trieb mich aus meiner dunklen Ecke. Er suchte Jungen für
die große Luftpumpe, deren Stangen auf jeder Seite von
zwölf Händen auf und ab bewegt werden mußten. Abgelöst
wurde nach zwanzig Minuten. Der Alarm dauerte lange. Ich
kam zweimal an die Reihe. Hätte ich sagen sollen, ich bin
krank? Sofort wäre gefragt worden: Welche Krankheit hast
du? Als ich nach Hause gelangt war, mußte ich auf jedem
Treppenabsatz lange verschnaufen. Ein »Sportherz« dia-
gnostizierte Dr. Wiebrecht am nächsten Tag. Der Junge brauche vor allem Ruhe.

Manchmal trieb mich die Unruhe schon aus dem Haus,
bevor die Sirenen Voralarm verkündeten. Ich ging langsam
die Straßen hinunter und hatte wohl den verhaltenen Schritt,
den gewöhnlich alte Männer mit einem Lungenemphysem
oder einem schweren Herzfehler haben, die vortäuschen, in
ein Schaufenster zu sehen, aber in Wahrheit nur warten, bis
sie wieder bei Kräften sind für die nächsten paar hundert
Meter. Ich kannte schließlich alle Luftschutzbunker auf unserer, der östlichen Seite Braunschweigs.

Einmal war ich auf meinen Wegen durch die Stadt an einem Trupp von Häftlingen in gestreiften Jacken und Hosen
vorübergekommen. Bewacht von einem älteren Polizisten,
räumten die Männer nahe dem Bunker, dem ich zustrebte,
Trümmer von der Straße. Alarm, Pfeiftöne, ein leichter Angriff. Nach der Entwarnung stand ich noch mit ein paar Jun-

gen und alten Männern, unter ihnen der Polizist, einigen
Frauen und Kindern für kurze Zeit vor dem geöffneten Bun-
kertor. Hier war er, der süßeste Augenblick. Es zeigte sich,
daß einer der Häftlinge, die sich nicht im Bunker hatten ber-
gen dürfen, geflohen war. Der Polizist zuckte gleichmütig
die Achseln. Er hängte den langläufigen Karabiner über den
Rücken und schwang sich auf sein Fahrrad. Die grünliche
Uniformhose spannte über dem Gesäß. Ich habe bis heute
den Tonfall nicht vergessen, in dem er sagte: »Na, der wird
sich wundern.« Es klang nicht wie eine leere Drohung. Nicht
zuletzt war es das Beiläufige, was, zunächst unmerklich, die
politische Aufklärung von meinesgleichen bewirkte.

Im Januar 1945 wurde mein Geburtsjahrgang 1929 als
der letzte im Großdeutschen Reich zur Musterung für den
Militärdienst befohlen; jedenfalls in Braunschweig, die Musterung war nicht mehr überall möglich. Wir waren nun alle
fünfzehn Jahre alt. Zunächst in Turnhose, dann nackt defi-
lierten wir in einer Kaserne, in der wir auf unsere Tauglich-
keit gemustert wurden, zuerst an Feldwebeln vorüber, die
Größe, Gewicht, Sehschärfe, Gehör prüften, und dann an
Militärärzten zur abschließenden Begutachtung. Sie saßen
hinter einem Tisch, betrachteten unsere körperliche Gesamt-
erscheinung, flüsterten vernehmlich über erkennbare Ernäh-
rungsmängel einiger Jungen, nicht bei mir, ließen uns Knie-
beugen machen und sprachen ihr Urteil. Das über mich und
so gut wie alle anderen lautete: kv eins. Ich war stolz. Kv
hieß kriegsverwendungsfähig. Eins stand für: uneinge-
schränkt tauglich, erste Qualität sozusagen. Mein Vater
schwieg zu dem Befund. Meine Mutter reagierte ungewöhnlich. Sie weinte nicht, sondern sagte erbittert, wie voller
Überdruß an ihrem kindischen Sohn: »Du wirst den Krieg
auch nicht mehr gewinnen.« Womit sie recht behielt.

Im März 1945 sah ich die ersten versprengten deutschen
Soldaten in Braunschweig. Sie verhielten sich ganz so, wie

ich es in Zwolle beobachtet hatte. Sie wirkten unschlüssig, hielten sich als Gruppe oder einzelne abseits von anderen, mieden Feldgendarmen, die es nun vermehrt in der Stadt gab. Braunschweig wurde von Tag zu Tag deutlicher zum Hinterland der Front. Die Post funktionierte noch. In diesem Monat erhielt ich zwei Einberufungsbescheide. Mindestens der erste zeigte unverhüllt, wie weit die Verwaltung des niederbrechenden Reichs den Bezug zur Wirklichkeit verloren hatte. Er rief mich, im März 1945 (!), zwecks vormilitärischer Ausbildung für die Kriegsmarine – noch einmal winkte mir der Generaladmiral – zu einem Segelkurs auf die Halbinsel Hela. Vor Hela hatte im Sommer 1939 der Zweite Weltkrieg begonnen, als der noch aus Kaisers Zeiten stammende Panzerkreuzer »Schleswig-Holstein« dort polnische Befestigungen beschoß. Die Deutschen, die sich dann auf Hela festgesetzt hatten, waren inzwischen längst durch sowjetische Truppen von dem schmalen Landstreifen in der Ostsee gegenüber Gdingen (wir Deutschen hatten ein paar Jahre lang gesagt: Gotenhafen) vertrieben worden. Mein Vater höhnte nicht ohne Genugtuung, dorthin würde ich wohl nicht mehr durchkommen.

Der zweite Einberufungsbescheid bestellte mich binnen zweier Tage zur »Wehrertüchtigung« in eine Panzerjägerkaserne am Stadtrand von Braunschweig. Etwa fünfzig Halbwüchsige – Oberschüler und Lehrlinge – formierten sich auf dem Kasernenhof nach den seit Pimpftagen vertrauten Kommandos eines Unteroffiziers in Reih und Glied. Wie wir ausgewählt worden waren, blieb unklar. Vielleicht jeder dritte aus einer Liste der braunschweigischen Führung der Hitlerjugend in Abstimmung mit dem Wehrbezirkskommando? Einige aus meiner Klasse waren dabei, manche kannten wir von anderen Schulen, auch aus Holland. Der Unteroffizier schritt unsere Reihen ab und notierte sich von ein paar Jungen die Namen.

Auf unserer Stube, belegt mit acht Heranwachsenden in doppelstöckigen Feldbetten, gab einer allein den Ton an. Er suchte als erster seine Schlafstatt aus, unten im Halbdunkel, weitab von der Tür. Während wir unsere schmalen Spinde einräumten, packte er seinen Pappkoffer vorerst nicht aus – »Tornister habe ich keinen« –, sondern legte sich aufs Bett und fragte nach einer Zigarette. Wir hatten keine, und er ließ uns wissen, was er, ein Schlosserlehrling, von Oberschülern, solchen Lackaffen und Weichmännern, denke. Wolle einer widersprechen? Wir schwiegen still. Nicht nur seine Körperstärke flößte uns Respekt ein. Wo wir abwarteten, wie wir zurechtkommen würden in einer neuen Hackordnung, gab er sich selbstbewußt. Er trug lange Haare. Ob er den weißen Schal der Edelweißpiraten, bevorzugt Fallschirmseide, im Koffer hatte?

Auf dem Flur vor unserer Kasernenstube wurde sein Name aufgerufen. Betont langsam ging er hinaus. Keine halbe Stunde später kam er als ein verstörtes Kind zurück. Sie hatten Samson die Haare militärisch kurz geschoren. Er ging zu seinem Bett, legte sich darauf und weinte eine lange Zeit, zunächst laut schluchzend, dann leise und nur gelegentlich schniefend. Als ob er nie mehr aufhören könnte. Sie hatten ihn angepaßt. Und er hatte es wahrgenommen. Er wußte es. Er täuschte sich nicht darüber. Mich hat der weinende Stubengenosse damals befremdet. Was hat mich befremdet?

Wir rückten mehrere Tage morgens ins Gelände aus und lernten mit der Panzerfaust zu schießen. An einer Art dünnem Ofenrohr, das man mit der rechten Schulter stützte, war vorn eine Granate befestigt. Wichtig war, daß das Rohr hinter der Schulter frei lag, weil aus ihm beim Abschuß eine sengende Stichflamme, dicht über dem Rücken des Schützen, fauchend herausfuhr. Taktische Anweisung: den feindlichen Panzerwagen möglichst nah an unser Deckungsloch oder das Gebüsch, in dem wir lauern würden, herankommen lassen und dann – wumm. Zum dritten Mal in meinem fünfzehn Jahre alten Leben schulte man mich im Auseinandernehmen, Reinigen und wieder Zusammensetzen des deutschen Karabiners 98. Schon in zwei Jugendlagern vorher hatte ich das exerziert, aber nun durften je drei oder vier von uns die Waffe mit auf Stube nehmen; und wir sollten uns überhaupt in keiner Not und Gefahr mehr von ihr trennen. Es sei denn, wir griffen aus gegebenem Anlaß zur Panzerfaust.

Die Ironie, mit der ich heute davon schreibe, stand mir seinerzeit nicht zu Gebote. Meine Empfindungen waren gemischt aus leiser Angst, kindlicher Abenteuerlust und Stolz, schon so gut wie Soldat zu sein. Wir erhielten ausrangierte Arbeitsdienstuniformen. Mein Vater und Onkel Peters besuchten mich eines späten Nachmittags in der Kaserne. Onkel Peters sagte mir, er wisse, wir sollten als Werwölfe hinter den feindlichen Linien kämpfen. Gottlob erwies sich, daß unsere militärischen Vorgesetzten – ein Hauptmann und zwei Unteroffiziere – das genaue Gegenteil im Sinn hatten. Alle drei waren dekorierte und auch schon einmal verwundete Frontsoldaten. Sie stammten aus der Steiermark und hatten wohl gehofft, wie ich mir später zusammenreimen konnte, in der Braunschweiger Etappe das Kriegsende zu erleben.

Nach mehrtägiger Schulung an Panzerfaust und Karabiner 98 wurde uns beim Morgenappell mitgeteilt, wir würden nach unserer Wehrertüchtigung nicht nach Hause entlassen, sondern angesichts der schwierigen Lage an Deutschlands Fronten als Kampfgruppe gegen die von Westen heranrollenden Amerikaner eingesetzt. Wir verließen das Braunschweiger Stadtgebiet. Es war inzwischen April geworden. Wir führten etwa ein Dutzend Panzerfäuste mit uns, jeder dritte oder vierte trug einen Karabiner, wenige andere hatten eine Armeepistole 0815. Als Verpflegung nahmen wir aus der Kaserne mehrere Kartons Knäckebrot mit, eine große Portion sogenannte Fliegerschokolade, dunkel-bitter, die wachhielt, wie es hieß, und große, schwere Eimer mit Vierfruchtmarmelade. Wir organisierten Äste, sobald wir ins Gelände kamen, an die wir die Eimer hängten, um sie zu zweit tragen zu können. Am angenehmsten war es, die Panzerfäuste zu transportieren. Trinkwasser hatten wir in Feldflaschen, die wir bei jeder Gelegenheit in den Dörfern auffüllten. Abends gab es Malzkaffee, gekocht auf kleinen Feuern, die wir entzündeten.

Vierfruchtmarmelade, erhältlich auf Zuckermarken, war der übliche süße Brotaufstrich in den Kriegsjahren, weil die vier Fruchtsorten, die zusammengekocht wurden, in großen Mengen angebaut werden konnten und austauschbar waren je nach Erntequantität. Immer blieb es in der einen oder anderen Mischung Vierfruchtmarmelade aus Erdbeeren, Kirschen, Johannisbeeren (in Norddeutschland Rieps genannt) und Stachelbeeren.

Eine knappe Woche zogen wir im Harzvorland südlich und südöstlich von Braunschweig umher, meistens auf Feldwegen und in loser Ordnung. In den Dörfern, durch die wir kamen, wurden wir feindselig angesehen. Es gab böse Rufe, sobald die Bauern – alte Männer, deren Söhne Soldaten oder Kriegsgefangene oder tot waren – erkannten, daß wir nicht zur Waffen-SS gehörten. Die Waffen-SS fürchteten sie, weil sie die Ackerwagen, Leitern und alten Pflüge beiseite geräumt hatten, mit denen sie vor ein paar Tagen auf Geheiß ihres Bürgermeisters und Ortsbauernführers Panzersperren errichtet hatten. Nun sollten wir nicht die Amerikaner reizen oder gar eine halbe Stunde aufhalten. Hinaus aus dem Dorf, zieht weiter. Wenn die Bauern merkten, daß unsere militärischen Führer Österreicher waren, wurde ihre Feindseligkeit noch in Hohn getränkt: Seht euch die Ostmärker an. Die alten Männer wollten, daß der bald sechs Jahre währende Krieg für ihr

Dorf nun zu Ende ging. Aber noch in dieser Stimmung lag der Ausdruck ihrer stärksten Verachtung für den Hauptmann und die beiden Unteroffiziere unserer Truppe darin, deren soldatische Qualitäten in Zweifel zu ziehen.

Am Tage sahen wir manchmal durch einen Feldstecher, den der Hauptmann herumgehen ließ, von Waldrändern aus oder kleinen Hügeln herab in genügender Entfernung die amerikanischen Panzer und ihren Troß aus Lastwagen und kleinen viereckigen Geländewagen – Jeeps, wie wir wenig später lernten – die größeren Straßen in östlicher Richtung entlangziehen. Von Ferne waren gelegentlich Schüsse zu hören. Winnetou, Tecumseh der Berglöwe und Grausperber, wie noch vorvorgestern mein indianischer Kriegername gelautet hatte, sahen uns über die Schulter. Warum griffen wir nicht an? Zweimal attackierten uns Tiefflieger, aber anders als in den flachen Niederlanden gab es hier schützendes Gehölz. Nachts kampierten wir in Feldscheunen oder im Wald. In einem Dorf machten wir eines Nachmittags ein knappes Dutzend russische Zwangsarbeiter, beschönigend Fremdarbeiter genannt, zu unseren Gefangenen. Ihre bäuerlichen Dienstherren hielten sie nicht mehr zurück. Die Russen wollten wohl als Gruppe ihr Überleben in den vorübergehend unübersichtlichen Verhältnissen suchen. Sie mußten mit uns ziehen. Wir ließen sie Marmelade-Eimer tragen. Einer unter uns Jungen sagte, sie müßten uns nun erst Stellungen ausheben und dann ihre eigenen Gräber. Danach würden sie erschossen, schon um zu verhindern, daß sie unsere Stellungen verrieten. Er sagte es wie selbstverständlich. Von wem hatte er derlei gehört? Ich fürchtete mich vor dem, was da kommen könnte, und betrachtete die fremden Menschen wie gebannt. Nachts entkamen sie uns. Ich war erleichtert.

Unsere Führung verfolgte mit dem scheinbar sinnlosen Umherziehen in einem relativ kleinen Gebiet – gestern ein wenig näher an die Harzberge heran, heute wieder mehr nach Norden zurück, alles langsam – höchstwahrscheinlich einen wohl bedachten Plan. Das wurde mir freilich erst Jahre später ganz deutlich, als ich einiges gelesen hatte über die besondere Gefährlichkeit einer gewalttätigen Ordnung, die zusammenbricht. Die drei kriegserprobten Steiermärker hatten uns Kindersoldaten als beweiskräftiges Zeugnis, zum Endkampf entschlossen zu sein, mit sich geführt. Wären sie allein zwischen den Fronten von blindwütigen SS-Leuten erwischt worden, hätten sie damit rechnen müssen, als Vaterlandsverräter aufgehängt zu werden. Von einer Wehrmachtstruppe aufgegriffen, wären sie womöglich in diese eingereiht worden – wer weiß, zu welchem Ende. So zogen sie mit uns als Alibi-Zeugen durchs Land, bis die Lage für sie übersichtlich geworden war. Bevor sie sich dann auf den weiten Weg in die steiermärkische Heimat machten, entließen sie uns eines späten, mondhellen Abends aus ihrer Befehlsgewalt. Es war ein schlichter Abschied. Sie ließen die Panzerfäuste und Karabiner samt Munition einsammeln und Laub darüber häufen. Sie erklärten nichts, gaben uns aber ein paar praktische Ratschläge: Trennt euch, geht nur in kleinen Gruppen, scheut das Tageslicht und meidet Straßen.

Ich tat mich mit einem Klassenkameraden zusammen. In zwei Nächten marschierten wir nach Hause. Dörfer, die in Deutschland dicht gesät sind, umgingen wir. Nur in der ersten Nacht, ermüdet vom Stolpern über schwere Äcker, von dem Überklettern von Stacheldrahtzäunen, dem Abrutschen in Gräben, riskierten wir einmal, durch ein dunkles Dorf zu schleichen. Aus einem Hof rief uns ein Posten auf Englisch an. Wir begannen zu laufen. Er schoß ins Ungefähre hinter uns her. Vermutlich fürchtete er sich vor Werwölfen wie wir uns vor ihm. Tags ruhten wir. Aus sicherer Entfernung beobachteten wir Fremdarbeiter, die sich Fahrräder beschafft hatten und lärmend auf und ab fuhren: in Freiheit. Wir ängstigten uns bei dem Gedanken, sie könnten uns entdecken.

Am Morgen der zweiten Nacht waren wir vor Braunschweig angekommen, auf der richtigen, der östlichen Seite, auf der wir beide zu Hause waren. Wir vergruben unsere Pistolen am Waldrand. Ich kenne die Stelle noch. Zwei Jahre später bin ich in dem Wald mit einer Freundin, sie hieß Ruth Römer und war meine erste Liebe, spazierengegangen. Wir Heimkehrer, der Klassenkamerad und ich, zogen unsere Uniformröcke aus und begaben uns in zivilen Hemdsärmeln in die Stadt. Zu unserem Glück war Ausgangszeit für die deutsche Bevölkerung, nicht Sperrstunde. Dennoch waren nur wenige Leute auf den Straßen. Wir sahen einige amerikanische Soldaten, Schwarze darunter, die wir bisher nur aus den Wochenschauen im Kino kannten. An einer Ecke verabschiedeten wir uns voneinander. Ich kam an dem Lichtspieltheater vorbei, in das meine Eltern mit Onkel und Tante Peters zu gehen pflegten. Von hier fällt die Straße, in der ich wohnte, leicht ab auf die Okerbrücke zu. Ich weiß, daß ich die letzten paar hundert Meter zögernd ging. Ich kannte das zertrümmerte Haus dort rechts und die Ruine gegenüber. Noch ein paar Schritte, links ein vertrauter Schutthaufen, und da stand das Haus, in dem meine Eltern wohnten. Es stand: nicht stärker demoliert als bei meinem Auszug ins Feld, mit einigen vernagelten Fenstern und einem rußgeschwärzten Loch im obersten Stockwerk, wo mein Zimmer bei einem Angriff vor ein paar Monaten ausgebrannt war. Seither hatte ich in unserer kleinen Stube geschlafen.

Meine Mutter und mein Vater, beide waren zu Hause. Das Braunschweiger Geschäftsleben war vorläufig zum Stillstand gekommen. Mutter briet mir zwei Spiegeleier – ach, Tante Anna und ihre Zusatzverpflegung für uns in der Stadt. Ich legte mich ins Bett und meine Mutter sagte: »Du kannst dich ganz ausziehen. Die Flugzeuge über uns sind jetzt unsere.« Eine krause, aber ganz und gar zutreffende Behauptung. Ganz ausgezogen hatten wir uns schon lange nicht mehr, damit wir schnell genug in den Bunker aufbrechen konnten. Ich schlief bis zum Abend, aß und ging wieder ins Bett. Meine Mutter wußte: »Du kannst die ganze Nacht durchschlafen. Wir haben Frieden.« In Berlin wurde noch gekämpft. Aber wir hatten unseren Frieden. Seither gehören zu meiner konkreten Vorstellung von ihm die zwei Kennzeichen: Die Flugzeuge über uns sind jetzt unsere. Du kannst die ganze Nacht durchschlafen.

Als ich eine gute Woche später, am 30. April 1945, abends im Radio vom Tod Adolf Hitlers hörte, weinte ich lange.

IV.

Mein Bildungsroman

Dem Kriegsende in Deutschland im Mai 1945 folgte ein Sommer von größter natürlicher Pracht. Wir hörten davon in Braunschweig aus allen Himmelsrichtungen. Alles Gewohnte war in Ungewißheiten versickert. Alles Geordnete war vom Ungeregelten ausgelöscht, mit Ausnahme der von der britischen Besatzungsmacht verfügten Sperrstunden von abendlicher zu morgendlicher Dämmerung, in denen die Deutschen in ihren Wohnungen bleiben mußten. Jeder umfassende Überblick über die Zustände im besiegten Deutschen Reich fehlte. Blieb Leipzig amerikanisch, oder war es schon russisch? Jeder Verkehr mit Eisenbahn oder Omnibussen war zum Stillstand gekommen. Die Benutzung privater Automobile, soweit solche in verschwiegenen Garagen den Krieg überdauert hatten, war verboten. Woher hätte man auch Benzin nehmen sollen? Dennoch waren Menschen von weither unterwegs: zu Fuß, auf Fahrrädern, mit Handkarren, manchmal mit eigenem Pferdewagen von jenseits der Oder. Was sie uns Seßhaften bieten konnten für eine karge Mahlzeit an der Tür, waren Nachrichten; auch über den Sommer, der allenthalben leuchtete. Er wurde oft »tröstlich« genannt.

Die meisten der Vorüberziehenden hatten ihr Ziel fest vor Augen. Sie waren ehemalige Soldaten, die der Gefangenschaft entlaufen waren oder sich vorher in die Büsche geschlagen hatten. Manche von ihnen trugen schmutzige Verbände oder gingen an Stöcken. Sie wollten um jeden Preis nach Hause. Alle Ziele der deutschen Nation waren nun privatisiert. Freilich wußten viele Wanderer nicht, ob ihr Zuhause noch in den letzten Kriegswochen untergegangen war. Vor allem von ihnen war in dieser allerersten Nachkriegszeit oft von Wundern zu hören: wie Totgeglaubte in der Tür gestanden hatten oder wie Menschen nach langer Trennung unversehens einander wiederbegegnet waren. Solcher Wunderglaube gehörte zu ihrem Marschgepäck, von dem sie gegen eine Zigarette denen abgaben, die in Braunschweig auf die baldige Ankunft eines von irgendwoher Heimziehenden hofften.

Kein Ziel beim Namen nennen konnten die Flüchtlinge auf ihren Wagen oder mit ihren Handkarren. Hielten sie an, so fürchteten wir, sie könnten bleiben wollen – die Fremden, die Schlesier, die Katholischen. Auch einige ausgezehrte Menschen in gestreiften Häftlingskleidern wanderten vorüber. Unschlüssig, ob sie gehen sollten oder sich noch eine Zeitlang im Taumel ihrer Befreiung auf der Stelle drehen, schienen manche Gruppen von Russen und Ukrainern zu sein, die im Krieg zur Zwangsarbeit nach Deutschland geschafft worden waren. Wir hatten Angst vor ihnen.

Auch Sieger zogen in diesem Sommer durch Braunschweig. Amerikanische Truppen mit Panzerwagen, Kanonen, Jeeps und Lastkraftwagen sonder Zahl machten auf ihrem Weg zur Siegesparade der Alliierten in Berlin drei Tage Rast bei uns. Sie nahmen Quartier in handstreichartig beschlagnahmten Häusern, deren Bewohner auf die Straße gesetzt wurden. Wir blieben verschont; unser Haus hatte nennenswerte Bombenschäden. Als die Sieger weitergezogen waren, schwoll der Nachrichtenstrom in Braunschweig an: Wie sahen jetzt manche der Wohnungen aus. Bisher hatte man derlei nur über die Russen gehört. Hier waren es gewiß die Neger gewesen. Der Vater eines Klassenkameraden hatte sein Haus vor der Einquartierung bewahren können. Er hatte ein Schild für die Haustür erhalten, das die britische Besatzungsmacht mit einem Stempel beglaubigt hatte: Out of bounds to all troops – gesperrt für alle Truppen. Er hatte belegen können, daß er ein Freimaurer war aus der Zeit vor der nationalsozialistischen Herrschaft. Ein Freimaurer, was war das?

Braunschweig gehörte nun den Engländern. Leider hatte der Spruch getrogen, der zu Anfang des Bombenkriegs den Engländern in den Mund gelegt worden war: Braunschweig wollen wir schonen, da wollen wir später drin wohnen. Von wegen. Obwohl doch der braunschweigische Herzog aus dem Welfenstamm ein enger Verwandter des englischen Königshauses war. Immerhin, wir waren in britischer Hand. Es hätte uns schlimmer treffen können. Würde Helmstedt, wenig mehr als dreißig Kilometer östlich, am Ende, nach der gemeinsamen Siegesparade in Berlin, den Sowjets ausgeliefert werden?

Ich hatte in diesem Sommer alle Zeit der Welt, weil die Schulen in Braunschweig erst im Herbst 1945 wieder geöffnet wurden. Meine Eltern hatten mit einer Lehrerin, einer dunkelhaarigen jungen Frau, die auf die Rückkehr ihres Verlobten wartete, Privatunterricht für mich an einem Nachmittag in der Woche vereinbart. Gezahlt wurde mit Gemüse; unser Geschäft kam wieder in Gang; meistens gab es Steckrüben. Englisch und Französisch sollte ich lernen. Wir saßen in einer Gartenlaube hinter dem Haus, in dem die Lehrerin wohnte. Bald ließen wir die Fremdsprachen beiseite. Im Nachmittagslicht, das vom Holzgitterwerk der Laube gebrochen wurde, las mir die junge Frau Gedichte vor: Rilke, Hofmannsthal, Hölderlin. Wir sprachen über die Verse, und »Fräulein Elli«, wie die Lehrerin von mir genannt werden wollte, ermutigte mich, meine Empfindungen in eigenen Worten auszudrükken, damit ich mich »ganz einstimmte in die Poesie«. Einmal am Ende eines Nachmittags küßte ich Fräulein Elli die Hand. Ich hatte jüngst von dieser Huldigungsgeste gelesen.

Der Verlobte der dunkelhaarigen Frau kam nicht aus dem Krieg zurück. Jahre später, ich war schon auf der Universität in München, hörte ich, sie sei die Geliebte des verheirateten Direktors der Schule geworden, an der sie Fremdsprachen unterrichtete. Schließlich hätten die beiden Selbstmord begangen. In der Buchhorst, einem stadtnahen Wald, habe er sie erschossen und dann den Revolver gegen sich selber gerichtet. Dabei habe er sich über sie gelegt. So seien sie von Spaziergängern gefunden worden.

Im Sommer 1945 ließ die britische Besatzungsmacht Plakate, hellrot in meiner Erinnerung, an Hauswände in Braunschweig kleben, auf denen eine große Fotografie abgebildet war. Das Papier der Plakate war schlecht, der Druck verwischt. Ich weiß nicht mehr, mit welchen Worten gefordert wurde, das Foto zu betrachten. Die meisten Passanten gingen nach einem kurzen Blick schnell weiter. Ich sah das Bild gründlich an. Die mangelhafte Wiedergabe ließ Einzelheiten kaum hervortreten. Aber deutlich waren Menschenleiber zu erkennen, in längsgestreifte Jacken und Hosen gekleidet. Sie waren ungeordnet aufeinandergehäuft, weil sie wohl, mit einem Schwung unter den Achseln und an den Füßen gepackt, eins, zwei, drei auf den Haufen geworfen worden waren. Die meisten streckten dem Betrachter die bloßen Füße entgegen. Ein Haufen Leichen. Unter dem Bild stand vermerkt, wo es aufgenommen worden war: im deutschen Konzentrationslager Bergen-Belsen. Tote Häftlinge.

Ich hielt auf der Stelle für möglich, daß die Fotografie etwas dokumentierte, was mich unmittelbar betraf: Opfer eines Verbrechens, das Deutsche von Staats wegen begangen hatten. Was mir die britische Besatzungsmacht auf ihrem Plakat im Juni oder Juli 1945 durchaus absichtsvoll vor Augen führte, erschien mir nicht unvorstellbar. Warum nicht? Ich weiß es nicht genau zu sagen. Gewiß hat die mißtrauische Distanz meines Vaters zum Nationalsozialismus, zu dessen Regime wie zu dessen Propaganda, wesentlich dazu beigetragen, daß mein Bildungsroman im ersten Nachkriegssommer auch vor dem Bild aus Bergen-Belsen begann. Zu den Anfängen meiner Identitätsfindung, meiner geistigen und seelischen Prägung, gehört mein Entsetzen vor dem Plakat: ein Entsetzen über das Eindringen von Greueltaten in die Vorstellung, die ich von meinem Lebensumkreis bisher gehabt hatte. Das Foto war wie ein Stempel, auf dem stand: hier und heute.

Das Bild schärfte meine Erinnerung an jenen Gefangenen, der beim Fliegeralarm entflohen war und dessen Bewacher sich erkennbar als ein allgewaltiger Herr über Leben und Tod an die Verfolgung gemacht hatte. Die bedrohliche Geschichte mit dem Selbstmörder in unserem Haus und das Erlebnis mit dem Jungen, dem sie im Wehrertüchtigungslager die Haare gestutzt und das Selbstbewußtsein genommen hatten, fügten sich zu einer Erfahrung zusammen, aus der vor dem Plakat im deutschen Sommer 1945 ein Anfangsverdacht entstand.

Es bleibt ein Rest, den ich nicht erklären kann, an meiner Bereitschaft, mich auf das Plakat einzulassen; es gründlich zu betrachten, anstatt nach flüchtiger Kenntnisnahme weiterzugehen. Hielt mich die Ahnung fest, daß von dem, was da plakatiert wurde, eine Emanzipation meiner Geisteshaltung von Grund auf ausgehen würde? Trotz des väterlichen Einflusses war mir im Krieg ein zählebiger Glaube zu eigen gewesen an die natürliche Überlegenheit der Deutschen, an ihre gerechte Sache, an ihre gottgewollte, historisch unausweichliche und auch gebotene Herrschaft über andere. Die militärische Niederlage Deutschlands hätte mich von solchen Wahnvorstellungen wohl nicht endgültig kuriert. Aber der wachsende Einblick in die Verbrechen von Deutschen, begangen in Bergen-Belsen und da und dort und wo nicht sonst noch bis hin zu der für Massenmord zweckmäßigsten Einrichtung, den Gaskammern in Auschwitz: Der Einblick in diese Verbrechen meiner Nation unter dem Nationalsozialismus hat für mich eine intellektuelle Emanzipation bewirkt, hin zu einer andauernden Unfähigkeit, jemals noch gläubig und absolut Partei zu nehmen, weder für eine Nation noch für eine Ideologie noch für den Kapitalismus; auch nicht gläubig und absolut nach dem 11. September 2001 für die USA.

In Worte zu fassen, was Auschwitz, für alle Zeiten ein deutscher Ort, als Bewußtseinslast zur Bildung meiner Seele beigetragen hat, versuche ich auch in diesem Rückblick auf mein Leben nicht. Auschwitz als schauerliche Tat hat mich nicht beredt gemacht, sondern sprachlos. So habe ich auch niemals politische Argumente darauf gestützt. Wenn ich den fürchterlichen Begriff »Auschwitz« nicht nur als ein Schlagwort hätte benutzen wollen, dann hätte ich redlich glauben müssen, es gebe von dem Unsäglichen ein kollektives Bewußtsein. Ein solches Bewußtsein aber kann doch nach aller Erfahrung mit uns Menschen nur individuell existieren. Kann man also ein kollektives Bewußtsein ohne Selbstbetrug unterstellen? Wenn man es nicht kann und dennoch unter Berufung auf Auschwitz politisch argumentiert, dann wird die Folge nicht mehr als eine Diktat-Reue sein, entsprechend dem sogenannten Diktat-Frieden von 1919. Eine solche Reue aber bewahrt uns vor nichts. Mein sprachloses Entsetzen über Auschwitz bedurfte keines öffentlichen Wachhaltens und konnte also auch von keinem Überdruß daran verdrängt werden. Es wird erst mit mir enden. Ich teile diese Gewißheit mit einigen wenigen Freunden. Über Auschwitz argumentieren und räsonieren mögen jene, denen die Bewußtseinsbürde mit der Zeit lästig geworden ist.

Dies sind Weiterungen aus einem Damaskus-Erlebnis vor über einem halben Jahrhundert, im Rückblick beschrieben. Ich denke, auch der Begriff von der Gnade der späten Geburt, auf den ich mein Empfinden aus dem Sommer 1945 viele Jahre später brachte (in dem Buch *Wo Deutschland liegt* und in einer »Rede über das eigene Land« in den Münchner Kammerspielen, beides 1983), hat seinen Ursprung in der Fotografie auf dem hellroten Plakat an einer Braunschweiger Hauswand. Wäre ich nicht 1929 geboren worden, sondern zehn Jahre früher – wie hätte ich mich denn verhalten als Scherge in Bergen-Belsen? Oder, dieses Entsetzen drang etwas später in mein Bewußtsein, an der Rampe in Auschwitz? Könnte ich meine Hand für mich ins Feuer legen?

Helmut Kohl, übrigens, hat das Wort von der Gnade der späten Geburt in einer Rede in Israel Anfang 1984 benutzt, als sei es von ihm. Tatsächlich hatte der Verfasser seiner Rede im Kanzleramt ohne Quellenangabe bei mir abgeschrieben. Auf die Frage eines Abgeordneten hat Bundeskanzler Kohl später im Bonner Bundestag zu Protokoll gegeben, daß die Metapher nicht aus seinem Sprachvermögen stammt. Er hatte sie nicht nur entlehnt, sondern auch falsch verstanden und als Text eines Ablaßzettels mißbraucht. Statt dessen sollte sie in streng lutherischem Sinne eine Gnade bezeichnen, die keine Schuld tilgt, nicht erworben werden kann, sondern unverdient gewährt wird.

Noch am selben Tag, an dem ich im Sommer 1945 das Foto aus Bergen-Belsen gesehen hatte, mußte ich meine beginnenden ersten Zweifel am jüngsten Tun und Lassen der Deutschen gegen wütende Vorhaltungen, wie ich mich so weit vergessen könne, und schließlich gegen Tränen verteidigen. Eine Krankenschwester, Mitte zwanzig, schimpfte mich ein leichtgläubiges Kind, aber auch einen Beschmutzer des eigenen Nestes, als ich ihr von meinem bitteren Verdacht berichtete. Ja, sagte sie, die Engländer und ihre Konzentrationslager für Frauen und Kinder im Burenkrieg, das sei eine Tatsache. Sie hatte offenbar denselben Film wie ich in einer Vorstellung Sonntag vormittags für Hitlerjugend und Jungmädel gesehen: »Ohm Krüger«. Auch die Lager der Bolschewisten in Sibirien führte sie an. Und die Zerstörung Dresdens vor wenigen Monaten? Sei das nichts? Über den Feuersturm im bombardierten Dresden waren inzwischen Einzelheiten in Braunschweig bekannt geworden. An dieser Art Beweisführung hat sich bis heute wenig geändert.

Ich kam damals täglich mit der Krankenschwester zusammen. Sie war mit den Eltern ihres in Rußland vermißten Freundes, nachdem sie ausgebombt worden waren, in die Etage unter uns gezogen. Dort waren ihnen zwei Zimmer samt Küchenbenutzung in der Wohnung des alten Ehepaares, dessen Sohn sich in der Badewanne die Pulsadern aufgeschnitten hatte, zugewiesen worden: vom Wohnungsamt, jener Behörde, die in der Nachkriegszeit von den Menschen, die ein Dach über dem Kopf hatten, am stärksten gefürchtet und am kräftigsten belogen wurde. Das Amt konnte Flüchtlinge, »halbe Polacken«, einquartieren, wenn man nicht Zimmertüren hinter Schränken verbarg, Mitbewohner, die abends zurückkommen würden, glaubhaft erfand oder dem amtlichen Schnüffler Zigaretten, Kaffee oder Kartoffeln zuschob. Aber die Krankenschwester und die Eltern ihres vermißten Freundes waren, zur allgemeinen Zufriedenheit im Haus, keine Fremden. Sie stammten aus unserem Stadtviertel.

Die junge Frau, Lisa, kam oft zu mir herauf, wenn sie tagsüber keinen Dienst im Krankenhaus hatte und meine Eltern im Geschäft waren. Sie mochte »nicht immer mit den alten Leuten reden«. Aber gerade das sollte sie tun nach dem Wunsch der alten Leute. Der Mann und die Frau, noch keine fünfundsechzig Jahre alt, hatten die »feste Freundin« ihres

Sohnes, deren Eltern bei einem Luftangriff umgekommen waren, zu sich genommen, damit sie zu dritt über Hans sprechen könnten. Sie hatten kein anderes Thema mehr als Hans, ihr einziges Kind: den Artillerieleutnant, Berufsoffizier, glühenden Nationalsozialisten, wie sie es selber waren. Konnte denn die junge Frau, demnächst die Schwiegertochter, sobald Hans wieder aus Rußland zu Hause sein würde, über etwas lieber sprechen wollen als über ihren künftigen Mann? Konnte sie je der Geschichten überdrüssig sein, die Vater und Mutter von ihm erzählten?

Lisa hätte auch eine Geschichte über Hans erzählen können. Schwieg sie aus Erbarmen mit seinen Eltern? Mir sagte sie oft, sie habe ein schlechtes Gewissen wegen der Geschichte. Sie wiederholte: »So ein schlechtes Gewissen.« Die Geschichte war: Hans hatte seine Eltern über die Dauer seines letzten Urlaubs getäuscht. Er hatte sie um einen Tag betrogen. Nach dem Abschied zu Hause, bitte nicht mitkommen zum Bahnhof, war er zu Lisa gegangen. »Vor meinen Eltern hielt er sich versteckt.« Und sie hatten nichts bemerkt, nichts gehört? »Ich weiß es nicht, vielleicht doch.« Bald darauf waren die Eltern im Luftschutzkeller von Trümmern erschlagen worden, als ihre Tochter Dienst im Krankenhaus tat. Hans war jetzt in Rußland vermißt. Später hätten sie beide seinen Eltern fröhlich beichten wollen: »Sie hätten uns die Zeit gegönnt.« Aber nun? Die Mutter spreche besonders oft über den Abschied von Hans. Sie hätten doch mit zum Bahnhof gehen sollen, um noch ein wenig länger zusammenzusein.

Lisa schloß ihren immer wieder einmal erstatteten Bericht über die Geschichte mit Hans gewöhnlich mit dem Satz von ihrem Gewissenskummer. Aber manchmal fügte sie auch hinzu, sie werde den Eltern eines Tages doch sagen, daß Hans mit ihr, mit ihr, mit ihr noch habe zusammensein wollen. Soweit ich weiß, hat sie es nicht getan. Hans' Eltern haben Lisa eine Zeitlang nachgetragen, daß sie nach einigen Jahren des gemeinsamen Wartens einen anderen Mann geheiratet hat. Die Geburt einer Tochter, die zum Enkelkind für sie wurde, hat sie versöhnt. Aber die alten Leute sind niemals mehr beide gleichzeitig aus der Wohnung gegangen, damit Hans, wenn er heimkäme, nicht vor verschlossener Tür warten müßte. Er ist nicht gekommen.

Alle zwei, drei Wochen fuhr ich in diesem Sommer 1945 mit dem Fahrrad zu Tante Anna und Onkel Otto auf das Dorf hinaus, in dem ich Jahr um Jahr die Freiheiten meiner Schulferien ausgekostet hatte. Die Angst vor marodierenden Fremdarbeitern, die mir das Rad rauben könnten, hatte sich etwas gelegt. Die meisten der Ausländer warteten inzwischen in Lagern als displaced persons, wie die britische Besatzungsmacht sie nannte, auf ihren Heimtransport. Wenn ich auf den Hof kam, hielt mich Onkel Otto oft davon ab, Tante Anna sogleich zu begrüßen. Sie hatte dann einen Gast, den sie in die »Gute Stube« gebeten hatte. Onkel Otto wachte darüber, daß die beiden nicht gestört wurden. Nach einiger Zeit kam eine Frau oder ein Mann aus dem Zimmer. Der Onkel, sonst selbstsicher als Hofherr, wenn auch ein kleiner, und als Tischlermeister, wenn auch ein von der Möbelindustrie nahezu ruinierter, gab sich beflissen gegenüber den Fremden. Mit Dankesworten händigte er ihnen ein Stück Butter aus oder eine Büchse – »Schmalz« sagte er oder »Leberwurst« –, bevor er sie über die Diele hinausbegleitete. Danach eilte er zur »Guten Stube« zurück, in der, so sah ich von der Tür aus, Tante Anna am Tisch saß. Sie betrachtete geistesabwesend eine Fotografie, auf der ein junger, hochgewachsener Mann mit Orden am Unteroffiziersrock abgebildet war: Ottchen, auch der »kleine Otto« genannt, ihr in Rußland vermisster einziger Sohn. »Also, was ist?« fragte Onkel Otto. Ein Ring hatte gependelt über dem Foto. Was war erkennbar geworden?

Wahrsagerinnen und Wahrsager kehrten jetzt häufig ein auf dem Hof. Ihr Gewerbe hatte in der ersten Nachkriegszeit beträchtlichen Aufschwung genommen: Jetzt, da alles vorüber war, mußten die Kartenleger und Handleser und Ringpendler doch eine endgültige Auskunft geben können, eine Gewißheit. Tante Anna glaubte am stärksten an die wahrsagende Kraft eines Ringes, den eine Pendlerin, seltener war es ein Pendler, an einem dünnen Faden über ein Bild der Person hielt, deren Schicksal im Dunkeln lag. Das Pendeln des Ringes, weit oder eng, links oder rechts herum kreisend, fast unmerklich beginnend und immer schneller werdend – die Kundigen, die ihre Hand nicht bewegen durften, wußten es zu deuten. Der Ring mußte einen persönlichen Wert für den Menschen gehabt haben, nach dessen Verbleib geforscht wurde. Wenn ein Ehemann noch nicht zurückgekommen war aus dem Krieg, ließ seine Frau gewöhnlich ihren Ehering an den Faden binden. Tante Anna nahm einen dünnen Blechring, den Ottchen einmal in einer Wundertüte gefunden hatte, gezogen aus einem Automaten bei einem Stadtbesuch in Braunschweig. Sie hatte ihn verwahrt, als der kleine Otto größer wurde. »Also, was ist?« hatte Onkel Otto gefragt. Tante Anna antwortete: »Er lebt, hat sie gesagt.« Wie oft die beiden abergläubische Auskunft eingeholt haben und ob ihnen der Trost daraus immer unglaubwürdiger wurde, bevor sie im Jahr 1946 schnell hintereinander an Krebs starben, weiß ich nicht. Womöglich lebte der kleine Otto noch in einem Kriegsgefangenenlager, als seine Eltern starben. Gehört hat man niemals von ihm.

Einmal, als ich von Onkel Otto und Tante Anna nach Braunschweig zurückradelte, ein paar Wurstdosen in einer Tasche am Lenkrad, war mir ein Freund entgegengefahren. Er erkannte mich schon von weitem auf der leeren Landstraße – keine Automobile, keine Motorräder – und rief mir zu: »Sie haben eine Atombombe in Japan abgeworfen. Die

Amerikaner haben eine Atombombe über Hiroshima ge-
zündet.« Eine Atombombe. Was war das? Der Tag war der
6. August 1945.

Am 1. November 1945 wurden in Braunschweig die Schulen wieder geöffnet. An unserer Oberrealschule – acht Jahre
Englisch, fünf Jahre Latein, drei Jahre Französisch – war der
Direktor abgelöst worden, ein fanatischer Verkünder des
Nationalsozialismus. Einige Jahre später war er wieder an
einer anderen Braunschweiger Schule als Lehrer tätig. Der
neue Direktor, einbeinig seit dem Ersten Weltkrieg, war, wie
sich nun erwies, ein verkappter Sozialdemokrat gewesen.
Von einem dritten Lehrer hieß es, er sei Freimaurer und habe
immer nur hastig den Hitlergruß entboten, den rechten Arm
kaum erhoben, wenn er zu Beginn einer Unterrichtsstunde
vor uns im Klassenzimmer stand. Und unser Englischlehrer
erzählte jetzt von einem Studiensemester, das er als junger
Mann in England verbracht hatte. Er schwärmte vom englischen Frühstück und von Narzissen im Hyde-Park.

Mein Namensgedächtnis ist schon in jungen Jahren
schlecht gewesen. Aber die Namen meiner Lehrer in den
Nachkriegsjahren bis zum Abitur Anfang 1949 sind mir ganz
geläufig. Die vier, die ich eben hier in mein Leben zurückge-
rufen habe, hießen: Lies, Dingerling, Bock, Groß. Und natürlich der Name meines Freundes unter den Lehrern, Gerd
Linne, mit den Fächern Deutsch, Geschichte, Latein. Linne,
keine zwanzig Jahre älter als wir, bot uns Oberprimanern im
Jahr 1948, wir waren nur zwölf in der Klasse, das wechsel-
seitige Nennen beim Vornamen und Duzen an. Wobei er
sagte: »Ich lerne soviel von euch wie ihr von mir. Wir lernen
alle Nachkrieg.« Er hatte eine kurze, gescheiterte Soldatenehe
hinter sich und lebte nun unverheiratet mit einer »Krieger-
witwe« zusammen. So wurden hinterbliebene Frauen im
Amtsdeutsch genannt, aus dem der Ausdruck, wohl weil er

so oft gebraucht werden mußte, in die Umgangssprache vorgedrungen war. Linne lud uns in den großen Garten des Hauses seiner verstorbenen Eltern ein und stellte die Frau vor: »meine Freundin«. Er bat uns, nicht im größeren Kreis über »das Verhältnis« zu reden. Mir sagte er: »Es ist eine Pygmalion-Geschichte.« Ich mußte im Lexikon eines Schulfreundes nachlesen, was damit gemeint war. Wenn Linne und einige aus unserer Klasse bis spät in den Abend hinein – keine Sperrstunde mehr! – bei ihm zu Hause diskutierten, vor allem auch, seit wir von Ende 1947 an die Schulzeitung »Der Punkt« herausgaben, eine der ersten in Niedersachsen, dann bestand unser älterer Freund darauf, daß seine Freundin bei uns saß, meistens schweigend. Ob es ihr gefallen hat?

Und geläufig ist mir der Name meines Feindes unter den Lehrern: Carl – er sagte: »mit großem C wie Cäsar« –, Physik, Chemie, Biologie. Ganz frisch in meiner Erinnerung ist der Satz, den er mir nach einer hitzigen Debatte in der Oberprima zurief: »Ich weiß, aus welchem Lager Sie kommen, Gaus.« Er stand nahe vor mir, auch ich hatte mich erhoben, als unsere Auseinandersetzung heftig wurde. Wir stritten in der Biologiestunde über Darwins Lehre von der natürlichen Auslese des Stärkeren und Lamarcks Thesen über den Einfluß des Milieus, des Umfelds, auf Lebewesen. Ganz gewiß hatte Studienrat Carl recht in seiner Darbietung der wissenschaftlichen Fakten, aber unser Wortwechsel hatte sich schnell übers Biologische hinaus auf die Frage nach dem Menschen als einem entwicklungsfähigen sozialen Wesen ausgeweitet. Ich spürte in Carls Erläuterungen der Darwinschen Naturkunde, wie ungebrochen sein Glaube an das Recht des Stärkeren, an die Züchtung von Herrenmenschen und an die Minderwertigkeit der übrigen Menschheit geblieben war. Welchem Lager rechnete er mich zu wegen meines Widerspruchs? Tatsächlich haben mich damals, im Jahr 1948, ich war achtzehn Jahre alt, zwei geistige Grundhaltungen, die teilweise durchaus widersprüchlich waren, von der Schulbank hochgetrieben. Zum einen beharrte ich vor Carl auf dem freien Willen, mit dem der Mensch sich über Naturgegebenheiten erheben könne. Zum anderen bestand ich darauf, Sinn und Wert der Geschichte nicht an der Selbstverwirklichung von Helden und Herrschern, von Starken und Mächtigen zu messen, sondern am Gedeihen gerade des schwachen, hinfälligen Menschen.

Nicht nur Linne, der mich warnte, auch andere Lehrer wußten offenbar von meinem Streit mit dem Biologielehrer. Vermutlich hatte Carl im Lehrerzimmer davon berichtet. Als im Januar 1949 das Abitur zu bestehen war, konnte ich zwei schlechte Noten in Physik und Chemie, den anderen Unterrichtsfächern Carls, mit guten Noten in Deutsch und Geschichte ausgleichen. Am Vormittag der mündlichen Prüfung nahm mich unser Religionslehrer beiseite, Konsistorialrat Herrmann, ein Flüchtling aus Ostpreußen, der oft jene Herrenhäuser seiner verlorenen Heimat pries, in denen es »selbstverständlich« keine Radios – diese »ordinäre Aufdringlichkeit« – gegeben habe. Herrmann sagte mir, er beabsichtige, mich in Religion aufzurufen, falls Kollege Carl mich in Biologie prüfen werde. Dann werde er mich über die Hagia Sophia befragen. So könnte ich notfalls mit einer guten Note in Religion eine womöglich schlechte in Biologie aufwiegen. Ein Klassenkamerad, der von der mündlichen Prüfung befreit war, eilte nach Hause und schrieb aus dem Lexikon das Stichwort »Hagia Sophia« ab. Ich benötigte es dann nicht, weil Carl auf meine Prüfung verzichtete. Aber ich weiß noch: Hagia Sophia, griechisch »Heilige Weisheit«, war die Krönungskirche der oströmischen Kaiser in Konstantinopel, die nach der türkischen Eroberung in eine Moschee umgeweiht wurde.

Als ich Ende 1945 wieder zur Schule ging, Studienrat Carl kam erst anderthalb Jahre später zu uns, war noch immer für viele Menschen die schiere Tatsache, überlebt zu haben, die einzige Gewißheit. Manche Männer neigten dazu, von Frauen habe ich es nicht gehört, mit ihrem Überleben zu prahlen. Es war ihr Endsieg geworden – ein ganz anderer als die Propaganda ihn im Krieg verheißen hatte, aber ein sehr persönlicher. Das Leben als ein triumphaler Selbstzweck.

Ich habe seinerzeit eine Theaterszene geschrieben, in der ein alter Mann Zeitungen sammelt; alte Zeitungen und neue, soweit es solche gab, es war ihm gleichgültig. Er hätte besser im harten Nachkrieg Essen schnorren sollen, einen warmen Rock einhandeln, Tabak erbetteln. Er aber sammelte Zeitungen. Er durchblätterte sie und ließ sie achtlos zu Boden fallen – bis auf die Seiten mit den Todesanzeigen, die er sorgfältig verwahrte. Er wohnte in einem Obdachlosenheim, und abends las er den Neuankömmlingen des Tages, Flüchtlingen, entlassenen Soldaten, die am Morgen weiterziehen würden, die Namen aus den Todesanzeigen vor: triumphierend Name für Name. Da er seit langem sammelte, hatte er viele Todesanzeigen zu verlesen. Am Ende einer jeden Seite hob er die Stimme und rief: »Mein Name ist nicht darunter. Ich lebe.« Wenn ihn die Männer im Schlafsaal schließlich zur Ruhe gebracht hatten – sie schüchterten den Alten ein, sie drohten ihm –, dann ging er zu einzelnen und bot ihnen ein Stück Brot an, damit er ihnen flüsternd noch ein paar Namen vorlesen dürfe. Dann hörte man ihn zwischen den Betten leise, verstohlen, doch mit Siegerstimme verkünden: »Mein Name ist nicht darunter. Ich lebe.«

Aber schon im zweiten Jahr nach Kriegsende, 1947, Gerd Linne war noch nicht unser Lehrer, wurde uns das deutsche Aufsatzthema gestellt: »Das Leben ist der Güter höchstes nicht.« Das Schiller-Wort zielt bekanntlich auf die Ehre als den vorrangigen Wert. Ich werde Zweifel angemeldet haben. Vermutlich habe ich damals spät abends, die Zeit, in der ich viel schrieb, die hier skizzierte Theaterszene verfaßt. Im Rückblick weiß ich, daß in jenen Jahren meine lebenslange Grundüberzeugung sich bildete, gemäß der alle politische Moral, jedes politische Handeln gerichtet sein soll auf die Herrschaft des Gemäßigten, auf das den schwachen Menschen Bekömmliche und Zuträgliche. Diese gesellschaftliche Maxime meines Lebens entwickelte sich wohl aus der emotionalen Überstrapazierung der Nazizeit, aus eigenen Erlebnissen im Bombenkrieg, aus der Anschauung materieller Not und seelischen Elends im Nachkrieg. Sie hat mich bewahrt vor ideologischen Versuchungen, weil in jeder Ideologie eine Überforderung des gewöhnlichen Menschen angelegt ist. Später habe ich in manchen meiner Texte mein Ideal des Maßvollen so beschrieben: Laßt uns einen abendländischen Mythos von Grund auf verändern. Laßt uns Ikaros entthronen, der hochfliegend der Sonne zu nahe kam, wodurch das Wachs seiner Flügel schmolz und er abstürzte. Laßt uns Dädalos, seinen Vater, an seine Stelle setzen, der das Fliegen ersann, die Flügel baute, aber in den Lüften auf einer bekömmlichen Höhe blieb.

Ich denke, mehr oder weniger ausgeprägt war meine hier skizzierte Haltung damals durchaus vorherrschend unter den Jungen und Mädchen meines Alters in Braunschweig; und gewiß so auch in allen drei westlichen Besatzungszonen Deutschlands, der amerikanischen, britischen und französischen. Eher undeutlich nahmen wir Heranwachsenden in den Jahren 1946, 1947 wahr, daß jenseits der nahen Grenze, in der sowjetischen Besatzungszone, ein strengeres Ideal als unseres aufgerichtet wurde, das auch den unterdrückten Menschen im Sinn hatte, aber in einem ideologisch verfestigten Sinn. Meine späteren Freunde Christa und Gerhard Wolf sind von ihm mitgeprägt worden. Als Beobachter kam ich mit dem Andersartigen, das »drüben« den Ton angab, im Sommer 1947 in Berührung. Otto Grotewohl, aus Braunschweig gebürtig, sprach auf einer großen Versammlung von mehreren tausend Menschen über die Vereinigung der beiden Arbeiterparteien SPD und KPD zur Sozialistischen Einheitspartei Deutschlands (SED). Er war aus der Sowjetzone gekommen, vom »Russen«, wie landläufig gesagt wurde, wo er einer der beiden Vorsitzenden der SED war. Ich war zu der Veranstaltung auf einem großen Platz unter freiem Himmel gegangen, weil ich damals überall hinging, wohin ich nur konnte. Nach Grotewohls Rede wurde das alte Arbeiterlied angestimmt: »Brüder, zur Sonne, zur Freiheit«. In meiner Nähe standen ein Junge meines Alters und ein Mann, der wohl sein Vater war. Beide weinten vor Ergriffenheit.

Unser Ideal im Westen, meines jedenfalls, fußte auf einer Idolisierung des sogenannten kleinen Mannes, unter welcher Metapher, die aus dem literarischen Amerika zu uns herüberkam, auch die darbenden, ausgenutzten, überforderten Frauen versammelt waren. Ein früher Beleg meines politischen Denkens, Empfindens und Verlangens ist mein Abituraufsatz vom Januar 1949 zum Thema: »Die Geschichte und wir« (siehe S. 349). Im Laufe der Zeit konnte ich der ernüchternden Einsicht nicht ausweichen, daß der alte Adam, die alte Eva ihrer vorherrschenden Art nach nur begrenzt als Idol tauglich sind. Meine Grundüberzeugung vom schwachen, hinfälligen Menschen als dem verpflichtenden Maß aller politischen Dinge wankte deswegen nicht. Aber in meine jugendliche Gewißheit, nach den Erfahrungen des Zweiten Weltkriegs sei diese meine Überzeugung allen Menschen selbstverständlich – in diese Gewißheit nistete sich bald erste Skepsis ein.

Wo ich nur anzweifelte, daß mit Sinn gesagt werden könne, das Leben sei der Güter höchstes nicht, darin irre Friedrich Schiller, hat seinerzeit, 1947, ein Klassenkamerad unverblümt widersprochen. Empört las uns der Deutschlehrer aus dessen Aufsatz vor: »Was kann man denn kau-

fen für die Ehre? Keine Frau, keine Zigaretten, keinen An-
zugstoff.« Ganz gewiß hat der anstößige Schüler mit dem
Frauenkauf geprahlt. In diesem Handelszweig war er nicht
tätig, wie wir wußten. Aber Zigaretten und Anzugstoffe
hatte er im Angebot. In der Pause auf dem Schulhof schenkte
er uns gelegentlich Kaugummi und »Aktive«, wie die englischen und die etwas süßlichen amerikanischen Zigaretten
genannt wurden im Vergleich zu den selbstgedrehten Zigaretten aus Kippen oder Eigenanbau von Tabak im Garten.
Mein Vater trocknete Tabakblätter, auf eine Wäscheleine gezogen, auf dem Dachboden.

Der Schwarzhändler wurde einige Zeit später von zwei
Polizisten aus dem Klassenzimmer abgeführt zum Verhör
wegen einer Schwarzhandelskette, die von Braunschweig bis
nach Hamburg reichte, wie uns der Schulfreund am nächsten Tag nicht ohne Stolz berichtete. Bald danach verließ er
unsere Schule. Ich vermute, es war scherzhaft erfunden, als
auf unserer Abiturfeier gut ein Jahr später erzählt wurde, er
sei in einem großen amerikanischen Wagen gesehen worden.
Oder doch kein Scherz? So oder so: Unsere Schulzeit im
westdeutschen Nachkrieg war mindestens bis zur Währungsreform vom 20. Juni 1948, die deutsche Teilung schritt
weiter voran, gekennzeichnet vom Widerstreit zwischen zählebigen Außergewöhnlichkeiten und einer allmählich sich
ausbreitenden Ordnung des Alltäglichen.

Im bitterkalten Winter 1946/47, die Älteren erzählten viel
vom russischen »General Frost« vor Moskau 1941/42, gingen mein Vater und ich neben vielen anderen Menschen
zweimal wöchentlich bei Dunkelheit zu einem Gleisab-
schnitt von ein paar hundert Metern, nahe dem Güterbahnhof. An dieser Stelle mußten die Züge langsam fahren,
fast anhalten. Waren die Lokomotivführer mit uns im Bunde? Wenn auf offenen Waggons Steinkohle vorbeirollte, bestimmt für die Besatzungsmacht, sprangen wir Jüngeren auf

die Wagen und schaufelten mit den Händen die Kohlen hinunter. Die Älteren, mein Vater unter ihnen, auch viele Frauen, sammelten die Beute in Säcken und Eimern. Vom nahen Bahnhof fiel spärliches Licht auf Gleis und Böschung. Es gab viel Streit: Das sind meine Kohlen. Nein, das sind meine. Und doch sind es meine. Ein Wortwechsel, keuchend und gebückt ausgetragen, weil dabei die Kohlestücke weiter aufgeklaubt wurden. Der Zug beschleunigte seine Fahrt. Wir sprangen ab.

Am Vortag des 1. Mai 1947 verließen wir unser Klassenzimmer, um uns der Demonstration der Gewerkschaften gegen die kargen Lebensmittelrationen, die von der Besatzungsmacht verfügt wurden, anzuschließen. Die Arbeiter blieben diszipliniert in ihrer Marschkolonne. Wir Halbwüchsigen liefen wie aufgeregte Hunde nebenher, nach vorn und wieder nach hinten und verhöhnten die »Rotkäppchen«, die rotbemützten britischen Militärpolizisten am Straßenrand. Wir versuchten einen leeren Jeep umzustürzen. Die Militärpolizisten lockerten ihre weißlackierten Schlagstöcke. Einige verfolgten uns in Hauseingänge, in die wir flüchteten, und prügelten uns, eher halbherzig, auf die Straße zurück. Am nächsten Schultag wurden unsere Namen mit einem Tadel ins Klassenbuch eingetragen. Und in unseren Zeugnissen stand, der Schüler habe sich unerlaubt vom Unterricht entfernt. Das war die Bändigung des Außergewöhnlichen durch die Schulordnung.

In den Sommerferien 1947 fuhren ein Klassenfreund und ich mit Fahrrädern über das Weserbergland und die Rhön bis zum Main hinunter und dort von der Stuppacher Madonna Grünewalds bis zu Tilman Riemenschneiders Altären in Creglingen und Rothenburg ob der Tauber. Wir führten ein kleines, schwer zu errichtendes Wehrmachtszelt mit uns, übernachteten aber lieber in den großen Schlafsälen städtischer oder kirchlicher Herbergen für die immer noch im geschlagenen Land Heimstrebenden oder Entwurzelten. Es war sicherer. Unsere Fahrräder schloß der Herbergsvater in einem mit Ketten und Stangen gesicherten Keller ein, unsere Lebensmittelkarten legten wir unter das Kopfkissen. Nach sechs Wochen waren wir wieder zu Hause in Braunschweig. Die Tour nach Süddeutschland war Aufbruch und Rückkehr in die Normalität einer Schulzeit gewesen, zu der in Deutschland seit der Wandervogelbewegung die Romantik von Sommerfahrten gehörte. Wir fuhren 1948, gleich nach der Währungsreform, noch einmal. Als wir an einem dunstigen Morgen mit den Fahrrädern ins Maintal nach Würzburg hinunterfuhren, sangen wir: »Und die Morgenfrühe, das ist unsere Zeit«. Außergewöhnlich, sozusagen noch ganz nachkriegsmäßig, war vor allem, daß es eine Reise in ein Land vor der Motorisierung war. Im Rückblick meine ich, daß Deutschland so, wie wir es erfuhren – sieht man vom zerstörten Würzburg ab, was uns aber durchaus normal vorkam –, in seinen Ortschaften und auf seinen Landstraßen, gesäumt von Obstbäumen, in den zwanziger Jahren ausgesehen haben muß. Kein schöner Land seither.

Im Winter 1947/48 war es dann normal, daß meine Schulklasse tanzen lernte. Unterrichtet wurden wir in Foxtrott, Tango, langsamem Walzer und Wiener Walzer. Ein sehr alter Klavierspieler musizierte, zum Abschlußball kam die Musik aus einem Grammophon. Die gesellschaftlichen Formen waren betont bürgerlich. Die Krawatte unter dem Jackett des Konfirmationsanzugs, die Hosen waren schon eine Handbreit zu kurz, war weniger obligatorisch als selbstverständlich. So waren es auch die Verneigung vor den Damen – Mädchen vom Lyzeum –, wenn man sie um den Tanz bat, und deren Knicks, mit dem sie die Aufforderung dankend annahmen. Nichts, keine Erfahrung mit Todesängsten unter Luftminen und Brandbomben, keine Erinnerung an das Freischaufeln von Leichen aus Trümmerschutt, schien uns zu unterscheiden von angeberischen Tanzstunden-Jünglingen und albernden Mädchen auf der Schwelle zu ersten erotischen Machtspielen. Außergewöhnlich war nur noch, daß die Tanzschüler und Tanzschülerinnen Kohlen für den Ofen im Unterrichtssaal mitbringen mußten. Aber die legale Versorgung mit Heizmaterial war seit dem vorigen Winter verbessert worden, der Saal konnte erwärmt werden, ohne daß wir vorher auf Kohlenwaggons hätten aufspringen müssen.

Ruth hieß meine Tanzstundendame mit Vornamen. Sie hatte blaue Augen und halblanges dunkelbraunes Haar. Sie war ein Jahr älter als ich. Unsere Eltern hatten uns im Sommer 1945 zusammengebracht. Ein Gerücht hatte wissen wollen, daß auf der anderen Stadtseite irgend etwas aus einem Wehrmachtsmagazin verteilt werde: Decken, Fliegerschokolade, Kochgeschirre? Ruths Eltern, Kunden in unserem Gemüseladen, wollten ihre Tochter nicht allein auf den Weg schicken. Nichts wurde verteilt auf der anderen Stadtseite. Aber um das herauszufinden und zu Hause davon zu berichten, wanderten wir gut fünf Stunden durch Braunschweig: von Ost nach West und wieder zurück zur Ostseite mit Umwegen über Nord und Süd. In anderthalb, zwei Stunden hätten wir die Strecke ohne Eile gehen können.

Wir erzählten uns aus unserem Leben, ich sprach mehr als Ruth, und zogen Schlüsse aus dem, was wir erlebt hatten. Nach meiner Erinnerung erwähnten wir den Krieg kaum. Er war uns geläufig, seine Zerstörungen säumten unseren Weg durch die Stadt. Jetzt waren wir auf der Suche nach unserem Besonderen. Am nächsten Tag setzten wir unser Gespräch fort und an dem darauf folgenden und so gut wie an allen weiteren Tagen über jeweils längere Zeit. Immer so lange, bis Ruths Mutter oder Vater, ein pensionierter Regierungsrat, wieder einmal meinten, es sei nicht gut, daß wir so oft gemeinsam durch Straßen und Parks – Bür-

gerpark, Prinzenpark, Museumspark – spazierten. Wir sahen dann drei, vier Tage einander nicht – eine Trennung, die
von keinem Handy, keiner E-mail gemildert wurde. Ich las
noch mehr Gedichte als sonst. Schließlich trotzte Ruth ihrer Mutter oder schmeichelte ihr Nachgiebigkeit ab und trat
aus der Haustür, wenn ich, nicht zum ersten Mal an diesem
Tag, auf der anderen Straßenseite an einen Baum gelehnt
wartete.

Einmal gelang mir ein starker Auftritt. Wir schlenderten
über einen großen öffentlichen Rasen, ich hatte einen Arm
um Ruths Schulter gelegt. Aus einem Jeep, der auf der nahen Straße langsam vorbeifuhr, riefen britische Soldaten ein
paar anzügliche Bemerkungen zu uns herüber; eher harmlose, übermütige, nicht zotige. Aber ich fand es angemessen,
beleidigt zu sein. Ich ließ Ruth stehen und lief zu dem Jeep
hinüber, der hundert Meter weiter vor einer Villa anhielt.
Sie war Sitz des britischen Stadtkommandanten. Die drei
Soldaten aus dem Jeep, gekommen zur Wachablösung, standen etwas verblüfft, unschlüssig neben ihrem Fahrzeug, als
ich an ihnen vorbei durch den Vorgarten stürmte. Oben an
der Treppe zur Haustür hielt mich ein Leutnant auf. In
meinem Schulenglisch protestierte ich scharf gegen die Be-
lästigung eines jungen Mädchens und verlangte, den Stadtkommandanten zu sprechen. Gewiß sprach ich von Men-
schenwürde und Demokratie und davon, daß wir nun doch
lernten, uns nichts gefallen zu lassen. Ein älterer Offizier –
der Stadtkommandant? – kam aus dem Haus, hörte mir zu,
lachte ein wenig und klopfte mir auf die Schulter: Er werde
der Sache nachgehen. Good afternoon. Ruth wartete in einiger Entfernung auf dem Rasen.

Manchmal lieh mir mein Vater sonntags sein Auto, das
nun wieder amtlich zugelassen war, einen alten Opel P4. Unter der Woche kuppelte er einen Anhänger daran und fuhr
mit meiner Mutter auf den Großmarkt. Aber sonntags war

der dunkelgraue Wagen nichts als eine Luxuslimousine. Am Armaturenbrett, Vorkriegsmode, war eine kleine Porzellanvase festgeklemmt, in die ich Wasser füllte und eine Blume steckte, wenn ich Ruth, einmal hupen vor dem Haus, abholte. Im Frühjahr 1948, noch vor der Währungsreform, hatte ich meine Führerscheinprüfung bestanden. Wir fuhren bis in den Harz und in die Lüneburger Heide. Zur Einkehr in einem Gartenlokal hatte mir meine Mutter anfangs noch ein Tütchen Zucker mitgegeben, das ich gegen Speiseeis oder Kuchen, worauf auch immer Ruths Geschmack sich richtete, eintauschen konnte. Bald jedoch war so gut wie alles wieder für Geld zu haben, für das neue Geld, umgetauscht gegen das alte eins zu zehn: Deutsche Mark. Auf einem unserer Ausflüge vertraute mir Ruth an, daß sie zum nächsten Geburtstag ihren ersten Büstenhalter bekommen würde.

Im Privaten verbanden sich für uns Heranwachsende am ehesten die Gesetze des Nachkriegs mit restaurierter Normalität. Unser engerer Freundeskreis finanzierte einem von uns, Hans-Eberhard, der nicht in die nächste Schulklasse versetzt werden würde, zum Trost einen Besuch in der Bruchstraße nahe dem damaligen Braunschweiger Hauptbahnhof. Dort, für Besatzungssoldaten verboten, standen die Hurenhäuser Braunschweigs. Zum Nachkrieg gehörte zwar noch, daß wir für den Besuch auf dem Schwarzmarkt eine Stange Zigaretten erwerben mußten. Aber es war ein durchaus herkömmlicher Ort der Erfahrung für viele im normalen Schülerleben vor dem Zeitalter der sexuellen Freizügigkeit.

Ich habe später die erste Nachkriegszeit unsere »Besinnungsjahre« genannt. Aber wer hat sich denn worauf besonnen? Heute denke ich, daß die große Mehrheit der Menschen im Land vor allem zur Ruhe kommen wollte: unter einem Dach zu Hause sein; allmählich über die Befriedigung der Grundbedürfnisse wieder hinausgelangen; und im übrigen frank und frei »ohne mich« sagen können. Als Bundeskanzler Adenauer in den fünfziger Jahren die Wiederbewaffnung betrieb, war ihm der passive Widerstand im Land – Soldaten? Ohne mich! – lästiger als das Nein der sozialdemokratischen Opposition im Bundestag. Aber der Erfahrungssturm, der sich aus den noch ganz lebendigen Erinnerungen an den Krieg erhob, wurde bald gebrochen von dem herrschenden Verlangen nach Privatheit und persönlichem Vorankommen. Und war ein solches Verlangen – maßvolle öffentliche Gemütsaufwallungen nicht ausgeschlossen – nicht das gute Recht der Frauen und Männer? Die repräsentative Demokratie hat in der Bundesrepublik so mühelos Fuß fassen können, weil sie dem Souverän, dem Wählervolk, alle Freiheit zum Nicht-Engagement zwischen den Wahlen einräumte. Ich kann in der Erinnerung sagen, daß ich ganz pragmatisch in diesem schonenden Umgang des pluralistischen Systems mit den Menschen den größten Vorzug dieser Form von Demokratie erkannte.

Verdanke ich solche Illusionslosigkeit, die im Alter gelinde zynisch geworden ist, den Einblicken ins unverfälschte Volksempfinden, die ich unter Anverwandten und im näheren Umkreis vor allem meiner mütterlichen Familie gewinnen konnte? Ich habe mich heftig erregt, wurde wütend, klagte beredt vor Freunden, wenn die Mehrheit meiner Landsleute in der Bundesrepublik in den fünfziger Jahren jeden weiteren Schritt zur Restaurierung althergebrachter wirtschaftlich-gesellschaftlicher Macht schweigend hinnahm. Oder gar insgeheim guthieß? Aber überrascht fühlte ich mich kaum, vielleicht nicht einmal enttäuscht. Denn mit dem Ausbruch des Kalten Krieges, der Gründung der beiden Nachkriegsstaaten BRD und DDR im Jahr 1949 und der stetig wachsenden Wirtschaftskraft Westdeutschlands samt ihren segensreichen Folgen auch für untere Schichten wuchs das Gefühl unter den Bundesbürgern, diesmal als Deutsche auf der richtigen, der stärkeren, der überlegenen Seite zu sein. Gegebenenfalls auch mit Soldaten. Keine Experimente. Erneuert das Alte aus der Zeit vor dem nationalsozialistischen Irrweg. Im Grunde hat meine Besinnung in den ersten Nachkriegsjahren als Wichtigstes bewirkt, daß ich die sogenannten kleinen Leute in ihrer Anpassung ans Tonangebende, ans Vorherrschende verstanden habe. Schon als schnell aufbrausender, erbittert diskutierender Heranwachsender war ich geneigt, als Älterer dann aus Überzeugung gewillt, Anpassung für ein Menschenrecht der Schwachen zu erklären; ein Recht, freilich, nur der Schwachen. Ich habe mich in diesem Zusammenhang, womöglich leichtfertig, nie als einen Schwachen angesehen.

Zu meinem Bildungsroman – nach meinem Verständnis vor allem ein Roman der Selbstvergewisserung – gehören Texte, die ich selber mit Lust verfaßte, schier mühelos abends bis in die Nacht hinein niederschrieb, mit der Bedenkenlosigkeit des Pubertierenden noch ohne Furcht vor dem leeren Papier: Theaterstücke, drei insgesamt. Ein antikes Römerdrama, einst üblicher Pennälerstoff, war nicht darunter, obwohl ich doch in der Schule einige Jahre einen guten Lateinunterricht bei Gerd Linne samt Nachhilfestunden, diese bei einem Museumskustoden, hatte. Erwähnt habe ich schon die Skizze von dem alten Mann, der Todesanzeigen sammelt.

In meinem ersten Stück, 1947 geschrieben, habe ich ein Unglück abgehandelt, das aus gesellschaftlichem Klassenunterschied entstand. Ich wußte noch wenig von sozialen Standesfragen. Vielleicht haben meine Beobachtungen im kleinbürgerlichen Umfeld meiner Eltern einerseits und in akademischen, zum Teil hochbürgerlichen Elternhäusern von Schulfreunden andererseits mir Schlußfolgerungen vermittelt, die mich drängten, sie zu dramatisieren. Der Inhalt: Zwei Freunde kehren von der Universität in ihre Heimatstadt zurück. Bevor sie zu ihren Familien eilen, versichern sie sich am Stadttor, daß nichts und niemand ihre Freundschaft jemals wird auflösen können. Der Schauplatz der Handlung, übrigens, ist China. Es kommt, wie es kommen muß. Der eine der beiden Freunde ist der Sohn des Provinzgouverneurs, der andere, als Student ein Stipendiat, der Sohn eines armen Fischers. Er hat eine Schwester. Der Sohn des Gouverneurs wirft ein Auge auf die Schwester des Freundes – dramatisch so nützlich wie üblich. Aber nun spitzt mein Drama sich nicht weiter zu. Es versickert statt dessen in Fremdheit zwischen oben und unten, in Unfähigkeit, einander zu verstehen, in Sprachlosigkeit. Es ist zu der Zeit, in der mein Stück spielt (verfremdet ins Chinesische), nicht ungewöhnlich, nicht weiter anstößig, ein für alle Beteiligten nützliches, angenehmes Arrangement zwischen dem wohlhabenden Interessenten und der bedürftigen Familie des Studienfreunds zu treffen: materielle Sicherheit für die Schwester und die Freundschaft mit ihrem Bruder bleibt gewahrt. Der Fischerssohn jedoch beruft sich auf eben diese beschworene Freundschaft und verlangt ihretwegen vom Gouverneurssohn Einsicht in die Würdelosigkeit, das Verächtliche der herkömmlichen Lösung. Aber er vermag nicht, sich verständlich zu machen. Der reiche Freund, gutwillig, ernsthaft gewillt, ihn zu begreifen, wendet sich schließlich ab. Seine Ratlosigkeit wandelt sich in Befremden. Auch die Schwester, dem Gouverneurssohn zugeneigt, den Wohltaten des Arrangements nicht abgeneigt, versteht ihren Bruder nicht. Sie ist ihm gram ob seiner, wie sie sagt, Empfindlichkeit. Der Bruder hat das letzte Wort im Stück: »Die in Armut leben, leben fern.«

Der Satz ist mir in all den Jahrzehnten seither nicht aus dem Gedächtnis entschwunden. Ein Teil meiner Weltauffassung hatte sich früh zu Wort gemeldet. Gerd Linne hat das Stück für ein Schulfest inszeniert. Ruth gab die Schwester. Der Titel lautete: »Zwei Striche im Unendlichen«, womit ich die allewig brückenlose, unaufhebbare Trennung zwischen einem Leben in Reichtum und einem in Armut ausdrücken wollte. Später wurde ich belehrt, daß mein Bild, mathematisch gesehen, falsch ist.

Das letzte meiner Theaterstücke verfaßte ich 1948 als Primaner. Seit drei Jahren war die Atombombe in der Welt. Der Konflikt zwischen West und Ost spitzte sich zu. Keiner wußte, wie bald er sich in Europa aus kalter Feindseligkeit erhitzen würde. In dieser Stimmung schrieb ich das Stück »Drei Tage Zeit«. Es beginnt mit der – in ausgerufenen Zeitungsschlagzeilen, in besorgten Dialogen zwischen Straßenpassanten vermittelten – Beschreibung der Gefahr, die der Menschheit droht; ausweglos, wie es scheint. Die Welt steht unter dem Diktat eines Ultimatums, das in drei Tagen abläuft. Es wird bis zum Schluß nicht deutlich, welche Macht welche Forderungen ultimativ durchsetzen will: Die Drohung war das Wesentliche des Stückes. Vor ihr verblaßte jede Parteilichkeit. Was allein zählte, war, daß in zweiundsiebzig Stunden die Atombombe das letzte Wort auf Erden haben könnte. Ich schrieb in einer Nachkriegszeit, die eine Vorkriegszeit zu werden drohte.

Im Mittelpunkt der Handlung steht ein Mann, den Bibelkundige als Abraham erkennen. Ein Bote, ein Engel – Engel gehörten seinerzeit zum durchaus üblichen Personal moderner westlicher Theaterstücke –, sagt ihm, Gott werde die Welt verschonen, wenn er, Abraham, seinen Sohn, der im Alten Testament Isaak heißt, opfern wird. Der Vater gerät über das Ansinnen, seinen Sohn zu töten, in Verzweiflung. Er überantwortet sich seinem Gewissen: Muß er nicht Gottes Verlangen erfüllen, um die Welt zu retten? Nach selbstquälerischem Schwanken zwischen Weigerung und Unterwerfung ist er bereit, das Opfer zu bringen. Und wieder erscheint der Engel – in seiner Grundfabel gehörte das Geschehen zum abendländischen Bildungsgut; wer weiß, ob es noch so ist – und fällt Abraham, der sich schon anschickt, Isaak zu töten, in den Arm. Er muß die Tat nicht vollenden. Gott begnügt sich mit Abrahams Bereitschaft.

Hier nun, im dritten Akt, kommt es zum radikalen Abweichen von der biblischen Vorlage: Der Vater begehrt auf gegen Gott. Es ist im Grunde ein Aufbegehren gegen Gottes Unmenschlichkeit. Abraham will sich nicht länger göttlichen Ratschlüssen anheimgeben, die ihn zum Wahnsinn treiben und dann nicht ganz so ernst gemeint sind. Bis zum Schluß des Stückes bleibt er nun ein Prediger gegen Gott. Er hält das Ultimatum, das die Welt bedroht, für eine Hinterlist Gottes, mit der dieser demütige Gläubige gewinnen will. Für Abraham wird die Zeit knapp. Die drei Tage gehen schnell zu Ende. Es bleibt offen, ob es ihm gelingt, genügend verängstigte Menschen von seiner ketzerischen Botschaft zu überzeugen: »Es gibt Gott nur, weil ihr zu ihm betet. Betet nicht länger zu ihm, und er wird seine Macht einbüßen.« Der Vorhang fällt.

Ein Vorhang ist nicht über dem Stück gefallen. Linne hat vergeblich versucht, die »Drei Tage Zeit« für eine Matinee-Vorstellung im braunschweigischen Staatstheater durchzusetzen. Seinerzeit, 1948, habe ich mir nicht bewußt gemacht, daß ich ein Agitationsstück für die Mündigkeit der Menschen geschrieben habe. Die Ablehnung hat mich nicht anhaltend bekümmert. Ich scheine nicht ganz ohne Selbstironie gewesen zu sein gegenüber meiner Dichterlust: Linne gelang es, einem Feuilleton-Pressedienst eine Kurzgeschichte von mir zu verkaufen, die zum Inhalt hatte, daß ein Dichter faktisch obdachlos wurde, weil er sich nicht mehr in seine Wohnung zu gehen getraute. Denn aus jeder Schublade, jedem Schrank, unter jedem Sessel hervor flehte ihn dort ein begonnenes Werk an: »Schreib mich zu Ende, schreib mich zu Ende.« Die Geschichte brachte mir vierzig Deutsche

Mark ein. Ich gab sie für eine Krawatte aus: gelbe Seide zu einem zweireihigen braunen Anzug, den mir meine Eltern wenige Monate nach der Währungsreform geschenkt hatten.

Was habe ich gelesen in den Jahren von 1945 bis zu meinem Abitur Anfang 1949? Ich nenne hier von deutschen Autoren damals zeitgenössische. In den Bücherschränken der Eltern von Mitschülern standen nun Bücher vorn, die vorher in die zweite Reihe geschoben worden waren. Vor allem bei dem Vater, der, so vertraute mir der Freund an, wieder Freimaurer geworden war, fand ich viel Lektüre. Was ich seinerzeit außer Lesen getan habe, das aufzuzählen bräuchte ich keine fünf Finger. Ich lieh mir aus: Werner Bergengruen, Johannes R. Becher, Werner Beumelburg, Hans Fallada, Lion Feuchtwanger, Walter Flex, Leonhard Frank, Hermann Hesse, Ricarda Huch, Ernst Jünger, Erwin Guido Kolbenheyer, Heinrich und Thomas Mann, Walter von Molo, Theodor Plivier, Reinhold Schneider, Ina Seidel, Joseph Roth, Ernst Toller, Kurt Tucholsky, Jakob Wassermann, Franz Werfel, Arnold und Stefan Zweig. Von den hier genannten Schriftstellern habe ich damals mindestens ein Buch gelesen, von vielen mehrere. Ich verlängere die Liste nicht, weil ich bei weiteren Autoren nicht mehr sicher wüßte, ob mir deren Werke erst vor Augen gekommen sind, als ich im Jahr 1950 zur Universität nach München ging.

Von den Büchern, die ich früh gelesen habe, meine ich, noch heute die Struktur des Leinens oder die Stärke der Pappe ihrer Einbände fühlen zu können und deren Farbe zu wissen. Zu den Ängsten meines Alters gehört, daß meine Augen die Kraft zum Lesen verlieren. Die Entwicklung dahin hat seit einiger Zeit begonnen. Theodor Pliviers Roman *Stalingrad*, den ich 1947 in die Hände bekam, hatte einen kartonierten, mittelblauen Einband. Das Buch war erschienen in einem »Aufbau-Verlag«, den es »drüben« gab. Ein

junger Mann, der bei unserer Hauswirtin ein Zimmer bewohnte, hatte es mir mitgebracht. Er kam aus Magdeburg
zum Studium an der Technischen Hochschule nach Braunschweig. Dazu wechselte er zu Beginn und am Ende eines
Semesters über die sogenannte Grüne Grenze zwischen der
sowjetischen und der britischen Besatzungszone hin und her.
Das Risiko dabei erschien seinerzeit noch tragbar. Erst mit
der Währungsreform 1948 und vollends, nachdem 1949 die
Teilung zu zwei einander feindlichen Staatlichkeiten geron-
nen war, erhöhte es sich beträchtlich und war schließlich in
der Regel tödlich.

In den ersten Jahren nach dem Krieg verlief die Demar-
kationslinie ohne genaue Kennzeichnung durch Wälder,
über Wiesen und an Bächen entlang. Es gab in Naturalien
entlohnte Pfadfinder in den Dörfern westlich und östlich
der Grünen Grenze. Der Student aus Magdeburg ging gleich
in den ersten Tagen nach seiner Rückkehr zum Schwarzen Markt in Braunschweig, auf dem der illegale Tauschhandel – Teppiche gegen Lebensmittel, Zigaretten gegen
Goldschmuck, Abendkleider gegen Kaffee – abgewickelt
wurde. Dort verhökerte der Grenzgänger für ein paar
Schachteln »Aktive« seine frisch erworbenen Erfahrungen
und Kenntnisse: Wo sammeln sich derzeit Gruppen zum begleiteten Hinüberwechseln? Schickt einen »der Russe« –
auch »der Iwan« genannt – gewöhnlich zurück, wenn man
erwischt wird, oder setzt er einen gefangen? Über einen solchen Weg war Pliviers *Stalingrad* zu mir gelangt, erster Satz:
»Und da war Gnotke.« Ein wichtiger Bestandteil meiner Er-
ziehung durch Lektüre.

Habe ich damals überhaupt nennenswertes Interesse genommen an Werken älterer deutscher Autoren? Natürlich
gab es die Pflichtlektüre in der Oberstufe. In einem Aufsatz
über *Wallensteins Tod* beschrieb ich den Helden als einen
zwischen Empörung und Ermüdung Zerrissenen, den ich

nach seinem Mörder rufen ließ: »Butler, komm!« Linne begann eine Diskussion mit uns, ob wir schnell zur Resignation neigten. Begierig war ich seinerzeit auf Lyrik aus jeder Zeit: von verbotenen, verfolgten, exilierten Poeten, deren neuerlich gedruckte Gedichte ich in Zeitungen fand oder in einer 1947 erschienenen Sammlung *Vom Schweigen befreit*, bis zurück zu Barockdichtern.

Von ausländischen Prosaschriftstellern las ich, was ich kriegen konnte; nicht nach Zeitgenossenschaft sortiert. Meine Auswahl war ganz überwiegend begrenzt vom Geschmack der Inhaber fremder Bücherschränke. Hemingway bekam ich als Rotationsdruck, eine neue Art, in knappen Zeiten Literatur zu vervielfältigen. Ich liste auf: Honoré de Balzac, Charles Dickens, Theodore Dreiser, William Faulkner, Gustave Flaubert, Ernest Hemingway, William Saroyan, Upton Sinclair, John Steinbeck, Stendhal, Leo Tolstoi, Thomas Wolfe, Emile Zola.

Vier Theaterstücke haben mich in jenen Jahren beeindruckt, eines von ihnen hat einen lang anhaltenden Einfluß ausgeübt. »Draußen vor der Tür« von Wolfgang Borchert; »Frühlingserwachen« von Frank Wedekind; »Wir sind noch einmal davongekommen« und »Unsere kleine Stadt«, beide von Thornton Wilder. Das letztgenannte war das einflußreichste. Es hat in seiner geradezu zärtlichen Hinwendung zu den Menschen in ihrem Provinznest, wie ich den Text verstand, meine damals entstehende Grundüberzeugung bestätigt und gefestigt: Der kleine, schwache, gewöhnliche Mensch, kein Überbau, kein Übermensch, soll das Maß aller Dinge sein. Thornton Wilders Kleinstadt bildete für mich das ganze Universum ab, zwischen ihrem Drugstore und ihrem Friedhof vollendete sich immer und immer der ganze Weltenlauf, das größte Welttheater. Die Sentimentalität des Stücks wirkte balsamisch auf den Empfindsamen unten im Publikum. Ruth neben mir wunderte sich, daß ich lange nicht applaudieren mochte, weil ich den Zauber nicht brechen wollte.

Für mich ist Wilders kleine Stadt Grover's Corners, New Hampshire, wo Evelyn Webbs und George Gibbs samt ihren Mitmenschen in guter Nachbarschaft, ohne viel Aufhebens, aber in selbstverständlicher Würde leben und sterben, zum Kern eines zählebigen Mythos USA geworden. Er hat späteren, gründlicheren, abstoßenden Einsichten ins amerikanische Tun und Lassen lange Zeit getrotzt. Zu den Bestandteilen des Mythos gehörte die zunächst aus Büchern und Filmen gespeiste Empfindung der Weite des amerikanischen Landes; die Lässigkeit im Auftreten des amerikanischen Militärs; eine vage Vorstellung von der Einzigartigkeit New Yorks; erste Produkte aus der Traumfabrik in Hollywood; die Musik, die mit der Besatzungsmacht einzog; eine Idolisierung der unverbrauchten Jugendlichkeit der amerikanischen Nation. Auch gefielen uns die Automobile aus den USA und die Petticoats.

Auf briefliche Anfrage verschickte der Rundfunksender »American Forces Network« die Texte der »Zehn Hits der Woche«. Bis heute kann ich wortgetreu den langen Westernsong singen, einen unter vielen: »I drove a herd of cattle down from old Nebraska way...« Für manche wie mich im westdeutschen Nachkrieg blühte jetzt die blaue Blume der Romantik in der amerikanischen Prärie. Der Mythos besaß also nur sehr eingeschränkte Realitätsbezüge. Aber er erfüllte eine Naturnotwendigkeit: Er nahm ein Vakuum in Besitz. Ist das die Entstehungsursache und Funktion aller Mythen?

Mein Widerwille gegen den so missionarischen wie barbarischen Krieg der USA in Vietnam zwanzig Jahre später überschattete den amerikanischen Mythos ebenso, wie meine wachsende Einsicht in soziale Brutalitäten der Gesellschaft des Riesenreichs hinter dem Atlantik es tat. Inzwi-

schen ist das schöne Bild einer humanen Welt ohne das Prokrustesbett einer Ideologie, das ich mir in meinen Nachkriegsjahren, Grover's Corners vor Augen, gemacht hatte,
ganz verdunkelt. Mein amerikanischer Traum hatte sich
nicht um den Tellerwäscher gesponnen, der zum Millionär
wird, sondern um Freundlichkeit. Der Widerstand der sogenannten 68er gegen den Vietnamkrieg der Amerikaner
aber fußte zu einem erheblichen Teil auf einer reideologi-
sierten Weltsicht. Was Westdeutsche meinesgleichen und
meines Alters durch Vietnam als Enttäuschung naiver Erwartungen erlitten, beflügelte die nachgewachsenen Bundesbürger, soweit sie politisiert waren, als Bestätigung ideologisch fundierter, selbstgerechter Gewißheiten. Mit diesen
Begriffen – Naivität und Selbstgerechtigkeit – ist für mich
die Ablösung meines Bildungskanons durch die intellektuellen Bedürfnisse junger Menschen in gesicherten Verhältnissen markiert. Natürlich ist das, so verkürzt, unge-
recht. Aber ist es auch falsch?

In den Jahren 1946/47 organisierte Pastor Wicke, der
mich konfirmiert hatte, im Pfarrhaus einen Gesprächskreis
aus Oberschülern seiner Gemeinde St. Magni in Braunschweig, der allmonatlich zusammenkam. Bemerkenswert
erscheint mir rückblickend, wie selbstverständlich es war,
daß Mädchen zu solchen Zusammenkünften nicht geladen
wurden. Wicke, er verheimlichte es uns nicht, lag oft im
Streit mit vielen braunschweigischen Amtsbrüdern, die er,
ganz vergeblich, zu öffentlichen Reuebekenntnissen beke-
ren wollte, sie seien zu lau gewesen im Widerspruch gegen
die Nazi-Obrigkeit. Wicke: »Wir haben dem Kaiser zuviel
gegeben.« Jahre später hörte ich, er sei ein heftiger Streiter
für Gustav Heinemanns Gesamtdeutsche Volkspartei geworden, für eine Neutralisierung Deutschlands, für die Ächtung jedes Krieges. Aus dem Ruhestand schrieb er mir dann
einen Brief über seine Traurigkeit.

Seinerzeit, 1946/47, debattierten wir bei Pastor Wicke »nationale Fragen«, wie er es nannte. Er begann jedes Gespräch mit dem Abspielen des Deutschlandlieds – »Deutschland, Deutschland über alles« –, wie ich beim ersten Mal einigermaßen verwirrt zu erkennen meinte. An dem Abend belehrte er uns: Er habe den Anfang eines Satzes aus Haydns Kaiserquartett vom Grammophon ertönen lassen. Ich hatte solche Musik noch nicht gehört, kaum von ihr gewußt. Das Nachholbedürfnis ist eine Anspannung, die so spornend wie lähmend wirken kann. Mir wurde diese Mühe erleichtert durch die unendliche Toleranz meiner Eltern gegenüber den zunehmenden Unbegreiflichkeiten, die manches Weiterkommen von mir für sie zur Folge hatte. Haydns Melodie war sozusagen Wickes erstes »Ätsch« für uns gewesen: Wir sollten fortan zweifeln an dem, was wir zu wissen oder wahrzunehmen glaubten. Wir diskutierten über Bismarcks kleindeutsche Lösung im Gegensatz zu einer großdeutschen; über die Einheitlichkeit eines Staatsvolks im Vergleich zu einem Vielvölkerstaat; über Uniform und Zivil. Wenn ich mich mit Wicke heute noch einmal verabreden könnte, ich will ihm hier nachrühmen, könnten wir unsere Gespräche von damals am selben Punkt wieder aufnehmen. Vielleicht ist damit aber auch der Grund der Traurigkeit seines letzten Briefes an mich berührt.

Der Gesprächskreis verlief sich dann. Das letzte Schuljahr forderte seinen Tribut. Auch die Freundinnen kosteten Zeit. Vor allem aber wähnten wir uns über nationale Fragen hinausgewachsen, von ihnen befreit durch Europa. Wir meinten, das Jahr 1945, das Ende der Schrecken, sei allenthalben in Europa, oder doch im freien westlichen, im Bewußtsein der jungen Menschen eine Stunde Null gewesen: Mit ihr habe eine neue Geschichte begonnen. Erst später begriff ich, daß unsere Stunde Null andernorts eine triumphale Bestätigung nationaler Überlebenskraft gewesen war.

Im Herbst 1948 fuhr unsere Klasse – zwölf Schüler mit Gerd Linne, der seine Freundin mitnahm – nach Detmold, der kleinen Residenzstadt nahe dem Teutoburger Wald. Es war eine vorgezogene Abiturreise. Unser Lehrer samt Freundin bewohnte ein Zimmer im Bauernhaus eines Kriegskameraden, wir schliefen in dessen Scheune im Heu. Wir spielten Handball, gingen ins Kino, liefen in die Stadt, sprachen über die Zukunft, spotteten, wenn Linne sich mit der Freundin zum Mittagsschlaf zurückzog, genossen üppige Frühstücke unter einem Nußbaum im Garten. An einem Tag wanderten wir zu dem Denkmal für Hermann, den Cherusker, auch Arminius genannt, das vaterländische Begeisterung errichtet hatte für den Sieger über römische Fremdlinge in der Schlacht im Teutoburger Wald im Jahre neun nach Christi Geburt. Auf einer Art Rundtempel steht der Germanenfürst im kurzen Rock über nackten Knien, bärtig das Kinn, den Kopf behelmt, in der rechten Hand das Schwert nach oben gereckt. Eine Ansichtskarte informierte: Das Schwert ist sieben Meter lang. Übermütige amerikanische Soldaten auf dem Vormarsch 1945 hatten mit Schüssen aus ihren Maschinenpistolen den Bart durchlöchert. Ich war beauftragt, ein Referat über die Schlacht im Teutoburger Wald zu halten. Wir saßen auf den Stufen des Denkmals und ich sagte, Hermanns Sieg über die römischen Legionen sei ein Unglück für Deutschland gewesen. Denn durch ihn sei der größte Teil unseres Landes außerhalb des Limes geblieben, der damaligen Grenze der Zivilisation.

Im Januar 1949 bestanden alle aus unserer Klasse die sogenannte Reifeprüfung. Ich hospitierte anschließend vier Monate bei der *Braunschweiger Zeitung*. Am Ende zahlten sie mir, obwohl nichts dergleichen vereinbart war, fünfhundert Mark, wovon ich unter anderem eine schweinslederne Kollegmappe kaufte, die ich später in einer Münchner Pfandleihe versetzte, ohne sie wieder auszulösen. Die erste

Bundestagswahl im Herbst 1949 sagte mir nicht viel, der katholische Rheinländer Konrad Adenauer war mir fremd, für den Schmerzensmann der SPD, Kurt Schumacher, empfand ich Respekt, aber er war mir zu betont national. Im Wintersemester 1949/50 ging ich nach München. Auf der Universität belegte ich Vorlesungen in Geschichte, eindrucksvoll war der Anti-Bismarckianer Ernst Schnabel, Germanistik und Kunstgeschichte. Zwei Semester lang hörte ich auch Theaterwissenschaft beim alten Arthur Kutscher, der dieses Fach einst erfunden hatte und ein Leben lang versuchte, es zu einer Wissenschaft zu entwickeln. Zu viert – wir hatten uns in einem Seminar bei Kutscher kennengelernt – beschlossen wir, ein Theater zu gründen. Der Name war schnell gefunden: »Bauhütte« sollte unsere Bühne heißen. Der Anfang einer Kathedrale der Theaterkunst. Etwas länger dauerte es, bis wir uns geeinigt hatten, daß Büchners »Wozzeck« unsere erste Inszenierung sein sollte. Von Stanislawski beeinflußt, verfaßten wir die Lebensläufe der Figuren aus der Zeit, bevor sie im Drama auf der Bühne erscheinen: zum besseren Verständnis der Tragödie. Die Bank meinte es gut mit uns: Wir erhielten nicht die 25 000 Mark, die wir als Kredit aufnehmen wollten, um damit eine leerstehende Baracke am Biederstein in Schwabing umbauen zu lassen. Wir hätten lange an unseren Schulden zu tragen gehabt. Einer von uns vieren von der »Bauhütte« wurde später Theaterintendant, einer wurde Regisseur für Musicals und Operetten im Fernsehen, einer wurde Redakteur in der Pressestelle einer ARD-Anstalt. Was ich im Leben wurde, versuche ich hier zu erzählen.

Am 19. Mai 1950, einem Freitag, kurz vor Beginn einer Vorlesung über Barocklyrik, also etwa um 15 Uhr 10, stellte mich ein Freund einer Studentin der Germanistik vor. Von Stund an ließ ich sie nicht mehr aus den Augen und heiratete sie später. Nach einem halben Jahrhundert weiß ich, daß ich seinerzeit offenbar nicht versäumt habe, mein Glück zu erkennen. Nach drei Tagen erlaubte mir die Studentin, sie »E.« zu nennen, weil ich, so sagte ich ihr, ihren Namen »Erika« verabscheute. Dabei hatte ich geblufft. Hätte E. mir die Abkürzung nicht gestattet – inzwischen nennen auch unsere Freunde sie so –, hätte ich sie mein Lebtag ohne weiteres Erika genannt.

Außer E. fand ich auf der Universität nicht, wonach ich suchte. Ich habe vieles gehört und manches gelernt. Aber ich hielt mich abseits der Studienordnungen mit Pro- und Hauptseminaren samt Testaten und Scheinen als Voraussetzung für dieses Examen oder jenes. Blieb ich ohne meine Schuld ratlos oder wollte ich mich abseits halten? Auch erreichte jetzt, im Jahr 1951, die Restauration der bundesrepublikanischen Gesellschaft die Universitäten. Die Väter waren aus der Kriegsgefangenschaft zurück und verhalfen den studierenden Söhnen in wiederbelebte nützliche Verbindungen. Aus dem Nachkrieg kehrten Teile der Studentenschaft zur alten Burschenherrlichkeit zurück. Ich verließ die Universität nach vier Semestern und wandte mich einem Leben als Journalist zu.

V.

Lehrjahre

Werner Friedmann war ein forsch auftretender Mann Anfang vierzig, als ich ihn 1951 kennenlernte. Viele Jahre später, ich hatte inzwischen mehr von der Welt gesehen und auch manchen Film aus Hollywood, wußte ich, welchen Typ Journalist und Mann er verkörpern wollte. Er gab sich teils als ein gelinde zynischer Reporter aus amerikanischen Filmen der dreißiger Jahre, teils wie ein Bonvivant zwischen Rennplatz und Nachtklub. Er trug manchmal schwarzweiße Schuhe. Er ließ eigene Pferde auf der Galopprennbahn in München-Riem laufen. Er war ein guter Journalist. Ich war sehr beeindruckt von ihm. Friedmann war ein bedeutender Machtinhaber im öffentlichen Meinungsspektrum Münchens und Bayerns, mit Ausstrahlung in die ganze junge Bundesrepublik. Er galt als ein Liberaler, was ihn nach dem Verständnis des klerikalen Bayerns politisch auf die linke Seite rückte, wohin er aber in sozialen, gesellschaftspolitischen Fragen keineswegs gehörte.

Meine journalistische Grundausbildung verbindet sich mit seinem Namen. Friedmann war Chefredakteur und einer der damals vier Herausgeber der *Süddeutschen Zeitung* in München und hatte eine Journalistenschule gegründet, die er bald nach sich benannte: Werner-Friedmann-Institut. Aus mehr als dreihundert Bewerbern wurden in mehreren Prüfungen, schriftlichen wie mündlichen, die Zöglinge für eine einjährige theoretische und praktische Schulung ausgewählt. Journalist zu sein erschien wie eine Mischung aus weiter Welt, gehobenem Privatdetektiv, Schiedsrichter der Politik und gemäßigter Boheme. Die Lehrer des Instituts waren namhafte Journalisten aus der *Süddeutschen Zeitung*, dem Münchner Boulevardblatt *Abendzeitung*, der *Neuen Münchner Illustrierten* und dem Bayerischen Rundfunk. In meiner Klasse, Jahrgang 1951, dem zweiten seit Gründung der Schule, waren wir zwei Schülerinnen und neun Schüler. Wir erhielten einen monatlichen Ausbildungszuschuß von 120,– Mark.

Friedmann ist mir auch nach einem halben Jahrhundert noch der Rede wert, weil er zu einer Spezies im westdeutschen Nachkrieg gehörte, die zwar selten war, aber dennoch kennzeichnend für eine gewisse Willkürlichkeit der Besatzungsmächte im Handeln und die Kurzfristigkeit ihres Denkens. Er war einer unter den einigen Dutzend Westdeutschen, die von den Westalliierten in ihrer jeweiligen Besatzungszone ausgesucht wurden, eine Zeitung zu betreiben. Die alten Zeitungen, unvermeidlich verbunden mit dem besiegten NS-Regime, waren mit Kriegsende eingestellt worden. Die Herausgeber der neuen Blätter sollten als einzelne je eine der Hauptrichtungen des befreiten politischen Pluralismus repräsentieren und als Herausgebergremium der jeweiligen Zeitung die Vielfalt in einer demokratischen Einheit demonstrieren. Bald gab es unter vielen von ihnen Intrigen und Rufmorde sonder Zahl. Es war Geld ins Spiel gekommen.

Gewöhnlich bildeten die alliierten Presseoffiziere, gestützt auf mehr oder weniger qualifizierte Empfehlungen, eine Herausgeberschar aus einem Konservativen, in Bayern in der Regel ein kirchlich gebundener Katholik, einem Liberalen und einem Sozialdemokraten. Bevor der Kalte Krieg zwischen West und Ost 1948/49 auf Touren kam, waren da und dort auch Kommunisten in der Herausgeber-Pluralität vertreten; sie wurden aber schnell verstoßen. Alle Herausgeber von Zeitungen und Zeitschriften mußten Distanz zur nationalsozialistischen Herrschaft gehalten haben. Einige waren bis zum Widerstand gegangen und verfolgt worden; andere waren wegen eines jüdischen Großelternteils aus der Volksgemeinschaft ausgegrenzt worden und hatten in Bangigkeit gelebt; viele andere hatten mit den Nazis nichts im Sinn gehabt, sich aber arrangiert und eine Nische gefunden. Nicht bedacht hatten die alliierten Presseoffiziere, die ihnen allen, den Widerständlern wie den Nischenbewohnern, eine Herausgeberlizenz gaben, wem das größer und größer werdende Vermögen aus dem Zeitungsbetrieb, das schnell immer wertvoller werdende Eigentum an den Lizenz-Zeitungen gehören sollte. Wie hätten die Besatzer auch auf solche Gedanken kommen sollen? Stiftungsvermögen? Belegschaftseigentum? Der Krieg war gerade erst zu Ende gegangen. Die deutschen Städte waren Trümmerhaufen. Etwas anderes sollte politisch entstehen als das, was untergegangen war. Augenscheinlich waren Vermögen ausgelöscht worden. Eigentum beschränkte sich weithin auf Notdürftiges. Selbst in den Banken begann man erst Anfang der fünfziger Jahre, drei Jahre nach Einführung der wundertätigen Deutschen Mark, die Aktien Stück für Stück, manche waren vom Bombenfeuer angekokelt und vom Löschwasser verfleckt, zu sortieren. Studenten, ich war einer von ihnen, säuberten die Papiere einigermaßen von den Spuren des Luftkriegs und schichteten Aktienhaufen auf, die dann von Bankleuten mit Hilfe von gesicherten Unterlagen den Eigentümern zugewiesen wurden. Alter Reichtum fand seinen Grundstock wieder. Ich leistete mir vom Honorar für meine Mitwirkung daran einen Trenchcoat, der, getragen über meinem braunen Zweireiher samt gelber Seidenkrawatte mit dem grauen Borsalinohut von der Konfirmation 1944, einen gut gekleideten jungen Mann aus mir machte. Ich kaufte mir auch ein Paar Schuhe mit dicken Kreppsohlen.

In dieser Zeit waren die Lizenzinhaber der Nachkriegszeitungen längst in jeder Bedeutung dieses Begriffs zu »Neureichen« geworden. Die Lizenz war das Los in einer Lotterie gewesen, in der es nur Millionengewinne gab. Die Zeitläufte waren inzwischen dahin gekommen, auf der westlichen Hälfte der geteilten Welt im Eigentum den Nachweis persönlicher Tüchtigkeit zu erkennen. Das Stellen der Eigentumsfrage rief in der Bundesrepublik, falls man nachdrücklich genug fragte, den Verfassungsschutz auf den Plan. Die Zeitungsmillionäre richteten sich mehr oder weniger schnell, Liberale zügig, manche Sozialdemokraten zögernd, aber schließlich doch alle ungeniert in ihren neuen Lebensverhältnissen ein. Warum denn auch nicht? Wenn ein Regime gestürzt ist, ein Staat untergegangen, dann gehören zu der Zeit danach auch Glücksritter. Einige von ihnen sind tüchtig; andere bleiben in ihren Leistungen weit zurück hinter dem Maß des glücklichen Zufalls, von dem sie nun ein Leben lang zehren. Für Jahrzehnte – inzwischen nicht mehr – kam das Lizenzpapier einer Erlaubnis zum Gelddrucken gleich. So mancher Herausgeber wurde ein Herausnehmer. Bei ihren Erben erschien das Vermögen schon als ansehnlich gealtert, sozusagen durch eine Erbfolge nobilitiert. Die Enkel zählen heute zu den Altreichen.

Im Rückblick meine ich zu erkennen, daß Werner Friedmann, ein tüchtiger Glücksritter, sich seiner Art und seinem Auftreten nach dem Stil von Offiziersclubs der amerikanischen Besatzungsmacht anzupassen trachtete: Hoppla, hier bin ich, einen Manhattan bitte. Axel Springer, auch tüchtig, hielt es mehr mit der britischen Spielart: den Whisky ohne Eis und mit Leitungswasser, kein Soda. War Rudolf Augstein ein Glücksritter? Auf jeden Fall ist er ein Kapitel für sich in meinen Erinnerungen.

Es wurde noch »in Blei« gearbeitet. Wir Journalismus-schüler vom Friedmann-Institutsjahrgang 1951 standen um die »Linotype« herum, an der ein konzentriert arbeitender Mann auf einer Buchstabentastatur geschwind Textzeilen in der Spaltenbreite setzte, wie sie in der Zeitung gedruckt werden sollten. Im selben Arbeitsgang wurden die Zeilen von der Linotype-Maschine aus flüssigem Blei gegossen. Noch heiß fielen sie aus der klappernden Maschine heraus. Es hieß, der Erfinder der Linotype sei schließlich wahnsinnig geworden. Vielleicht war er es schon, als er den Apparat mit seinem verwirrend sich hebenden und senkenden Gestänge ersann? Oh, der Geruch des erhitzten Bleis; die schnellen Reparaturhände des Setzers, falls seine Maschine hakte; das Klicken der Zeilen, wenn sie sich aneinanderreihten; der Duft und die Musik ungeduldiger Erwartung, bis das technische Wunderwerk meine Texte materialisieren würde.

An anderer Stelle der Setzerei wurden auf Handpressen sogenannte Fahnenabzüge von den Zeilenkolonnen hergestellt, die die Setzmaschinen ausgestoßen hatten. Auf großen Tischen, deren Platten mit dünnem Blech beschlagen waren, wurde der inzwischen erkaltete Bleisatz in Metallrahmen von der Größe einer Zeitungsseite eingefügt, gemäß dem »Umbruch«, den der Redakteur vorgegeben hatte: dieser Artikel oben dreispaltig unter dem Bild, der kleinere Artikel zweispaltig unten, links und rechts auf der Seite einspaltige Nachrichten. Zwanzig Zeilen Übersatz, der nicht mehr auf die Seite paßt? Der Metteur, ein Handsetzer, der den Umbruch nach den Angaben des neben ihm stehenden Redakteurs praktiziert, macht schadenfroh – warum schreiben die so lang? – die Bemerkung, der Seitenrahmen sei leider nicht aus Gummi. Das Bild wird etwas beschnitten. Der immer noch zu lange Text muß gekürzt werden. Der Redakteur streicht auf dem Fahnenabzug. Ein gängiger Witz besagt, der vorletzte Absatz eines jeden Artikels sei immer entbehrlich. Der Metteur nimmt die gestrichenen Textzeilen aus dem Rahmen heraus; halbe Zeilen hackt er mit einer scharfen Schneide, von Hebelkraft betätigt, passend ab. Als nächstes tritt er an einen Holzkasten heran, der in kleine Fächer unterteilt ist. Ihnen entnimmt er schnell, ohne zu zögern, metallene Buchstaben, große und kleine, die er auf einer Kantleiste zusammenfügt: Der Handsetzer, von alters her ein nobler Berufsstand, der einen Degen tragen durfte, als sei er von Adel, früh gewerkschaftlich organisiert, versieht nach Gutenbergs Technik die Druckvorlage mit Überschriften. Der Redakteur feilscht mit ihm, ob er den Abstand zwischen den Buchstaben etwas schmaler machen könne, damit die redaktionelle Titelidee in voller Länge verwirklicht werden kann. Noch einen Seitenabzug auf der Handpresse: Der Redakteur lobt seinen Umbruch; die Metteure nehmen einen Schluck aus der Bierflasche; manche Redakteure trinken einen Schnaps, wenn sie wieder an ihrem Schreibtisch sind.

Dem Handsetzer, der vierhundert Jahre früher Luthers Flugblätter hergestellt hatte, wäre die Arbeit des Mannes am Setzkasten im Jahr 1951, die wir journalistischen Eleven beobachteten, ganz und gar verständlich gewesen. Vor der Linotype hätte er sich bekreuzigt, ungeachtet seines noch ganz frischen Luthertums. Aber im Erfahrungskern hätten Arbeitsvertrautheiten eine Brücke über die Zeiten und ihre Generationenfolge geschlagen. Der heutige Lichtsatz hätte beiden Setzern das Unbehagen vor dem Fremdartigen eingeflößt. Wenn ich gelegentlich nach einem Besuch am Grab meiner Eltern in Braunschweig auf dem Rückweg nach Hamburg durch das Dorf meiner Sommer bei Tante Anna und Onkel Otto fahre, dann ist mir mit den Jahren immer bewußter geworden, daß ortsansässige Bauern von 1740 und 1840 sich noch 1940 ziemlich schnell zurechtgefunden hätten in ihrem Heimatdorf: im Arbeitsablauf des Jahres, in Besitzverhältnissen und deren gesellschaftlicher Bedeutung, im Verhaltenskodex. Sie hätten mit meinem Großvater, der 1943 gestorben ist, ein weithin gleiches Weltverständnis geteilt. Mein Großvater hinwiederum hätte schon fünfzig Jahre später die Welt auch in seinem Dorf kaum noch verstanden. Ich denke, daß in solcher Entfremdung nicht nur technische Umbrüche deutlich werden. Auch Wurzeln sind den Menschen gekappt worden, unvermeidlich, aber nicht folgenlos. In mancher Hinsicht sind die Nachgeborenen zu meinen Lebzeiten Aliens auf ihrer Erde geworden.

Im ersten halben Jahr unserer Ausbildung wurden wir zu Reportagen in München ausgeschickt, einige davon wurden im Lokalteil der *Süddeutschen Zeitung* gedruckt. Hans Ulrich Kempski, Chefreporter des Blattes, sprach über den wirksamsten Anfang politischer Reportagen, mit dem die Aufmerksamkeit des Lesers gewonnen werden sollte: mit einer Einzelheit beginnen, einer verblüffenden Äußerlichkeit, einem kurzen strittigen Dialog, um so ins Thema hineinzuziehen. Stilistisch war das manchmal verschmockt, aber wir zitierten unter uns aus Kempskis Artikeln: wie er einmal über Walter Hallstein, Staatssekretär des Auswärtigen Amtes unter Bundeskanzler Adenauer, erster Präsident der noch sehr kleinen Europäischen Gemeinschaft (EG), geschrieben hatte, er ist ein Mann ohne Herz und Hoden. Und wie bei einem Hintergrundgespräch mit einem Minister ein Tonband zu summen begann und Kempski den Politiker fragte: Ist das Ihr Apparat oder meiner?

Wir schrieben Kommentare über den Korea-Krieg und mußten sie verteidigen gegen die Kritik des außenpolitischen Leitartiklers der *Süddeutschen*. Robert Lembke, bald ein Fernsehstar mit der Ratesendung »Was bin ich?«, plauderte über Sportberichterstattung. James Jameson, ein mit diesem Namen aus Amerika zurückgekehrter ehemaliger Ullstein-Reporter, erzählte vom Zeitungsgewerbe im Berlin der zwanziger Jahre. Hermann Proebst, Innenpolitiker der *SZ*, später Nachfolger Friedmanns als Chefredakteur, ein für den journalistischen Berufsstand außergewöhnlich gebildeter Mann, der sich im Gespräch verlieren konnte im Vergleichen einer »Rosenkavalier«-Inszenierung vor dem Krieg in Wien mit der Münchner Premiere gestern abend – er lehrte uns Geschichte, gespiegelt in Pressegeschichte. Für eine Woche wurden wir als Zaungäste ins Bonner Büro der *SZ* geschickt. Friedmann kam einmal wöchentlich zu uns und sprach über seinen letzten Leitartikel. Er mochte keinen Widerspruch. Nach einiger Zeit wurden wir als Praktikanten in die verschiedenen Ressorts der Zeitung delegiert. Friedmann hatte über das Lokale als Krone des Journalismus gepredigt. Ich kam wunschgemäß in die Innenpolitik.

Für die letzten Monate der Ausbildung hatte Friedmann Volontärsstellen für uns in bayerischen Regionalzeitungen und beim Rundfunk organisiert; jeweils für vier bis sechs Wochen, dann wurde gewechselt. Ich kam zunächst zur *Passauer Neuen Presse*. Ihr bestimmender Eigentümer und Herausgeber war Hans Kapfinger, ein fundamentalistischer Katholik, später ein enger Spezi von Franz Josef Strauß, aber damals noch mit Werner Friedmann auf Grußfuß. Ein paar Jahre später stolperten beide über Sexualdelikte und Beischlafpraktiken, von denen heute rechtlich wie gesellschaftlich kein Aufhebens mehr gemacht würde.

Der Lokalredakteur in Passau beschäftigte mich als Gerichtsreporter. Die »Drei-Flüsse-Stadt« an Donau, Inn und Ilz war die höhere Gerichtsinstanz für den seinerzeit noch ganz armseligen Bayrischen Wald. Jahrzehnte später erinnerte ich mich gelegentlich beim Reisen in hinterwäldlerischen Gegenden der USA – Wo liegt Germany? Gibt es dort anderes Geld als den Dollar? – an meine kurze, aber atmosphärisch eindrucksvolle Zeit in Passau Anfang der fünfziger Jahre. Viel verhandelt vor Gericht wurden Brandstiftungen zwecks Versicherungsbetrug. Einmal wurde Blutschande im engen Familienkreis gerichtsnotorisch – zu Zeiten gesellschaftlicher Konventionen, denen das Verschweigen von Peinlichkeiten oberstes Gebot war. Als ich von der Verhandlung in die Redaktion zurückkam, sagte der Redakteur: »Immerhin, es ist ans Licht gekommen.« Die Dunkelziffer in solchen Fällen sei beträchtlich. Und er meinte auch, lange Gewohnheit mildere manches. Er stammte aus der Gegend. Ich habe nicht mehr im Ohr, ob er bitter war, als er es sagte.

Als ich von der *Passauer Neuen Presse* zum ersten Mal zum Landgericht geschickt wurde, wartete ich vor Beginn der Verhandlung auf einem langen, staubigen Korridor. In meiner Nähe unterhielten sich angeregt zwei Herren in schwarzen Justiztalaren. Von der Treppe her kam ein Gefängniswachtmeister, der einen jungen Mann in Handschellen mit sich führte. Einer der Talarträger trat auf den Gefesselten zu und stellte sich vor: »Ich bin Ihr Pflichtverteidiger.« Die beiden sprachen kurz miteinander. Der andere Herr im Talar, so zeigte sich in der Verhandlung, war der Staatsanwalt. Der geständige Angeklagte wurde wegen eines Überfalls auf eine Tankstelle zu sieben Jahren Zuchthaus verurteilt. Von seiner Zusammenkunft mit dem Pflichtverteidiger bis zum Urteilsspruch war keine Stunde vergangen.

Nach Passau erhielt ich meine nächste Weiterbildung in München: eine Weiterbildung im Fasziniertsein. Sechs Wochen volontierte ich in der Redaktion vom *Echo der Woche*. Ich durfte nach Göttingen und Würzburg reisen, um Reportagen über wiederbelebte studentische Korporationen zu schreiben. Aber erinnernswert aus dieser Zeit ist allein meine Begegnung mit einem Herrn von einem anderen Stern: Hans Habe. Ich war geblendet von seinem Snob appeal, hingerissen von seinen maßgeschneiderten Anzügen und handgenähten Schuhen, betört von seiner schönen Frau Eloise, die ihn ein paar Mal in der Redaktion besuchte und einige Tropfen Indianerblut in ihren nordamerikanischen Adern haben sollte; entzückt von seinem ungarischen Akzent, der seinem genäselten Deutsch unterlegt war. Ich wollte ihm dienen.

Einmal faßte ich mir ein Herz und fragte ihn, was er, wie bekannt hoch verschuldet, denn tun wolle, wenn das von ihm geleitete *Echo der Woche* demnächst eingestellt werde? Das Münchner Luxushotel, in dem er und seine Frau eine Suite bewohnten, hatte ihm gekündigt. Könnte ich ihm behilflich sein beim Umzug in ein bescheideneres Hotel am Stadtrand in Grünwald? Der Herr vom anderen Stern lachte und näselte, er werde bald nach Los Angeles zurückgehen, sich an den Strand legen und ein Drehbuch für Hollywood schreiben. Genauso hat er es gemacht. Er sanierte sich, kam dann wieder nach Europa, lebte überwiegend im Tessin und war bis zu seinem Tod im Jahr 1977 ein radikaler Kalter Krieger im Dienst Axel Springers. Hatte er auch den becirct, so wie vorher Werner Friedmann, der ihm einst die *Neue Münchner Illustrierte* anvertraut hatte?

Ich hatte den Herrn von einem anderen Stern schon einmal getroffen, bevor ich bei ihm im *Echo* als Reporter volontierte: Er hatte mir 1950, ich war Student im ersten Semester, eine Kurzgeschichte für die Wochenendbeilage der *Süddeutschen Zeitung* abgekauft, die er mit der Lebensgefährtin Erich Kästners, Luiselotte Enderle, nebenher redigierte. Allwöchentlich wurde auf der letzten Seite der Beilage eine Kurzgeschichte abgedruckt. Warum nicht eine von mir? Ich war in die Redaktion gegangen und hatte um ein Gespräch gebeten. Er empfing mich mit Frau Enderle an benachbarten Schreibtischen. Er las meine Geschichte »Fünf Jahre Frieden«, die Huldigung einer ersten Liebe im Bewußtsein der gerade versinkenden Kriegsschrecken. Er reichte den Text zu Luiselotte Enderle hinüber, sie las und nickte, er näselte: »Wir werden die Geschichte drucken.« Oh Glück, oh auf der Welt sein. Der Abdruck der Kurzgeschichte brachte mich einen bedeutenden Schritt weiter in meiner Annäherung an E.

Der Herr von einem anderen Stern hatte einen höchst fragwürdigen Charakter, wie ich heute weiß. Robert Neumann, eine Zeitlang sein Nachbar am Lago Maggiore, dichtete: »Es stinkt der See, die Luft ist rein, Hans Habe muß ertrunken sein.« Habe, 1911 als Janos Bekessy in Budapest geboren, jüdisch-ungarischer Abstammung, vor den Nationalsozialisten aus Österreich in die USA emigriert, war nach dem Krieg zunächst Chefredakteur der *Neuen Zeitung* in München, des Presseorgans der amerikanischen Besatzungsmacht in Deutschland, gewesen. Mit den Jahren hat er offenbar eine zunehmend üble Nachrede auf sich gezogen. Mir wurde sie bekannt, als ich im Frühsommer 1952 Volontär im *Echo* war, in den letzten Wochen des untergehenden Blattes. Henri Nannen hatte im *Stern* über zwei groß aufgemachte Seiten eine bösartige Polemik gegen Hans Habe verfaßt: »Hinaus aus Deutschland mit dem Schuft!« Einen Hochstapler, einen Bigamisten, einen »Deutschenhasser«, einen Mann dubiosen Umgangs mit Geld nannte Nannen »den sauberen Umerzieher der Deutschen«. Die Überschrift hatte er bei Karl Kraus entlehnt, der einst in einer Pressefehde mit Habes Vater, Imre Bekessy, einem notfalls käuflichen Boulevardjournalisten, getitelt hatte: »Hinaus aus Wien mit dem Schuft«. Nannen hatte das Gebiet, das »Bekessy-frei« sein sollte, auf Deutschland ausgedehnt. Habe ließ den Verkauf des Heftes mit einer einstweiligen Verfügung unterbinden. Ich las, was im *Stern* stand, und fand dort den Satz: »Um seine galizische Herkunft zu verbergen, hatte sich der US-Major Habe die Haare blond gefärbt.« Die galizische Herkunft. Nannen wußte, was er schrieb. Als ich Habe kennenlernte, war er nicht mehr blond. Fühlte er sich jetzt sicherer unter den Deutschen? Ich ging die Leopoldstraße in

München, in ihrer Nähe war die Redaktion des *Echo der Woche*, auf der einen Seite hinauf, auf der anderen wieder hinunter, und fragte an jedem Zeitungskiosk nach dem von Rechts wegen gebannten *Stern*. Die Händler bückten sich, alle, und holten ein Exemplar von unten hervor. Dann bedeutete ich ihnen, sie täten Unrecht.

Mein nächstes und letztes Volontariat absolvierte ich beim *Allgäuer* in Kempten. Vom Reporter wechselte ich ins Leitartikler-Fach. Der politische Teil, die zwei ersten Seiten des Regionalblatts, wurde in der Regel von einem Redakteur allein gestaltet: die Nachrichten, geliefert von einer Presseagentur, redigieren; Überschriften ausdenken; ein Foto für die Seite eins aussuchen; mit Hilfe des Metteurs umbrechen; und, falls ein politischer Vorgang es nachdrücklich verlangte, einen Kommentar schreiben. Gelegentlich half ein Kollege aus dem Wirtschaftsressort. In den Wochenendausgaben aber stand regelmäßig ein Leitartikel, die ganze rechte Spalte der ersten Seite lang.

Ich begann mein sechswöchiges Volontariat beim *Allgäuer* an einem Freitagvormittag. Der politische Alleinredakteur hatte mich telefonisch dringend gebeten, noch vor dem Wochenende zu kommen. Er war etwa dreißig Jahre alt und hatte aus dem Krieg Gelassenheit und ein zuverlässiges Urteil im Erkennen von Wichtigem und Nicht-so-Wichtigem mitgebracht. Seine Freundin lebte und arbeitete in München. Ich kam gegen zehn Uhr in die Redaktion, und Redakteur Gostic, sein Vorname ist mir entfallen, unterrichtete mich, sein Zug nach München fahre ab gegen zwölf, er werde Montagvormittag zurückkehren. Die Nachrichtenlage sei entspannt, ein Foto für die Seite eins schon ausgewählt und zum Klischieren gegeben, der Metteur werde mir beim Umbruch zur Seite stehen. Die Ausgabe für Montag sei problemlos für mich, denn der »Sport« werde den größten Teil unseres Platzes füllen.

Und Gostic sagte noch: Er empfehle als Thema für meinen Leitartikel eine »allgemein gehaltene« Betrachtung der Gewerkschaften, deren Bundeskongreß am nächsten Tag beginne. Ich solle meinen Text dem Wirtschaftsredakteur und dem Lokalchef, der auch Chefredakteursfunktionen ausübe, zum Gegenlesen vorlegen. Für den Fall, daß... Gostic ging bald zum Bahnhof. Der Fall, den er nicht ganz ausschließen mochte, trat nicht ein. Ich war nicht so gelassen wie der kriegsgestählte Redakteur, aber abends, ein druckfrisches Exemplar des *Allgäuer* in der Hand, war ich sehr glücklich wie es wohl auch Gostic in München war. Für die Verlängerung seiner Wochenenden schrieb ich noch drei weitere Leitartikel. Einer von ihnen würdigte Kurt Schumacher. Der sozialdemokratische Führer der Nachkriegszeit war am 20. August 1952 gestorben.

Es gab noch kein Fernsehen im Land, aber ich hatte Schumacher ein paar Mal in der Wochenschau im Kino gesehen, wenn er, gestützt auf seine Mitarbeiterin Annemarie Renger, später Bundestagspräsidentin, sich vom Wagen ins Parlament mühte. Ein Schmerzensmann seit einer schweren Verwundung im Ersten Weltkrieg und nach den jahrelangen Schindereien in Konzentrationslagern, in die die Nazis den preußisch-sozialdemokratischen Reichstagsabgeordneten bereits 1933 geschleppt hatten. Im ersten Bundestag 1949 war er ein leidenschaftlicher Gegner Adenauers, in dessen Politik einer Blockbindung der Bundesrepublik im Kalten Krieg er die Absage an eine Wiedervereinigung Deutschlands sah. Ich denke, ich bin in meinem Nachruf auf Kurt Schumacher nicht ganz so allgemein geblieben wie in meiner Betrachtung des Gewerkschaftsbundes. Ich war kein Anhänger Konrad Adenauers. Der katholische Rheinländer befremdete mich aus manchen Gründen. Aber Schumacher, der noch viele Jahre über seinen Tod hinaus richtungweisend für die deutschen Sozialdemokraten war, irritierte mich. Ich bewunderte seinen erwiesenen Mut und seinen Widerspruchs-geist. Seine leidenschaftliche Argumentation beeindruckte mich. Jedoch spürte ich in ebendieser Leidenschaft einen schwelenden Fanatismus. Und er bekundete einen Nationa-lismus, von dem ich gehofft hatte, der Krieg habe ihn ein für alle Mal verzehrt. Ich werde dies in meinem Leitartikel zu Schumachers Tod angedeutet haben, und die gegenle-senden Redakteure des eher katholisch orientierten *Allgäuer* hatten keine Einwände.

Ist in meiner Irritation über Kurt Schumacher zum ersten Mal ein Grundthema meiner politischen Biographie zutage getreten – die deutsche Linke und die nationale Frage? Schu-macher hatte sogleich nach Gründung der Adenauerschen Bundesrepublik die nationale Frage aufgeworfen – zu mei-nem Unbehagen. Fast ein Vierteljahrhundert habe ich dann dieses Thema, wie die meisten meinesgleichen in West-deutschland, auf sich beruhen lassen. Aber seit ich 1974 der erste amtliche Vertreter der BRD bei der DDR geworden war, hat mein Nachdenken über das im Nachkrieg geteilte und nach vierzig Jahren schließlich staatlich – staatlich – wieder geeinte Deutschland, das in einer Sturzgeburt zur Welt ge-kommen ist, keine Ruhe mehr gefunden. Ich habe mit mei-nem Reflektieren darüber Freunde gelangweilt, verärgert und manchmal irritiert (wie einst Schumacher mich). Dennoch: So unbehaglich fremd mir Schumachers Nationalgefühl, wie ich es wahrgenommen habe, geblieben ist – die selbstgefäl-lige Neigung der Mehrheit der Linken hierzulande, die na-tionale Frage den Rechten zu überlassen, habe ich seit mei-ner bundesrepublikanischen Dienstzeit in der Hauptstadt der DDR als eine große politische Torheit empfunden.

Im Stil eines kurzgefaßten Lebenslaufs: Am 1. November 1952 trat ich ins Berufsleben ein. Heißt es nicht so in einem Vorstellungsschreiben? Ich wurde Redakteur im politischen

Ressort der *Badischen Zeitung* in Freiburg im Breisgau. Ich blieb vier Jahre und hätte als journalistischer Anfänger einen besseren Arbeitsplatz nicht finden können. Das Blatt, das mit einem Dutzend Lokalausgaben in ganz Südbaden verbreitet war, nahezu bis Karlsruhe hinauf und bis zum Bodensee hinunter, hatte eine täglich Auflage von 80 000.

Im Lokalteil der Zeitung herrschte ganz unangestrengt und selbstverständlich ein Tonfall, der den Vereinen und Anzeigenkunden gefällig sein sollte – ohne deren volle Zufriedenheit immer erringen zu können. Dann und wann mußte vom Verlagsgeschäftsführer und einem allgemein besonders respektierten Redakteur in einem gutbürgerlichen Freiburger Lokal – nirgends in Deutschland wird in der Regel besser gekocht als im Badischen – ein Versöhnungsessen für Kinobesitzer gegeben werden, die allwöchentlich inserierten und mit einigen Filmkritiken nicht zufrieden gewesen waren. Die Gespräche bei geschabten Spätzle und zwei, drei Schoppen Markgräfler Rotem oder Weißem endeten stets friedlich-schiedlich. Ich durfte ein paar Mal mitgehen: »Der junge Mann ist neu bei uns und muß noch viel lernen.« Beide Seiten trafen sich am Ende in der Übereinstimmung, daß nicht jeder Film rezensiert werden müsse. Die Anzeigenkunden hatten nicht auf Lob für jedwedes Machwerk beharrt; der Verlagsgeschäftsführer sah die Pressefreiheit mit der Veröffentlichung der Inserate gesichert; der Redakteur wußte, abgeklärt, aber nicht abgestumpft, daß er auch künftig nicht jedem Kritiker regelmäßig in den kämpferischen Schreibarm fallen würde. Notfalls würde es nach einiger Zeit ein weiteres Waffenstillstandsmahl geben. Ich habe mancherlei gelernt seinerzeit.

Die besondere Hochachtung, die dem Redakteur beim Abendessen auch von durchaus selbstbewußten lokalen Geschäftsleuten erwiesen wurde, gründete sich auf dessen journalistische Herkunft. Oskar Stark, Mitte sechzig, war Redakteur beim *Berliner Tagblatt* und dann bei der *Frankfurter Zeitung* gewesen, bis diese 1943 eingestellt wurde. Für die Badener bewies das eine liberale Grundhaltung, derentwegen sie Starks gelegentlich erkennbare Neigung zu maßvoll sozialdemokratischen Positionen tolerierten. Die badische Provinz vermochte in ihrem Charakter eine tief verwurzelte Eigenständigkeit mit einer Weltoffenheit zu verbinden, die sich freilich nicht auf die Württemberger erstreckte. Die Alemannen argwöhnten, die Schwaben wollten sie ausbeuten. Zu meiner Zeit in Freiburg gab es immer noch Nachbeben der erbitterten Kämpfe zwischen »Altbadenern« und »Südweststaatlern«. Die einen verteidigten den südbadischen Freistaat der ersten Nachkriegszeit, die anderen sahen im gerade gebildeten Bundesland Baden-Württemberg das politisch wie wirtschaftlich einzig Sinnvolle – obwohl es seinen Reiz gehabt hatte, wenn der badische Staatspräsident Leo Wohlleb nach den Kabinettssitzungen auf seinem Nachhauseweg selber das Regierungskommuniqué bei der *Badischen* abgab.

Oskar Stark leitete als Senior das politische Ressort der *Badischen Zeitung*. Auch die beiden anderen politischen Redakteure, Mitte fünfzig, hatten bei der renommierten *Frankfurter* gearbeitet. Aus dieser »Frankfurter Schule« stammten ihre Maßstäbe fürs Zeitungmachen. Natürlich hatte die *Badische* kein Foto auf der ersten Seite; selbstverständlich waren Kommentare wie Leitartikel nur mit einer Buchstabenchiffre gezeichnet (ich wählte ein für allemal Gs.); unmöglich konnte eine Agenturmeldung unredigiert, ohne beziehungsreiche Ergänzung und Erläuterung in Satz gegeben werden. Einerseits. Andererseits mußten die drei Kollegen aus meiner Vatergeneration sich skeptisch, aber gutwillig darein fügen, mir jungem Mann Aufgaben anzuvertrauen, an die sie mich bei der *Frankfurter* noch lange Zeit nicht herangelassen hätten.

Allerdings nötigte mich der Maßstab weit hinter den Status zurück, den ich als Leitartikler des *Allgäuer* schon erreicht hatte. Oskar Stark saß in seinem Büro in einem abgewetzten Ledersessel mit breiten Armlehnen. Die Füße hatte er gegen ein Holzbrett gestemmt, das zu diesem Zweck an die Wand genagelt worden war. Rechts vom Sessel stand der Schreibtisch, an den er sich setzte, wenn er ein Manuskript bearbeiten wollte. Sonst las er, Beine hoch, Zeitungen, Haushaltspläne des Bundes – darüber dozierte er dann beim gemeinsamen Mittagessen des Politikressorts –, Protokolle von Parlamentsdebatten, das Bulletin der Bundesregierung und vertrauliche Berichte des Bonner Korrespondenten, den die *Badische Zeitung* mit vier anderen Blättern teilte. Manchmal suchte er nach einem Text, den er gelesen hatte und uns zeigen wollte. Dann rief er mich, damit ich zwischen Sitzkissen und Armlehne des Ledersessels vorsichtig nach dem Papier tastete, das er dorthin gestopft hatte, bevor er zum nächsten, auf dem Schreibtisch gestapelten Lesestoff griff.

Ich brachte ihm einen Kommentar von mir. Stark nahm ihn und setzte sich an den Schreibtisch, ich verließ sein Büro und wartete im Vorzimmer. Die beiden Sekretärinnen warfen sich Blicke zu. Mitleidige? Amüsierte? Nach einiger Zeit stand Stark in der Tür und reichte mir meinen Kommentar stumm zurück. Er schloß die Tür und wird sich wohl wieder in seinen Sessel gesetzt haben. Mit einem harten Bleistift, die Striche waren beim nochmaligen Überdenken gegebenenfalls auszuradieren, hatte er meinen Text redigiert. Manchmal höhnte ich vor den beiden Damen: »Er hat mehrmals ein ›und‹ von mir stehen lassen.« Mein Lehrherr erklärte nichts von seinen Streichungen, Umstellungen, Neuformulierungen. Er ließ mich selbständig lernen. Die – unveränderte – Meinungslinie hatten wir vorher diskutiert.

Erinnerungen ermöglichen das Beschriften eines Epitaphs: Vermerkt werden soll auch, daß Oskar Stark bei einem bestimmten Anlaß stets vom Sentimentalen, das ihm sonst nur eigen war beim Erwähnen einstiger Freundinnen, ins Melancholische geriet: Am 11. August erzählte er alljährlich beim Mittagessen, an diesem Tag habe er früher seinen beiden heranwachsenden Töchtern immer eine Tafel Schokolade geschenkt – zur Festesfreude. Am 11. August 1919 war die Verfassung der Weimarer Republik in Kraft getreten. Er habe ihnen die Schokolade vor 1933 geschenkt und auch in den Jahren danach: »Nun gerade.«

Stark war ausgenommen vom Spätdienst. Wir anderen drei wechselten uns wöchentlich darin ab, letzte Nachrichten, falls sie wichtig genug waren, noch bis 22.30 Uhr auf Seite eins zu nehmen. Die neue Seite kam dann noch in die Freiburger Lokalausgabe. In der ersten Märzwoche 1953, in der über drei Tage von Stalins langem Sterben berichtet wurde, hatte ich Spätdienst. Ich blieb über Nacht im Büro, weit über den üblichen Redaktionsschluß hinaus. Morgens um drei Uhr am 5. März kam die Nachricht: Stalin gestorben. Wer kann schon von sich sagen: Ich habe die Rotationsmaschine gestoppt? Ich stoppte sie: A thrill that comes once in a lifetime. Ich machte eine neue Schlagzeile und rückte die Todesnachricht auf die Seite eins. Am Vormittag bat mich der Geschäftsführer zu sich und rechnete mir vor, wie viel, wie sehr viel gutes Geld der Seitenwechsel gekostet habe. Und erreicht hätten wir damit noch knapp fünfhundert Exemplare.

Wir erhielten die Presseagentur-Meldungen über einen Fernschreiber, der am Ende eines langen Korridors stand. Am 16. und 17. Juni 1953 hatte ich den Redaktionsboten abgelöst, der uns die Fernschreiben brachte. Die Ereignisse in der DDR hatten seine Gangart nicht beschleunigt. Am Mittag des 17. Juni lief ich mit der Blitzmeldung in die Redaktion: »Sowjetischer General verhängt Ausnahmezustand.« Einer der Kollegen sagte: »Gott sei Dank.« Die beiden anderen stimmten ihm erleichtert zu. Der Krieg lag erst acht Jahre zurück. Mehr als an alles andere hatten wir in den zwei Tagen an einen neuen Krieg gedacht. Meine Kollegen aus der Vätergeneration: Sie debattierten oft darüber, ob es nicht doch nur ein Selbstbetrug sei zu glauben, bei der *Frankfurter Zeitung* habe man manches Kritische zwischen den Zeilen lesen können. Stark meinte, redlich wäre es gewesen, wenn die *Frankfurter* nach den ersten Boykottaktionen der Nationalsozialisten gegen jüdische Geschäfte ihr Erscheinen eingestellt hätte. Aber das denke er erst jetzt.

Mit Freunden, die ich unter Freiburger Studenten fand, hatte ich meine schwärmerische Zeit als Europäer. Wir verzweifelten schier, als 1955 die französische Nationalversammlung den Vertrag über die Europäische Verteidigungsgemeinschaft (EVG) ablehnte. Bis in den Morgen diskutierten wir, womit wir nun zu rechnen hätten. Mit deutschen Soldaten in einer nationalen Armee? Ein Rauhreif fiel auf unsere Träume.

Nach genau vier Jahren, am 1. November 1956, wechselte ich von der *Badischen Zeitung* zur *Deutschen Zeitung und Wirtschaftszeitung*. Das überregional verbreitete, liberale Blatt erschien zweimal wöchentlich in Stuttgart und galt als das süddeutsche Pendant zur Hamburger *Zeit*. Es endete später elendiglich als tägliches Sprachrohr des Bundesverbands der deutschen Industrie. Den Maßstäben der alten *Frankfurter Zeitung* hatte ich in Freiburg viel zu verdanken. Der *Frankfurter Allgemeinen*, die gerade gegründet worden war, verdankte ich jetzt eine schnelle Karriere. Die *FAZ* hatte viele Redakteure von der *Deutschen Zeitung* abgeworben. Das hatte Platz geschaffen. Schon 1957 wurde ich der politische Korrespondent des Blattes in Bonn. Ein junger Mann in einer merkwürdig früh gealterten Bundeshauptstadt. Sie verjüngte sich erst Jahre später noch einmal, als Willy Brandt aus Berlin kam. Als Bonner Wirtschaftskorrespondent der *Deutschen Zeitung* arbeitete Erich Böhme, der später, von mir vorgeschlagen, mein Nachfolger als Chefredakteur des *Spiegel* wurde. Erich und ich versuchten uns auch als Unternehmer. Wir boten mit einem hektographierten Schreiben etwa dreihundert kleinen und mittleren Provinzzeitungen (die Pressevielfalt war noch groß), die keine Bonner Korrespondenten hatten, unsere »politisch wie wirtschaftlich versierten Dienste aus der Bundeshauptstadt« an: Berichte, Reportagen, Kommentare, Hintergrundanalysen. Zu bestellen unter der Adresse eines Postfachs, das Böhme und ich in der Bonner Hauptpost gemietet hatten. Nach etwa einem Vierteljahr kündigten wir das Fach. Niemand hatte je nach unseren Diensten verlangt.

Von Zeit zu Zeit bekam ich Post von Rudolf Augstein, dem Herausgeber des *Spiegel*. Er schrieb mir Lobsprüche zu meinen Artikeln; vor allem zu solchen über Parteitage der FDP, an denen er als Delegierter teilgenommen hatte. Einmal gingen wir in Köln bei einer solchen Gelegenheit gemeinsam Abendessen, Augstein, eine Freundin, die er mit sich führte, und ich. Eines Tages im Herbst 1957 rief mich Augstein in meinem Bonner Büro an: Er fühle sich so einsam. Ob ich ihn nicht einmal in Hamburg besuchen wolle? Wer je vom Herausgeber des *Spiegel* ernstlich umworben wurde, kennt dessen Satz: »Ich fühle mich so einsam.« Gesprochen in einem schleppenden Tonfall, der Hebungen und Senkungen vermied, wodurch das mitleidheischende Ermüdetsein des Sprechenden verstärkt wurde. Ich denke inzwischen, es war mehr als eine Floskel, wenn Augstein seine Einsamkeit bekannte und als Werbemittel benutzte. Manche seiner Schattenseiten – bei soviel Licht –, von denen hier noch zu schreiben sein wird, sind verstärkt worden durch seine Unfähigkeit, sein Gefühl der Vereinsamung andauernd zu überwinden.

Ich fuhr mit der Eisenbahn nach Hamburg; das innerdeutsche Fliegen war noch nicht üblich. Rudolf Augstein, noch nicht ganz vierunddreißig Jahre alt, hatte für den jungen Mann aus der journalistischen Provinz Bonn, der ich gerade noch siebenundzwanzig war, eine perfekte Werbekampagne inszeniert. Werbeziel: beeindrucken, ohne unseriös zu wirken. Wie angekündigt, erwartete mich vor dem Hamburger Hauptbahnhof ein Chauffeur mit Augsteins Automobil: damals ein schwarzer Lincoln, vornehmer, aber nicht kürzer als ein ordinärer Cadillac. Wir holten den Herausgeber des *Spiegel* in seinem Büro im alten Klinkerstein-Pressehaus am Speersort ab und fuhren zum hochbürgerlichen »Mühlenkamper Fährhaus«, einem teuren, aber soliden Lokal. Dort erwartete uns schon Augsteins seinerzeitige Ehefrau, die zweite, Katharina, eine sympathische Journalistin, die später zur freien Mitarbeit am *Spiegel* nach Paris abgeschoben wurde. Von meinem Platz am Fenster sah ich Hans Detlev Becker, Augsteins Chefredakteur, sechsunddreißig, in seinem großen schwarzen Mercedes vorfahren. Diese Automarke fuhr bei der *Deutschen Zeitung* nur der Verleger.

Nach dem Essen – Augstein riet mir zu geräuchertem Stör als Vorspeise, bestellte selber wenig, räuberte aber auf den Tellern aller anderen am Tisch – gingen wir zur Außenalster vor: Katharina und Becker voraus, Augstein und ich einige Schritte dahinter. Der Herausgeber sprach noch einmal von seiner Einsamkeit, die ich beheben sollte. Meine Naivität muß abgrundtief gewesen sein, daß ich nicht erkannte, wie sehr mich die Konditionen, die Augstein mir anbot, in der Redaktion des *Spiegel* isolieren würden, sobald sie durchsickerten. Der Werber sagte, ich könne mir das politische Ressort wählen, das ich leiten wollte, Internationales, Ausland, Inland. Was ich jetzt im Monat verdiente? Eintausendzweihundert Mark? Er werde mir zweitausend Mark zahlen. Außer Hans Detlev Becker verdiente keiner der altgedienten Redakteure mehr als ich Frischling, was ich später zu büßen hatte. Ich erbat mir Bedenkzeit.

Becker fuhr in die Redaktion zurück. Augstein und Frau Katharina nahmen mich mit zum Maienweg in Fuhlsbüttel, Augsteins erstem Hamburger Wohnquartier nach der Übersiedlung des *Spiegel* aus Hannover. Die Inszenierung erreichte ihren dritten Höhepunkt: Nach dem noblen Restaurant und der journalistischen wie materiellen Verlockung an der Außenalster kam nun die Darbietung häuslichen Glücks. Das Ehepaar Augstein trank mit mir Kaffee und aß Kuchenstückchen, einen Cognac hinterher. Abends fuhr ich in die Bonner Verhältnisse zurück. Was hatte Augstein, der auch ein Quartier bei einer Freundin hatte, aufgewendet, damit Katharina am Maienweg mitspielte? E. und ich hatten 1955 geheiratet, 1956 war unsere Tochter Bettina geboren worden. War Augstein besorgt, der Verdacht auf ein Lotterleben könnte mich einem Engagement abgeneigt machen? Warum hat er überhaupt sich so ins Zeug gelegt für mich? Vermutlich suchte er nach einem anderen Gesprächspartner in der Redaktion, als es Hans Detlev Becker und Georg Wolff waren.

Becker hielt die Truppe auf Vordermann, was gezielte Schikanen und das absichtliche Dämpfen kreativer Begeisterung, die zur Unordnung hätte führen können, einschloß. Nicht ohne bittere Selbstverhöhnung wurde in der Redaktion kolportiert – so, wie alte Soldaten mit der Härte ihrer Ausbildung prahlen –, daß Chefredakteur Becker auf einen engagierten Vorschlag, dieses oder jenes Thema auf eine bestimmte Weise ins Blatt zu bringen, gewöhnlich erwiderte: »Also, das wird auch nichts.« Wozu er seinen schmalen Oberlippenbart kratzte. Er war bemüht, ein Snob zu sein. Aber Augstein hat er pennälerhaft angebetet. Georg Wolff, von dessen nationalsozialistischer Karriere ich damals nichts wußte, diente Augstein als Echo seiner historischen und geopolitischen Spekulationen und, seltener, als sein klüglich gemäßigter Widerpart. Das intellektuelle Vermögen der übrigen Mitglieder der im Jahr 1957 noch sehr kleinen Redaktion schätzte der Herausgeber des *Spiegel* als gering ein.

Nach wochenlangem Abwägen des hamburgischen Angebots mit meiner Frau meinten wir, ich sollte es annehmen. Am 1. April 1958 wurde ich Ressortleiter für »Internationales« (unter »Ausland« ressortierten Länderberichte, eine sehr künstliche Trennung). Mein Name wurde sogleich ins Impressum aufgenommen, damit waren es dreizehn Redakteure. Später übernahm ich das Ressort »Deutschland II«, zuständig für Politik im weitesten Sinne wie für Vermischtes in der Bundesrepublik außerhalb des Bonner Geschehens. In der Woche, in der ich presserechtlich für das Ressort die Verantwortung übernahm, druckten wir einen Bericht nach *Spiegel*-Art über den »Heiligen Rock« von Trier. Ich kannte den Text nicht, war nun aber der Empfänger einer Strafanzeige wegen Gotteslästerung. Das Verfahren wurde eingestellt. Im Jahr 1960 schließlich wechselte ich in die Bonner Redaktion des *Spiegel*, immer auf der Suche nach einem halbwegs erträglichen Arbeitsplatz im damaligen deutschen Nachrichtenmagazin. Fast von Anbeginn an empfand ich – zunächst ohne es mir einzugestehen –, daß ich einen Fehler gemacht hatte, zum *Spiegel* zu gehen.

Dann und wann zog mich Augstein in ein politisches Gespräch. Er nahm mich mit zum Abendessen bei »Jacobs« an der Elbchaussee, als Wolfgang Döring, Generalsekretär der FDP, den ich aus Bonn kannte, zu Besuch kam. Auch Augsteins damalige Freundin speiste mit uns. Auf der Rückfahrt im Lincoln, Augstein chauffierte, hämmerte sie ihm von hinten mit ihrem Schuh (zum Glück mit der Sohle, nicht mit dem Absatz) auf den Kopf. Augstein beschwichtigte sie: Sie solle unbesorgt sein, er werde ihr einen anderen Mann verschaffen. Ich mag befremdet gewesen sein; aber gewiß fühlte ich mich auch geschmeichelt: Augstein hatte es gefallen, mich zum Zeugen seines Privatlebens zu machen.

Auf die eine oder andere Art waren wir Redakteure auch Augsteins Höflinge. Einige scharwenzelten bei seinen Ausflügen in die Hamburger Schickeria um ihn herum; manche dienten ihm zur boshaften Belustigung. Seine Auftritte in den Redaktionskonferenzen benutzte er damals, Ende der fünfziger Jahre, zu Monologen, die nicht immer luzide waren, sondern manchmal auch nur albern. Seine oft faszinierenden Analysen begann er gern in der Mitte des Themas, das er dozierend gliederte, was ihm einen Überraschungseffekt unter seinen Zuhörern sicherte. Stets war er launisch. Die Aufklärung auch als eine Folge der Renaissance zu verstehen – wir beide stritten darüber mittags erbittert in Fiete Melzers Journalistenkneipe am Fuße des Pressehauses – fiel ihm emotional schwer. Denn die Aufklärung, eine seiner Antriebskräfte, sollte gemäß seinem seinerzeit noch beinahe juvenilen Bedürfnis nach absoluten Standpunkten keine Vorstufen gehabt haben. Darin war er quasi religiös: Die Aufklärung war vom Himmel gefallen. Dazu paßte sein weiterer Glaubensartikel: Männer machen Geschichte. Gesellschaftliche, soziale Verhältnisse können – nein, gläubiger: müssen – vernachlässigt werden. Später zeigte sich, daß Augsteins Nationalismus das Licht der Aufklärung bei ihm durchaus in den Schatten stellen konnte.

Rudolf Augstein und ich sind damals, bei meinem ersten Engagement in seinem Blatt, in unserer beruflichen Beziehung gescheitert. Er hat mehrmals versucht, seiner Schöpfung, dem *Spiegel*, zu entkommen oder sie wenigstens interessanter für ihn selber zu machen. Vielleicht war ich, als er so aufwendig um mich warb, eingeplant gewesen in eines seiner Änderungsvorhaben. Aber das Blatt war groß und erfolgreich genug geworden, um ein starkes Beharrungsver-

mögen zu besitzen, und Augstein war in der Regel flatter-
haft, wankelmütig und treulos – nicht zuletzt sich selbst
gegenüber.

Chefredakteur Becker (im Impressum als Geschäftsfüh-
render Redakteur betitelt) hatte ein Auge darauf, daß niemand übermütig wurde in der Redaktion. Jeden traf von
Zeit zu Zeit sein Hieb. Er liebte bei seinen Abstrafungen,
deren Ursachen nicht immer zu ergründen waren, verlet-
zende Formulierungen. Georg Wolff, der nach den damaligen Maßstäben als ein guter Autor galt, lief eines Tages wie
irre lachend über den Redaktionsflur und zeigte uns, mit
welcher Anmerkung der Chefredakteur ein Manuskript, an
dem Wolff zwei Wochen gearbeitet hatte, zurückschickte:
»Dieses lieblose Gestammel soll doch wohl nicht gedruckt
werden?« War die *Spiegel*-Redaktion seinerzeit das Strafba-
taillon des deutschen Journalismus? Wir schmeichelten uns,
dass es so sei. Es wurde viel getrunken. Nach Redaktionsschluß Freitagnacht zog ein harter Kern, fünf, sechs Mann,
ich war schließlich aufgenommen worden, nach Sankt Georg, dem Amüsierbezirk hinter dem Hauptbahnhof. Die An-
onymität unserer journalistischen Arbeit kompensierten wir
durch interne Wettbewerbe, wer mit seinem Text in der jüngsten Ausgabe dem gängigen *Spiegel*-Stil, dessen blödsinnige
Verstiegenheit uns nicht aufstieß, am reinsten nahe gekommen war. Einem Kollegen und mir, die wir eine Titelgeschichte über das Ende der vierten französischen Republik
und den Aufstieg de Gaulles zum Herrn der fünften verfaßten, gelang als erster Satz der stilistische Gipfel: »Das
Schicksal der vierten Republik hängt an der Reißleine des
Fallschirms von General Massu.« Wir wollten keineswegs
ironisch damit sein und auch nichts parodieren. Die Damen
auf Sankt Georg riefen, wenn wir Freitagnacht unseren Ausgang aus Beckers Kaserne am Speersort feierten: »Da kommen wieder die Herren vom *Spiegel*.« Aber am Montag-

morgen im D-Zug zur Bundeshauptstadt, wenn alle bis auf einen im Abteil den *Spiegel* lasen, dachte ich als Mitreisender: Wenn ihr wüßtet, zu welcher Geheimloge ich gehöre.

Im Januar 1960, unterwegs für das Blatt, habe ich etwas erlebt, was als literarischer Stoff nicht taugen würde wegen seiner Unglaubwürdigkeit. Die Vorgeschichte dazu ist umständlich, soll aber zur Einstimmung miterzählt werden: Auf einer Reise nach Moskau, meiner ersten, wo ich für den *Spiegel* eine Titelgeschichte recherchieren sollte über den dortigen bundesrepublikanischen Botschafter Kroll, einen politisch eigenwilligen, in vielerlei Hinsicht merkwürdigen Mann, kam es zu einer ärgerlichen, von mir verschuldeten Unterbrechung. Da ich niemals vorher weiter östlich als in Berlin gewesen war, reiste ich nicht mit dem Flugzeug, sondern mit der Eisenbahn. Ich wollte mehr sehen als Wolken und die Erde weit unter mir. Aber im Besitze des sowjetischen Visums vergaß ich, daß ich auf dem Landweg in die Sowjetunion zwei Staaten durchqueren mußte, die nach einem Durchreisevisum fragen würden: die DDR und die Volksrepublik Polen.

In Ost-Berlin hatte ich abends gegen zehn Uhr den »Blauen Express« nach Moskau bestiegen, einen Zug, in dem viele hohe sowjetische Offiziere auf Heimaturlaub fuhren. In Frankfurt an der Oder bat mich ein Grenzpolizist der DDR sehr höflich, auszusteigen und mit dem Gegenzug am nächsten Morgen in die »Hauptstadt der DDR« zurückzufahren, um mir »im dortigen Außenministerium ein Durchreisevisum« ausstellen zu lassen. Gut zwei Stunden zuvor erst hatte ich das deutsche Glitzerding Kurfürstendamm in West-Berlin mit einem Taxi nach Ost-Berlin verlassen; die Mauer wurde erst anderthalb Jahre später gebaut. Nun stand ich gegen Mitternacht auf einem deutschen Bahnsteig, auf dem alle fünf Meter eine schwache Glühbirne unter dem Dach

brannte. Mit dem Schritt aus dem »Blauen Express« war ich
fünfzehn Jahre zurückgegangen: von 1960 in Berlin (West)
nach 1945 in Frankfurt (Oder). Ich habe den Schritt nicht
mehr aus dem Bewußtsein verloren.

Man führte mich zu einer Baracke der Inneren Mission,
in der zwei Damen bedürftige Reisende in ihre Obhut nahmen. Es war für sie wie für mich eine freundliche, jedoch
scheue Begegnung von Bewohnern zweier weit voneinander
entfernter Sterne. Schon nach kurzer Zeit holte mich der
Grenzpolizist wieder ab: Der Zug nach Moskau stehe noch
im Bahnhof, ich könne weiterfahren. Zum Beweis, daß ich
nicht illegal aufgesprungen sei, werde man mir einen Stempel der DDR-Grenzkontrolle in meinen Paß drücken. Dabei
hätte ich hellhörig werden müssen. Aber ich hatte meine
Verabredungen in Moskau, die ich nicht versäumen wollte.
Ich stieg wieder ein und fuhr weiter. Es war ein kalter Winter, die Oder hatte Eisgang, der Mond schien durch die Wolken, eine dünne Schneedecke lag über dem Land. In Kunowice, einst Kunersdorf, war der polnische Grenzpolizist
zwar auch höflich. Aber von meinem Visum des »Großen
Bruders« in Moskau, das seinen Kollegen in Frankfurt vermutlich veranlaßt hatte, mich weiterfahren zu lassen, sollten doch die Organe jenseits der Oder die Verantwortung
tragen – von dem sowjetischen Visum war der Pole überhaupt nicht beeindruckt, allenfalls ungünstig beeinflußt. Die
Stempelmappe baumelte ihm wie die Säbeltasche eines Ula-
nen an der Seite, keine Knobelbecher, sondern Stiefel aus
weichem, faltenwerfendem Leder trug er an den Beinen. Er
hieß mich, den Zug ungesäumt zu verlassen. Mit einem Koffer in jeder Hand stand ich im Schnee, die Reisenden im Express drückten sich die Nasen platt an den Fenstern. Fünf
Stunden lief ich dann im ungeheizten Büro des Grenzkom-
mandanten von Kunowice auf und ab, er war wohl in Urlaub, bis ich mit dem Gegenzug aus Moskau nach Berlin ab-

geschoben wurde – um das Durchreisevisum in der polnischen Militärmission entgegenzunehmen.

Zurück über die Oder, der Mond war inzwischen untergegangen. Der Zug war sehr leer. Hinwärts hatte ich einen reservierten Platz in der »Polsterklasse« gehabt, nun als Abgeschobenen hatte man mich in einen Wagen der »Holzklasse« verfrachtet. Über mir dröhnte aus dem Zuglautsprecher fremdartige Musik. Müde und durchfroren fand ich den Knopf zum Leiserstellen nicht. Eher dantesk oder eher kafkaesk? Ich trat auf den Korridor des Waggons hinaus. Meine Abfertigung in Frankfurt (Oder) war problemlos. Ein Antragsteller für ein Durchreisevisum unterwegs zur zuständigen Behörde.

Und hier beginnt die Geschichte, für die ich so weit ausgeholt habe. Neben mir im Waggon standen zwei Männer aus dem Nachbarabteil, sie sprachen deutsch miteinander; der eine war etwa in meinem Alter, dreißigjährig, der andere wohl zwanzig Jahre älter. Hinter ihnen im Abteil lagen zwei Frauen auf den Bänken. Der Grenzpolizist der DDR prüfte die Papiere der vier Reisenden. Sie waren aus einem sowjetischen Lager nach Deutschland entlassen worden. Bei Kriegsende, so erklärten sie, seien sie als Zivilisten aus Ostpreußen zur Arbeit in die Sowjetunion deportiert worden. Der eine der beiden Männer hatte einen seltenen Namen. Ich habe ihn vergessen, weiß aber, daß es kein landesüblicher oder adeliger war, sondern ein auffälliger, etwa wie Ziegenbein oder Stoffregen. Ich stand ganz nahe, vor der Tür zu meinem Abteil, als der Grenzer den Mann fragte: »Haben Sie einen Bruder?« Antwort: »Er ist seit 1944 im Osten vermißt.« Erwiderung des Grenzers: »Ich bin bis zu meiner Entlassung 1955 mit einem Mann Ihres Namens in einem sowjetischen Kriegsgefangenenlager zusammengewesen.« Wir alle schwiegen. Da kommt ein Mann im Januar 1960 nach fünfzehn Jahren aus der Sowjetunion zurück, und die erste deutsche Amtsperson, die er trifft, ein Grenzpolizist der DDR, gibt ihm Nachricht, daß durchaus wahrscheinlich sein Bruder, von dem er 1944 das letzte Mal gehört hatte, im Jahr 1955 jedenfalls noch gelebt hat. Ein Kapitel der deutschen Geschichte in einer Nußschale. Der Grenzer sah noch einmal in die Papiere der Heimkehrer und sagte, sie kämen aus einem Gebiet in der Sowjetunion, aus dem man zunächst für vierzehn Tage in ein Quarantänelager – sagte er: in Fürstenwalde? – gehen müsse. Einer der Männer stellte fest: »Wir gehen in kein Lager mehr.« Er wolle heute abend bei seiner Schwester in Berlin sein. Der Grenzpolizist zuckte die Achseln und ging weiter. Der Zug fuhr an. Wir waren unterwegs nach Berlin. Die Männer gingen in das Abteil zu den beiden Frauen.

Drei Tage später reiste ich, versehen mit allen notwendigen Stempeln und nun wieder in der »Polsterklasse«, nach Moskau. Ich fand in meinem Abteil den Knopf zum Leiserstellen des Zuglautsprechers. Etwa alle zweihundert Kilometer brachte mir ein freundlicher russischer Schaffner gegen geringes Trinkgeld in Devisen ein Glas heißen, stark gesüßten Tee.

Der *Spiegel* wurde seinerzeit viel beachtet, auch in der Branche gelobt, manchen erschien er lästig oder zum Fürchten. Aber auch viele von denen, die das Nachrichtenmagazin gern lasen und schätzten, gingen damals mit seinen Redakteuren in der Öffentlichkeit eher zurückhaltend um: Grüß' mich nicht Unter den Linden. Um vom *Spiegel* wegzukommen, mußte ich einige Zeit antichambrieren. Eine Erfahrung, die ich zu meinem Glück nur einmal in meinem Leben machen mußte. Zum 1. September 1961 engagierte mich Hermann Proebst, inzwischen Chefredakteur der *Süddeutschen Zeitung*, als innenpolitischen Kommentator, Reporter der Seite drei und Redakteur für das geliebte Münchner Blatt.

VI.

Erprobungen und Erfahrungen

Die *Süddeutsche Zeitung* war stolz darauf, ein in der Bundeshauptstadt Bonn vielbeachtetes und in einer kleinen Auflage auch bundesweit verbreitetes Blatt zu sein. Sie war liberal, gelegentlich bis ins Sozialdemokratische hinein. München hatte traditionell einen sozialdemokratischen Oberbürgermeister. Vor den herrschenden Gewalten in Bayern, der Christlich-Sozialen Union und der katholischen Kirche, berief sich die *SZ* bei Bedarf auf eine bajuwarische Liberalität, die ein gewisses Distanzhalten von der Macht und dann und wann sogar eine publizistische Unbotmäßigkeit ihr gegenüber – maßvoll, versteht sich – zum angestammten Recht einer in München erscheinenden Tageszeitung erklärte. Die Eigentümer, im Impressum als Herausgeber bezeichnet, verdienten viel Geld und ließen daher die Redaktion im großen und ganzen gewähren.

Im Jahr 1961, als ich zur Zeitung kam, trat Willy Brandt zum ersten Mal als sozialdemokratischer Kanzlerkandidat im Bundestagswahlkampf an. Konrad Adenauer gewann seine letzte Wahl. Die Bundesrepublik sah dem Ende einer Ära entgegen, ihrer Gründerzeit. In Berlin errichtete die DDR als westlicher Vorposten des Ostblocks am 13. August eine Grenzmauer. In den sechziger Jahren gelangten die Sozialdemokraten, nach einer kurzen Kanzlerschaft Ludwig Erhards, zur Regierungsteilhabe in Bonn. Zunächst waren sie

Juniorpartner in einer Großen Koalition mit der CDU/CSU unter Kurt Georg Kiesinger. Am Ende des Jahrzehnts, im Herbst 1969, wurde dann Willy Brandt der erste sozialdemokratische Bundeskanzler; er koalierte mit der FDP Walter Scheels. Vorausgegangen war dem im Frühjahr die Wahl des Sozialdemokraten Gustav Heinemann zum Bundespräsidenten, auch mit den Stimmen der Liberalen.

Nachkriegs-Westdeutschland befand sich in diesem Jahrzehnt in einem Transit. Nicht nur die Gewichte im Parteiengefüge verschoben sich. Die Verhaftung Rudolf Augsteins und einiger seiner Redakteure 1962 wegen angeblichen Landesverrats durch eine Titelgeschichte über die Bundeswehr endete in einem Triumph des *Spiegel* über Adenauers Regierung und nötigte Franz Josef Strauß zum Rücktritt als Verteidigungsminister. Die sogenannte *Spiegel*-Affäre erschloß der Bundesrepublik einen in Deutschland ungewohnten politischen Ort: die Straße zum Demonstrieren gegen staatliche Maßnahmen. Die Außerparlamentarische Opposition, angeführt von Rudi Dutschke, später nach dem Jahr ihres Höhepunkts die 68er-Bewegung genannt, blieb im Grunde immer studentisch geprägt und erreichte entgegen ihrer Zielsetzung das Sein und Bewußtsein der sozialen Unterschicht kaum in kleinsten Spuren. Dutschke und die Seinen träumten von einer Revolution und einem neuen Menschen. Was sie bewirkten, war eine Re-Ideologisierung der linken Jugend und ein folgenreiches Aufbegehren gegen althergebrachte gesellschaftliche Autoritäten.

Die *Süddeutsche* stützte ihr beträchtliches Selbstbewußtsein darauf, weithin im Land als eine gut geschriebene und sorgfältig redigierte Zeitung anerkannt zu sein. Sie war es tatsächlich. Die Reportagen ihrer »Seite Drei« und das »Streiflicht« auf der ersten Seite, das unnachahmliche Beleuchten eines Themas, das oft erst dadurch zum Thema wurde – sie haben Maßstäbe gesetzt. Einer der seinerzeit besten Autoren des Streiflichts, Fred Hepp, wurde mein enger Freund. Er konnte jeder verstiegenen Analyse eines Vorgangs ihr verdientes Ende mit dem Satz bereiten: »Ja, ja, es hängt alles mit dem Ganzen zusammen.«

Die *Frankfurter Allgemeine*, erst 1956 aus Geldern der Wirtschaft gegründet, hatte ihren Ton noch nicht ganz gefunden. Die *Welt* sang seinerzeit die zweite Stimme in der von rechts außen intonierten Melodie, die *Bild* anschlug, beides Organe aus dem Hause Axel Springer. Die *Süddeutsche Zeitung* aber hatte ihren zeitgemäßen Platz in der sich wandelnden Bundesrepublik erobert. Sie trug zu dem Werbespruch ihrer Heimatstadt bei: »München leuchtet«. Und sie zog ihren Nutzen daraus. Als Blatt aus der vielgerühmten »heimlichen Hauptstadt« der Bundesrepublik genoß sie außerhalb Bayerns den anziehenden Ruf, täglich eine Mischung aus bayrischer Lebensart gehobener und gebildeter Kreise zu publizieren: joviale Liberalität, Opernkultur, Theatergipfel, auch ein bekömmliches Maß Intellektualität, aber gewöhnlich im Trachtenanzug. Und aus dem Lokalteil der *SZ* und zwischen den Zeilen ihres Feuilletons atmeten der üppige Viktualienmarkt, das Weißwurstfrühstück im »Franziskaner« am Samstagvormittag sowie der allabendliche Auftrieb von Filmsternchen in der Nachtclub-Bar des Hotels »Bayerischer Hof«, wo der Fürst aus Regensburg und Krethi und Plethi ihre Flasche Whisky in einem eigenen kleinen Gitterschränkchen hinter der Theke verwahren ließen. In die *Süddeutsche Zeitung* waren damals die Sehnsüchte der »Nordlichter« gehüllt, die in Ortschaften nördlich des Mains eine Übersiedlung unter Münchens weißblauen Himmel erwogen und durchrechneten.

Und ich durfte Leitartikel in diesem Blatt schreiben, des öfteren sogar für die Wochenendausgabe. Ich datiere den Beginn meines glückhaften Berufslebens von hier an. Wir wohnten vor den Toren Münchens, nach Osten hinaus, wo bald das Voralpengebiet beginnt, eine der schönsten Landschaften, die ich auf der Welt kenne. Unsere Tochter Bettina kam zur Schule. E. und ich wurden Mitglieder eines kleinen Kegelclubs von Journalisten der *SZ* und des Bayrischen Rundfunks, der sich sehr exklusiv gab. Ich kaufte mir mein erstes eigenes Pferd, einen Fuchs. Joachim Kaiser, ein junger Mann in meinem Alter, war der aufgehende Kritikerstar der *SZ*. Manchmal gingen wir beide nach der Redaktionskonferenz, wenn wir nichts zu schreiben hatten für die nächste Ausgabe, zum Mittagessen zu »Boettner«, damals in der Theatinerstraße, wo wir weit über unsere Verhältnisse speisten und tranken. Kaiser fand, das stehe uns zu.

Im Jahr 1962 wurde ich eingeladen, an dem Internationalen Seminar für Politische Wissenschaften teilzunehmen, das Henry Kissinger jeden Sommer an der Harvard-Universität in Cambridge, Massachusetts, am Charles River gegenüber von Boston, veranstaltete. Immanuel Birnbaum, Ressortleiter für Außenpolitik der *Süddeutschen*, hatte mich vorgeschlagen. Der freundliche, kenntnisreiche Mann gehörte wohl zu dem Netz persönlicher Beziehungen, mit dem Kissinger, noch Professor für internationale Politik in Harvard, auf dem Sprung nach Washington D.C., die erste Welt, die westliche, und wichtige Teile der dritten, der neutralen, umspannt hatte. Einmal im Jahr aktivierte Kissinger dieses Netz, um weltweit – ausgenommen blieb die zweite Welt, der Ostblock – die Teilnehmer seines Seminars auszuwählen. Sie sollten keine Studenten mehr sein, sondern junge Berufsanfänger im Umkreis der Politik, von denen für möglich gehalten wurde, daß sie weiter nach oben kommen und Einfluß gewinnen würden. So wurde, beispielsweise, der Teilnehmer aus Belgien im Jahr 1962 später Ministerpräsident seines Landes. Größere Staaten wie England oder die Bundesrepublik konnten zwei Seminaristen entsenden. Ich reiste mit Erhard Eppler, dem eigensinnigen Sozialdemokraten, seit 1961 Abgeordneter im Bundestag, in die USA.

Kissingers Internationales Seminar war seinerzeit für einige Jahre einer der wenigen Orte auf der Welt, vielleicht der einzige, an dem zum Beispiel Inder und Pakistani außerhalb eines förmlich-politischen Rahmens entspannt und privat zusammenkommen konnten. Als ich dort war, kam aus Pakistan ein Adjutant des Feldmarschalls Ajub Khan, des Machthabers in Karatchi. Aus Indien war ein junger Sekretär der regierenden Kongreßpartei zugegen. Ein israelischer Journalist traf in Harvard arabische politische Nachwuchskräfte. Und der türkische Teilnehmer von 1962, Mehmet Fuad, begann eine Sommerliebe mit der armenischen Seminarsekretärin, deren Eltern nach dem Ersten Weltkrieg vor den Türken nach Amerika geflohen waren.

Diese Veranstaltung des Professors Kissinger, dessen amerikanisches Englisch von einem starken fränkischen Akzent aus seiner Geburtsstadt Fürth geprägt wurde, war vermutlich die intelligenteste Methode, die Weltsicht des damaligen amerikanischen Establishments unter möglichen künftigen Mitgliedern der politischen Eliten vieler Länder zu verbreiten. Die etwa zwanzig Seminaristen wurden unterrichtet von Universitätsprofessoren aus Harvard sowie Politikern und deren Stabspersonal aus Washington. Stets schloß sich eine ausführliche Diskussion den Referaten an. Wir Gäste aus Übersee waren gehalten, einmal in den acht Wochen des Seminars über die politischen Grundlinien unseres Landes zu referieren. Ich nahm drei Tage Urlaub und begleitete als Beobachter den Wahlkampf des jüngsten Kennedy, Ted, der sich um einen Senatssitz des Staates Massachusetts bewarb; Bruder John war Präsident der USA und Bruder Robert Justizminister.

Die Grundstimmung des Seminars war heiter. Was Wunder? Eine Gruppe junger Männer, zusammengekommen von weither, zu Hause angestrengt von den ersten Schritten auf ihrer beruflichen Laufbahn, war noch einmal entlassen worden in das Lebensgefühl von Heranwachsenden: in eine Existenz frei von Verantwortlichkeiten, so entspannt wie aufregend. Beim Niederschreiben wird mir bewußt, daß keine jungen Frauen zum Seminar geladen waren – die Welt vor vierzig Jahren. Wir schliefen in Zwei-Bett-Zimmern in den Studentenheimen auf dem Campus, die in den Sommerferien leerstanden. Wir frühstückten in einem Coffeeshop am Harvard Square; für einen dime, in die Musicbox geworfen, ließ ich mir zu meinem French Toast von Acker Bilks Saxophon »The Stranger on the Shore« aufspielen. Wir schlenderten über die weiten Rasenflächen zwischen den neugotischen Vorlesungshäusern und Bibliotheken. Wir diskutierten. Jeden Freitagnachmittag lud die Universitätsverwaltung zu einer Punschparty auf dem Campus ein, zu einem gekühlten leichten Sommerpunsch. Jüngere Professoren, Assistenten, Studenten höherer Semester, die wegen Examensarbeiten nicht in die Ferien gefahren waren, und wir internationalen Seminaristen lagerten unter den hohen Bäumen. Wir diskutierten. Aber auch Gitarrenmusik ertönte. Der ferne Krieg in Vietnam war noch nicht allgegenwärtig.

Es war meine erste Reise in die USA, der viele folgten. Was in den ersten Nachkriegsjahren amerikanische Literatur, Theatereindrücke, Country music, Louis Armstrongs Trompete und Ella Fitzgeralds Stimme, auch ein paar Filme zu meinem Bildungsroman beigesteuert hatten, zum Mythos USA, wurde nun der Probe aufs Exempel unterworfen, wurde vor Ort nachempfunden, abgeschmeckt, vereinnahmt. Beglückt sah ich vieles bestätigt, aber über einiges geriet ich auch in ein erstes Nachdenken.

Beim fortgeschrittenen Studium der amerikanischen Folklore gelangte man zu Pete Seeger und seinen Balladen von Kohlebergleuten und Eisenbahnarbeitern. Seegers Lieder erzählten, wie das bißchen Hab und Gut armseliger Farmer im Mittleren Westen unter den Hammer des Auktionators kam. Wir hörten und feierten den alt gewordenen, aber stimmgewaltig gebliebenen Seeger in unserem Sommer 1962 in einem kleinen Theater vor den Toren des Campus von Harvard. Seine Verfolgung und die anderer gleichgesinnter Künstler und Literaten durch Senator McCarthy Anfang der fünfziger Jahre, die alle Kennzeichen eines weltanschaulichen Totalitarismus aufwies, wurde von mir noch nicht als ein Beleg begriffen, daß unter bestimmten Umständen in jedwedem politischen System bösartige Entwicklungen möglich sind. Von den Widerwärtigkeiten des Nachschnüffelns, der Pression zum Denunzieren, dem faktischen Berufsverbot für viele Dissidenten aus dem kulturellen Leben, die vom rechten Pfad der amerikanischen Mehrheit nach links abgewichen waren – von dieser politisch-gesellschaftlichen Drangsal nahmen wir im Freundeskreis vor allem jene Widerstandskraft wahr, mit der einige Männer und Frauen sich treu geblieben waren und eine Gefängnisstrafe nicht als einen zu hohen Preis dafür angesehen hatten. Einem solchen Mann jubelte ich in Pete Seeger 1962 in Harvard zu. Die sozialdarwinistische Wirklichkeit der USA, die in vielen seiner Lieder beschrieben wurde, erzeugte seinerzeit noch kein politisches Bewußtsein in mir. Ich hörte den linken Akzent in Seegers Songs, der ein Herzensbedürfnis von meinesgleichen befriedigte, das wir nach dem Ende des Faschismus entwickelt hatten. Ich hatte noch keinen Blick für die Kehrseite Amerikas. Ein Mythos hat keine Kehrseite.

Ich machte Bekanntschaft mit dem Bürgersinn und dessen Unternehmungslust auf der sonnigen Seite der USA. Mit zwei anderen Teilnehmern des Seminars reiste ich über ein Wochenende von Harvard hinauf ins waldreiche Vermont. Wir waren Hausgäste des Soziologen David Riesman (»Die einsame Masse«) und von dessen Frau. Abends fuhren die Gastgeber mit uns Europäern – einem Engländer, einem Schweden, einem Deutschen – zu einer großen Holzscheune auf einem Hügel inmitten von Ahornbäumen, Espen und Birken.

Der Duft der Scheune. Das Konzert, das wir dann in ihr hörten: Internationale Spitzenmusiker, unter ihnen an diesem Abend Pablo Casals, spielten spürbar gut gelaunt auf. Sie waren für einige Wochen Sommergäste in den umliegenden Häusern von Gentleman-Farmern gewesen: Rechtsanwälten, Bankiers, Universitätsprofessoren, wie auch David Riesman einer war. Zu den Proben telefonierten sie sich von Haus zu Haus zusammen und zahlten am Ende für Kost und Logis mit einem Konzert. Danach fuhren sie, der Sommer neigte sich, zu einem Musikfestival.

An anderen Wochenenden jedoch reisten wir drei, die wir uns zusammengefunden hatten, mit dem Greyhoundbus von Boston nach New York, wohnten in billigen Hotels – New York im August ohne Klimaanlage – und stießen beim Umherwandern auf Gegenwärtiges aus Seegers Liedern von gestern. Beim ersten Mal hatten wir schon von Harvard aus telefonisch eine Verabredung mit einem Pastor getroffen, der einen Sozialarbeiter zu unserem Gespräch lud. Mein Eindruck blieb noch flüchtig, aber er regte sich doch, daß schwerwiegende soziale Probleme in New York im Grunde weiterhin nach Glaubenssätzen aus der amerikanischen Pionierzeit kuriert werden sollten: Jeder ist seines Glückes Schmied und schlimmstenfalls bleibt die Hoffnung auf christliche Barmherzigkeit.

Die Geldgeber für Henry Kissingers Internationales Seminar hatten verständlicherweise für die Seminaristen die jeweils billigste Passage für die An- und Rückreise gebucht. Eppler gönnte sich eine Flugreise auf eigene Kosten. Ich fuhr von New York nach Bremerhaven auf einem vor dem Ersten Weltkrieg in Deutschland gebauten Passagierdampfer, der sechs Tage auf dem Atlantischen Ozean unterwegs war. Ich hegte den Verdacht, die Besatzung finge nachts die Fische, die mittags serviert wurden. Die Innenausstattung der Speisesäle und Salons war altdeutsch in dunklem Holz und wirkte wie die Kulisse zu einer Meininger Aufführung des »Wallenstein«. Die preiswerte Überfahrt, deren Kosten von ihrer längeren Dauer nicht erhöht, sondern gemindert wurden, hatte auch westdeutsche Mütter und Väter zum Buchen veranlaßt, um ihre Töchter in den USA zu besuchen, die nach 1945 einen amerikanischen GI geheiratet hatten und mit ihm nach Amerika gegangen waren. Inzwischen waren auch Enkelkinder geboren worden. Sobald die Melodie »Muß i denn, muß i denn zum Städtele hinaus« verklungen war und die Konfettibänder zwischen den Zurückbleibenden auf dem Pier und den Passagieren an der Reling zerrissen waren, wurden an Bord Fotos ausgetauscht. Auch hörte ich allenthalben Bemerkenswertes über den materiellen und gesellschaftlichen Status der amerikanischen Schwiegersöhne. Das Festland war noch kaum hinter dem Horizont entschwunden, da nahm eine bestimmte Spielart des Deutschtums von dem Dampfer Besitz. Abend für Abend gab es abwechselnd, vom Schiffszahlmeister organisiert – das Meer blieb ruhig und geduldig –, ein rheinisches Kappenfest und eine bayerische Kirchweih. Ich brachte als Geschenk für E. einen indianischen Silberschmuck mit, für Bettina eine Squawpuppe und für uns alle Schallpatten von Pete Seeger und Joan Baez sowie eine Flasche Maplesirup für French Toast zum Frühstück in unserem Haus bei München.

Seinerzeit war ich ungemein schreiblustig. Über meine übliche Arbeit in der SZ hinaus – Leitartikel, Kommentare, Berichte, Reportagen schreiben sowie die wöchentliche innenpolitische Themenseite redigieren und umbrechen – verfaßte

ich gelegentlich kleine Essays im Feuilleton der Wochenendbeilage. Im Herbst 1962 schrieb ich eine Folge von vier
Porträts von Außenseitern der politischen Klasse der Bundesrepublik. Außenseiter, Abweichler – nicht Sektierer, nicht
Spinner, nicht Fanatiker – haben mich mein Leben lang besonders interessiert. Ich wählte damals, zu viele gab es nicht
im Land, Paul Sethe, Viktor Agartz, Paul Wilhelm Wenger
und Hans Schlange-Schöningen. Wer kennt sie heute noch?
Seinerzeit waren sie in der politischen Öffentlichkeit so bekannt wie heute Joachim Fest, Kurt Biedenkopf, Gregor Gysi
oder Otto Schily. Jeder von ihnen war auf seine Weise un-
angepaßt geblieben. Sie gehörten alle zur Generation vor
mir.

Paul Sethe war im Streit aus der Herausgeberschaft der
Frankfurter Allgemeinen ausgeschieden, weil er dagegen
war, daß die Zeitung Adenauers Politik der Westbindung
unterstützte, in der er eine Absage an die Wiedervereinigung
Deutschlands sah. Viktor Agartz war der Leiter des wirt-
schaftswissenschaftlichen Instituts des Deutschen Gewerkschaftsbundes (DGB) gewesen. Er hatte den Kontakt zur Ge-
werkschaft der DDR nicht abreißen lassen, weshalb er im
Kalten Krieg vom Gewerkschaftsschlitten hinuntergestoßen
und den totalitär-antikommunistischen Wölfen zum Fraße
vorgeworfen worden war, damit der DGB nicht, was Arbeitgeber fleißig versuchten, als östlich unterwandert de-
nunziert werden konnte. Agartz wurde entlassen und war
nun ein Fall für den Verfassungsschutz. Paul Wilhelm
Wenger hatte die soziale Sicherheit eines Landgerichtsrats
aufgegeben, um als Publizist in Büchern und in der Wochenzeitung *Rheinischer Merkur* eine Föderalisierung Mittel-
europas unter Verzicht auf die staatliche Einheit Deutschlands zu propagieren. Zum endgültigen Bannen der
deutschen Gefahr sollten Preußen und seine Zentralgewalt
vollständig und dauerhaft zerschlagen werden. Hans Schlan-

ge-Schöningen, ein Großagrarier aus den verlorenen Ostge-
bieten, war eine Zeitlang der Gegenspieler Konrad Adenauers in der neu gegründeten CDU gewesen und hätte, wäre
er dem rheinischen Fuchs an List und Tücke, notfalls auch
Verschlagenheit gewachsen gewesen, durchaus der erste
Bundeskanzler werden können. Nachdem Adenauer es geworden war, stellte er den Rivalen ruhig, indem er ihn zum
ersten Botschafter der Bundesrepublik in London machte.

Ich besuchte die vier Herren, sprach mehrmals und lange
mit ihnen und beschrieb sie dann, wie ich sie sah, in ihrem
Verhalten, ihrer Gesinnung und vor dem Hintergrund ihrer
gesellschaftlichen, politischen, historischen Abkunft. Sethe
erschien mir als ein Deutschnationaler von gemäßigter, gebildeter Art, zu dem es aber gepaßt hätte, nach dem Ersten
Weltkrieg als Jüngling weinend am Tor einer deutschen Kaserne zu stehen, auf deren Hof von einer französischen Ent-
waffnungskommission Maschinengewehre beschlagnahmt
und eingesammelt wurden.

Agartz war von intellektueller Schärfe. Er hatte den Begriff vom »Industriefeudalismus« geprägt, der das Abhän-
gigwerden der Arbeitnehmer von den Deputaten – Lohnzu-
schläge, Betriebsrenten, erhöhtes Urlaubsgeld – bezeichnete,
mit denen die Arbeitgeber, die industriellen Gutsbesitzer, die
Arbeitskräfte in Zeiten der Vollbeschäftigung an ihren Betrieb fesselten. Seine Verbindung mit dem Gewerkschafts-
bund der DDR beruhte nach meinem Eindruck auf seiner
Suche nach Verbündeten im Klassenkampf, an dessen dauerhafte Überwindung durch Ludwig Erhards soziale Markt-
wirtschaft er nicht glaubte. Der fünfundsechzigjährige Agartz
lebte grollend in seinem großbürgerlichen Elternhaus bei
Köln. Nach unserem letzten Gespräch führte er mich in das
Souterrain der Villa, in dem eine Bibliothek eingerichtet war.
Er zeigte mir stolz seine große Sammlung kostbar gebundener klassischer, literarisch anspruchsvoller Pornographie.

Wenger, ein Erzkatholik, verstand sich gelegentlich als Einflüsterer in Adenauers Ohr, wenn es darum ging, Westeuropa als die Wiedergeburt des Karolinger-Reiches zu verstehen und entsprechend freizuhalten von angelsächsischer Teilhabe und jedem Gedanken an den heidnischen Osten. Eine Konföderation zwischen einem karolingischen Staatenbund im Westen und einem habsburgischen im Südosten war wohl Wengers tiefster Traum. Ich vermute, ihm wurden die Augen feucht, wenn er in Wien vor der habsburgischen Kaiserkrone stand. Ich füge dem hinzu, daß auch ich berührt war von diesem Symbol eines ehrwürdigen Föderalismus. Im Vergleich dazu waren die Insignien der Hohenzollern für mich der Schmuck von Emporkömmlingen.

Schlange-Schöningen gehörte nicht ganz zu den drei anderen, die ich porträtierte. Er war weniger ein Außenseiter als ein noch nach Jahren fassungsloser Verlierer, ein erbitterter Besiegter. Er war aus London in die Pensionärsstadt höherer Bundesbeamter, Bad Godesberg bei Bonn, übergesiedelt und hatte die englische Sitte des nachmittäglichen High Tea mitgebracht. Ihn bei Tee und kleinen dünnen Brötchen zum Sprechen zu bringen, war leicht: Der Name Adenauer löste einen Pawlowschen Reflex aus. Schlange-Schöningen, nach Wengers Weltverständnis aus dem kaum christianisierten Osten stammend, konnte sachlich wenig Neues sagen über Adenauers verschlungene Pfade an die Spitze der Christlich-Demokratischen Union und von dort zur Kanzlerschaft der ersten Bundesregierung. Aber der Wortschwall des vom Naturell her eher wortkargen ostelbischen Gutsherrn über Adenauers Talente, unter dem Spitzenpersonal der CDU zu taktieren – hier übel nachzureden, dort leise zu drohen, dem etwas in Aussicht zu stellen –, war überwältigend, faszinierend. In der Rückerinnerung meine ich, Konrad Adenauer habe damals das Raffinement Spätroms verkörpert im Vergleich zu einer gewissen preußischen

Kargheit der politischen Mittel Schlange-Schöningens. Gern hätte ich einen Machtkampf zwischen Adenauer und Bismarck erlebt, Lassalle als Sekundant des einen oder des anderen.

Meine Porträts wurden in vier Wochenendausgaben der *SZ* veröffentlicht. Anfang des Jahres 1963 meldete sich telefonisch bei mir in der Redaktion ein mir unbekannter Herr: Er sei Hauptabteilungsleiter für Politik und Zeitgeschehen im Zweiten Deutschen Fernsehen (ZDF), das im kommenden April mit seinen Sendungen beginnen werde. Ich hatte davon gelesen. Sein Name sei Hans Herbert Westermann. Er habe meine Porträts in der *Süddeutschen* gelesen und wolle mich fragen, ob ich mir vorstellen könne, so etwas auch durch gezielte Fragen und entsprechend provozierte Antworten im Fernsehen zu produzieren? Ich war dreiunddreißig Jahre alt. Natürlich konnte ich mir das vorstellen. Westermann und ich gingen bald nach dem Telefonat zusammen Mittagessen in München. Er bot mir an, neben meiner Arbeit bei der *Süddeutschen Zeitung* eine Fernsehreihe für das ZDF zu gestalten, die Interviews »Zur Person. Porträts in Frage und Antwort«. Ich nahm das Angebot an. Unter wechselnden Titeln, aber der Art nach immer unverändert, inzwischen wieder »Zur Person« betitelt, und mit der Unterbrechung durch meine Zeit als Staatsdiener ist die TV-Interviewreihe im Jahr 2003 vierzig Jahre alt geworden. Ich darf begründet vermuten, der dienstälteste TV-Interviewer der Welt zu sein.

VII.

Das neue Medium

Adenauers Christlich-Demokratische Union empfand das Programm des neuen Mediums Fernsehen, ausgestrahlt von der Arbeitsgemeinschaft der neuen Landesrundfunkanstalten, ARD, als linkslastig. Ein rechtsgerichtetes Konkurrenzprogramm sollte geschaffen werden, allgemein Adenauer-Fernsehen genannt. Das Bundesverfassungsgericht verbot die juristische Konstruktion, die des Kanzlers Dunkelmänner sich dafür ausgedacht hatten, als verfassungswidrig gegenüber den im Föderalismus begründeten Rechten der Bundesländer. Schließlich trat dann unter Beteiligung der Länder das ZDF ins Tele-Leben ein, das »Zweite Deutsche Fernsehen«. Die ARD bekräftigte ihr Erstgeburtsrecht und nannte ihr Gemeinschaftsprogramm das »Erste«. War es linkslastig? Erfüllte das ZDF, in der Branche damals als »Herz-Jesu-Fernsehen« verspottet, die politisch-propagandistischen Erwartungen rechts von der Mitte? Ach, das ist ein weites Feld; und ist wie alles, was auf einem solchen Felde liegt, nicht einmal aus der Nähe mit einem einfachen Ja oder Nein zu beantworten. Ich denke rückblickend, daß vom Fernsehen, nicht zuletzt vom Einfluß der »Kommerztelevision«, die pluralistisch-parlamentarische Demokratie im Grunde stärker verändert worden ist als durch die Einführung des allgemeinen und gleichen Wahlrechts. Meine Erfahrungen mit der Mediendemokratie begannen im Frühjahr 1963. Ich war und blieb fest angestellt bei der *Süddeutschen Zeitung* und arbeitete nun nebenher als Interviewer beim ZDF.

Hans Herbert Westermann, ein paar Jahre älter als ich, dem ich meine Fernsehkarriere verdanke, gestattete mir eine Probe. Er lud Hans Werner Richter, den Gründungsvater und Zeremonienmeister der westdeutschen Literaten-Gruppe 47, ins Münchner ZDF-Studio ein, damit er sich von mir – versuchsweise – befragen ließe. Nach meiner unangenehmen Erinnerung war das Ergebnis der Probeaufzeichnung niederschmetternd schlecht. An Westermanns Stelle hätte ich wohl den Interviewer als einen Irrtum ausgewechselt. Aber er hielt, nervenstark, wenige Wochen vor Sendebeginn des ZDF an mir fest. Am 10. April 1963 lief mein erstes Interview über den Fernsehschirm: Zur Person Ludwig Erhard. Westermann, Jahrgang 1925, vom liberalen Radio Bremen zum neuen Sender gekommen, war weniger der CDU verbunden als allgemein konservativ gesinnt. Nicht ohne Geschick und Geschmack gab er sich gern ein wenig snobistisch, er war belesen und weltläufig. Später arbeitete er als Auslandskorrespondent des ZDF in New York und London. Er war verheiratet mit einer schönen, eigensinnigen Russin. Ihrer beider Tochter wurde als Studentin in Berlin von einem Mann ermordet, der unter einem Vorwand in ihre Wohnung eingedrungen war. Westermann war danach von großer Selbstdisziplin, aber unversehens konnten ihm im Gespräch, über was auch immer, die Augen übergehen.

Ich hatte mich auf mein Probe-Interview mit Richter nicht besonders vorbereitet. Man fragt halt so und sieht dann weiter. Ich hatte noch nicht begriffen, wie lang fünfundvierzig Minuten sind, die gewöhnliche Dauer meiner Interviews »Zur Person«, wenn es keine Filmeinspielungen und anderes Fernsehübliche gibt, sondern nur zwei Personen, in Sesseln sitzend, vor dunklem Hintergrund ohne weitere Dekoration zu sehen und zu hören sind. Und wenn der eine von ihnen, ich als Interviewer, von der Kamera nur von hinten gezeigt wird.

Von nun an bereitete ich mich auf meine Interviews, in der Regel eines im Monat, gründlich vor. Ich las, was mein Gegenüber, Mann oder Frau, etwa geschrieben oder im Parlament oder anderswo geredet hatte. Außerdem sprach ich, wenn irgend möglich, vertraulich mit einem Freund und einem Gegner der Befragten. In einem ersten Entwurf notierte ich sechzig und mehr Fragen, die ich in einem zweiten und dritten Durchgang auf etwa zwanzig bis fünfundzwanzig reduzierte.

Ich skizzierte die Fragen nicht nur, sondern formulierte sie sehr bedacht aus. Ich notierte jeweils drei Zusatzfragen, je nachdem, ob mein Interviewpartner die Ausgangsfrage verneint hatte oder ihr ausgewichen war: Ich wollte nicht unvorbereitet sein und dann nur ins Ungefähre hinein weiterforschen können. Natürlich mußte ich gewärtig sein, daß der Befragte mich dann und wann mit einer Antwort verblüffte – die vierte Möglichkeit außer Ja oder Nein oder Ausweichen. Meine Reaktion darauf aber sollte dann die auf eine Ausnahme sein und nicht, mangels Vorbereitung, auf eine Regel.

Meine Fragen zu Herkunft, Karriere, Irrtümern, Fehlern, Illusionen, Zielen meines Interviewpartners gliederte ich nach einer Dramaturgie, die Höhepunkte anstrebte, zwischen denen weniger bedeutungsvolle Stationen seiner Vita berührt wurden. In der Regel stellte ich in einem knappen ersten Drittel der Sendezeit zunächst Fragen, durch die mein Gegenüber zu Reaktionen genötigt werden sollte, die ihn in seinem Verhalten gegenüber strittigen, unbequemen Themen charakterisierten. Es folgte, etwa ein weiteres Drittel lang, ein retardierendes Moment, unmittelbar biographische Fragen und Antworten. Da ich ein Porträt skizzieren wollte, fühlte ich mich verpflichtet, einen möglichst vollständigen Lebenslauf auszubreiten. Manche meiner Fragen hatten eine lange Einleitung, die dem Zuhörer und Zuschauer helfen sollte, die folgende Antwort richtig verstehen und einordnen zu können. Ich habe hier ein Ideal der Vorbereitung beschrieben, das ich vierzig Jahre lang nicht aus dem Auge verloren habe und dem ich dann und wann nahekam.

Westermann kannte von der britischen BBC eine Interviewform (»Face to face«), die ebenfalls ein Porträt zum Ziel hatte. Aber die Konzentration auf die Person des Befragten, ohne Ablenkung durch Dekorationen und Einspielungen, war seine Idee. Manche meinten anfangs, die Reihe passe eher in den Hörfunk. Aber Westermann war überzeugt, daß Gesicht und Hände des Interviewten, in wechselnden Kamera-Einstellungen ohne Zwischenschnitte nahe herangeholt, kräftige, zwingende Bildmotive sein würden. Die Kameraführung von Ingeborg Wurster, der Bildregisseurin der ersten Jahre von »Zur Person«, hat einen hohen Maßstab gesetzt. Manchmal verstärkte Unvorhersehbares noch die großen Bilder der »Wursterin«. Als ich Franz Josef Strauß im April 1964 »Zur Person« interviewte, rauchte er eine Zigarre, das tat man seinerzeit noch im Fernsehen, die nicht gut zog. Bei seinen Anstrengungen bildeten sich Schweißperlen auf seiner Stirn. Ingeborg Wurster war eine junge Frau, etwa in meinem Alter. Vor Jahren schon ist sie an Krebs gestorben.

Mehr als zu einer gründlichen Vorbereitung ermahnte mich Westermann in seiner Nachkritik zum mißlungenen Richter-Interview: »Nicht diskutieren, nicht diskutieren – fragen, fragen.« Ich habe mich fortan grundsätzlich an diesen Rat gehalten, mit gelegentlichen kurzen Grenzüberschreitungen ins Debattieren. An zwei Ausnahmen erinnere ich mich: eine mit Heiner Geißler, dem Christdemokraten, dessen Mut zur Eigenwilligkeit ich stets bewunderte, und eine mit Otto Schily, dessen mehrfache Häutungen bis zum Kenntlichwerden als Law-and-order-Mann mich faszinierten. Mit Geißler und Schily geriet ich ins Streiten – als produzierte ich kein Interview, sondern eine Talkshow. Ich habe mich danach so sehr geärgert, aus meiner Rolle gefallen zu sein, daß ich diese beiden Sendungen mir niemals angesehen habe, weder auf einem Videoband noch im Programm. Geißler hatte im Bundestag in einer Debatte über die deutsche Vergangenheit gesagt, die Pazifisten seien an Auschwitz schuld. Darüber habe ich dann vor den Kameras heftig erregt mit ihm diskutiert. Von Schily, schon sozialdemokratischer Innenminister unter Bundeskanzler Schröder, hatte ich gehofft, er werde aus der Erinnerung an seine Zeit als Verteidiger von Anhängern einer Gruppe, gegen die die geballte Wucht der öffentlichen Meinung sich richtete, in unserem Interview Bedenken äußern über den herrschenden undifferenzierten Umgang mit der Stasi-Problematik im vereinigten Deutschland. Otto Schily verstand die Frage gar nicht. Rechtsstaatlich bedenklich? Schon ein Aktenfund bewirke einen Schuldspruch: an den Pranger mit dem Menschen? Nein, keineswegs, meinte Schily. Der öffentliche Umgang mit den Akten sei ohne Fehl und Tadel. Mich tröstete, daß er cholerischer wurde als ich heftig. Eine wesentliche Phase in der Verwandlung Schilys aus einem Mann mit Skrupeln vor eilfertigen Urteilen in einen Machthaber, der keine Zweifel kennt, musste ich versäumt haben. Ich reagierte einigermaßen fassungslos, was sonst nicht meine Art ist.

Meine Interviews »Zur Person« wurden in der Regel mit drei elektronischen Kameras unter den Bedingungen einer Live-Sendung aufgenommen: Ich produzierte nicht anderthalb oder zwei Stunden, um daraus die Sendung von fünfundvierzig Minuten zusammenzuschneiden, sondern so, wie im ersten Durchgang gestaltet – dreiundvierzig Minuten Fragen und Antworten und zwei Minuten für Vor- und Abspann –, wurden meine Interviews im Programm gezeigt. Unmittelbar vor Beginn der Aufzeichnung nannte ich meinem Interviewpartner meine erste Frage im Wortlaut. Ich wollte damit verhindern, daß mein Gegenüber anfangs zuviel Zeit brauchte für seine Antwort und so der Aufbau eines Spannungsbogens, zu dem ein schneller Einstieg ins Interview beiträgt, erschwert würde. Meine weiteren Fragen gab ich nicht vorher preis. Bei einigen wenigen Themen, religiösen, sexuellen, anderen intimen, versicherte ich mich allerdings vorher grundsätzlich, daß mein Interviewpartner sich dadurch nicht verletzt fühlen würde. Ich bin vor vierzig Jahren als ein altmodischer Mensch in das neue Medium hineingeraten und werde es eines – wohl nicht zu fernen – Tages als ein solcher Mensch wieder verlassen (während ich dies schreibe, führe ich noch immer meine Interviews); weit weniger verändert vom Fernsehen als unsere Gesellschaft und ihr politisches System im ganzen.

Ich war in mancher Hinsicht wohl ein Purist als Interviewer. Ich habe mir in all den Jahren niemals eine Frage von meinen Mitarbeitern oder anderen Interessierten vorschlagen oder gar vorformulieren lassen. Alle Fragen, ausnahmslos, waren meine Fragen. Natürlich ist das bei häufigeren Sendungen nicht zu leisten. Ich duldete keinen Monitor und keine sichtbare Uhr im Studio, denen meine Interviewpartner Seitenblicke hätten zuwerfen können. Verabredet hatte ich mit meinem Gegenüber, daß ein zwei-, dreimaliges Klopfen auf meine Armbanduhr bedeutete, er möge in der Antwort, die er gerade gab, zum Schluß kommen. In den nächsten Antworten war er dann wieder frei, bis ich neuerlich auf meine Uhr klopfte, damit ich meinen Fragenkatalog (um Rascheln zu vermeiden, auf die Pappe von Strumpfhosenpackungen meiner Frau und ihrer Freundinnen geschrieben) in den Grundzügen abarbeiten und die Sendezeit einhalten konnte. Die Klopfzeichen konnte außer meinem Gegenüber niemand sehen, denn von mir zeigte die Kamera nur die Schulter und einen Teil des Hinterkopfs. Die meisten meiner Interviewpartner haben sich an meine Verabredung zur Selbstdisziplin gehalten. Ich galt als streng und unnachgiebig, aber mehr hat zu meinem Ruf als TV-Interviewer beigetragen, daß meine Reihe in den ersten Jahren so gut wie ohne Konkurrenz war. Es gab ein, zwei zahme Debattenrunden (etwa Werner Höfers allsonntäglichen »Frühschoppen« im Ersten), aber keine großen Interviews oder hochrangig besetzte Talkshows.

Meine Reihe »Zur Person«, einige Jahre auch »Zu Protokoll« und »Deutsche« genannt, sollte niemals etwas anderes sein als eine anspruchsvolle Sendung für eine Minderheit. Zwar habe ich gelegentlich hohe Einschaltquoten erreicht, so etwa, als ich 1967 Christiaan Barnard interviewte, den südafrikanischen Arzt, der als erster auf der Welt ein Menschenherz transplantierte. Aber niemand hat je von mir verlangt, meine Sendung nach Machart und Gästeauswahl auf eine hohe Sehbeteiligung zu trimmen. Die Zeiten haben sich geändert – und ich zog Nutzen daraus, schließlich ein Relikt aus alten Zeiten zu sein. Zu meiner selbstschmeichlerischen Befriedigung liest sich die Liste der von mir in Frage und Antwort porträtierten Frauen und Männer (siehe Anhang) wie ein Personenverzeichnis in deutscher, vor allem westdeutscher Zeitgeschichte über vierzig Jahre hin mit ein paar internationalen Einsprengseln. Ein weiteres Mal bemerke ich, daß Autobiographien einen Stich ins Angeberische haben: Ich holte mit »Zur Person« dem ZDF den ersten Adolf-Grimme-Preis ins Haus, dem zwei weitere Grimme-Preise und andere Auszeichnungen, darunter der Hanns-Joachim-Friedrichs-Preis, folgten. Viele der Interviews liegen inzwischen in Büchern gedruckt vor. Das Haus der Geschichte der Bundesrepublik, das moderne historische Museum in Bonn, hat alle meine Fernsehinterviews seit 1963 archiviert als eine zeithistorische Quelle neuer Art. Im Rückblick weiß ich, daß meine Fernsehinterviews ein wesentlicher Teil meines Lebens gewesen sind. Nur meine Arbeit im Staatsdienst, nicht meine Zeit als Chefredakteur des *Spiegel*, rangiert noch davor.

Nur wenige, die ich zum Interview lud, haben mir einen Korb gegeben. Kurt Georg Kiesinger wollte nicht kommen und ist so der einzige Bundeskanzler gewesen, den ich nicht in Frage und Antwort porträtiert habe. Axel Springer zog eine schon gegebene Zusage zurück, weil inzwischen wieder einmal eine öffentliche Polemik zwischen dem *Spiegel*, zu dessen Leitung ich nun gehörte, und dem politisierenden *Bild*- und *Welt*-Verleger entbrannt war. Springer schrieb sinngemäß in seinem Absagebrief, das Publikum würde nicht verstehen, wenn wir beide unter diesen Umständen im Fernsehen aufträten. Daraus sprach ein gewisses Stilempfinden, das nicht alle öffentlichen Figuren besitzen, die den Hohn »Pack schlägt sich, Pack verträgt sich« nicht scheuen, wenn damit TV-Sendezeit verbunden ist.

Eine Zusage, die mir bedingt gegeben worden war, habe ich, inzwischen zu meinem großen Bedauern, in den Wind geschlagen. Marlene Dietrich, der Weltstar aus Deutschland, vor den Nationalsozialisten nach Hollywood ausgewichen und mit ihren Filmen und dem Lied »Lili Marleen« zu Lebzeiten eine Legende geworden, hatte sich in einem kleinen Vorführraum des französischen Fernsehens in Paris mit Westermann, Wurster und mir meine Sendung »Zur Person Gustaf Gründgens« vom Juli 1963 angesehen. Ich war 1964 in Paris, um Henri François-Poncet zu interviewen, den Botschafter Frankreichs in Hitlers Berlin und späteren französischen Hochkommissar im besiegten Deutschland. In einem Brief an die Pariser Adresse von Frau Dietrich hatte ich vorher von der Art meiner Interviews geschrieben, eine Liste der bereits gesendeten Porträts beigelegt und Frau Dietrich gebeten, sich eines davon anzusehen und sich dann von mir

befragen zu lassen. Sie wählte Gründgens aus. Bei der Vor-
führung schien sie mir von gebannter, aber etwas skeptischer
Aufmerksamkeit zu sein, an einigen Stellen lachte sie leise.
War es ein spöttisches Lachen? Ich weiß es nicht mehr. Sie
war interessiert genug, um Ingeborg Wurster, Hans Herbert
Westermann und mich für den Abend in ihre Pariser Wohnung gegenüber dem Hotel George V. in einer Seitenstraße
der Champs Élysées einzuladen.

Der Star empfing uns mit einer Schürze, als wir gegen
acht Uhr abends an der Tür klingelten. Das Mädchen hatte
Ausgang. Frau Dietrich führte uns in ihre große Küche, richtete einen grünen Salat an und briet Steaks für uns, aß auch
selber ein ansehnliches Stück. Wir wechselten in den Salon,
weißer Teppich, weißer Flügel. Marlene Dietrich erzählte
von Tourneeplänen; las einen neuen Liedtext vor; sprach,
von mir auf das Thema gebracht, über die Schwierigkeiten,
amerikanischen Songs einen deutschen Text zu unterlegen
oder deutschen einen englischen, was gewisse heikle Wort-
dehnungen nötig machte, um auf der Melodie zu bleiben.
Ich verehrte »die Dietrich« und konnte daher als Kenner einige solche Stellen benennen; zum Beispiel in dem Chanson
»Mein Mann ist verhindert, er kann Sie unmöglich sehen«
die Mitteilung einer Frau, die gerade ihren untreuen Mann
erschossen hat, an seine anrufende Geliebte – »ja, wußten
Sie es nicht die ganze Zeit?« Das Lied eine Erzählung. Marlene Dietrich freute sich erkennbar über meine Kenntnisse.
Es wurde ein langer Abend. Ich vermute, unsere Gastgeberin, damals etwas über sechzig Jahre alt, hatte kein Heim-
weh nach Deutschland, wohl aber nach dem Gebrauch der
Muttersprache. Sie war seit ihrer Emigration noch nicht wieder in Deutschland aufgetreten. Beim Abschied wiederholte
ich meine Bitte um ein Interview.

Einige Wochen später schrieb Frau Dietrichs Sekretär, sie
sei bereit, mir ein Interview zu geben gegen 20 000 Mark

Honorar und die Vorlage meiner Fragen. Westermann gelang es, das ZDF für die Honorarzusage zu gewinnen (meine Interviewpartner bekamen grundsätzlich kein Geld dafür, sich befragen zu lassen) – eine Summe, die heute unterhalb des Wahrnehmungshorizonts von Fernsehstars liegt. Aber ich war nicht willens, meine Fragen vorher zu nennen. Aus mir sprach die Arroganz eines jungen Mannes, die keinen Raum läßt für die Einsicht, daß auch ein gutes Prinzip, absolut gehandhabt, zur Sterilität des geistigen Totalitarismus führen kann. Was hätte es verschlagen, welche Einbuße hätte die journalistische Freiheit genommen, wenn ich Marlene Dietrich vorher hätte wissen lassen, was ich sie fragen wollte? Ich hätte immer noch mit ihr debattieren können, falls sie bestimmte Fragen nicht hätte zulassen wollen – und notfalls dann noch absagen. Das Interview »Zur Person Marlene Dietrich« ist wegen meiner Uneinsichtigkeit nicht zustande gekommen. Inzwischen habe ich gelernt, daß Jugend ein Fehler ist, der jeden Tag kleiner wird.

So viele Versuche, Frauen und Männer mit außergewöhnlichen Biographien in einem Interview zu porträtieren; so viele Anekdoten im Zusammenhang mit den Aufzeichnungen fürs Fernsehen und, wesentlicher, so viele Einblicke in psychische und emotionale Gegebenheiten und Zustände, die sich der Befragung entziehen. Das Interview mit Gustaf Gründgens, das Marlene Dietrich sich in Paris angesehen hatte, wurde – auf Film, das elektronische Equipment war noch zu groß und schwer für den Transport – in Funchal auf Madeira produziert. Gründgens hatte seine Theaterintendanz in Hamburg aufgegeben und sich zu einem Lebensurlaub, wie er es nannte, denn Urlaub habe er Zeit seines Lebens kaum gehabt, in sein Ferienhaus oberhalb der Hafenstadt zurückgezogen. Er hatte sich lange gesträubt, sich von mir befragen zu lassen, und schließlich nur unter der strikten, mehrfach wiederholten Bedingung eingewilligt, daß wir, das Team und ich, das Interview so schnell wie möglich aufzeichnen und ihn im übrigen gänzlich unbehelligt lassen würden: keine Minute seiner Zeit mehr beanspruchen als unausweichlich nötig.

Damals, im Juli 1963, besaß Madeira noch keinen ausgebauten Flughafen, so daß wir auf einer Nachbarinsel ankamen, die gerade Platz für Landungen und Starts von größeren Flugzeugen bot; die Rollbahn endete knapp vor einem hohen Felsen. Von hier aus fuhren wir in einem Boot, kaum größer als eine Barkasse, fast drei Stunden über den Atlantik, bis Madeira in Sicht kam. Auf der Mole von Funchal ging ein hagerer Mann in großen Schritten auf und ab. Er schien auf unser Boot zu warten: Gründgens. Er begann ein Gespräch: Wie war der Flug, wie war die Überfahrt?

Am nächsten Vormittag besichtigten wir sein Haus, um die Kamerapositionen festzulegen. Gründgens führte uns umher, er hatte es nicht eilig, uns zu verabschieden. Das Haus, soweit wir es sahen, war spärlich möbliert. In einem Regal standen ein paar Taschenbücher, Unterhaltungsliteratur, soweit ich die Titel erkennen konnte. Sie nahmen aneinandergereiht etwa dreißig Zentimeter ein. Andere Bücher sah ich nicht. Ein inselportugiesischer Junge machte sich im Haus zu schaffen. Nachmittags kam Gründgens zu einem Vorgespräch zu uns in den Garten des Hotels. Ich hatte, seinem Verlangen nach Unbelästigtsein entsprechend, darauf verzichten wollen. Wir sprachen lange über dies und das. Zum Interview am nächsten Tag merkte er nur an, er werde es sofort abbrechen, sollte ich nach seiner Beziehung zu Erika Mann, seiner Frau in den wilden zwanziger Jahren, fragen: »Wenn ich hörte, sie habe sich in New York nach Europa eingeschifft, verließ ich vorsorglich Hamburg, falls sie dorthin kommen würde. Die Zwei-Millionen-Stadt war nicht groß genug für uns beide.« (Ich schummelte dann in eine meiner Fragen einen Nebensatz ein, in dem die Verbindung wenigstens erwähnt wurde.) Wir produzierten das Interview und sprachen danach noch eine ganze Weile. Am nächsten Morgen, ich lag noch im Bett – das Team und ich hatten am Abend vorher das vollbrachte Werk gefeiert –, rief der Hotelportier auf meinem Zimmer an: Ein Señor Gründgens warte in der Halle auf mich. Ich habe niemals wieder einen Menschen getroffen, der sich, nach meinem Empfinden, so allein gelassen fühlte wie Gustaf Gründgens. Drei Monate später war er tot. Er war aus seinem Lebensurlaub von Madeira aus zu einer Weltreise aufgebrochen; in Manila auf den Philippinen starb er in der Nacht vom 6. auf den 7. Oktober 1963, noch keine vierundsechzig Jahre alt, im Badezimmer seiner Hotelsuite.

Keine Regel ohne Ausnahme. Aus meinem Interview mit Konrad Adenauer ist, ausnahmsweise, eine Passage herausgeschnitten worden, nicht ganz eine halbe Minute. Adenauer, Bundeskanzler von 1949 bis 1963, war nach seiner Ablösung durch Ludwig Erhard ein Büro im Bundesratsflügel des Bonner Bundeshauses eingeräumt worden: der einstige Hofherr auf dem Altenteil. Als ich ihn dort Anfang Dezember 1965 zu einem Vorgespräch aufsuchte, rechnete ich mit einer knappen halben Stunde Zeit für mich. Adenauer, dessen Politik der Wiederbewaffnung, Blockbildung und gesellschaftlichen Restauration ich entschieden abgelehnt hatte, ohne seine Bedeutung zu verkennen, hatte an der deutschen Nachkriegsgeschichte maßgebend mitgewirkt, soweit Deutsche das bis dahin überhaupt konnten – im Grunde nur zwei: Konrad Adenauer im Westen und Walter Ulbricht im Osten. Ich dachte, er würde ein viel gefragter Mann mit einem engen Terminkalender sein. Was wußte ich vom Leben? Der alte Mann, der im nächsten Monat, am 5. Januar 1966, neunzig Jahre alt wurde, saß hinter seinem Schreibtisch und signierte während unseres Gesprächs, von einem Stapel links von ihm, anfangs hoch wie eine Säule, die Bücher her-unternehmend, den eben erschienenen ersten Band seiner Er-innerungen. Er fragte mich nach der Schreibweise meines Namens und schenkte mir ein Exemplar.

Ein erfahrener Staatsmann, dessen Rat gesucht und be-gehrt ist? Adenauer, der machtlose Altbauer, hatte viel, viel Zeit. Niemand fragte ihn nach Aussaat und Ernte. Er hatte Zeit im Übermaß, aber nur ein Thema: die sachliche Unfä-higkeit Erhards zu regieren, und die charakterlichen Män-gel Gerhard Schröders (nicht gemeint der spätere gleich-namige Bundeskanzler, sondern der Christdemokrat, der Außenminister war). So wie Schlange-Schöningen kaum einen Anstoß brauchte, um ohne Ende über Adenauer her-zuziehen, so genügte Adenauer für seinen Hohn, seine Sar-kasmen über Erhard und Schröder, daß ihm einer lausch-te – ich, ein junger Mann –, dem er seine Bitterkeit noch nicht hatte zu Gehör bringen können. Seine Vorwürfe auf einen Punkt gebracht: Erhard war zu weich, zu unpolitisch; Schröder ein Opportunist. Nach etwa einer Stunde kam die Sekretärin aus dem Vorzimmer herein und legte einen Zet-tel vor ihn auf den Schreibtisch. Der alte Mann nahm ihn, las und wandte sich zu mir: Seine Sekretärin schreibe, er habe jetzt einen Termin: » Ich habe aber gar keinen Ter-min.« Sein Eingeständnis des Vergessenseins setzte mich in Verlegenheit.

Das Interview mit Konrad Adenauer wurde zehn Tage später im Bonner Studio des ZDF produziert. Als ich dort ankam, lag ein Briefchen meines Interviewpartners vor, ich möge doch noch einmal zu ihm ins Büro kommen. Adenauer mochte von seinem Zuhörer nicht lassen. Ich eilte zu ihm, war nun aber in Sorge, der Neunundachtzigjährige werde sich im Vorgespräch erschöpfen. Diesmal hörte er sich meine erste Frage an und Hinweise auf den Ablauf des Interviews. Schließlich fuhren wir zusammen ins Studio – in dem alten

Mercedes 300 mit grünen Samtpolstern, einem Wagen, dem auch ich früher, wie alle Journalisten in Bonn, stets schnell ausgewichen war, denn Adenauers Fahrer fuhr weisungsgemäß ein sehr scharfes Tempo. Im Studio wurde das Licht gesetzt, die drei Kameras nahmen ihre Anfangspositionen ein, die Mikrofone wurden eingeschaltet, ich stellte meine erste Frage: »Herr Dr. Adenauer, man hat Sie oft ›Kanzler der einsamen Entschlüsse‹ genannt…« Nach etwa zwanzig Minuten erlitt Adenauer einen Anfall von Bewußtlosigkeit, einen Blackout. Der Greis saß reglos in seinem Sessel, hatte seine Augen auf mich gerichtet, aber sie waren ohne Blick. Es war ganz still im Studio. Adenauers Absence dauerte weniger als eine halbe Minute: eine tödlich lange Zeit im Fernsehen. Ich saß dem Reglosen, Blicklosen gegenüber und wußte, ich müßte endlich abbrechen. Damit länger zu warten, wäre ungehörig. Aber ich wußte auch, daß Adenauers Familie den alten Herrn nie wieder in ein Studio gehen lassen würde, wenn ich jetzt »Stop« sagte. Also noch diese eine Sekunde, diese noch – und dann endlich abbrechen. Da schüttelte sich der Greis kurz wie ein Pudel, der aus dem Wasser kommt, sein Blick belebte sich, er kehrte zu einer Frage zurück, die er vor seiner Bewußtlosigkeit schon einmal beantwortet hatte.

Keine Regel ohne Ausnahme. Dies war die Ausnahme. Die Sequenz der Blicklosigkeit, des Erstorbenseins wurde herausgeschnitten, nichts wurde darüber berichtet. Kann ich mit Gewißheit sagen, daß auch heutzutage kein Fernsehsender sich fände, der gerade diese Passage als Anreißer in der Programmvorschau benutzen würde?

In den ersten Jahren meiner Interviewreihe zeigten sich die meisten Politiker und auch anderen Gesprächspartner befangen gegenüber dem neuen Medium. Rückblickend erkenne ich, daß diese natürliche Befangenheit in der noch ungewohnten Studio-Atmosphäre, die überwunden wurde, sobald das Interview in Gang gekommen war, die Befragten nicht veränderte. Sie blieben sie selbst. Inzwischen haben, über vierzig Jahre hin beobachtet, die Politiker mehrheitlich ihre Sprache und ihre Gestik dem Fernsehen angepaßt. Sie haben es sich angeeignet; dabei meine ich nicht ihren Einfluß auf die Hierarchie und das Programm, sondern ihren Umgang mit dem Medium, ihr Agieren in ihm. Oder hat, ganz im Gegenteil, das Fernsehen von ihnen Besitz ergriffen? Hat das Fernsehen als der heute bedeutendste politische Ort der Öffentlichkeit – was verschlägt eine Parlamentsdebatte gegen eine Talkshow – die Politiker von Grund auf verändert? Wieviel ideelle und sachliche Substanz des Politischen ist zugunsten von Fernsehtauglichkeit preisgegeben worden? Gehört es nicht zu den höchst bedenklichen Folgen des Fernsehens, daß der Begriff »Mediendemokratie« in aller Munde ist, aber kaum je über Fachkreise hinaus analysiert wird, welche Konsequenzen sich aus der Mediendemokratie für das pluralistisch-parlamentarische System ergeben? Jedenfalls in nennenswerter Öffentlichkeit nicht über das Niveau von Talkshows hinaus bedacht, also von angefangenen Sätzen, Unterbrechungen, Verwahrungen, neuen Ansätzen und auch deren Übertönen, gemischt mit gekränkter Unsachlichkeit? Hat die Vermittlung von Augenschein, das wesentliche Kriterium der Television, das Bedürfnis der breiten Mehrheit nach Einsicht eingeschläfert? Weil Augenschein inzwischen gewohnheitsmäßig mit Einsicht gleichgesetzt wird?

Fragen, die mir in meiner Nische, in der ich »Zur Person« produzierte, nicht in den Sinn gekommen sind. Statt dessen konnte in ihr das schiere Glück zutage treten: in der Begegnung mit einem außergewöhnlichen Menschen, die, wenn Fragen und Antworten sich zum Porträt fügten, auch den Zuschauern vor dem Fernsehschirm vermittelt wurde. Unter den mehr als zweihundert Interviews, die ich geführt habe, ist das mit Hannah Arendt, gesendet am 28. Oktober 1964 im ZDF, in den vier Jahrzehnten das mich am tiefsten bewegende, für mich eindrucksvollste, ausdrucksstärkste geblieben. Ich denke, es ist auch das beste, das ich je geführt habe. Die deutsche Jüdin Hannah Arendt, 1906 in Hannover geboren, Schülerin von Karl Jaspers, wegen der Nationalsozialisten emigriert, war damals eine bedeutende politische Philosophin in den USA. Als ich sie zum Interview in München traf, hatte sie gerade ein Buch über den Eichmann-Prozeß in Israel geschrieben, in dem sie den Mut hatte, gegen viel bösartige Kritik in dem bürokratischen Organisator des deutschen Massenmords an den Juden auch den »Hanswurst« zu sehen, »die »Banalität des Bösen« (so der Titel des Buches) zu erkennen. Hannah Arendt in unserem Interview: »Ich war wirklich der Meinung, daß der Eichmann ein Hanswurst ist, und ich sage Ihnen: Ich habe sein Polizeiverhör, 3 600 Seiten, gelesen, sehr genau gelesen, und ich weiß nicht, wie oft ich gelacht habe; aber laut.«

Bei einem Reitunfall auf einem kleinen dörflichen Turnier vor den Toren Münchens hatte ich mir ein Schlüsselbein gebrochen, der klassische Knochenbruch der Springreiter. So chauffierte mich meine Frau zum Vorgespräch mit Hannah Arendt in ein Münchner Hotel. E. ging auf meinen Wunsch mit hinein. Ich wollte für meine weitere Vorarbeit auch ihre Reaktion auf meine Interviewpartnerin kennenlernen. Wir erwarteten, einen Blaustrumpf zu treffen. Hannah Arendt hatte nichts Blaustrümpfiges an sich. Die Achtundfünfzigjährige bezauberte uns mit ihrer Freundlichkeit. Sie gewährte mir einen Vertrauensvorschuß. Sie schob ihre Bildung nicht wie eine respektheischende Bugwelle vor sich her. Die hohe Ebene, auf der sie geistig existierte, war ihr erkennbar ein selbstverständlicher Lebensort. Frau Arendt hatte dunkle, beredte Augen unter starken Brauen, eine schmale Nase saß über einem sorgfältig geschminkten

Mund. Spätestens bei unserem zweiten Blick und nach ihrem dritten Satz verliebten E. und ich uns in diese Frau aus der Generation unserer Mütter.

Als wir uns wenige Tage später im Studio trafen, war Frau Arendt so nervös, daß ich befürchtete, sie würde das Interview absagen, noch bevor es begonnen hatte. Vielleicht wurde mir erst jetzt ganz bewußt, mit welcher intellektuellen Courage sie sich mit ihrem Eichmann-Buch gegen die herrschende Meinung in der jüdischen Weltöffentlichkeit gestellt hatte – die Öffentlichkeit jenes Volkes, zu dem sie sich ganz zugehörig fühlte, was für sie aber erst in ihrer freimütigen Distanzierung vom Herrschenden seinen Ausdruck fand.

Noch bevor ich meine erste Frage beendet hatte, brach die Regie die Aufzeichnung ab. Ein Nagelkopf im Studioboden, über den eine Kamera geschrammt war, als sie zur Großaufnahme auf Hannah Arendts Gesicht bewegt wurde, hatte ein kratzendes Geräusch verursacht. Frau Arendt und ich hätten es nicht bemerkt, aber vermutlich hat der Abbruch unser Interview gerettet. Es dauerte seine Zeit, bis der Nagel aus dem Boden gezogen worden war. So lange saßen wir in einem Nebenzimmer, rauchten eine Zigarette nach der anderen, und ich befürchtete noch immer, Frau Arendt werde sagen: Es soll wohl nicht sein. Aber als wir wieder ins Studio gerufen wurden und ich meine erste Frage noch einmal zu stellen begann, war sie auf eine merkwürdige Art die Ruhe selbst: Sie war angespannt, aber vollkommen beherrscht. Jahre später las ich in dem Briefwechsel zwischen Hannah Arendt und Karl Jaspers, was sie im Oktober 1964, dem Monat unseres Interviews, an ihren in Basel lebenden alten Lehrer geschrieben hatte: »Ich hatte den Eindruck, viel zu spontan gesprochen zu haben, weil ich den Gaus so gut leiden konnte.«

Ende 1964 erschien ein erstes Buch mit meinen Interviews, was den *Spiegel* veranlaßte, sich an meine frühere Tätigkeit dort zu erinnern. In einer Hausmitteilung, die seinerzeit Hans Detlev Becker verfaßte, hieß es am 1. Februar 1965 unter anderem: »Frage zur Person: ›Günter Gaus, was bewog Sie damals, den *Spiegel* zu verlassen?‹ Antwort: ›Es waren wohl mehrere Gründe: Damals mehr als heute hatte ich ein Bedürfnis nach Anerkennung, das in einer Team-Redaktion schwer zu befriedigen war. Weg wollte ich auch von der Kehrseite straffer Gruppenarbeit, die sich nach Dienstschluß am Biertisch zeigte. Aber vor allem lag mir auch die *Spiegel*-Schreibe nicht. Ich brauche das Wenn und Aber, das Einerseits und Andererseits, und konnte mich schlecht befreunden mit einer Konzentration der Aspekte auf einen Aspekt.‹«

VIII.

Hierarch

Alle sechs, sieben Wochen fuhr ich für die *Süddeutsche Zeitung* von München nach Bonn, um mich in den Parteihauptquartieren und den Fraktionen des Bundestags umzuhören. Stand irgendwo ein Zug unter Dampf? So kam ich auch Anfang des Jahres 1965 wieder einmal in die »Barakke«, wie das Bürohaus der SPD nach seiner Behelfsmäßigkeit in der Bonner Frühzeit allgemein genannt wurde. Der Pressesprecher der Partei, Lothar Schwarz, versagte sich diesmal sein Referat über die Mängel der Regierung Erhard, die tatsächlich beträchtlich waren, und die Qualitäten der SPD als künftiger Regierungspartei, die erst noch bewiesen werden mußten. Statt dessen fragte er mich sogleich, ich stand sozusagen noch unter der Tür, ob ich Programmdirektor werden wolle. Dann vergrößerte er den Köder: für Hörfunk und Fernsehen.

Der staubtrockene, zu Scherzen niemals aufgelegte sozialdemokratische Öffentlichkeitsarbeiter erklärte mir die Lage: Beim Südwestfunk (SWF) in Baden-Baden werde jetzt das Spitzenpersonal aus der Nachkriegs-Gründerzeit der Sendeanstalt verabschiedet. Der Intendant Bischoff gehe in den Ruhestand, der Programmdirektor Lothar Hartmann werde Chefkoordinator der ARD in München – ein neu geschaffener Posten, mit dessen Hilfe das Erste Programm die Schwierigkeiten aus seiner föderalen Struktur ausgleichen wollte. Ob ich nicht Hartmanns Nachfolger in Baden-Baden werden wolle?

Der Hochzeitswerber pries die Braut, die er zum Markte führte: Anders als man aus dem Sitz der Intendanz im einst weltläufigen, aber doch abgelegenen Baden-Baden schließen könne, sei der Südwestfunk keine Zwergenanstalt wie Radio Bremen oder der Saarländische Rundfunk. Zum SWF gehöre als Gebühreneinzugsgebiet der größte Teil Badens und ganz Rheinland-Pfalz. Damit rangiere der Sender nach der Größe seiner Finanzmittel und also seiner Produktionsmöglichkeiten in der ARD an vierter Stelle – nach WDR, NDR und Bayerischem Rundfunk, aber vor Stuttgart, Frankfurt und West-Berlin, von Bremen und Saarbrücken zu schweigen. Alles zutreffend, nichts geschönt. Und nun zum Problem: Die Aufsichtsgremien des Südwestfunks, Verwaltungsrat und Rundfunkrat, seien ständisch zusammengesetzt; so gebe es neben den Parteien auch Vertreter der Kirchen, der Gewerkschaften, der Arbeitgeber, des Handwerks, der Universitäten und anderer gesellschaftlicher Einrichtungen. (Ich fand später, das sei kein schlechtes System.) Neuer Intendant werde Helmut Hammerschmidt, CDU. Die SPD aber könne kein Parteimitglied im Wahlgremium durchsetzen. Ob ich nicht kandidieren wolle: kein Genosse, aber von den Sozialdemokraten vorgeschlagen? Ich sei ein bekannter Hinterkopf aus dem Fernsehen, auch nach meinen Artikeln in der *Süddeutschen* könne man mich einschätzen. Allerdings müsse ein Mann, ein mächtiger Christdemokrat, meiner Kandidatur zustimmen, damit ich gewählt würde: Helmut Kohl, Fraktionsvorsitzender der CDU im rheinland-pfälzischen Landtag, der künftige Ministerpräsident des Landes. Ob ich nicht einmal mit ihm reden wolle?

Nachdenklich fuhr ich im Schlafwagen nach München zurück. Ich fragte E., sie saß beim Frühstück: »Wollen wir Programmdirektor werden?« Sie fragte zurück: »Was ist das?« Ich verabredete mit Helmut Kohl ein Gespräch in seinem Landtagsbüro in Mainz. Wir sprachen gut drei Stunden miteinander, wozu wir schwere Pfälzer Weißweine tranken, wie Kohl sie damals liebte. Er gab sich zeremoniös beim Öffnen der Flaschen, Beriechen der Korken, Schnuppern der Blume, Kosten des zunächst im Mund gerollten ersten Schlucks. Von Zeit zu Zeit stand er auf und wechselte eine Kassette mit Barockmusik, die unser Gespräch untermalte.

Wir redeten über Gott und die Welt. Und über unsere Generation (Kohl ist drei Monate jünger als ich), über seine und meine kleinbürgerliche Herkunft, die einen wesentlichen, konfessionell bedingten Unterschied zwischen dem Katholiken und mir Protestanten aufwies. Kohl sagte mir, daß Adenauer sein Vorbild sei. Er fragte nach meinen Interviews mit Franz Josef Strauß, mit dem christdemokratischen Kanzleraspiranten Eugen Gerstenmaier und mit Willy Brandt, damals Regierender Bürgermeister Berlins. Über ihn stritten wir. Der junge CDU-Politiker scherzte: »Soz bleibt Soz.« Wenn er spottete, tat er es stets ein wenig hämisch, so lernte ich während unseres näheren Umgangs in den nächsten Jahren. Auf die Sozialdemokraten gemünzt, traten dabei Kohls kleinbürgerlich-katholische Ressentiments zutage, die hinter seinem Spott in voller Blüte standen. Er erklärte mir, warum er sehr früh in seine Partei, die CDU, eingetreten war: das Gestalten nicht anderen überlassen. Ich sagte, warum ich als Journalist kein Parteibuch besaß: wegen der Unabhängigkeit. Diese Begründung war womöglich die Folge einer Mißdeutung dessen, was ich gemäß der amerikanischen Reeducation der westdeutschen Jugend nach dem Krieg unter journalistischer Unabhängigkeit verstand. (Inzwischen hat mich die Erfahrung gelehrt, daß es unabhängig gesinnte Journalisten mit Parteibuch und abhängig agierende ohne ein solches gibt.) Kohl definierte seine Position rechts von der politischen Mitte, ich die meine links von ihr.

Das lebhafte, von uns beiden durchaus mit Lust geführte Gespräch ist in meiner Erinnerung kaum verblaßt. Dafür, daß wir zwei junge Männer von erst fünfunddreißig Jahren waren, wirkte Kohls Auftreten gravitätisch. Er schien aufrichtig interessiert zu sein an meinen Lebensumständen außerhalb des ihm vertrauten Reviers zwischen Ludwigshafen und Mainz. Er forschte nach vielem. Aber niemals, so habe ich in allen späteren Gesprächen beobachtet, stellte er etwas von dem, was er gelernt, aufgenommen, angenommen hatte, über seinen Instinkt. Wenn man ihm ein wenig näher gekommen war, wurde deutlich, daß er in der Regel eher faul war. Aber er täuschte auch nicht das Gegenteil vor, darin angenehm unterschieden von vielen öffentlich Tätigen. Kohl hatte es nicht mit der Atemlosigkeit. Er fand in seiner aktiven Zeit den archimedischen Punkt in sich. Er hielt gern Hof; Höfling selbst war er nie. Seine Jovialität verdeckte niemals sein Bewußtsein von der Macht, die er bereits besaß, und sein Interesse am Erwerb größerer Macht. Auch in unserer ersten Unterredung legte er schon Wert darauf, die längst abgesicherte Verwirklichung seines nächsten Aufstiegs – zum Ministerpräsidenten – wohlgefällig anzukündigen; unter Barockmusik. Am Ende unserer wechselseitigen Begutachtung sagte Kohl, ich solle mich beim Südwestfunk zur Wahl stellen. Das werde schon in Ordnung gehen.

Sein Wort hatte Gewicht. Jedenfalls wurde ich mit einer deutlichen Mehrheit einem eher rechtsbündigen Mitbewerber vorgezogen. Meine journalistische Arbeit schien Gefallen auf allen Seiten des Wahlgremiums gefunden zu haben. In einem kurzen Vorstellungsreferat hatte ich, ein überzeugter Föderalist, gesagt, nach meinem Verständnis verlange das öffentlich-rechtliche Rundfunksystem, die Landesanstalten kenntlich zu erhalten und nicht zu bloßen Zulieferanten des Gemeinschaftsprogramms werden zu lassen. Helmut Hammerschmidt, fünf Jahre älter als ich, wurde für vier Jahre als neuer Intendant gewählt; ein begabter, eigenwilliger Fernsehjournalist, dessen Mitgliedschaft in der Union ihm keine Scheuklappen aufgesetzt hatte. Er war vorher Leiter des Bonner TV-Büros der ARD gewesen. Ich war satzungsgemäß sein Stellvertreter in allen Zuständigkeiten und Verantwortlichkeiten der Intendanz und Programmdirektor für Hörfunk und Fernsehen. Nur der Programmdirektor war neben dem Intendanten durch eine Wahl gesalbt, was ihm intern und extern eine starke Stellung verschaffte. Die übrigen Direktoriumsmitglieder – der technische Direktor, der Verwaltungsdirektor, der Justitiar – wurden nur mit einem Vertrag engagiert. Es war ein angenehmes Kollegium. Hammerschmidts gelegentliche cholerische Anfälle waren durch Gewöhnung erträglich; seine unberechenbare Spontaneität war manchmal sinnlos, manchmal störend, manchmal nützlich. Als ich gewählt war, besaßen E. und ich noch immer keinen Fernsehapparat. Bei Bedarf hatten wir im Münchner Haus meiner Schwiegereltern geguckt. Nun erhielt ich ein Dienstgerät nicht nur für mein Büro im SWF, sondern auch für unsere Wohnung in Baden-Baden. Ein Hierarch, der ich nun geworden war, ist immer im Dienst.

Zum Ortswechsel von München nach Baden-Baden im Sommer 1965 erschien mein erstes, schmales Buch: *Bonn ohne Regierung? Kanzlerregiment und Opposition.* Es war im Blick auf die im Herbst bevorstehende Bundestagswahl geschrieben. Ludwig Erhard amtierte seit zwei Jahren als Bundeskanzler. Der Anfang meines Buches wirkt kaum verstaubt: »Eine Wahl wird fällig in Westdeutschland, deren massive und hitzige Vorbereitung durch die Parteien in keinem Verhältnis steht zu der Lustlosigkeit der Wähler, mit der sie die Mandate in Bonn bestätigen oder verwerfen werden. Nur der geringste Teil der westdeutschen Stimmbürger ist in diesem Sommer halbwegs einverstanden mit der Politik jener Partei, der er im Herbst schließlich seine Stimme geben wird... Ungezählten Wählern stellen sich die Gegebenheiten heute so dar: Ein Kanzler, der nicht regiert. Parteien, die den Staat zur Beute machen.« Was soll man dazu sagen? Ich war verblüfft, als ich diesen Text nach bald vierzig Jahren zum ersten Mal wieder las. E., die dann und wann milde spottet über mich, fragte, als ich ihr den Absatz vorlas, ob ich nicht einmal meinen Blickwinkel ändern wolle.

Als ich an einem Nachmittag Ende Juni 1965 in Baden-Oos, der D-Zug-Station von Baden-Baden, aus dem Münchner Zug stieg, trat ich in eine mir bis dahin verschlossene Welt ein: in die des Spitzenmanagements großer Organisationen. Ich fand sie später auch im hohen Staatsdienst. Aber sie ist nicht auf Staatliches und Öffentlich-Rechtliches beschränkt. Auch die Vorstände großer Wirtschaftsunternehmen leben in dieser Welt abgestufter Privilegien. Noch auf dem Bahnsteig begrüßte mich ein Mann, wenig älter als ich, stellte sich vor: »Mein Name ist Fleckenstein. Ich bin Ihr persönlicher Fahrer«, nahm mir meinen Koffer ab und geleitete mich auf den Bahnhofsvorplatz. Hatte man ihm gesagt, er solle auf den wahrscheinlich Jüngsten unter den ankommenden Reisenden zugehen? Nicht zu verwechseln mit einem älteren Kurgast? Nein, die Verwaltung hatte ihm ein Foto von mir gezeigt, aufgenommen nach meiner Wahl zum Programmdirektor, das schmale Gesicht eines Fünfunddreißigjährigen mit einer in dunkles Horn gefaßten Brille und links gescheiteltem Haar.

Vor dem Bahnhof stand ein weißer Opel »Admiral«; damals baute man diese Art Automobile noch ganz à l'americaine: lang, leise, weich gefedert. Herr Fleckenstein öffnete mir den rechten hinteren Wagenschlag; er warf die Tür nicht zu, als ich eingestiegen war, sondern drückte sie sanft in den Türrahmen zurück. Mein Fahrer nahm hinter dem Volant der Limousine Platz, startete den Motor, wir glitten fast lautlos auf die Straße nach Baden-Baden: »Soll ich Sie zu Ihrer Pension fahren?« Ich bejahte. E. und Bettina würden erst nach Beendigung des Schuljahres übersiedeln; bis dahin hatte ich zwei Zimmer in einer Pension angemietet, nicht weit entfernt von den Büros und Studios des Südwestfunks. Eine kiesbestreute Auffahrt führte vor eine Villa aus Baden-Badens großer Vergangenheit. Ich beeilte mich auszusteigen, bevor mir Fleckenstein heraushelfen konnte. Er fragte: »Brauchen Sie mich heute noch?« Ich verneinte. Er gab mir den Wagenschlüssel: »Falls Sie das Auto ausprobieren wollen. Die Papiere liegen im Handschuhfach. Wann soll ich Sie morgen früh abholen?« Danke, nicht nötig; ich würde den Weg zum Südwestfunk allein finden.

Fleckenstein ging zu Fuß zum SWF zurück. Ich bezog meine Zimmer in der Pension. Kaum, daß ich die Koffer ausgepackt hatte, trat ich noch einmal vor die Tür, um mich zu vergewissern: Ja, da wartete er auf mich, mein weißer »Admiral« mit blauen Polstern. Abends fuhr ich mit ihm in die Stadt hinab, zum »Stahlbad«, einem damals vielgerühmten Speiselokal. Als ich nach dem Zahlen auf die Toilette ging, folgte mir der Wirt, ein kugeliger Mann mit weichen, etwas aufgeschwemmten Gesichtszügen: »Falls ich Ihnen mit irgend etwas dienen kann...« Ich wirkte wohl irritiert, er zog sich zurück. Was hatte er mir anbieten wollen? Seine schöne, schwarzhaarige Tochter, die beim Servieren half? Schnee? Einen Freund? Ein System für das Roulettespiel im Kasino? Schon am ersten Abend ahnte ich, daß der »grüne Salon«, wie Baden-Baden im intellektuell-feuilletonistischen Nachtstudio des Dritten SWF-Hörfunk-programms manchmal genannt wurde, verborgene Abseiten und schummrige Winkel besaß.

Obwohl ich allein zu meinem Arbeitsplatz hatte fahren wollen, wartete Günther Fleckenstein am nächsten Morgen auf mich vor der Villa, an meinen Dienstwagen gelehnt. Ich mußte noch verstehen lernen, daß das Vorfahren mit mir vor der Intendanz des Südwestfunks, in der auch ich mein Büro hatte, für ihn ein Statussymbol seines Ranges als Chef-fahrer war. Die Welt des Spitzenmanagements mit abge-stuften Privilegien: Der Intendant fuhr dienstlich einen »Mercedes«; ich, sein Stellverteter, einen »Admiral«. Nur wir beide, so wurde ich von meinem »Vorzimmer«, zwei Se-kretärinnen, die mich bemutterten, aufgeklärt, hatten »per-sönliche Fahrer«. Die drei anderen Führungskräfte benutz-ten Opel »Kapitäne« und mußten sich mit wechselnden Chauffeuren aus der Fahrbereitschaft begnügen.

Rechts hinter ihm und nicht neben ihm zu sitzen, hatte mir Fleckenstein nahegelegt, als er mich vom Bahnhof ab-holte und mir die hintere rechte Tür des Wagens aufhielt. Noch ungeübt als Hierarch nahm ich den Platz ein, den er mir zuwies. Demokratischer, nicht mißdeutbar als Chefal-lüre erschien es mir, vorn neben dem Fahrer zu sitzen. Eine Zeitlang saß ich nun vorn. Gesäßdemokratie. Hochnäsig konnte man auf beiden Plätzen sein. Unbeirrt öffnete mir mein »persönlicher Fahrer« zunächst stets den hinteren Wa-genschlag, bevor er mich vorn einsteigen ließ. Es erwies sich bald, daß Fleckenstein und ich einander schätzten. Und be-vor wir die erste längere Fahrt gemeinsam unternahmen, hatte ich schon verstanden, daß die Sitzordnung – er vorn am Steuer, ich hinten auf der Rückbank – uns beiden das selbständige, gleichberechtigte Eigenleben im Wagen erleich-terte.

Zu Fahrtbeginn tauschten wir einige Nachrichten aus un-seren Lebensumständen aus – Wohlergehen, Bettinas Fort-schritte in der neuen Schule – und schwiegen dann ein-trächtig miteinander Kilometer um Kilometer; ohne Verlegenheiten durch eine Konversation zwischen zwei Men-schen höchst unterschiedlicher Interessen. Vorn, neben dem Reisegenossen, hätte ich gewiß öfter empfunden, wieder einmal ein Gespräch anknüpfen zu sollen. Vermutlich hätte ich mich dabei insgeheim der Leutseligkeit verdächtigt, und Günther Fleckenstein, ein sensibler Mann, hätte sich womöglich eine gewisse Beflissenheit verargt. Nichts davon in unserer Limousine. Soweit er nicht alle Aufmerksamkeit auf das Chauffieren richten mußte, versuchte er sich stillschweigend im Reimen der Büttentexte, die er bei der nächsten »Kampagne« vortragen wollte; ein dichterisches Unterfangen, das viel Zeit brauchte. Fleckenstein war ein so begeisterter wie gerühmter Vortragskünstler der alemannischen Fastnacht in der Vorstadt Baden-Badens und den Dörfern ringsum. Ich betrachtete die Landschaft, ging meinen Gedanken nach und las Exposés und Kostenvoranschläge für geplante Produktionen sowie Zeitungen und Bücher. Fleckenstein, er ist nun schon lange tot, hat zu meiner Emanzipation beigetragen: zur Überwindung des Klischees von der gesellschaftlichen Bedeutung des Sitzplatzes im Fond eines großen Automobils.

Es war wichtig für Fleckenstein und mich, im »Admiral« gut miteinander auszukommen. Wir fuhren regelmäßig weite Strecken von Baden-Baden aus. Die Fernsehdirektoren der ARD-Anstalten betrieben zu meiner Zeit ein ambulantes Gewerbe. Ich weiß nicht, ob kommunikationstechnische Fortschritte seither viel daran geändert haben. Damals trafen wir Direktoren uns im Sechs-Wochen-Rhythmus reihum bei den Anstalten zu einer Konferenz, um aus den beabsichtigten oder auch schon produzierten Beiträgen der einzelnen Sender das gemeinsame »Erste Programm« im Fernsehen zu erörtern, zu planen und zu beschließen. Aktuelle Ergänzungen konnten später telefonisch verabredet werden. Sendungen für Hoch-Zeiten des neuen Mediums – welchen Dreiteiler zur Weihnachtszeit? – wurden auf zwei, drei Konferenzen diskutiert. Das in den vergangenen Wochen ausgestrahlte Programm wurde am ersten Vormittag der gewöhnlich zweitägigen Konferenz nachträglich begutachtet; bei der Kritik, scharf oder milde, konnten kurzzeitige Koalitionen unter den Direktoren im Blick auf die bevorstehenden Programmbeschlüsse erkennbar werden. Man hatte sich vorher schon einmal telefonisch ausgetauscht.

So entstand damals mit dem »Ersten Programm« der ARD nach weithin vorherrschendem, auch international geäußertem Urteil eines der besten Fernsehprogramme der Welt. Kommerzielle Sender existierten noch nicht in Deutschland. Die Quote der Sehbeteiligung saß bei unseren Konferenzen nicht einmal am Katzentisch. Dennoch gab es mit einfachen Umfrageverfahren unter den Zuschauern eine schnelle Qualitätsbewertung wichtiger Sendungen. Die Ergebnisse der Abfragefirma wurden den Direktoren vorgelegt. Heiterkeit löste die gute Bewertung eines Fernsehspiels aus, das kurzfristig aus dem Programm hatte genommen werden müssen und also nicht gesendet worden war.

Ich lernte Politik auf den Programmkonferenzen. Anziehend war daran, daß sie nicht betrieben wurde von mehr oder weniger austauschbaren Parteidelegierten. Ich hätte auch nach einiger Zeit meiner Mitwirkung nicht sagen können, wie förmlich oder auch nur wie eng die Kollegen Direktoren einer Partei verbunden waren. Sie funktionierten damals nicht auf diese Weise. Der Kreis praktizierte eine Art Basisdemokratie, wobei die Basis der einzelnen Mitglieder das jeweilige Programm war, das sie am Konferenztisch vertraten. Unvermeidlich ging von Quantitäten ein gewisser Machtanspruch aus, aber die Qualität mancher Produktionen kleiner Häuser, beispielsweise von Radio Bremen, fand in der Regel ihren angemessenen Platz.

Ich war zehn bis fünfzehn Jahre jünger als die anderen Direktoren, die mir freundlich entgegenkamen und wohl auch neugierig waren auf den jungen Mann mit einem anderen Erfahrungshintergrund. Sie führten gelegentlich Diskussionen, die von der Programmkritik ausgingen und sich erweiterten ins Literarische, Philosophische, Historische, eingebettet in die eigenen Biographien im nationalsozialistischen Vorkrieg und Krieg und in das Bemühen, darüber hinauszugelangen zu neuen Standpunkten. Es waren Gespräche, hinter denen das Fernsehen zurücktrat, manchmal fast vergessen wurde, was im Ergebnis vermutlich dazu beitrug, daß es damals im großen und ganzen seine Gebühren wert war. Wortführer waren Clemens Münster vom Bayerischen Rundfunk und Hans-Joachim Lange vom WDR. Münster bekannte sich zum linkskatholischen Kreis der *Frankfurter Hefte* von Walter Dirks und Eugen Kogon, der das Buch über den »SS-Staat« geschrieben hatte. Lange veröffentlichte Romane und deckte dabei erlittene Verletzungen mit Zynismus zu. Entstehende Hitzigkeit dämpfte Hans Abich von Radio Bremen, der gute Mensch unter den Direktoren, durch ebenso gebildete wie lakonische Anmerkungen zu Thema und Verlauf der Debatten. Er brachte sie vor ohne erhobene Stimme, mit einem kleinen Lachen am Anfang und endend in dem Rat: Nun macht mal halblang.

Hans Abich hatte 1946 in Göttingen die erste westdeutsche Filmproduktion nach dem Krieg mitbegründet. Er hatte gute und erfolgreiche Spielfilme, auch literarisch anspruchsvolle nach Vorlagen von Thomas Mann, produziert. Abends, nach unseren Programmkonferenzen, erzählte er auf Wunsch immer wieder einmal, was Hans-Joachim Lange den »kurzen Lehrgang der Geschichte eines verdienten Untergangs« nannte: Eines Tages habe sein Buchhalter ihm geraten, jetzt Schluß zu machen mit dem Filmgeschäft. Er, Abich, sei nun ein reicher Mann. Abich machte weiter. Ein paar Produktionen später habe der Buchhalter gesagt, noch sei Abich wohlhabend; es sei nun höchste Zeit auszusteigen. Abich ließ sich nicht aufhalten. Nicht lange danach habe der Buchhalter ihm mitgeteilt, nun sei Abich pleite. An dieser

Stelle pflegte der Kollege Arnold vom NDR, der als Kriegs-
gefangener bei der BBC hospitiert hatte, den hamburgischen
Lehrsatz zu zitieren: »Und so sank er immer tiefer und tiefer, und schließlich arbeitete er in Bremen.« Wo Abich zu
meiner Zeit Fernsehdirektor war, dann dort Intendant wurde
und schließlich der Nachfolger Lothar Hartmanns als Chefkoordinator der ARD mit Sitz in München. Im Sommer 2003
ist Hans Abich gestorben.

Eine Schwierigkeit beim Schreiben von Erinnerungen besteht darin, daß man sich immer öfter fragt, was die Namen,
die in das eigene Leben eingeknüpft sind, den Heutigen noch
besagen oder gar bedeuten. Das Echo, das die Namen aus-
lösen, wenn man sie nennt, wird schwächer und schwächer.

Wie lernt man Programmdirektor? Am ersten Tag meiner neuen Profession stellte ich mich meinen beiden Sekretärinnen vor, sie hatten schon mit meinem Vorgänger
zusammengearbeitet, und wir erörterten bürokratische Ge-
pflogenheiten und Regeln. Ich ließ mich von den beiden Sen-
deleitern (so der Titel meiner Stellvertreter im Hörfunk und
im Fernsehen) durch einige Büros führen, sagte dort »Guten Tag«. Ich saß in meinem Büro, drei breite Fenster links
vom Schreibtisch mit Blick auf Studiogebäude und Schwarz-
waldhügel, und gewöhnte mich an die beträchtliche Größe
des Raumes: vor dem Schreibtisch zwei Sessel, an der gegen-
überliegenden Wand ein Konferenztisch mit sieben Stühlen,
von denen der an der Schmalseite für den Direktor war. Ich
räumte einige Bücher ein, stellte eine Fotografie von E. und
Bettina auf den Schreibtisch und schaltete meinen Fernsehapparat ein paar Mal ein und nach einiger Zeit wieder aus.
Ich drückte auf die Knöpfe eines Kästchens auf einem Tisch
links vom Schreibtisch, mit denen die drei Hörfunkprogramme des Südwestfunks in einen Zimmerlautsprecher,
Lautstärke regulierbar, gerufen werden konnten. Helmut
Hammerschmidt bat mich zu einem längeren Gespräch über

unseren Machtantritt in sein Büro, das im zweiten Stock über meinem lag, vier breite Fenster. Wieder zurück in meiner Chefsuite, ließ ich mir die gedruckte, detaillierte Spartenstruktur unserer Hörfunkprogramme und eine Aufstellung unserer gerade produzierten oder demnächst beabsichtigten Beiträge im Ersten und Dritten Fernsehprogramm aushändigen. Ich studierte die Programmstruktur. Und ich merkte mir, wer von den leitenden Mitarbeitern aus den verschiedenen Abteilungen mich an diesem Tag mit der oder jener Begründung in meinem Büro aufsuchte. So verging mein erster Arbeitstag.

Ich weiß noch wie heute, daß am nächsten Vormittag ein einzelnes Blatt Papier auf der großen Platte meines Schreibtischs lag, auf der sonst nur das Telefon und die Fotos von E. und Bettina neben einem Terminkalender standen. Ich habe nicht notiert, was auf dem Papier vermerkt war, das, so sah ich, vom Sendeleiter des Hörfunks kam. Aber festgehalten habe ich, daß es eine Gemeinschaftsproduktion des Südwestfunks mit dem Hessischen Rundfunk betraf. Eine Kostenfrage? Ärger mit dem Autor? Unklarheit, wer das Erstausstrahlungsrecht haben würde, der HR oder der SWF? Was auch immer: Das Papier verlangte nicht ausdrücklich, aber implizit, weil es auf meinem Schreibtisch lag, daß ich direktorial tätig würde. Ich bat Manfred Häberlen zu mir, um mit ihm über das Papier zu sprechen. Er war fast zehn Jahre älter als ich, ein belesener Mann von trockenem Witz. In meinem Berufsleben, das, aufs ganze gesehen, überaus glücklich war, bin ich oft gesegnet gewesen mit guten Mitarbeitern. Häberlen gehörte zu ihnen. Ich habe ihn auch später nicht gefragt, aber ich halte für möglich, daß er jenes Blatt listig auf meinen Schreibtisch plaziert hatte, um mich gleich am Anfang einer Probe zu unterziehen: Würde ich, so selbstherrlich wie uninformiert, ohne Rücksprache entscheiden, um mir nur ja nichts zu vergeben?

Wir begannen an diesem Tag mit einer Folge von Gesprächen; über eine Woche lang kamen wir regelmäßig am späten Nachmittag zusammen. Ich fragte, und Häberlen hatte sich entschieden, rückhaltlos zu antworten. Der Hörfunk war in den letzten Jahren vom Fernsehen ins Abseits gedrängt worden. Seine Mitarbeiter schwankten zwischen Neid und Hochmut gegenüber dem Emporkömmling, dem neuen Publikumsrenner. Häberlen sagte, im Hörfunk sende man mehr und mehr »so vor sich hin«; die Programmstruktur sei verkrustet. Er bewies seine Qualität, indem er ganz unkokett und, wie ich im Laufe der Zeit wahrnahm, in richtiger Selbsteinschätzung bekannte, er sei seiner Art nach nicht der Mann für gründliche Veränderungen.

Aber Manfred Häberlen war genau der Mann, den ich brauchte, als ich ein halbes Jahr später eine grundlegende Strukturreform der zwei wichtigen Hörfunkprogramme des SWF in Gang setzte. Die bisherige Struktur zeigte den Wildwuchs des ersten Nachkriegsjahrzehnts. Was der Südwestfunk sich mit der Zeit jeweils neu leisten konnte – ein weiteres Unterhaltungsorchester, die Verlängerung der täglichen Sendezeit, mehr Schaltungen in die Außenstudios –, es wurde dem schon vorhandenen Programm ohne viel Überlegungen hinzugefügt. Das weitere Neue zu haben war Befriedigung genug, es bedurfte noch keiner systematischen Einordnung.

Meine Programm-Philosophie war einfach. Ich wollte dem Radiohörer des Südwestfunks die Gewißheit verschaffen, je nach seiner Geschmacksneigung, seinem Anspruch, seiner Laune und Stimmung an diesem Tag zu dieser Stunde die Programmfarbe in dem einen oder dem anderen Programm andauernd zu finden, nach der ihm der Sinn stand. Er sollte nicht mehr gewärtig sein, daß er, kaum hatte er sich eingehört, nach dreißig Minuten vom Sender in die geschmackliche Gegenrichtung fremdgesteuert werden würde. Im Unterschied zu manchen heutigen Kulturprogrammen sendeten wir freilich keine sogenannte Kuschelklassik, in der die »Kleine Nachtmusik« und »Die Liebe vom Zigeuner stammt« bevorzugt werden. Wir boten unseren Hörern alle Sätze eines Werkes an. Und für die neuen, ausgedehnten Informationssendungen, die Magazincharakter hatten, war verbindlich festgelegt, daß die Wortbeiträge zwischen der angemessenen Musik einen bestimmten, hohen Anteil an der Gesamtsendezeit nicht unterschreiten durften.

Helmut Hammerschmidt war nicht Intendant des Südwestfunks geworden, um die Anstalt zu liquidieren. Manche Mitarbeiter im Haus argwöhnten es, einige Politiker in Stuttgart hätten ihm dabei gern geholfen. Die Übernahme des SWF hätte den Süddeutschen Rundfunk so schön komplettiert; mochte danach auch in Rheinland-Pfalz ein weiterer kleiner, schwachbrüstiger Landessender entstehen. Aber Hammerschmidt und ich waren ehrgeizig. Wir wollten mit dem Pfund wuchern, das uns anvertraut worden war. Seinerzeit gingen wir beide gelegentlich nach einem Arbeitstag gemeinsam zum Abendessen ins »Stahlbad« und später noch in die Hotelbar des »Europäischen Hofs«. Darüber sprach man dann am nächsten Tag in den Redaktionen, Sekretariaten und Studios des SWF. Der Intendant und sein Programmdirektor ergötzten sich gern, wenn der Abend lang wurde, an der Gedankenspielerei, wie sinnvoll es wäre, eine neue große ARD-Anstalt zu bilden, WDR und NDR und BR zum Trotz, zusammengesetzt aus Süddeutschem und Saarländischem Rundfunk und dem Südwestfunk. Und bei dem, unserem SWF würden die Großintendanz und die Oberprogrammdirektion angesiedelt werden, um Eifersüchteleien zwischen den Landeshauptstädten Stuttgart, Mainz und Saarbrücken zu vermeiden. Baden-Baden als Washington D.C. Aber ohne Spaßvergnügen festgestellt, die Zeit war nicht reif für eine solche oder eine ähnlich große Lösung.

Das Geld der ARD-Anstalten war noch nicht knapp genug dafür, also mußten wir zunächst einmal den Südwestfunk vor einer Zerstückelung bewahren. Der Herrscher von Deutsch-Südwest mußte unser Bündnispartner werden.

Helmut Kohl, schon jetzt als Fraktionsvorsitzender der CDU im Mainzer Landtag stärker als der Ministerpräsident Peter Altmeier, dessen Nachfolger er werden würde, hat nach meiner Beobachtung sein politisches Verhalten sehr oft auf persönliche Sympathie und Antipathie gegründet, nicht selten sogar – bewußt, unbewußt? – inhaltlich davon mitbestimmen lassen. Er kam gern und regelmäßig zu Hammerschmidt und mir nach Baden-Baden. Einmal im Monat, längstens alle sechs Wochen, ließ er sich von Mainz herüberfahren, und wir gingen zu dritt im Rebland tafeln, politisieren, schwadronieren und dozieren. Zu allen Gesprächsarten leistete jeder von uns seinen Beitrag. Kohl war lernbegierig. Hammerschmidt arrangierte für ihn Probeaufnahmen in einem Fernsehstudio des SWF, damit der junge Politiker das neue Medium zu benutzen lerne. Ich vermittelte ihm einen Kontakt zu Peter Scholl-Latour, damals Korrespondent in Paris, der dort dem Aufsteiger aus der Provinz ein paar Türen öffnete. Manchmal brachte Kohl seine Frau mit. Dann begleiteten uns auch E. und Hammerschmidts Frau ins Lokal im Rebland, von Baden-Baden aus hinter dem nächsten Berg. Kohl präsentierte Frau Hannelore, eine blonde, zurückhaltende Frau, mit Besitzerstolz: »Hier meine attraktive Frau.« Was sollte diese Vorstellung bedeuten? Wollte sich Kohl selbst persiflieren, um Weltläufigkeit zu demonstrieren? Dabei rollte er das R: attrrraktive Frrrau. Er sagte es, wahr und wahrhaftig, jedes Mal, wenn er sie mit sich führte. Sie schwieg dazu, milderte die Situation nicht einmal mit einem kurzen Lachen oder einem flüchtigen Lächeln. Sie ließ ihn sitzen auf seiner Peinlichkeit. Dabei war Frau Hannelore nicht schüchtern. Sie war sich auch der wachsenden politischen Bedeutung ihres Mannes bewußt, wie aus ihren Einwürfen ins Gespräch herauszuhören war, wenn sie zu Wort kam. Vor allem aber wirkte sie damals selbstbewußt. Ich sehe nicht erst nachträglich vor mir, wie sie ihren Mann dann und wann spöttisch musterte.

Einreden hätten Hammerschmidt und ich dem Mainzer Landespolitiker nichts können, worin dieser, der erkennbar nach Höherem strebte, nicht sein eigenes Interesse gesehen hätte. Vielleicht persönlich grundiert, aber gewiß als Eigennutz begriffen, trat Helmut Kohl öffentlich für den ungeschmälerten Bestand des Südwestfunks ein. Der Machtmensch hatte verstanden, daß er auf seiner nächsten politischen Etappe ein größerer Hecht unter den Ministerpräsidenten im Medienteich sein würde, wenn sein Haussender SWF nicht auf sein Kurfürstentum Rheinland-Pfalz beschränkt wäre, sondern wegen seiner Stärke bei etwaigen föderalistischen ARD-Reformen gebührend – gebührend – berücksichtigt werden müßte. Wir waren nun mit dem SWF auf sicherem Ufer und hatten nichts dafür tun müssen, was nur opportunistisch gewesen wäre und nicht im Kern sachlich gerechtfertigt. Wir vergrößerten das Studio in Mainz, und ich richtete eine eigene Abendschau für Rheinland-Pfalz ein, was vom Programm her sinnvoll war und die Landespolitiker aller Parteien befriedigte.

Kohl war, wie ich, in seiner politischen Grundhaltung pragmatisch. Die Vergünstigung, nicht im Prokrustesbett einer Ideologie heranzuwachsen, hatte uns die westdeutsche Nachkriegszeit gewährt. Was ihn nach rechts von der Mitte und mich nach links von ihr geführt hatte, konnte ich nicht mit Sicherheit erkennen. Das Nationale spielte seinerzeit bei ihm eine genauso geringe Rolle wie bei mir. Gar nationalistisch gesinnt zu sein, wäre aus der damaligen Normalität unserer Generation herausgefallen. Der »Vater des Wirtschaftswunders«, Ludwig Erhard, schon zum Bundeskanzler aufgestiegen, als ich Kohl kennenlernte, vertrat nur bedingt Kohls politische Ideale. Konrad Adenauer tat es. Die emotional angereicherte politische Nähe zu Frankreich war dabei für Kohl ein wesentlicher Beweggrund. Stark angezogen fühlte er sich, so klang es in seinen Bekundungen bei Tisch im Rebland durch, von Adenauers Selbstgewißheit und Selbstsicherheit in der Machtausübung. Schon damals, in der zweiten Hälfte der sechziger Jahre, nannte sich Kohl hinter dem Berg von Baden-Baden, bevor er es in breiterer Öffentlichkeit reklamierte, den Enkel Konrad Adenauers. Bei Kalbsschnitzel und einem Neuweierer Weißwein – trokkener der Wein, weniger deftig das Essen, als dem Mainzer heimisch war – benannte Kohl vor Hammerschmidt und mir sein nächstes Ziel: über die Grenzen von Rheinland-Pfalz hinaus im Bund politisches Gewicht zu erlangen.

Helmut Kohl war der erste Politiker, den ich aus der Nähe erlebte. Und siehe da, ich fühlte mich in Beraternähe. Die Neigung vieler Journalisten zu einer nebenberuflichen politischen Beratertätigkeit entwickelte sich in mir. Ich riet Kohl, wenigstens einmal im Jahr eine große, bedeutungsvolle Rede – im Landtag, auf einer Festversammlung – zu halten, um deren Wortlaut ihn dann beispielsweise die *Zeit* für einen Abdruck bitten würde. Es war in den Wind gesprochen. Kohl kam ein paar Mal auf meine Anregung zurück, wollte dieses oder jenes Thema für einen Auftritt auf anspruchsvoller publizistischer Bühne benutzen, brachte aber niemals etwas Angemessenes zustande. Seine Karriere erwies dann bis an ihr Ende, daß sein Weg nach oben kaum je intellektuell oder auch nur rhetorisch nennenswert garniert worden ist. Seine Begabung lag so gut wie unverhüllt im Personalpolitischen und in der Führung von Seilschaften. Er ertrug bis zu einem gewissen Grade Menschen um sich, die ihm intellektuell überlegen waren, geistig beweglicher. Ohne darin zu weit gehen zu wollen, denke ich, daß Kohls

Wohlgefallen an der neuen Leitung des Südwestfunks auf dieser seiner Souveränität beruhte. Sein Kabinett als rheinland-pfälzischer Ministerpräsident 1969 repräsentierte mit Heiner Geißler als Sozialminister solche Personalpolitik. Kohl duldete ein konzeptionell helleres Licht neben sich – aus dem Selbstbewußtsein des Machtbesitzers und dem Bedürfnis des Souveräns, seinen Hof auf diese Weise zu schmücken. Aber sobald die Macht berührt wurde, verfügte nur der Herrscher, der seine Basis nie aus dem Auge verloren hatte, über eine zuverlässige Seilschaft zur Machtsicherung. Unbotmäßig gewordene Einzelgänger, die mehr oder weniger allein zu hoch hinaus wollten, stürzten ab. Geißler, Biedenkopf markieren mit ihren Namen solche Unfälle knapp unter dem Gipfel. Kohl ist immer trittsicher gewesen.

Wir haben politisch oft gestritten, Kohl und ich. Er hat meinen – in meinem damaligen Alter gewöhnlich heftigen – Widerspruch hingenommen. Manchmal hatte ich den Eindruck, meine weit von seinen gesellschaftspolitischen Vorstellungen abweichenden Ideale und Ziele, die im ungefähr Sozialdemokratischen lagen, erheiterten ihn als das Spintisieren eines Ahnungslosen, der besser bei seinem Leisten als Programmdirektor bleiben sollte. Kohls Toleranz war eine der Gleichgültigkeit gegenüber Auffassungen, die keine in Stimmen meßbare Macht gegen seine Positionen aufbieten konnten.

Der junge Kohl, noch keine vierzig Jahre alt, konnte im Übermut des Aufsteigers leichtsinnig werden. Wenn ich im Mainzer Studio des Südwestfunks zu tun hatte, ging ich danach oft noch in seinem Landtagsbüro vorbei, wo ich im Vorzimmer seine zuverlässige Helferin und Vertraute Juliane Weber traf und mit ihr alberte. Ich meine, sie hatte seinerzeit schon mit der Sammlung von Elefantenfiguren aus Glas, Holz, Stoff begonnen, von denen später Fensterbänke, Borde und Tischchen in ihrem großen Zimmer im Bonner

Bundeskanzleramt übersät waren. Damals in Mainz gesellte sich bald Kohl zu uns, machte seine Witzchen von der Sorte: So gut möchte ich es haben. Sie haben wohl keine Arbeit in Ihrem Sender? Dann lud er mich in sein Büro ein und wir unterhielten uns – bei Barockmusik –, bevor mich Fleckenstein schweigend heim nach Baden-Baden chauffierte.

Eines Abends, ich übernachtete diesmal in Mainz, hatte Kohl, als ich in sein Büro kam, Besuch von einem sehr vermögenden pfälzischen Industriellen, eine Generation älter als Kohl und ich, der den aufstrebenden Christdemokraten nach Kräften förderte. Wollte sich Kohl erkenntlich zeigen und demonstrieren, wie großmächtig er, nicht zuletzt mit Hilfe seines Besuchers aus der Industrie, schon geworden war? Jedenfalls spielte er sich vor ihm und mir auf. Die Korridore im Landtag lagen verlassen. Der Fraktionsvorsitzende führte uns in den leeren Plenarsaal des Parlaments. Der Industrielle und ich zögerten, das Parkett zu betreten, das nach guter parlamentarischer Sitte den gewählten Abgeordneten und ihren Amtsdienern vorbehalten war. Aber der Übermütige nötigte uns in zwei Abgeordnetensitze der ersten Reihe, posierte selber auf der Regierungsbank, wo ihm erst in zwei Jahren ein Platz zustand, und bestieg schließlich noch den erhöhten Stuhl des Parlamentspräsidenten, von dem aus er die Sitzung schloß. Wir verließen den Plenarsaal des Hohen Hauses. Beim Hinausgehen, Kohl blieb zurück, um die Tür zu schließen, sagte ich seinem Förderer aus der Wirtschaft, er solle unseren Führer durchs Parlament von Wiederholungen solcher Darbietung nach Möglichkeit künftig abhalten. Wenn derlei bekannt würde... Ich berichte hier zum ersten Mal öffentlich darüber.

Auch als Programmdirektor und Fernsehinterviewer (die sonst unveränderte Reihe hieß nun bei der ARD »Zu Protokoll« statt wie davor beim ZDF »Zur Person«) wollte ich nicht aus der Übung des Schreibens kommen. So verfaßte ich nebenher einige Porträtskizzen von bundesrepublikanischen Politikern etwa meines Alters, um die vierzig Jahre herum, die in der Wochenzeitung *Christ und Welt* erschienen. Unter den Christdemokraten hatte ich Helmut Kohl für meine Personenbeschreibung ausgewählt, ihn kannte ich inzwischen besser als jeden anderen. Am Anfang des Artikels begründete ich, wieso Kohl unter bestimmten Umständen gute Aussichten habe, Bundeskanzler zu werden. Kaum war damals, im Jahr 1967, mein Artikel erschienen, da benutzte Kohl seine Besuche in Baden-Baden nun öfter dazu, mir zunächst noch einmal zu erklären, wie unsinnig, wie zwangsläufig falsch meine Überlegung sei (Kohl sagte gern: Prophezeiung), um mich dann zu fragen, wieso ich überhaupt auf eine solche Idee gekommen sei. Das möge ich doch, bitte, erläutern. Es war fast wie ein Ritual: erst die Zurückweisung der von mir aufgezeigten Möglichkeit, danach die Aufforderung, ich möge sie bekräftigen. Wer wollte Kohls Verhalten nicht verstehen? Als er nach dem Erscheinen meines Artikels Frau Hannelore zum ersten Mal wieder mit zum Essen ins Rebland brachte, sagte sie mir vorwurfsvoll: »Sie sind schuld.« Womit sie den Einfluß meines Textes auf die Gespräche mit ihrem Mann zu Hause meinte.

Der Südwestfunk hatte begabte Reporter, aber ihre Features und Reportagen verloren sich im Ersten Programm. Die einzige Spur, die der SWF seinerzeit bei einem breiteren Publikum im Fernsehen hinterließ, war die Karnevalssendung »Mainz, wie es singt und lacht«. Vier Stunden rheinischer Frohsinn ohne Pause. Und ich war nun von diesem Zirkus der Direktor. Jedenfalls war ich der Mann, in dessen Verantwortung am Ende das Nummernprogramm lag, das aus einer großen Halle in Mainz live im ARD-Fernsehen für die ganze deutsche Nation, die DDR angeschlossen, soweit der Empfang dort möglich war, gesendet wurde.

Mir war die Sendung nicht unbekannt. Als ich 1957 für die *Deutsche Zeitung und Wirtschaftszeitung* aus Bonn berichtete, lud ein Kollege E. und mich ein, bei ihm und seiner Frau zu Hause ihre Übertragung anzusehen. Aber pünktlich, bitte. Wir kamen mit Blumen für die Gastgeberin, im übrigen jedoch ahnungslos. Gespräche über dies und jenes, wie wir solche Abende kannten, diesmal wohl mit gelegentlicher Unterbrechung durch das zeitweilige Beachten des Geschehens im Fernsehapparat, fanden nicht statt. Das Sofa und zwei Sessel standen – wohl stets, nicht nur diesen Abend – dem Apparat zugewandt. Diesmal wurde vor dem Mittelpunkt unserer Geselligkeit auch gespeist. Teller mit belegten Schnittchen standen auf dem Sofatisch bereit; sie waren mundgerecht geschnitten, so daß man zu ihrem Verzehr den Blick kaum vom Programm wenden mußte. Der Hausherr goß flink Wein und Saft nach, wenn eine Programmnummer, Einzelkünstler, Chor oder Ballett, mit rhythmischem Beifallklatschen hinausbegleitet wurde und bevor der Sitzungspräsident das Publikum wegen des nächsten Karnevalisten fragte: »Wolle mer'n reilasse?« (Was würde sein, wenn das Publikum einmal »nein« rufen würde?) Wir trugen keine Narrenkappen und schunkelten auch nicht, als wir der Übertragung aus Mainz beiwohnten. Aber sonst war es stundenlang so, daß die Gastgeber sich nur dann und wann kurz austauschten: »Hast du das gehört?« Und in der gemeinsamen Erheiterung und den Zurufen: »Hast du gesehen, wer da sitzt?« ganz aufgingen. So nahmen sie zum Glück für den Abend eine gewisse Verstörtheit und Befremdung ihrer Gäste nicht wahr. Uns gefielen einige Pointen und ein paar Tanznummern. Ich hörte auch gern: »Heile, heile Gänsche«, weil es mich an ein Kinderlied erinnerte, mit dem wir unsere kleine Tochter trösteten. E. war und ist für derlei nicht sentimental genug. Gegen Mitternacht, der Fernsehapparat war zur Ruhe gekommen, verabschiedeten wir uns.

Danke, es war ein netter Abend. Vom geschwätzigen Apparat gegenüber Sofa und Sesseln abgesehen, war er jedenfalls wortkarg gewesen.

Unser Gastgeber war ein im übrigen sympathischer, außergewöhnlich profunder Kenner schwieriger sozialpolitischer Probleme, promoviert, der bald das Unverbindliche des Journalismus fahren ließ und sich in das Verpflichtende des Staatsdienstes begab. Er trat in das Bundesarbeitsministerium ein, in dem er bis zum Ministerialdirektor aufstieg. Ich weiß, ich darf E. und mich von jeder hochmütigen Herablassung gegenüber seinem und seiner Frau und jedermanns Vergnügen am Karneval freisprechen. Der Karneval, auf Fernsehformat getrimmt, war eben unsere Sache nicht. Wir mögen auch beide, ohne uns das zugute zu halten, keine Austern, Schnecken und Tintenfische.

Meine Frau, die viel an meiner Seite mitgemacht hat und die in unserem Leben ziemlich klaglos von Freiburg nach Stuttgart, Bonn, Hamburg, wieder Bonn, München, Baden-Baden, wieder Hamburg, Berlin-Ost, Berlin-West und noch einmal nach Hamburg zog – sie weigerte sich, mich zu »Mainz, wie es singt und lacht« zu begleiten. Mich aber führte meine Pflicht in drei Kampagnen des Mainzer Karnevals: in den Jahren 1966, 1967 und 1968. Bis zu einem gewissen Grade mußte ich sogar die drei Feldzüge zweimal mitmachen. Jeweils im Herbst kamen die Elferräte der Mainzer Karnevalsorganisationen am frühen Vormittag nach Baden-Baden, um mit mir das Honorar für die nächste Kampagne auszuhandeln. (Ich meine, daß es zu meiner Zeit die Hunderttausend-Mark-Grenze überschritt, nach heutigen Maßstäben eine lächerlich geringe Summe für vier Stunden Volksbelustigung im Fernsehen.)

Nach dem Geschäftlichen begaben wir uns in einen großen Vorführraum im Studiogebäude, um die ungekürzte Aufzeichnung von »Mainz, wie es singt und lacht« aus dem jüngst vergangenen Karneval anzusehen. Denn jenen Abend hatten die Herren aus Mainz live nur am hohen Präsidiumstisch auf der Bühne erlebt. Den Gesamteindruck holten sie jetzt nach. Ich blieb freilich nur so lange, bis die Kamera zeigte, wie ich damals im Publikum schnell meine weißrotgoldene Kappe aufsetzte – protokollarisch korrekt hätte ich sie die ganze Zeit auf dem Kopf tragen müssen – und meine rechte Hand an die linke Schläfe zum militärischen Gruß legte, als der Sitzungspräsident den Programmdirektor des SWF begrüßte, der sich so verdient gemacht hatte um »Mainz, wie es singt und lacht«. Heiterkeit unter den karnevalistischen Kennern im Vorführraum, die meine Verlegenheit durchschauten. Dann entschuldigte ich mich mit anderen dienstlichen Terminen. Später führte ich meine Mainzer Gäste zu einem nachmittäglichen Imbiß ins Rebland. Nicht zuletzt die Tischgespräche bei einem solchen Anlaß vermittelten mir damals einen spannenden, manchmal mich aufregenden, auch deprimierenden Einblick in die Vorstellungswelt des gehobenen bürgerlichen Mittelstands; einen Einblick, der uns Journalisten im Umgang untereinander, etwa in Redaktionsstuben, meistens verschlossen blieb.

Die rechte Hand an die linke Schläfe zum militärischen Gruß gelegt: Diese Parodie der auf stehende Heere gestützten feudalen Obrigkeit, aus der einst die komischen Drillformationen des uniformierten Balletts, manche frechen Büttentexte und Spottlieder des rheinischen Karnevals hervorgegangen waren, als das aufmüpfige Bürgertum auch auf diese Weise noch um seinen angemessenen Platz im Staate kämpfte – all dies war seit sehr langer Zeit seiner politischen Bedeutung entkleidet und zur sinnentleerten Form geworden. Am Ziel angekommen, waren die gutsituierten Karnevalisten nun in ihren gesellschaftspolitischen Attacken gewöhnlich reaktionär. Mein beruflicher Umgang mit dem Karneval Ende der sechziger Jahre verschaffte mir einen ersten Blick in die Welt des Schaugeschäfts: »Und der Mensch... begehre nimmer und nimmer zu schauen.« Ein altgedienter, mit den mainzerischen Sitten und Gebräuchen vertrauter Redakteur begab sich zu Beginn jeder Kampagne von Baden-Baden nach Mainz, um bei den verschiedenen Vereinen das Programm für die Fernsehübertragung auszuwählen, abzustimmen, zu kürzen (wir wollten eine fünf- bis sechsstündige Sendezeit vermeiden), die Reihenfolge der Darbietungen zu planen und mit den Kamera- und Ablaufproben anzufangen. Alles nur vorläufig, natürlich, denn jetzt begannen die Kampfhandlungen des Karnevals.

An der Front kämpften, unterstützt von ihren Vereinsvorständen, die populären Büttenredner und Sänger um Auftrittsplätze und Dauer ihres Beitrags in der TV-Übertragung. Wenn es so weit gekommen war, rief mich der Redakteur zu Hilfe, damit ich mein Gewicht in die Schlacht werfe. Ich verstand die an den Streitgründen beteiligte Eitelkeit der Narren im Blick auf Sendeplatz und Sendezeit ohne jede Erklärung. Aber ich brauchte eine gewisse Nachhilfe, um die geschäftliche Seite des Krieges zu erkennen. Sie wurde mir zuteil aus dem Hintergrund des Geschehens. Dort lauerten die Agenten der Karnevalisten samt Anwälten. Ihre Waffen waren vielfältig. Sie reichten von denunziatorischen Telefonaten mit dem und jenem aus dem Rundfunkrat des SWF, die indirekt an mich durchgestellt wurden: Was höre ich denn da, was machen Sie denn da? Wir werden im Programmausschuß darüber reden müssen – von diesen Kampfmitteln ging es hin bis zu Einschüchterungen mit Hilfe lokaler Blätter und führender Boulevardzeitungen, die bei Kürzungen und Umstellungen in großen Überschriften eine politische Zensur des Programmdirektors unterstellten. Ich begriff, daß es um viel Geld aus Schallplattenverkäufen ging, die von der Darbietung der Nummer in »Mainz, wie es singt und lacht« abhingen. Derlei wird heutzutage künftigen Fernsehdirektoren wohl schon an der Wiege gesungen. Ich war seinerzeit vollauf damit beschäftigt, diplomatisch und notfalls grob, auch gegenüber bösartigen Pressebehauptungen, die Sendung vor der Regieübernahme durch die Werbewirtschaft zu schützen, durch die letzte lokale Karnevalsbezüge abgetötet worden wären. Die rechte Hand an die linke Schläfe gelegt. Als Kind des frühen Fernsehzeitalters war ich anfangs so naiv gewesen wie Rudi Michel, der vorzügliche Sportchef des SWF. Michel – »Der Sport muß sauber bleiben« – schlich nachts vor dem Rennen auf dem Nürburgring, das auch vom SWF übertragen wurde, mit einem Redaktionskollegen über die Strecke und sägte die Werbetafeln ab, die seinerzeit nur auf Holzpfosten an der Rennbahn aufgestellt waren. Es war noch Wildwuchs-Werbung.

Wir wollten nicht nur der Karnevalssender sein. Die Spur des SWF im Programm der ARD sollte verbreitert werden – nicht allein wegen der rundfunkpolitischen Absicherung des Hauses, neben dem Bündnis mit Helmut Kohl, sondern auch wegen eines gewissen Ehrgeizes der neuen Spitze. Intendant Hammerschmidt hatte in früheren Jahren maßgeblich an der politischen Magazinsendung »Report« mitgearbeitet; sie erschien auf Sendeterminen des Bayerischen und des Westdeutschen Rundfunks. Jetzt wollte sich der großmächtige WDR aus der Partnerschaft lösen und kreierte »Monitor«. Hammerschmidt führte die Verhandlungen, und der SWF übernahm Anteile des WDR an »Report«. Wir wechselten uns mit dem BR ab; jede der beiden Anstalten hatte einmal im Monat die 45-minütige Sendung in alleiniger redaktioneller Planung und Realisierung zum Ersten Programm beizusteuern. Der Intendant übertrug mir die Leitung und Präsentation. Er wollte, daß ein inzwischen einigermaßen namhafter Fernsehjournalist, der außerdem als gewählter Direktor im mißtrauischen Rundfunkrat stark sein würde, das riskante, womöglich schnell politisch anstößige Magazin ins Programm einführte. Aber ganz gewiß habe ich auch die Hand gehoben und gesagt: Den Löwen spiele ich auch noch. Wie hungrig ich war. Eine Neuerung führte ich ein in die Moderation der Sendung: Neben mir saß regelmäßig der Reporter, der den folgenden Beitrag journalistisch produziert hatte. Ich fragte ihn nach näheren Umständen und er konnte seinen Film erläutern. Politisch anstößig haben wir mit unserem »Report« oft gewirkt. Hammerschmidt hat uns nie im Stich gelassen.

Mein Kopf, der von hinten gesehen aus meiner weiterhin fortgesetzten Interview-Reihe bekannt war, erschien nun also auch in Vorderansicht auf den Bildschirmen in der Bundesrepublik und da und dort auch, wo technisch möglich, in der DDR. Aus alten Fotos gewinne ich den Eindruck, daß ich damals ausgesehen habe wie ein junger lutherischer Vikar: eifrig, ernsthaft und nicht ohne Strenge. E. war ärgerlich, als sie ihren Wagen zur Inspektion in eine Werkstatt brachte und der Meister nach einem Blick in den KfZ-Schein mitleidig fragte: »Sind Sie die Frau von dem im Fernsehen, der immer so ernst guckt?« Sie sagte mir vorwurfsvoll, das müsse doch nicht so sein. Ich sollte doch einmal lächeln. Daß ich wahrhaftig kein Kind von Traurigkeit war, diesen durchaus starken Charakterzug von mir zu zeigen gehöre nicht zu meinen Aufgaben im Fernsehen, erwiderte ich ihr mit großem Ernst und nicht ohne eine gewisse Strenge, die von dem »spitzen Stein«, über den ich mit meinem hannöversch-braunschweigischen Zungenschlag stolpere, noch verschärft wurde.

Der Eindruck, den ich bei vielen Zuschauern erweckte, hat dazu beigetragen, daß ich in meinem öffentlichen Leben die Menschen stark polarisiert habe. Aber natürlich ist die regelmäßig scharfe Teilung der Öffentlichkeit meinen politisch-intellektuellen Äußerungen gegenüber in entschlossene Zustimmung und heftige Ablehnung nicht allein auf den

Schein gegründet, den meine gestreng wirkende Moderation von »Report« erweckt hat. Ich habe meine Leser, Zuhörer und Zuschauer selten lau gelassen. Genau betrachtet habe ich mich mit meinen Auffassungen und Schlußfolgerungen in der Politik fast stets bei einer Minderheit der Gesellschaft befunden. Meine hier festgehaltenen Erinnerungen werden es an vielen Stellen belegen. Es war nicht immer angenehm. Über viele Strecken meines Lebens hin bin ich im klassischen Sinne ein Dissident gewesen. Aber in der jüngsten deutschen Geschichte wird diese Haltung nicht mehr grundsätzlich definiert, sondern begrenzt auf eine bestimmte politische Situation in der DDR. Die westdeutsche Mehrheit im staatlich vereinigten Deutschland spiegelt sich gern in jenem Dissidententum. Nach ihrer Selbsteinschätzung wäre sie Mann für Mann ein Dissident gewesen.

Mit meiner allmonatlichen Moderation von »Report« war ich aufgerückt in die Riege der frühen Magazinjournalisten im bundesrepublikanischen Fernsehen – im Jahr 1966 fast schon ein Nachzügler. Da waren, berühmt wie berüchtigt, Gert von Paczensky (schon abgehalftert), Rüdiger Proske, Joachim Fest (später Mitherausgeber der *FAZ*), Hans Heigert, Rudolf Rohlinger, Claus-Hinrich Castorff, Dieter Gütt, Peter Merseburger. Die Fernsehmagazine, damals ein neues Sendeformat – »Panorama«, »Monitor«, »Report« – versuchten mit drei, höchstens vier Beiträgen in 45 Minuten Sendezeit früh am Abend den Enthüllungsjournalismus des *Spiegel*, oft polemisch zugespitzt, in das neue Medium zu übertragen; nicht ohne Erfolg, der freilich nicht ganz so groß war wie das nach vielen Sendungen sich erhebende Geschrei von Parteipolitikern lärmend. Vor allem aus der CDU/CSU kam scharfe Kritik an den Magazinen. Sie rückte das ARD-Fernsehen allgemein in den Ruf, politisch links zu sein. Diese Einschätzung hat, wie schon erwähnt, zum Entstehen des ZDF erheblich beigetragen und auch – neben dem Gewinnstreben interessierter Kreise, die schon genug Geld hatten, um mitspielen zu können – an der Eröffnung des privaten Fernsehmarktes mitgewirkt.

Ich denke, die Behauptung vom Linksdrall der ARD war weit übertrieben. Aber sie half den betroffenen Politikern, berechtigte Kritik an politischen Vorgängen als parteilich zu diskreditieren. Politischer Journalismus, der nicht zur Agitation verkommen ist, neigt von Natur vor allem zur kritischen Beschäftigung mit dem Tun und Lassen der Regierenden. Die aber waren führend stets die Christdemokraten gewesen. Joachim Fest, Hans Heigert links? Dieter Gütt links in einem sachlich zu bestimmenden Sinne oder doch eher selbstverliebt in den stilisierten Grobianismus eines unberechenbaren journalistischen Anarchisten? Die Prügel, die die Union als Regierungspartei in der großen Zeit der Fernsehmagazine von diesen bezog, selten unverdient, gelegentlich zu grob, haben die CDU/CSU in den folgenden Jahren veranlaßt, gezielt eine Personalreserve aufzulisten, aus der sie frei werdende hierarchische Positionen im Fernsehen, die der Union im Proporz eingeräumt waren, in der Regel schnell und zuverlässig besetzen konnte, bis hinunter zu Abteilungsleitern. Die Sozialdemokraten hingegen hatten sich daran gewöhnt, daß Angriffe auf die in Bonn Regierenden seit Gründung der Bundesrepublik 1949 fast zwei Jahrzehnte lang nicht ihnen galten. Sie sorgten personalpolitisch kaum vor, waren im Bedarfsfall oft ratlos und pflegten in ihrem medienpolitischen Ausschuß beim Parteivorstand eine selbstgenügsame Nabelschau.

Wenn uns ein Thema bedeutend genug war, widmeten wir ihm in mehreren Beiträgen die vollen 45 Minuten einer »Report«-Sendung. So drehten wir zum fünften Jahrestag der Berliner Mauer im Sommer 1966 einen etwa zwanzigminütigen Film, in dem über die übliche Kalte-Kriegs-Tonart hinaus die konkrete Bedeutung des monströsen Bauwerks für die in seinem Schatten lebenden Menschen, so gut es ging, bewußt gemacht werden sollte. Nach dem Film interviewte ich im Studio in Baden-Baden den damaligen Bundesminister für Gesamtdeutsche Angelegenheiten, Vizekanzler Erich Mende von der FDP, über diese Problematik der Grenze zwischen den Machtblöcken von Ost und West an ihrer gefährlichsten Stelle. Minister Mende ließ sich auf die dem schlichten Propagandanutzen der Mauer abgewandte Seite so weit ein, daß er auf der nächsten Kabinettssitzung unter Bundeskanzler Erhard gerügt wurde.

Ach, der »schöne Erich«, wie er von den Journalisten und auch unter Parteifreunden genannt wurde. Man spottete, seine Frau Margot wecke ihn morgens mit dem Ruf: »Aufstehen, Erich, Karriere machen.«. Er war der Vorsitzende der FDP, der im Jahr 1961 mit einer Koalitionsaussage seiner Partei für die CDU, aber nicht länger unter Bundeskanzler Adenauer, in den Wahlkampf gezogen war; und dann waren die Liberalen doch unter dem Alten mit Mende als Vizekanzler ins Kabinett eingetreten. Mende verschaffte damit der FDP die Kennzeichnung als »Umfallerpartei«, ein Makel, den sie über viele Jahre hin nicht wieder losgeworden ist. Er hatte das Hakenkreuz aus seinem Ritterkreuz (»nicht im Angriff, nur in der Verteidigung verdient«) herausgefeilt und trug es, so gereinigt, zum Frack auf dem Bonner Presseball. Ich hatte ihn im Sommer 1964 zur Person interviewt, nicht zuletzt, weil ich einen Vizekanzler der Bundesrepublik Deutschland zu einer Antwort auf meine Frage veranlassen wollte, ob er sich Dauerwellen ins schwarze Haar legen lasse. Er antwortete: »Man sagt: Der Mende hat Brillantine im Haar… Ich habe noch nie diesen Stoff benutzt, aber ich gehe jeden Morgen unter die Dusche. Wer sein Haar jeden Morgen naß macht, bei dem liegt es auch. Das mag im Winter nicht immer angenehm sein.« Aber Mende verlangte es sich ab: »Ohne Kopfbedeckung mit nassem Haar ins Freie bei zehn oder zwanzig Grad Frost.« Er war mit naturgewelltem Haar umgefallen, als er seine Partei entgegen der Wahlaussage Adenauer zuführte.

Sechs Wochen vor Ludwig Erhards Rücktritt als Bundeskanzler im Herbst 1966 benutzte ich die ganze Sendezeit von »Report« für ein Interview mit ihm. Das nahe Ende seiner Regierung war abzusehen. Erhards Äußerungen waren nur insoweit bemerkenswert, als seine vertrauten Parolen, die er wiederholte – »formierte Gesellschaft«, »den Riemen enger schnallen« –, nun als bloße Schlagworte erkennbar wurden. Noch im Wahlkampf ein Jahr vorher hatten Politologen und Leitartikler lebhaft über Erhards »formierte Gesellschaft« diskutiert. War darunter die Volksgemeinschaft unseligen Angedenkens zu verstehen? Sollte sich aus ihr eine Art Ständestaat entwickeln? Der Aufruf »Wir müssen den Riemen enger schnallen« hatte Volksmengen, die sich nicht persönlich gemeint fühlten, jubeln lassen. Erhards letztes großes Interview als Bundeskanzler erwies, daß der Besitz von Macht mit Sinn zu erfüllen scheint, was als inhaltslos zutage tritt, sobald die Macht zu zerbrechen beginnt. Auch dies ist eine Variante von des Kaisers neuen Kleidern.

Das Interview war geführt worden in dem modernen Bungalow im Park des Palais Schaumburg, des alten Bonner Kanzleramts, den sich Erhard als Residenz nahe seinem Arbeitsplatz hatte bauen lassen. Wir waren mit Übertragungswagen für die Technik aus Baden-Baden nach Bonn gekommen. Vor und nach der Aufzeichnung fielen mir viele Leute auf, die sich zu schaffen machten oder auch nur herumstanden. In mir erwachte der etatbewußte Direktor. Als wir wieder zu Hause waren, erbat ich von der Sendeleitung eine Liste aller Mitarbeiter, die mit in Bonn gewesen waren, und eine Begründung für ihre Teilnahme an der Reise ins interessante Kanzleramt. Außer mir, dem Interviewer, waren es zweiundfünfzig Bedienstete des Südwestfunks gewesen. Und, das Wunder großer Organisationen: Alle wußten einen Grund zu nennen, und sei es als vorsorglicher zweiter Ersatz für den ersten Ersatz eines Kabelträgers. Ich resignierte und wandte mich Fragen des SWF-Programms in Fernsehen und Hörfunk zu.

Erst im Erinnern wird mir bewußt, daß ich früher, als mir gewärtig war, Interesse an den Verhältnissen und Menschen »drüben«, jenseits der Elbe, genommen habe. Weder E. noch ich hatten Verwandte im anderen deutschen Nachkriegsstaat, der DDR. Woher das Interesse? Daß ich eines noch fernen Tages dort als amtlicher Vertreter der Bundesrepublik einen wesentlichen Teil meiner Lebensarbeit leisten würde, lag im Schoß einer politischen Zukunft, die – was nicht für jede Zukunft gilt – unvorstellbar war. Nur schiere Neugier auf Fremdartiges, mit der bei mir ein Leben lang zu rechnen war, kann es nicht gewesen sein. Denn mein einschlägiger Einfall für eine Ausgabe von »Report« stützte sich auf ein gesamtdeutsches Bewußtsein, das seinerzeit, zurückhaltend formuliert, nicht gerade blühte in der westdeutschen Republik. Diese wurde von den allermeisten Bundesbürgern ohne weiteres Besinnen für »das ganze Deutschland« genommen. Derlei drückte sich in den Sportnachrichten aus: »Der deutsche Sportler errang Platz elf, die Teilnehmer aus der DDR belegten die Plätze eins und zwei.« Und die Elbe war im vorherrschenden westdeutschen Empfinden Deutschlands Grenze, nicht Deutschlands Strom. Ich aber wollte nun in »Report« die ideologische, die weltanschauliche Spannweite zeigen, die von deutschen Nachkriegspolitikern meiner Generation repräsentiert wurde. Und der deutsche Politiker, der – von der Mitte aus gesehen – eine extrem linke Position einnahm, die über das Sozialdemokratische weit hinausreichte, mußte sinnvollerweise aus dem anderen Deutschland, der DDR, kommen.

Wir stellten einen Antrag beim Presseamt der DDR-Regierung auf ein Interview mit Joachim Herrmann, SED, Staatssekretär für westdeutsche Angelegenheiten – eine Einrichtung, die noch aus der Zeit der gesamtdeutschen Ambitionen der SED stammte und vor Beginn der amtlichen deutsch-deutschen Verhandlungen aufgelöst wurde. Wir mußten einige Zeit auf eine Antwort warten und wurden schließlich zu einem Vorgespräch in den »Klub der Journalisten der DDR« in Berlin (Ost) eingeladen, der seine Räumlichkeiten in jenem Haus an der Friedrichstraße hatte, wo das Kabarett »Die Distel« residiert. Ich nahm einen Reporter aus der Redaktion mit auf die Reise. Das Gespräch im Klub mit vier oder fünf Leuten, die als ihre Dienststelle das Presseamt nannten, war hölzern. Herrmann war nicht dabei. Ich erklärte, ich wolle Herrn Herrmann nach seinen politischen Grundauffassungen und Zielen befragen, etwa eine knappe halbe Stunde. Ich sei bereit, die einzelnen Themen vorher zu nennen. Das Gespräch blieb schwerfällig. Wodka wurde serviert. Beim zweiten Gläschen drehte die Kellnerin das Tablett so, daß mein SWF-Kollege nach einem bestimmten Glas greifen mußte. Er nippte an ihm und reichte es dann mir: Ich solle mal probieren. Es war Wasser. Empörung auf unserer Seite des Tisches. Unsere Gegenüber beschwichtigten uns: Nur ein Scherz, nur ein Scherz. Sie ließen sich vor unseren Augen aus der Wodkaflasche einen Schnaps extra eingießen, um »nachzuziehen«. Dieses deutsch-deutsche Gespräch, mein erstes, war eine Groteske, in der beiderseitiges Mißtrauen, Verlegenheiten, aber auch Neugier sich mischten.

Schließlich erhielten wir die Erlaubnis, in Berlin-Adlershof, wo das Fernsehen der DDR seine Studios hatte, Joachim Herrmann zu interviewen. Ich ließ mich wieder von dem Kollegen, der nach dem verräterischen Glas gegriffen hatte, begleiten. Mein Interview mit dem Staatssekretär ergab nichts Unerwartetes, aber, wie ich es gewünscht hatte, eine linke Position unter deutschen Politikern meiner Generation. Es war übrigens das erste Interview mit einem Vertreter des anderen deutschen Staates seit dem Bau der Mauer; sozusagen ein Zuruf über sie hinweg. Und als ich Herrmann im Studio traf, erkannte ich ihn wieder. Etwa zehn Jahre vorher, Mitte der fünfziger Jahre, als die DDR noch im Westen gesamtdeutsch agitieren konnte, war er der Wortführer einer FDJ-Gruppe von »drüben« gewesen, die in Freiburg mit westdeutschen Studenten diskutierte. Ich hatte darüber als junger Journalist in der *Badischen Zeitung* berichtet. Und ein Jahrzehnt nach unserem Interview für »Report« traf ich ihn neuerlich. Er war nun nicht mehr Staatssekretär, sondern Chefredakteur des *Neuen Deutschland*, des »Zentralorgans« der SED; in seinem politischen System eine bedeutende Rangerhöhung. Auch war er, bald wichtiger noch, Kandidat des Politbüros der SED geworden. Ich war inzwischen Chefredakteur des *Spiegel* gewesen, auf eine gewisse Weise, wie *FAZ* und *Bild*, ein Zentralorgan unseres Systems. Jetzt war ich Staatssekretär im Bundeskanzleramt und Ständiger Vertreter der Bundesrepublik bei der DDR. Deutschland war, auch geteilt, personell übersichtlich geworden. Joachim Herrmann war es, der mich einige Wochen nach meiner Akkreditierung im Sommer 1974 einlud, angeblich zu einer Besichtigung des *Neuen Deutschland*. Aber kaum war ich im Redaktionsgebäude eingetroffen, da eröffnete er mir, er solle mich zu einem Gespräch mit Erich Honecker unter vier Augen, meinem ersten, geleiten. In einer großen schwarzen Limousine sowjetischer Bauart, die Fenstervorhänge im Fond waren zugezogen, fuhren wir ins Gebäude des Zentralkomitees zu Honecker, in dessen Vorzimmer Herrmann zurückblieb.

Joachim Herrmann hatte für »Report« die politische Linke des damaligen geteilten Deutschland verkörpert. Als

Rechtsaußen interviewte ich für dieselbe Ausgabe des Magazins Adolf von Thadden, den Vorsitzenden der Nationaldemokratischen Partei (NPD), die seinerzeit in beachtlicher Größe in mehrere westdeutsche Länderparlamente eingerückt war. Nach der Sendung erhielt ich vom Presseamt der Regierung der DDR den gröbsten Brief meines Lebens. Schnörkellose Anrede: Herr Gaus. Ausrufezeichen. Inhalt: Schärfster Protest gegen die Wiedergabe meiner Interviews mit Herrmann und Thadden in ein und derselben Sendung. Keine Schlußfloskel, nur eine Unterschrift. Wir stimmten in der »Report«-Redaktion überein, daß es unser gutes Recht sei, unsere Sendung so zu gestalten, wie wir es wollten; vorausgesetzt, die Interviews blieben unverändert (was beide geblieben waren). War mir ganz wohl bei dieser Argumentation? Hätte ich nicht beiden Interviewpartnern sagen sollen, mit wem sie in einer Sendung zusammengebracht werden würden? Thadden hätte es nicht gestört. Er nahm jede Sendezeit, die ihm geboten wurde – was mich vielleicht davon hätte abhalten sollen, ihn zu interviewen. Räumte ich insgeheim schon ein, was ich heute davon denke? Daß nämlich der journalistische Einfall über den journalistischen Anstand siegte. Eine Berufskrankheit, die gewöhnlich in Schüben auftritt, aber da und dort auch andauernd akut ist.

Das Thema »die da drüben« ließ mich nicht los. Wir kauften für das dritte Fernsehprogramm des Südwestfunks einen Spielfilm der Defa, der Filmproduktion der DDR in Potsdam-Babelsberg, berühmt wegen einiger großer Nachkriegsfilme (»Die Mörder sind unter uns«). Der Film, den ich ins SWF-Programm setzte, war nach einem Buch des westdeutschen Schriftstellers Max von der Grün gedreht worden: »Irrlicht und Feuer«. Von der Grün war der Mittelpunkt eines vor allem in Köln beheimateten Autorenkreises, der Stoffe aus dem Arbeitermilieu behandelte. »Irrlicht und Feuer« spielte im Ruhrgebiet unter Stahlkochern, die unter mangelhaften Sicherheitsvorkehrungen arbeiteten. Der Film hatte kolportagehafte Züge, blieb aber nahe an der vorstellbaren Realität. Darin lag der Grund meines Interesses an ihm. Ich wollte bundesrepublikanischen Zuschauern die Kenntnis vermitteln, was »die da drüben« aus »Irrlicht und Feuer« über bestimmte Lebensbedingungen bei uns im Westen erfahren könnten – falls sie dem bei ihnen produzierten Film vertrauten. Das Letzte konnten wir nicht ergründen. Aber wir konnten an Ort und Stelle, im Ruhrgebiet, überprüfen, in welchen Teilen der Film grobschlächtige Propaganda und Agitation betrieb oder worin er eine dramaturgisch zugespitzte, aber im Kern wahrheitsgetreue Darstellung von Problemen bot. Ich schickte zwei Reporter von Baden-Baden aus an Rhein und Ruhr und ließ wichtige Behauptungen des Films nachrecherchieren. Ihre Reportagen sendeten wir im Anschluß an »Irrlicht und Feuer«. Es zeigte sich, daß der Defa-Film keineswegs nur aus Propaganda und Agitation gegen den deutschen Weststaat bestand, den Zungenschlag hatte er auch, sondern daß tatsächlich manches faul war im Lande Nordrhein-Westfalen.

Ein vorzeitiger deutsch-deutscher Themenabend über Unterstelltes und Wirkliches auf beiden Seiten. Die Empörung über mein Tun war außergewöhnlich groß unter den Rundfunkräten des Südwestfunks. Wer von ihnen unser drittes Programm nicht gesehen hatte, der hatte sich davon berichten lassen. Eine Sondersitzung des Programmausschusses wurde einberufen. Genaugenommen war das Thema der erregten Sitzung: Darf man sich im Krieg, und sei es auch nur ein kalter, selber schwächen, indem man den Feind zu Wort kommen läßt und diesem Wort auch noch einen gewissen Wahrheitsgehalt bestätigt? Immerhin fand ich auch einige Unterstützung unter den Rundfunkräten. Das Thema meiner Programmidee – durch die eigene Propaganda hindurch einen Blick nach »drüben« zu werfen – lag in der

zweiten Hälfte der sechziger Jahre in der bundesrepublikanischen Luft. Ich hatte eine schlechte Presse, soweit einzelne
Rundfunkratsmitglieder in ihrem Lokalblatt eine entsprechende Erklärung über mein Abweichlertum abgegeben hatten. Aber Professor Theodor Eschenburg, Politologe und
Staatswissenschaftler an der Universität Tübingen, erteilte
mir einen einsemestrigen Lehrauftrag über politischen Journalismus: einmal im Monat eine einstündige Vorlesung mit
anschließender Debatte. Der Rundfunkrat wurde schließlich
kalmiert durch eine Diskussion über »Irrlicht und Feuer«
samt unseren Reportagen am späteren Abend im dritten
SWF-Fernsehprogramm – mit open end bis beinahe Mitternacht.

In dieser Zeit, nicht unmittelbar im Zusammenhang mit
meinem Themenabend, wohl aber wegen Kommentaren, die
ich im Fernsehen sprach, kam ich in Kontakt mit Egon Bahr.
Nach Erhards Rücktritt regierte in Bonn seit dem Jahreswechsel 1966/67 eine Große Koalition aus CDU/CSU und
SPD unter Bundeskanzler Kiesinger, in der Willy Brandt
Außenminister war. Bahr, der im Laufe der Jahre ein enger
Freund von mir geworden ist, war Brandt aus Berlin (West)
gefolgt und ein einfallsreicher Planungschef des Auswärtigen Amtes geworden. Von Zeit zu Zeit lud er mich zu vertraulichen Gesprächen im kleinen Kreis ein, in denen einige
Mitarbeiter der Planungsabteilung des AA und einige wenige Journalisten eine mögliche Entspannungspolitik nach
Osten hin, unter Einschluß der DDR, diskutierten. Gelegentlich kam Außenminister Brandt hinzu, rauchte viel, sagte
wenig, aber hörte aufmerksam zu.

Der Südwestfunk produzierte nur zum geringsten Teil politische Sendungen. Wir trachteten vor allem nach Unterhaltung für unser Publikum. Meine Erinnerungen sollen
keine Anekdotensammlung aus Funk und Fernsehen werden. Aber manches würde man schon gern ausführlich er-

zählen. Die Geschichte von den berühmten Kessler-Zwillingen zum Beispiel, dem singenden Tanz-Duo. Sie sollten nach einer Nummer auftreten – auftanzen –, in der Ralph Bendix, ein seinerzeit populärer Westernsänger, ein Cowboylied sang. Der Regisseur der neunzigminütigen großen Fernsehunterhaltung hatte den originellen Einfall gehabt, ihn mit einem Pferd auf die Bühne des Kurhauses von Baden-Baden zu schicken. Die Sendung sollte am Abend von dort live nach der Tagesschau im Ersten Programm ausgestrahlt werden. Ich saß bei der vormittäglichen Generalprobe im Saal und sah als Pferdekenner, daß der Wallach, mit dem Ralph Bendix auf die Bühne gekommen war, seine Hinterbeine zurechtstellte, um zu »strahlen«, wie von uns Reitern das Wasserlassen unserer treuen Gefährten genannt wird. In einer Pferdeblase ist viel Flüssigkeit, und es ist das Naturrecht des Tieres, sich bei diesem Geschäft nicht stören zu lassen. Die Bühne, auf der nun, nach Bendix' Song, die Kessler-Zwillinge hätten tanzen sollen, war zum See geworden. Die Schwestern besaßen nicht nur schöne, lange, hochversicherte Beine, sondern auch einen hellen Verstand, was ihre vertraglichen Absicherungen betraf. Was sie davon nicht im Kopf hatten, wußte ihr Manager, mit dem sie reisten. Ich gab schnell die direktoriale Weisung, dem Pferd bis nach der Sendung nichts mehr zu saufen zu geben, und beschwichtigte dann anderthalb Stunden lang die Zwillinge und ihren Begleiter, indes die Bühne aufgetrocknet wurde: nein, kein Wasserballett am Abend.

Ich hatte den Kesslers nicht zuviel versprochen. Aber nun fiel die Playback-Anlage aus, als Bendix abends zur Live-Sendung mit dem Pferd, das jetzt dicht hielt, auf die Bühne kam. Der erstklassige Profi Ralph Bendix, das Pferd am Halfter, hielt nervenstark längere Zeit seine Lippen geschlossen, während er auf die Beschallung des Saals mit dem Lied wartete, das er am Vortag im Studio gesungen hatte. Ein

Sängerstandbild mit Roß. Das Publikum wurde unruhig. Schließlich begann Bendix ohne technische Nachhilfe zu singen. Eine gute, aber leise Stimme im großen Auditorium. Ich schlich an den Kameras vorbei nach draußen zum Übertragungswagen. Warum Bendix denn nicht den Mund bewegt habe, fragten mich die Techniker. Über den Sender war das Lied ins Land gegangen, während der Sänger mit fest geschlossenen Lippen darauf wartete, daß es auch im Kursaal ertönte. Ach, Fernsehen nicht aus der Konserve, sondern live. Hier liegt die wahre Stärke dieses Mediums, die von Pannen noch erhöht wird, vermenschlicht. Wäre ich als Hierarch in dem Gewerbe geblieben, so hätte ich den Künstlern mehr Geld gezahlt, die sich auf Fernsehspiele live eingelassen hätten – wie im richtigen Theater.

Der Südwestfunk produzierte 1967/68 die erste sogenannte Familienserie des deutschen Fernsehens in Farbe: »Salto mortale«, eine dreizehnteilige, jeweils einstündige Unterhaltungssendung über eine Trapezkünstler-Familie, die mit einem Zirkus durch Europa zog, von Griechenland bis Spanien. Die Serie mit Gustav Knuth als Chef der fliegenden Artisten und Hans Söhnker als Zirkusdirektor wurde zum größten Teil in einem originalgroßen Reservezelt und in und zwischen den Wohnwagen von Zirkus Krone gedreht (Product Placement gab es noch nicht, der Name Krone wurde abgedeckt). Es kam alles vor, was zu einem Zirkus im besonderen und zum Leben im allgemeinen gehört: Liebe, Ehekrise, Heilung eines Alkoholikers durch einen neuen Lebenssinn, Ausbruch zweier Tiger, deren Dompteuse Kai Fischer war, Absturz vom Trapez, Tod eines alten Clowns, in dessen Kostüm seine schöne, verstohlen weinende Tochter schlüpfte, damit die Abendvorstellung ihre Clownerien hatte. Ein großer Publikumserfolg.

Und die teuerste Produktion, die der SWF jemals gemacht hatte. Ich habe die genaue Summe nicht notiert, aber ich weiß, daß Salto mortale über fünf Millionen Mark kostete, vor mehr als dreißig Jahren eine respektheischende Summe. Der TV-Unterhaltungschef des SWF, Hans Hirschmann, hatte Quartier in München genommen, um der Produktion nahe zu sein. Nach jedem Drehtag rief er mich in Baden-Baden an und berichtete mir, wieviel Minuten »im Kasten« waren und ob wir uns im kalkulierten Kostenrahmen hielten. Am vierten Tag telefonierte er in Panik: Wir müßten den Regisseur wechseln. In der Folge, die produziert wurde, sollte laut Drehbuch ein Feuer ausbrechen. Der Regisseur lehnte alle Tricks ab, die unser Budget geschont und den Brand dennoch groß genug hätten aussehen lassen. Er wollte es richtig brennen sehen, mindestens das halbe Zirkuszelt sollte eingeäschert werden. Fleckenstein fuhr mich noch selbigen Tags nach München. Ich sprach mit dem Regisseur, der auf seine künstlerische Freiheit pochte, konferierte mit dem Leiter unserer Unterhaltungsabteilung und riskierte mit seiner Beratung sozusagen ein blind date: ein Gespräch mit einem anderen Regisseur. Ob er schnell einspringen könne? Der Stoff reizte ihn, die Schauspieler waren teils bewährte Größen, teils begabter Nachwuchs. (Ich begann damals Gustav Knuth zu verehren. Mit dem Alter überfiel den großen Künstler eine wachsende Angst, er müsse eines Tages in Armut verhungern.) Ich zahlte den ersten Regisseur aus, der auf einem Selbstverwirklichungstrip war, engagierte den anderen und hatte, als ich mit Bangen mitten im Strom die Pferde wechselte, das Richtige getan.

Der Südwestfunk verkaufte die dreizehnteilige Serie »Salto mortale« im Laufe der Jahre in viele europäische Länder. Es war mein Bestreben, aus der Einbahnstraße unseres Lizenzverkehrs mit den USA – wir kauften amerikanische Serien – eine zweispurige Straße zu machen und unsere Produktion auch dort zum Kauf anzubieten. Mit dem Unterhaltungschef flog ich nach New York, sozusagen mit einem

Musterköfferchen voll »Salto mortale«. Wir klopften bei ABC, CBS und NBC an, den großen amerikanischen Televisionsgesellschaften. Bei allen dreien führte uns ein höflicher Vizepräsident, sie hatten sie wohl im Dutzend, zum Essen aus. Ich lernte viel über die kommerziellen amerikanischen Networks, aber unseren Musterkoffer mußten wir niemals öffnen. Vermutlich waren unsere Gastgeber in ihren Sendern zuständig für den Umgang mit Besuchern aus Übersee, von denen man nicht genau wußte, ob es bei ihnen zu Hause überhaupt schon eigenes Fernsehen gab.

Die Hörfunkdirektoren der ARD-Anstalten, von denen ich auch zur Hälfte einer war, delegierten mich in die Kommission für das Aushandeln eines neuen Tarifvertrags mit den Orchestern der öffentlich-rechtlichen Radiosender. Damals wurde die DOV, die Deutsche Orchestervereinigung, unser Verhandlungspartner, in ihrer Hartnäckigkeit von keiner Industriegewerkschaft übertroffen. Ich gab die Leitung und Moderation von »Report« ab. Hammerschmidt engagierte Peter von Zahn, den alten »Windrose«-Chefreporter, als meinen Nachfolger.

Mit dem polnischen Rundfunk handelte ich 1967 in Warschau eine polnische Programmwoche für den SWF aus, Hörspiele wurden übersetzt, polnische Regisseure, Dirigenten, ein Kammerorchester kamen nach Baden-Baden. Die Polen wollten gern ihre Visitenkarte in der Bundesrepublik abgeben. Aber sie stellten eine Bedingung: Im Rahmen der polnischen Woche müsse es eine politische Diskussionsrunde im Rundfunk geben, in der ich als der verantwortliche Programmdirektor eindeutig der Anerkennung der Oder-Neisse-Grenze zustimmte. Ich weigerte mich nicht, diese Quittung für unseren Krieg, den wir 1939 in Polen begonnen hatten, zu unterschreiben. Der polnische Staatsrundfunk hatte mich, als ich zu den Verhandlungen nach Warschau kam, im damals besten Haus am Platze untergebracht, dem

Hotel »Europeiski«. Die Suite, die meine Gastgeber mir gaben, hatte fünf große Zimmer. Ich vermute, man hat mir diese Üppigkeit nicht zuletzt deswegen zuteil werden lassen, damit man einen sowjetischen Vizeminister aus der Zimmerflucht umquartieren konnte. Der Hotelportier am Empfang sagte mir zur Begrüßung mit spürbarer Genugtuung, wer die Suite habe räumen müssen.

In Moskau verhandelte ich Anfang 1968 dann über eine sowjetische Programmwoche für den SWF-Hörfunk. Ein fünftägiger Aufenthalt mit Anekdoten ohne Zahl. Zur selben Zeit fand ein Allunions-Gewerkschaftskongreß im Kreml statt. Ich stand, seit ich das erfahren hatte, nachmittags nun stets in der Eingangshalle des Hotels »Moskwa«, wenn die Delegierten aus dem großen Sowjetreich von Brest-Litowsk bis Wladiwostock vom Tagungsort ins Hotel zurückströmten. Mit osteuropäischen Hüten und in weit geschnittenen Anzügen bis zu Tschetschenen, Sibiriaken, Georgiern, Kirgisen, Mongolen in ihren heimischen Trachten. Ich begriff, warum die goldenen Kuppeln des Kreml für alle russischen Herrscher bis hin zu den sowjetischen eine staatspolitische Notwendigkeit gewesen waren. Von der Pracht des Kreml und des Roten Platzes konnten die Abgesandten aus allen Teilen des Riesenreiches zu Hause erzählen, wenn sie die Macht Moskaus in Worte fassen wollten. Ich bin sicher, daß dies auch 1968 noch so gewesen ist, als ich die Delegierten aus dem Kreml kommen sah. Freilich darbte ich dabei. Das Hotelrestaurant war nur für Gewerkschaftsdelegationen geöffnet. Ich verköstigte mich morgens am Büfett in der Ecke des Stockwerks, auf dem ich wohnte, vor allem mit hartgekochten Eiern und Brot und nahm gleich eine Portion für den Abend mit aufs Zimmer. Dann entdeckte ich eine Gastdelegation des Deutschen Gewerkschaftsbundes, die mich bis zu meiner Rückreise als ihr Mitglied ins Restaurant schmuggelte. Nach dem Einmarsch der sowjetisch geführten Truppen des Ostblocks in Prag im August 1968 sagten wir die sowjetische Programmwoche ab.

Im Dezember 1967 wurde mein Interview mit Rudi Dutschke, dem Studentenführer und Idol der 68er-Bewegung in meiner Fernsehreihe im Ersten Programm gesendet. Wie sehr das sogenannte Establishment der Bundesrepublik von der Aufmüpfigkeit der Studenten schon irritiert war, geht aus meinem Vorspruch zu dem 45-minütigen Interview hervor, mit dem ich, heute zu meiner nachträglichen Verlegenheit, die Sendung rechtfertigte. »Er (Dutschke) muß es hinnehmen, daß die Art seiner Argumente ihn gelegentlich nicht mehr als Gesprächspartner ernsthaft in Betracht kommen läßt. Das kann – wie ich meine – uns nicht hindern, zu versuchen dahinterzukommen, was denn wohl diese jungen Leute wie Dutschke, diese Revolutionäre, die sie... ganz bewußt sein wollen in einer Zeit, in der man an Revolutionen nicht mehr glauben kann – was denn wohl diese jungen Revolutionäre wirklich vorhaben.« So mein damals frei gesprochener Text aus der Aufzeichnung des Interviews.

Dutschkes Eiferertum, hinter dem Sanftmütigkeit spürbar blieb, zielte im Grunde auf eine Erziehungsdiktatur. Er glaubte an die Veränderbarkeit der Menschen. Ulrike Meinhof, die zu dieser Zeit zu mir kam, um ihr Fernsehspiel »Bambule« über den Aufruhr in einem Jugendgefängnis an den SWF zu verkaufen (ich kaufte es), verstörte mich mit der Kompromißlosigkeit, mit der sie bestimmte Personen verdammte. Wir sprachen über zwei Stunden in meinem Büro. Sie verwarf jede auch nur halbwegs entschuldigende Erklärung, die ich für dies und jenes Verhalten von Politikern vorbrachte.

Meinesgleichen hat den 68ern fast bis zur intellektuellen Selbstaufgabe Verständnis entgegengebracht. Nicht einmal die zwei Tomaten und das rohe Ei, die seinerzeit Daniel Cohn-Bendit aus der zweiten Reihe des Audimax der Frankfurter Universität auf mich warf (die zwei Tomaten gingen fehl), haben meine Aufgeschlossenheit ein für alle Mal beendet. Keineswegs. Man hatte zu unterscheiden zwischen dem Hochsinnigen der Wohlstandskinder, aus denen fast alle 68er sich rekrutierten, und ihrem rüpelhaften Benehmen. Hatte man? Rudi Dutschke war übrigens auch im Umgang eine Rarität. Er war von ausgesuchter Höflichkeit.

Damals, im Herbst 1968, versuchte ich auf Einladung des Frankfurter AStA, eine Diskussion über irgendeine demokratische Grundfrage zu moderieren. Selber schuld. Ich hatte Cohn-Bendit vom Podium aus hereinkommen sehen. Der Rotschopf trug eine große Tüte mit sich. Ich war nicht ohne Vorahnung. Nach etwa zehn Minuten meinte er wohl, daß die Weltrevolution nun lange genug aufgehalten worden sei. Er griff in die Tüte. Ernsthaft politisch hatte ich mit der 68er-Bewegung erst einige Jahre später zu tun, als sie in die Redaktion des *Spiegel* eingezogen war, deren Chefredakteur ich inzwischen geworden war.

Am Rande einer Fernseh-Programmkonferenz im Herbst 1968 in Hamburg ging ich mit Rudolf Augstein, der mich angerufen hatte, »einen Löffel Suppe« essen. Neben dem Satz »Ich fühle mich so allein« war der »Löffel Suppe« eine seiner Standardfloskeln. Er bot mir zwischen zwei Löffeln an, in die Chefredaktion des *Spiegel* einzutreten. Wir verhandelten längere Zeit. Hans Detlev Becker, inzwischen Geschäftsführer des *Spiegel*-Verlags, kam zu Gesprächen nach Baden-Baden. Ich bestand darauf, meine Fernsehinterviews weiterführen zu können, was ein strittiger Punkt war, weil der *Spiegel* seinerzeit noch nicht schätzte, wenn seine Mitarbeiter auch auf fremden Hochzeiten tanzten. Die Verhandlungen stockten. Eines Morgens fand ich in meinem Büro im Südwestfunk ein Bild vor, das Rudolf Augstein mir geschickt hatte: eine Graphik von Salvador Dalí, die »Plaza mayor« von Madrid mit barocken Figuren, die gegenüber von Augsteins Schreibtisch gehangen hatte und von der er wußte, daß ich das Bild liebte. Ich verstand seine Zusendung als Verlobungsgeschenk. Wenige Tage später kam ein Vertrag als Chefredakteur. Im April 1969 begann ich mit meiner Arbeit in Hamburg, in einem Blatt, von dem ich acht Jahre vorher mit aller Macht fortgestrebt war.

Bevor ich mit meiner Familie übersiedelte, besuchte mich noch Henry Kissinger in Baden-Baden. Er wollte sich auf einer Europareise über eine gescheiterte Karrierehoffnung trösten. Er war auf dem Wahlkongreß der Republikanischen Partei der USA der außenpolitische Berater von Rockefeller gewesen, aber die Delegierten hatten Richard Nixon zum Präsidentschaftskandidaten gekürt. Ich machte ein Interview mit Kissinger für »Report« über den bevorstehenden amerikanischen Wahlkampf und führte ihn dann ins Rebland zum Essen. Ich habe Herbert Wehner über so manchen seiner sozialdemokratischen Parteifreunde ätzend sprechen hören, aber niemals habe ich Einschätzungen einer Person vorgetragen bekommen, wie sie Kissinger im Rebland über Nixon, seinen späteren Chef, laut werden ließ: Das sei ein Mann, von dem man auf gar keinen Fall einen Gebrauchtwagen kaufen dürfe. Aber zum Glück sei Nixon ja auch zu dumm, einen Gebrauchtwagen verkaufen zu können.

Helmut Kohl, inzwischen Ministerpräsident von Rheinland-Pfalz, lud mich zum Abschied vom Südwesten Deutschlands zu einer Wanderung in den Pfälzer Wald ein. Wir trafen uns in einem Gasthaus, in dem wir uns niederlassen wollten, wenn wir von unserem längeren Fußmarsch zurückkommen würden. Ich stieg zu Kohl in den Wagen, der Fahrer verstaute meinen Rucksack im Kofferraum, wir fuhren etwa fünfzehn Minuten und begannen dann die Wanderung. Ein breiter Weg – eher eine Promenade, viel begangen, der Ministerpräsident erwiderte die Grüße seiner Landeskinder – führte uns in knapp zwanzig Minuten zu einer Turmruine aus der Zeit der Hohenstaufen. Wir umschritten die Ruine, von der aus wir einen weiten Blick auf den Pfälzer Wald werfen konnten, und kehrten in wiederum zwanzig Minuten zum Auto zurück; der Fahrer, an Kohls Wanderungen gewöhnt, hatte auf uns gewartet. Im Gasthaus kehrten wir ein zu Wein und Zwiebelkuchen und zum Politisieren, Schwadronieren und Dozieren.

IX.

Herbert Wehner

Herbert Wehner begann ich von Herbst 1963 an kennen-
zulernen. Damals inspizierte er die Sozialdemokraten in
Oberbayern. Wehner galt als der Zuchtmeister der Partei,
deren stellvertretender Vorsitzender er seit 1958 war. Die
Gattung Politiker, die mit ihrer Basis über das süffige Medium Fernsehen kommuniziert, hatte sich noch nicht entwickelt. Die Parteioberen mußten sich noch regelmäßig zu
Besuchen vor Ort bequemen, wo sie den schlichten Mitgliedern Rede und Antwort zu stehen hatten. In keiner Partei habe ich jemanden entdecken können, der diese anstrengende Seite des Parteilebens wichtiger genommen hätte als
Wehner.

Stunde um Stunde saß er in schlecht gelüfteten Sälen auf
Bezirksparteitagen der SPD. Er erwies allen Debattenrednern
den Respekt, ihnen zuzuhören. In kleiner, schneller Schrift
notierte er Stichworte, mit deren Hilfe er später auf die Argumente der Genossen eingehen würde. Von Zeit zu Zeit
griff er in eine braune Aktenmappe, wie sie einst Buchhalter
als Statussymbol ins Büro trugen, und holte eine Blechbüchse
heraus, in der dünn bestrichene Schnittchen lagen. Er aß bedächtig, machte weiterhin Notizen, strich das Butterbrotpa-
pier glatt und legte es in die Büchse zurück, die er wieder in
die Aktenmappe schob. Wehner war zuckerkrank und mußte
sorgfältig abgewogene, kleine Portionen in bestimmten Ab-

ständen essen. Seine Stieftochter Greta war stets in seiner Nähe. Ihre Fürsorglichkeit konnte notfalls streng sein; die Umsitzenden vernahmen es. Dann schließlich kam der Debattenbeitrag des »Genossen Wehner aus Bonn«. Er arbeitete die Punkte ab, die er notiert hatte. Ich habe als journalistischer Beobachter ihn im Umgang mit den Delegierten niemals sarkastisch werden hören, was doch seine stärkste rhetorische Begabung war. Er spielte seine Wortgewandtheit nicht aus gegen deren Unbeholfenheit. Aber im Fortgang seiner lauter werdenden Rede faßte er seine Erwiderungen zu einer Gesamtbetrachtung der politischen Lage zusammen, die zwingend auf die Richtigkeit seiner Position, der Position des Vorstands, hinführte. Man mußte sehr stark sein in der Abweichung, um Wehner ins Leere reden lassen zu können.

Herbert Wehner, als Sohn eines Schuhmachers und einer Schneiderin im Jahr 1906 in Dresden geboren, war auf seinem Weg von den Kommunisten in der Weimarer Republik über das Exil in Stalins Moskau und das Zuchthaus in Schweden bis zur SPD im westdeutschen Nachkrieg von der Politik gehärtet worden. Die Schmerzempfindlichkeit hatte er dabei nicht verloren. Er war ein gelernter Politiker in einem Umfeld, in dem sonst Zufälligkeiten üblich waren. Hatte er den Zufall aus seinem Leben verbannt? Der verschlossene Mann war bis weit in seine neue Partei hinein eine unheimliche Erscheinung. Seine Wutausbrüche im Bundestag, dem er seit der ersten Wahl 1949 angehörte, in Debatten über grundlegende Themen der Nachkriegsordnung – waren sie nicht doch nur kalkuliert? Oder brachen dann Dämme, die er seinerzeit im Emigrantenhotel »Lux« in Moskau um seine Wahrheit errichtet hatte, weil von ihrem Verschweigen das Überleben abhängig war? Nahm Wehner jetzt, nach einem halben Leben in der Andersartigkeit, in seiner manchmal zügellosen Rhetorik das pluralistisch-parlamentarische System beim radikal freien Wort?

Wie lebte er mit der Erfahrung, daß sein Gebrauch dieser verfassungsrechtlichen Freiheit in der Wirkung eine Grenze fand in dem Unbehagen der Bundesbürger angesichts seines ganz auf die Politik gestellten Lebens? In ihrem Mißtrauen gegenüber dem kommunistischen Konvertiten, der sich womöglich nur als ein Demokrat tarnte?

Bevor Wehner von dem Bezirksparteitag der oberbayrischen Sozialdemokraten im Herbst 1963 nach Bonn zurückreiste, Greta chauffierte, hatte der Bezirksvorsitzende Kahn-Ackermann einige Journalisten zu einem Abendessen mit ihm in sein Haus eingeladen. Ich saß bei Tisch Wehner gegenüber. Gesprochen wurde über die gesellschaftliche Entwicklung im Land. Er beteiligte sich nicht an der Diskussion. Aber als ich einige abfällige Bemerkungen über den restaurativen Staat Bundesrepublik machte, herrschte er mich an. Ich erschrak, weil sein Ausbruch in wenigen Sätzen eine Heftigkeit erreichte, wie sie gewöhnlich nur nach einem langen rhetorischen Anlauf möglich ist. Die Beschleunigung eines hochmotorisierten Kraftwagens aus dem Stand auf hundert in einem Atemzug. Und Wehners Einmischung in unser bis dahin eher ruhiges Gespräch blieb nicht allgemein. Sie war direkt an mich adressiert: ein agitatorisches Raffinement zwecks Personalisierung des Streitpunkts und Vereinzelung des Kontrahenten, das wohl nicht auf den Zahlabenden sozialdemokratischer Ortsvereine erlernt worden war. Wehner fuhr mich über den Tisch hinweg an: »Mein Herr, wir lassen uns diesen Staat nicht vermiesen. Wir lassen uns nicht wieder von diesem Staat trennen, mein Herr. Es ist auch unser Staat.« Die Unterhaltung kam danach nur schleppend wieder in Gang. So ernsthaft hatte es doch gar nicht werden sollen, was wir redeten. Wir hatten einen Störenfried am Tisch, wie unangenehm.

In den nächsten Jahren lernte ich, daß ich mit meiner wegwerfenden Bemerkung über die Bundesrepublik einen wesentlichen Punkt in Herbert Wehners postkommunistischem Nachkriegsleben berührt hatte. Es war für ihn wohl die wichtigste Lehre, die er aus dem Untergang der Weimarer Republik gezogen hatte. Sein politisches Sinnen und Trachten als ein später Sozialdemokrat fand seinen Grund in der Überzeugung: Niemals wieder durften sich die Arbeiter, die Lohnabhängigen, die Benachteiligten vom real existierenden Staat abwenden, ihn den anderen, den Bessergestellten, den Bürgerlichen überlassen und einem sozialistischen Traumstaat anhängen. Niemals wieder. An dem Abend beim SPD-Bezirksvorsitzenden fiel Wehner nach seinem Ausbruch in ein mürrisches Schweigen zurück. Als die Runde auseinanderging, fragte ich ihn, ob er sich von mir in der Reihe »Zur Person« interviewen lassen würde. Er knöpfte seinen Mantel zu, in den Greta ihm hineingeholfen hatte, musterte mich und knarzte: »Das trauen Sie sich ja doch nicht.« Dieser Abend war nicht gerade der Beginn einer wunderbaren Freundschaft, aber doch der einer mehrere Jahre andauernden Vertrautheit mit Herbert Wehner, die der vielfach geschundene Mann gewöhnlich vermied. Am Ende hielt er sich wieder an seinem Mißtrauen fest.

Mein Fernsehinterview »Zur Person Herbert Wehner« wurde am 8. Januar 1964 im ZDF ausgestrahlt. Es hatte keinerlei Courage von mir bedurft, den Umstrittenen einzuladen. Aber sein Zweifel, ob ich mein Angebot einlösen würde, beruhte auf seinen Erfahrungen mit einer bundesrepublikanischen Öffentlichkeit, die ihm oft feindselig begegnete. Daß er nach seinem Abfall vom Kommunismus politisch nicht ganz nach rechts gegangen war, wie es vorherrschender Konvertitenart entsprach, sondern in der Sozialdemokratie seine neue Heimat suchte, machte argwöhnisch: Hatte Wehner einen Parteiauftrag aus Moskau, die SPD zu unterwandern?

Antikommunismus gehörte zur Grundsubstanz der Bundesrepublik. Darin mischten sich weltpolitische Fakten – sowjetische Truppen standen an der Elbe – mit Ängsten, die bis ins Irrationale führten und weit zurückreichten. Sie klangen durch, wenn meine Mutter vom 1. Mai in der Weimarer Republik erzählte: Sie arbeitete mit ihren Eltern auf dem Feld am Stadtrand, und »faulenzende« Arbeiter zogen mit ihren Familien vorüber ins Grüne, einer trug eine rote Fahne mit sich, und beschimpften die Fleißigen auf dem Acker. Wie konnte es solche Menschen geben? Joseph Goebbels machte dann die jüdisch-kommunistische Weltverschwörung unter den Deutschen bekannt. Stalin steuerte seine Moskauer Schauprozesse zur Dämonisierung des Kommunismus bei. Das vielberedete Wüten der »Soldateska und Flintenweiber der Roten Armee« beim Einmarsch in Deutschland 1945 zeigte, wohin die kommunistische Lehre führte. Die Gemütslage der Bundesrepublik verband mindestens in ihren ersten zwanzig Jahren alte Dämonenfurcht mit neu begründetem Überlegenheitsgefühl aus dem Bündnis mit den Amerikanern. Später am Abend kam an manchen bundesrepublikanischen Tischen ein Überlegenheitsgefühl auch noch gegenüber den »Amis« hinzu: Die hatten im vorigen Krieg das falsche Schwein geschlachtet. Wir wußten das richtige lange vor ihnen zu benennen.

Und Herbert Wehner bot mit seiner Biographie mehr Stoff für Verdächtigungen als jeder andere westdeutsche Politiker. Für welche Konspiration war er in Moskau geschult worden? Daß er zeitweilig auch von seinen ehemaligen Genossen attackiert wurde, die jetzt in der DDR herrschten – konnte das nicht eine durchtriebene Irreführung sein? Hatte Adenauer den wachsenden Einfluß Wehners in der SPD im Auge, wenn er einen Wahlsieg der Sozialdemokraten den »Untergang Deutschlands« nannte?

Zu solcher Stimmung im Land sagte Wehner in unserem Fernsehinterview: »Ich wollte nicht in den Bundestag... Er (Schumacher) hat mich sozusagen mit der Faust dazu genötigt, daß ich kandidiere... Ich habe Kurt Schumacher gesagt: Sie werden mir doch dort von allen Seiten die Haut vom Leibe reißen. Ja, sagte er, das werden sie, aber das wirst du auch aushalten... Und das habe ich manchmal so gefühlt, als wenn mir die Haut vom Leibe gezogen würde.« In diesem Zusammenhang gestand Wehner: »Zu einer Empfindlichkeit neige ich von Haus aus. Das ist natürlich ganz schlecht für das, was man einen Politiker nennt... Ich selbst nenne mich keinen Politiker. Ich nenne mich einen politischen Praktiker.«

Habe ich einen Politiker gekannt, der empfindlicher gewesen ist als Herbert Wehner? Wohl nicht. Willy Brandt war schnell beleidigt, ließ sich aber in der Regel versöhnen. Kränkungen und Verletzungen wußte er zu mildern durch eine zeitweilige Selbstentrücktheit. Auch sein natürliches Distanzhalten von den allermeisten Menschen mag manches erleichtert haben. Kohl war nachtragend, aber im Grunde immun gegen Kränkungen. Helmut Schmidt half Selbstmitleid über ein häufiges Gefühl von Beleidigtsein hinweg.

Hat Wehner sich bemüht, aus seiner Empfindlichkeit einen Impfstoff zum Selbstschutz zu gewinnen? Es wäre der ihm gemäße Versuch gewesen, selbst einen schmerzhaften Charakterzug in Dienst zu nehmen, um souveräner zu werden. Aber jede hitzige Parlamentsdebatte, in der er außer Rand und Band geriet, erwies, daß ihm das nicht gelang. Nach seinen emotionalen Ausbrüchen in der Öffentlichkeit konnte man in seiner Nähe wahrnehmen, daß er niedergestimmt war von seiner Überzeugung, mit seiner lauten, ätzenden Rede seiner politischen Argumentation im Lande geschadet zu haben. Nichts war kalkuliert gewesen, die jeweilige Sache, über die er sich erregt hatte, die politische Frage, die ihn hatte ausfällig werden lassen, hatten offene Wunden Herbert Wehners berührt.

In jener Passage unseres Interviews, in der er betonte, kein Politiker zu sein, sondern nur ein »politischer Praktiker«, wollte Wehner mehr Bescheidenheit ausdrücken, als ihm eigen war. Ich denke, daß er seine große politische Bedeutung für die SPD nach Kurt Schumacher und für die Bundesrepublik nach Adenauer und der schnell vorübergehenden Kanzler-Erscheinung Erhard einzuschätzen wußte. Bezeichnend an seiner Koketterie ist, daß er sich mit ihr herabstufte: vom Politiker zum Praktiker. Um bei dem sozialdemokratischen Führungs-Triumvirat zu bleiben: Willy Brandt war zu selbstironisch, um mit seiner politischen Bedeutung kokettieren zu können. Helmut Schmidts Koketterie zielte auf eine Bescheidenheit, die ihn in Wahrheit erhöhen sollte: Er sei »nur der erste Diener des Staates«. Ganz der Alte Fritz mit Schnupftabaksdose.

Mein Interview mit Herbert Wehner wurde kurz vor den Weihnachtsferien des Bundestags im Dezember 1963 aufgezeichnet. Alle Jahre wieder eine hektische Zeit. Wehner war nervös gewesen, als er ins Bonner ZDF-Studio gekommen war. Greta, die ihn begleitete, hatte mir streng gesagt: Herbert muß gleich nach dem Interview zu einem nächsten Termin. Zum ersten Mal fiel mir auf, daß Greta Burmester (so ihr Geburtsname als Tochter eines hamburgischen Kommunisten) von ihrem Stiefvater fast immer nur als »Herbert« sprach. Auch in sachlichen Mitteilungen an Fremde über Wehners Arbeitskalender sagte sie in der Regel nicht »Herr Wehner« oder doch »Herbert Wehner«, sondern »Herbert«. Darin drückte sich nicht nur eine skandinavische Umgangsform aus, die schneller zum Vornamen gelangte als die damalige deutsche Sitte; Greta war in Schweden aufgewachsen. Nach meinem Eindruck benutzte sie den Namen auch wie einen respektheischenden Titel. Aber wenn Greta »Herbert« sagte, dann war das neben allem Respekt auch ein Hinweis auf eine von ihr reklamierte Nähe zu Wehner. Nach dem Tod der Mutter wurde sie Wehners dritte, letzte Ehefrau. Das sicherte der unermüdlich für ihn Tätigen eine materielle Versorgung im Alter, wirkte aber auch wie die Besiegelung einer Jahrzehnte währenden, umfassenden Verbundenheit. Der Roman über das gemeinsame Leben dieser beiden schwierigen Menschen ist nicht geschrieben worden.

Greta – »Staatssekretär Greta«, wie die Bonner Korrespondenten sie nannten – holte noch ein Schnittchen aus der Blechdose in Herberts Aktenmappe, das er langsam aß, bevor die Kameras und Mikrophone für unser Interview eingeschaltet wurden. Wehner war nicht folgsam. Er verhielt sich diszipliniert gegenüber den Beschränkungen, die ihm seine Krankheit auferlegte. Aber bei starker Freude – Krebsessen im schwedischen Mittsommer – oder tiefer Zufriedenheit wurde er mit Lust vorübergehend undiszipliniert. Als unser 45-minütiges Interview aufgezeichnet worden war, wollte er einen »klaren Schnaps« mit mir trinken; wir tranken dann jeder zwei, die aus der Kantine geholt wurden. Greta ermahnte ihn zur Eile, mißbilligte mit strafendem Blick die verbotenen Schnäpse. Er sagte warnend »Greta«, und sie suchte ein Telefon, um seinen nächsten Termin zu verschieben. Später vertraute mir Wehner an, er sei für einen Augenblick zufrieden mit sich und der Welt gewesen. Er habe sich »den Menschen im Land verständlich machen« können.

Wehner hatte im Interview gesagt, er sei von Ernst Wiecherts Roman »Das einfache Leben« tief berührt gewesen. Er hatte ihn im Untergrund in Schweden gelesen, auf dem Sprung zur illegalen Arbeit in Deutschland. Wovon tief berührt? Wehner: »Weil es ein Buch war, geschrieben in diesem Deutschland, mit dem ich so verbunden war und aus dem ich ausgebürgert war, von dem ich steckbrieflich verfolgt war und, wenn sie mich gehabt hätten, nicht mehr leben würde. Deutschland ist mein Vaterland gewesen, in jeder Phase. Und da konnte in dieser Zeit ein solches Buch geschrieben werden. Es war für mich ein Glücksfall, in

Stockholm dieses Buch zu finden... Der Begriff ›einfaches Leben‹. Ich habe ihn für mich gedeutet: so leben, wie du es wirklich, ohne Umschweife, mit deinem Gewissen vereinbaren kannst. Und nicht so viele Dinge machen müssen, die immer erst besonders erklärt werden müssen.«

Wie ich Wehner in den nächsten Jahren zu erkennen meinte – Irrtümer nicht ausgeschlossen, aber bis heute von mir nicht entdeckt –, quälte ihn das Gefühl, allzu oft nicht verstanden zu werden. Er war nicht schuldlos an Mißverständnissen und Mißdeutungen, die seine Äußerungen nicht selten hervorriefen. Belesene Kommunisten, die ihre Klassiker kannten, waren im 20. Jahrhundert die letzten Scholastiker im Abendland. Ihrer Ideologieauffassung eingeboren war eine filigrane Textexegese, die zu groben Handlungsanleitungen führen konnte. Halbsätze, die Ungläubigen nichts besagten, legten sie, wie alle Scholastiker vor ihnen, auf die Goldwaage. Hauptsätze konnten im machtpolitischen Effekt Brücken bauen oder Gräben aufreißen zwischen Genossen oder, der Ketzerei schon nahe, Fraktionen. Die Stalinsche Inquisition machte dann eine vorsorgliche Mehrdeutigkeit politischer Erklärungen mehr als ratsam. Wehner kannte die kommunistischen Klassiker und erlebte die Moskauer Schauprozesse aus der Nähe. Seine unzweifelhafte Abkehr von der kommunistischen Lehre hat nicht alle Prägungen seines Verhaltens aus seiner Zeit als Kommunist getilgt. Als gebildeter, geschulter Scholastiker verstand er nicht ohne weiteres, daß die meisten Genossen in seiner neuen Partei, der SPD, die Bedeutung von Nebensätzen nicht begriffen. Als gefährdeter Exilant im Moskau der dreißiger Jahre war ihm rhetorische Verschleierung unter bestimmten Umständen zur Notwendigkeit geworden. Jung gewohnt, alt getan: In Wehners politischen Bekundungen in der frühen Bundesrepublik mischten sich oft Scholastik und Verschleierung bis hin zur Verwirrung in der Öffentlichkeit.

Zu meinem Bedauern als Fernsehinterviewer hatte Wehner sein Bekenntnis zum einfachen Leben, das »nicht immer erst besonders erklärt« werden muß, nicht im Qualm einer Pfeife abgelegt. Ich hatte vergeblich versucht, ihn zu überreden, sich vor den Kameras sorgfältig eine Pfeife zu stopfen: der Tabak unten im Kopf fester gedrückt als oben, wo er luftig geschichtet bleiben muß; die Füllung in Brand setzen; anfangs häufig ziehen, damit das Feuer nicht erlischt; nötigenfalls den Tabak mit einem Metallstift noch ein wenig lockern; und schließlich und endlich den Stiel einer gleichmäßig glimmenden Pfeife im Mund halten, etwas hinter den Zahnreihen, die braun und teilweise brüchig geworden sind vom schon lange andauernden Tabaktrinken. Diesen schrittweisen Vorgang routinierter Zielstrebigkeit auf dem Fernsehschirm zu sehen, hätte das Porträt Herbert Wehners vervollständigt. Seine Pfeife, er besaß mehrere Dutzend, alle mit geradem Stiel und nicht zu kleinem Kopf, hatte er gewöhnlich im rechten Mundwinkel stecken, oft auch beim Sprechen. Die rechte Hand umgriff den Kopf der Pfeife oder ihren Stiel mit Zeige- und Mittelfinger von oben, mit Daumen von unten. Er sprach aus dem leicht verzogenen linken Mundwinkel, der schiefer wurde, je sarkastischer er redete. Wollte er etwas betonen, dann hob er die linke Hand, aus der der Zeigefinger, leicht gekrümmt, bis zur dunklen Hornbrille hochreichte.

Wenn er gut aufgelegt war, gönnte sich Wehner die Pointe, er habe nur an drei Orten nie geraucht: im Bett, im Bundestagsplenum und im Zuchthaus. Nun war das Bonner ZDF-Studio als vierter Ort dazugekommen. Die Selbstdarstellung als Raucher hatte er verweigert: »Ich komme jetzt durch Ihre Sendung ohnehin schon sehr ungeladen in fremde Wohnungen – soll ich das auch noch mit der Pfeife im Maul tun?« Er scherzte nicht: Er war auf eine altmodische Weise höflich. Und daß er mir gegenüber von der »Pfeife im Maul« sprach, verstand ich durchaus als ein Brecht-Zitat. Er hatte nicht nur Wiecherts »Einfaches Leben« gelesen.

Wehner hatte offenbar nach unserem Interview 1964 bis zu einem gewissen Grade Vertrauen zu mir gefaßt. Fortan schickte er mir die Parlamentsprotokolle seiner Reden, falls ihm besonders wichtig gewesen war, was er, aufbrausend oder diszipliniert, im Bundestag gesagt hatte. Beigefügt waren gelegentlich handgeschriebene Briefe, in denen er zusätzlich erläuterte, wie er die politische Lage einschätzte und wohin sie sich wohl entwickeln würde. Seine Vorausschau war in der Regel skeptisch, aber unverdrossen. Wenn ich für die *Süddeutsche Zeitung* aus München nach Bonn kam, fand Wehner Zeit für mich in seinem Terminkalender. Ein paar Mal lud er mich auch zum Abendessen nach Hause ein. Damals wohnte er mit seiner Frau Lotte und Stieftochter Greta in einem Vierfamilienhaus, zwei Mietparteien auf jedem Stock, wie sie nach der Wahl Bonns zum Regierungssitz für Bundesbedienstete und Abgeordnete gebaut worden waren. Im Stil des Nachkriegs: karges Treppenhaus, dünne Wände, kleine Räume, schlichte Ausstattung. Die Möbel der Wehners waren aus hellem Holz. Frau Lotte servierte Knäckebrot und Schwarzbrot, Radieschen, Tomaten, Kräuter und Quark. Die Brote für den Zuckerkranken waren auf einem Extrateller angerichtet.

Es war angenehm, an Wehners Tisch zu sitzen. Ich fühlte mich gut aufgehoben. Dennoch hatte ich die ersten Male das Empfinden, Unvertrautem zu begegnen; fremdartig wäre zuviel gesagt, aber schwer deutbar wirkte die Atmosphäre der Wehnerschen Heimstatt auf mich. Ich kannte aus der eigenen Familie kleinbäuerliche und kleinbürgerliche Wohnungen; von Freunden und von meinen Schwiegereltern Häuser gehoben mittelständischen bis großbürgerlichen Zuschnitts. Später, als ich das schwedische Ferienhaus der Wehners kennenlernte, begriff ich, daß ich in ihrer Bonner Wohnung zum ersten Mal einer Lebensart begegnet war, die für die Familie kennzeichnend gewesen ist: einer Lebensart aus Siedler- und Reformhausbewegung der zwanziger Jahre des vorigen Jahrhunderts, skandinavischen Gewohnheiten und der Kultur einer Arbeiterklasse, verkörpert in ihrem Funktionär Herbert Wehner. Einer Kultur, die auf der Überzeugung gewachsen war: Bildung macht frei, und deren Zöglinge selbstbewußt genug waren, um, anders als Kleinbürger, gesellschaftlich höhere Stände nicht kopieren zu wollen. Was hat diese Kultur, in der viel gelesen wurde, aus der Welt geschafft? Die Verwandlung von Klassenbewußtsein in Wirtschaftswunderglauben und dann in Unterschichtängste? Gefördert der Niedergang von der Zerstreuungsindustrie des Fernsehens?

Lotte Wehner, eine weißhaarige Frau, etwa im Alter ihres Mannes Herbert, vielleicht zwei, drei Jahre älter. Sie hatten 1944 in Uppsala zusammengefunden, als Wehner seine Strafe verbüßt hatte wegen illegaler Tätigkeit für eine fremde Macht, die Sowjetunion, aus der er geschickt worden war, um über Schweden nach Hitlers Deutschland zum Aufbau von Widerstandsarbeit zu gelangen. In Schweden war er 1942 verhaftet worden, was ihm hochwahrscheinlich das Leben gerettet hat. Lotte lebte seit Mitte der dreißiger Jahre mit Tochter Greta und Sohn Jens-Peter in Schweden. Dänische Fischer hatten die drei in einem Kutter in das sichere Land gebracht, nachdem Lottes erster Mann, Vater ihrer Kinder, 1934 auf dem Weg zu einem Verhör durch die Nationalsozialisten aus dem Fenster gestürzt war. Sie war von großer Güte.

Die Sozialdemokratische Partei zu einer staatstragenden Kraft der Bundesrepublik zu machen, die durch Regierungsbeteiligung in Bonn jede bürgerlich herkömmliche Unterstellung, sie sei nicht vertrauenswürdig, widerlegen sollte – daraus bestand die eine Hauptaufgabe in Wehners postkommunistischer Politik. Die zweite war die Suche nach Antworten auf deutsche Fragen, die sich, konkret im Plural, aus der Teilung der Nation in zwei Nachkriegsstaaten ergaben. Wehners Antworten konnten mit den jeweils gegebenen internationalen Umständen wechseln. Müde wurde er in dieser Sache nie. Gelegentlich überlagerte die eine Hauptaufgabe die andere, so, als Herbert Wehner in einer großen Rede im Bundestag am 30. Juni 1960 seine Partei an Adenauers Westbindung der Bundesrepublik heranführte, in der die SPD bis dahin vor allem eine Zementierung der deutschen Teilung gesehen hatte. Aber steckte womöglich in der von Wehner herbeigeführten Kehrtwendung auch schon der verschwiegene Gedanke, die Annäherung der SPD an eine Grundposition der CDU bedeute eine Annäherung an den Bonner Kabinettstisch, von dem aus die Deutschlandpolitik konkreter gestaltet werden könnte?

Ich bin sicher, daß er so weit gedacht hat. Die seinerzeit oft gestellte Frage, ob Wehner politisch ein Taktiker oder ein Stratege sei, erschien mir immer müßig. Wobei gern gefragt wurde: nur ein Taktiker oder doch ein Stratege? Als ob eine schlechte Strategie immer noch mehr sei, höherwertig als Taktik, selbst wenn diese gut sein sollte. Es sind zwei unterschiedliche Fertigkeiten zu verschiedenen Zwecken: dem, falls möglich, ineinander verwobenen Erreichen näherer Ziele und fernerer. Herbert Wehner war nach meiner Beobachtung ein Taktiker wie ein Stratege von hohen Graden. Dabei hat er im Taktischen das Strategische kaum je aus dem Auge verloren. Zu Weihnachten und zum Neuen Jahr verschickte er gedruckte Karten mit guten Wünschen. Sehr förmlich: Herbert Wehner und Familie »erlauben sich zu senden«. Von Hand schrieb er auf die Karte, die ich erhielt, hinzu: »Die Mauer überwinden!« Nicht in einer Sonntagsrede geäußert, in der Politiker gewöhnlich von dem sprechen, woran sie werktags wenig denken, sondern privatim appelliert: die Mauer überwinden. Was alles Wehner gewesen ist – bissig, berechnend, jähzornig, sentimental, mißtrauisch –, ein Zyniker war er nicht.

Der »Onkel« oder »Onkel Herbert«, wie Wehner unter Politikern und Journalisten genannt wurde – eine Flucht ins Spöttische vor einer schwer erklärbaren Autorität –, hatte keine Berührungsängste gegenüber Ost-Berlin. Zeitungsaustausch, Redneraustausch zwischen den beiden deutschen Nachkriegsstaaten: Er bedachte solche Überlegungen und Vorschläge, obwohl auf der anderen Seite, »drüben«, Walter Ulbricht, der Erste Sekretär der DDR-Staatspartei SED, am gleichen Garn gesponnen hatte. Die westlichen Staatssicherheitsdienste schreckten auf. Ein Bonner Korrespondent (nicht von der *Süddeutschen*) fragte mich, ob er mich bei meinem nächsten Besuch mit einem Freund aus der amerikanischen Botschaft zu einem Mittagessen zusammenbringen dürfe. Der Diplomat bewundere meine Fernsehinterviews, vor allem das mit Herbert Wehner habe ihn sehr interessiert. Warum nicht miteinander essen? Wenn der Amerikaner mich loben wollte, nur zu. Mein Appetit darauf war groß.

Wir speisten zusammen bei »Maternus«, Frau Ria Ahlsens Weinlokal in Bad Godesberg, das mit seinen Gästen aus dem politisch-wirtschaftlich-militärisch-journalistischen Komplex einem politischen Salon Bonns am nächsten kam. Ria war mit einem Luftwaffenoberst verbandelt, so hieß es, der zum Stab von Verteidigungsminister Strauß gehört hatte. Strauß selber stimmte an späten Abenden bei »Maternus« gern Lieder an. Bei Wiener Schnitzel mit grünen Erbsen und Bratkartoffeln, dem Speisefels, auf dem »Maternus« ruhte, machte der amerikanische Freund des Bonner Korrespondenten freundliche Geräusche über meine Fernseharbeit und kam bald vom Wehner-Interview auf Wehner selber zu sprechen. Den kannte ich ja nun gut. Ob ich auch schon einmal in Wehners Ferienhaus auf der schwedischen Insel Öland gewesen sei? Empfange Wehner dort viele Besucher, mit denen er sich im Garten ergehe? Oder habe Greta, die ihn fahre, schon einmal von einer besonders gründlichen Kontrolle ihres Autos bei der Einreise nach Schweden erzählt? Nein? Bildlich gesprochen, deckte der Befrager das unsichtbare, aber gut kenntliche Schildchen CIA im Knopfloch seines Jackett-Revers kaum noch mit der Hand zu. Ich konnte dem Herrn von der US-Botschaft nicht behilflich sein. Er wechselte schließlich das Thema und sprach nun unverblümt und weit engagierter von seinen nächsten Aussichten, die ihm trübe erschienen. Sehr bald werde er zur Botschaft in Vietnam versetzt werden. Das freilich konnte eine radikale Veränderung genannt werden: vom Hauptstädtchen Bonn am Rhein nach Saigon. Der arme Kerl.

Im Herbst 1965 gewann Ludwig Erhard die Bundestagswahl. Herbert Wehner hörte nicht auf, an seinen beiden politischen Hauptaufgaben zu arbeiten; manches geschah öffentlich, anderes – Kontaktpflege mit einigen Politikern von CDU/CSU über Wahlrechtsfragen und Große Koalition – zunächst verschwiegen. Im Frühjahr 1966 fragte er mich, ob ich ein Buch mit ihm, über ihn machen wolle: Wehner in einigen großen, umfassenden Gesprächen nach seinen politischen Auffassungen und Grundpositionen befragen. Ich war inzwischen in das Management des Südwestfunks in Baden-Baden gewechselt. Wehner knüpfte seinen Vorschlag an keinerlei Bedingungen. Keine Fragen sollten ausgeschlossen sein, er wollte an keiner Fragestellung mitwirken. Ich würde den Text redigieren, Wehner ihn gegenlesen, möglicherweise seine Antworten korrigieren, ich würde das Buch mit einem Vorwort von mir herausgeben. Wie hätte ich nicht zusagen sollen? Inzwischen faszinierte mich sein unablässiges Mühen, aus nichts anderem als dem Konkreten ins Zukünftige zu gelangen. Visionäres nur mit Bodenhaftung: seine Konsequenz aus einer schmerzensreichen Desillusionierung. Ich wollte durchaus dazu beitragen, Wehners politische Vorstellungen zutage zu fördern.

Ich entwarf ein Fragenkonzept für drei ausführliche Gespräche. Was wir sprachen, wurde auf Tonband festgehalten. Meine beiden Sekretärinnen im SWF schrieben den Text in ihrer Freizeit gegen Honorar ab. Unser erstes Gespräch führten Wehner und ich an zwei langen Abenden in Baden-Baden. Er machte auf der Hinfahrt zu einem SPD-Bezirksparteitag und auf der Rückreise, wie stets von Greta begleitet, bei uns Station. Für die beiden anderen Gespräche lud er mich mit Frau und Tochter nach Schweden ein: in das unter dem Verdacht mancher Dienste stehende Ferienhaus auf der schwedischen Ostseeinsel Öland.

Öland ist eine langgestreckte Insel vor der Südostküste Schwedens: hundertfünfunddreißig Kilometer lang in Nord-Süd-Richtung, in der Mitte etwa fünfzehn Kilometer breit. Seinerzeit, als E., unsere neunjährige Tochter Bettina und ich im August 1966 zum ersten Mal auf die Insel kamen, setzte man noch in einer knappen halben Stunde von der Hafenstadt Kalmar mit einer offenen Autofähre über. Inzwischen ist eine Brücke über den Kalmarsund gespannt worden. Inseln gehören zu den aussterbenden Arten der Natur. In den sechziger Jahren hatte Öland weniger als dreißigtausend Bewohner. Es gab viel Heide, karge Äcker, Viehweiden, alte Steinsetzungen und Reste von Fluchtburgen aus früheren Zeiten, einsame Gegenden mit Elchwechseln, kleine Strandbuchten zwischen Waldstücken. Im Norden der Insel besaß die schwedische Königsfamilie unterhalb der Ruine eines Schlosses aus dem späten 16. Jahrhundert eine Sommervilla. Als typisch für Öland galten rot gestrichene Windmühlen, aufgebockt auf Holzgestellen, mit denen sie in den Wind gedreht werden konnten. Geliebtes Eiland.

Wir blieben damals knapp zwei Wochen. Als wir über Trelleborg-Travemünde nach Deutschland zurückfuhren, baten wir Lotte und Greta, nach einem Haus für uns zu suchen. Sie fanden zwei oder drei. Wir haben schließlich nichts gekauft, was wohl vernünftig war. Aber wenn ich jetzt nach nun bald vierzig Jahren lese, wie Lotte Wehner eines der Häuser beschreibt, Greta hatte einen Grundriß dazu gezeichnet – »Rotes Holzhaus, eine geräumige Küche, Wasserpumpe und ein großes Zimmer unten, zwei oben. Aus einem der oberen Fenster ist ein Stück Meer zu sehen. Ein Schuppen, den man ausbauen kann. Ein alter Kastanienbaum hinter dem Haus, ein großer Strauch weißer Rosen nahe dem Eingang« –, dann erwacht mit dem Brief das Sehnen, das nach meiner Erfahrung zum Altwerden gehört. Nicht der Wunsch, wieder jung zu sein, wohl aber ein Sehnen, noch einmal unverändert zu empfinden, was ich beispielsweise seinerzeit im ersten Sommer auf Öland empfand.

Vor mir liegt eine Fotografie des Wehnerschen Ferienhauses, das in einem kleinen Dorf im mittleren Teil der Insel steht. Auf einem steinernen Sockel erhebt sich ein weiß gestrichenes Holzhaus, zu dessen Eingang in der linken Hälfte des Hauses neun Stufen hinaufführen, Geländer rechts und links. Rechts neben dieser Freitreppe öffnet eine Tür den etwas über mannshohen Steinsockel, in dem eine Waschküche und Abstellräume untergebracht sind. In der Waschküche, von der eine Innentreppe nach oben führt, hingen damals Regenmäntel, und dort wechselte man die derben Holzpantinen aus dem Garten gegen Lederschuhe im Haus. Nach vorne hinaus gibt es eine große Wohnküche und eine kleine Stube. Dahinter liegt die gute Stube mit Fenstern zur Seite und nach hinten hinaus auf Äcker; daneben gibt es ein Gästezimmer, auch mit Blick auf das Ackerland. Unter dem Ziegeldach drei Zimmer mit Fenstern zu den Seiten, eine Kammer mit einem Fenster in einer kleinen Gaube auf der Vorderseite des Hauses. Die Einrichtung – Stühle, Tische, Schränke, Teppiche, Geschirr – war skandinavisch.

Das Haus liegt, etwa dreißig Meter von der Dorfstraße entfernt, in einem Grasgarten mit Rosenstöcken und einigen Obstbäumen; etwas seitlich war damals ein kleines Stück mit Kartoffeln und Gemüse bestellt. Eine ungeschnittene Hecke begrenzte das Grundstück gegen die zu unserer Zeit noch ungepflasterte Straße. Ein zweiflügeliges Tor zwischen Steinpfosten gab durch schmiedeeiserne Verzierungen den Blick aufs Haus frei, zu dem ein breiter, gerader Weg führte, der vor der Außentreppe nach links zu einer hölzernen Garage abbog.

Hier und im Plenarsaal des Deutschen Bundestags hatte Onkel Herbert sein Zuhause gefunden. Wehner im Interview »Zur Person«: »Schweden betrachte ich als meine geistige Heimat. Dort habe ich gelernt, was Demokratie sein kann, auch wenn ich die Hälfte der Zeit im Gefängnis gesessen habe.« Und im selben Interview: »Ich bin übrigens mit Leib und Seele Parlamentarier.« Er war es nicht nur leidenschaftlich, sondern mit Respekt vor der Institution. Er hielt Anwesenheit auch bei Sitzungen über Themen, die nicht seine Sache waren, für eine Pflicht. Und er bereitete sich ein Vergnügen in Debatten, wenn er nicht in Wut geriet, mit Hilfe seines großen Sprachvermögens. Nur er konnte vom Rednerpult des Bundestags herab, ohne lange innezuhalten in seiner Argumentation, einen scharfen Zwischenruf des Abgeordneten Wohlrabe mit: »Ach, Herr Übelkrähe...« quittieren. Wehners Deutsch war altmodisch, aber niemals schwerfällig. In vierunddreißig Jahren als Abgeordneter im Bonner Bundestag von 1949 bis 1983 handelte er sich achtundsiebzig Ordnungsrufe des Präsidenten ein.

Damals, vor einem halben Leben, im August 1966 wurden E. und ich im Gästezimmer einquartiert, das hinter der Wohnküche lag. Bettina bezog die Kammer mit Blick auf

Garten und Dorfstraße, die wenig befahren war. Und ein großer Sommer begann. Nach dem Frühstück arbeiteten Wehner und ich in der guten Stube an unserem Gesprächsbuch. (Eines Vormittags, als ich von der Stube zum Badezimmer ging, das fensterlos zwischen Wohnküche und Gästezimmer eingebaut war, sah ich Bettina in dessen halbdunklem Vorraum sitzen; sie hatte die Tür zum Gästezimmer etwas offen gelassen. Was sie hier tue? Die Tochter gestand, sie habe dort zufällig vor ein paar Tagen einen Wutanfall Wehners über eine meiner Fragen gehört. Seither wartete sie vormittags eine Zeitlang darauf, daß er wiederum ihren Vater beschimpfe.)

Am frühen Nachmittag packte Lotte Wehner zwei Picknickkörbe, Tee und Kaffee in Thermoskannen, Limonade in einer Flasche. Greta und E. holten die Badeanzüge und Badehosen von der Trockenleine hinter dem Haus und wickelten sie in Handtücher. Sie nahmen auch drei große Wolldecken mit zum Sitzen am Strand. Wehner und ich trugen die Körbe. Bettina kontrollierte, daß wir nichts vergessen hatten, wenn wir in unsere Autos stiegen und über einen schmalen Sandweg zwischen Äckern und Kuhweiden in einer Viertelstunde zur Ostsee hinunterfuhren. Der Strand war so gut wie leer. Manchmal badeten Kinder in einiger Entfernung. Die drei, vier Campingplätze, die seinerzeit auf Öland eingerichtet waren, lagen an anderen Stellen der Insel.

An unserem Strand wuchs Heide bis an den groben Sand heran, der ins Wasser führte. Hinter ein paar windgebeugten Büschen zogen wir uns um. Wehner und Greta badeten bei jeder Temperatur, Bettina und ich bei fast jeder, E. hatte es lieber etwas wärmer. Lotte Wehner hatte die Decken ausgebreitet. Ein Hütchen gegen Sonne und Wind auf dem Kopf, sah sie uns gutgelaunt zu. Sie badete nicht, sie war herzleidend. Wehner umsorgte sie zärtlich. Für Bettina schlug er Purzelbäume im flachen Wasser und wackelte dabei mit den Beinen. Bettina verehrte ihn. Wenn er aus dem Wasser kam, lief sie neben ihm her und versuchte, mit ihm Schritt zu halten. Er verkürzte ihn dann etwas. Die Frauen holten Butterbrote aus den Körben, Gläser mit Heringsfilets in verschiedenen Marinaden und Kuchen. »Sill« sagte Wehner sehnsüchtig mit Blick auf unsere Heringshappen, während er sein Diätbrot aß. Er zählte gern die Brotsorten auf, die es in seiner Kindheit gegeben hatte, beschrieb ihre Rinden, glasiert oder rauh oder etwas mit Mehl bestäubt; und er warf die für ihn gänzlich theoretisch gewordene Frage auf, ob die Weihnachtsstollen seiner Heimatstadt Dresden als Vierpfünder oder als Achtpfünder wohlschmeckender seien.

Manchmal rezitierte Lotte Wehner Gedichte, die sie einst ihren Kindern vorgetragen hatte. Wenn eine Zeile fehlte, konnten Greta, aber auch E. meistens einhelfen. Seltener berichtete sie von ihrer Zeit in einem Hamburger Gefängnis, in das sie 1933 für einige Monate eingesperrt war: als Kommunistin und Ehefrau eines Kommunisten in Untersuchungshaft. Die Briefe zwischen den Kindern und ihr standen im Mittelpunkt der Erinnerungen, die sie preisgab. Einmal beim Hofgang hatte sie zwei kleine Vogelfedern gefunden und mit in die Zelle nehmen können. Sie legte sie dem nächsten Brief an Greta und Jens-Peter bei, wozu sie eine kleine Geschichte erfand.

Abends wurde gewöhnlich warm gegessen, Kartoffeln und Gemüse hatte Wehner im Garten geerntet. Zweimal wöchentlich kam ein Fischhändler mit seinem Wagen durchs Dorf. Er läutete eine Glocke. Wehner ging zum Gartentor und suchte Fische aus, die er putzte und küchenfertig machte. Nach dem Essen wusch er das Geschirr und die Bestecke ab, ich trocknete die Teller und Schüsseln, die Gläser, Löffel, Gabeln und Messer mit einem Tuch. Wir standen nebeneinander an der Spüle. Die Frauen und Bettina saßen auf einer langen Holzbank am Tisch in der Wohnküche und lasen Zeitungen, die mit der Post aus Bonn gekommen waren. Unsere Tochter wartete über einem Buch auf den Augenblick, in dem sie eine Frage an Wehner richten könnte.

Der Wortkarge war abends gesprächig. Er erzählte von einer kommunistischen Wahlversammlung in den zwanziger Jahren in Bayern. Ein Gendarm war anwesend im Saal, und man hatte Wehner gewarnt, immer wenn der sich anschicke, nach seinem Helm zu greifen, weil nun das Maß an kommunistischer Agitation voll sei, werde er die Versammlung alsbald von Amts wegen auflösen. Wehner beobachtete den Gendarm, und sobald dieser die Hand zum Helm ausstreckte, flocht er in seine Rede ein, in Preußen wäre ihre Kundgebung gewiß längst aufgelöst worden, aber im liberalen Bayern... Der Helm blieb auf dem Biertisch.

Bald nach Hitlers Machtergreifung, noch im Sommer 1933, sei ein Kurier vom KPD-Vorstand, der, soweit nicht verhaftet oder untergetaucht, nach Paris exiliert war, zu ihm, Wehner, nach Berlin geschickt worden. Möglichkeiten des Widerstands sollten erörtert werden. Wehner, der schon illegal lebte, berichtete, er sei mit dem Mann in den Grunewald gefahren und sie hätten sich unter einen Baum gesetzt. Als erstes habe er den Kurier gefragt, wie lange nach seiner Meinung die Nazis sich an der Macht halten würden. Offiziell sprachen die Kommunisten noch von nur ein paar Monaten, bis der Spuk vergangen sei. Nach einigem Zögern habe der Kurier geantwortet, es würden viele Jahre werden. Da habe er gewußt, daß sie miteinander reden könnten.

Im Jahr 1935 wurde Wehner, inzwischen aus Deutschland vertrieben, in Prag verhaftet. Er verbrachte einige Wochen im Gefängnis, bevor er nach Polen ausgewiesen wurde, von wo aus er in die Sowjetunion reiste. Wehner erzählte, vor dem Abschub aus dem Prager Gefängnis sei er zu einem Friseur in die Stadt geführt worden, um den polnischen Behörden gepflegt übergeben zu werden. Der Friseur solidarisierte sich mit dem Häftling. Über zwei Stunden hielt er ihn im Friseurstuhl fest, mit Schneiden, Waschen, Kämmen, Bürsten und noch einmal Waschen und Parfümieren, Gesichtspackungen und Kopfmassagen, damit die Zeit außerhalb der Zelle recht lang sei: »Ich stank am Ende wie ein ganzer Puff.« Wehner erzählte nicht im modischen Konversationsstil, der schnell auf eine Pointe zielt, sondern breit, unbesorgt um Abschweifungen, mit Freude an Details. So malte er den Prager Friseur Schwejik, der mit klappernder Schere, Kamm auf, Kamm ab, Kölnisch Wasser und heißen Tüchern einem Gefangenen zwei Stunden Hafterleichterung bereitet.

Bevor wir schlafen gingen, Bettina lag schon in ihrem Bett unterm Dach, traten wir noch einmal vor das Haus. Die Nächte waren hell. Morgen vormittag würden wir unsere Arbeit am Buch fortsetzen, dann picknicken am Strand und baden in der See. Bei regnerischem Wetter würden wir über die Insel fahren, dann zeigte uns Lotte Wehner voll Stolz zugewachsene alte Steinsetzungen, als führe sie uns über das antike Forum in Rom.

Von seiner Existenz im Moskauer Emigrantenhotel »Lux« in den dreißiger Jahren sprach Wehner kaum. Er berichtete, daß er nach seiner Ankunft in Moskau – aus Prag über Polen, nach zweijähriger Untergrundpolitik im Saarland, in Belgien und Holland – etwa fünfhundert Namen hingerichteter, erschlagener oder eingekerkerter kommunistischer Genossen zu Protokoll gegeben habe. Ein Nachruf. In unserem Interview »Zur Person« hatte er seinen schrittweisen Abfall vom Kommunismus erläutert. Sein politisches Wirken seither belegte die Wahrhaftigkeit seiner Hinwendung zum Sozialdemokratismus. Was gelegentlich auftauchende Akten aus Stalinscher Zeit beweisen sollen über Wehners angebliches Mitwirken am Sortieren von Angeklagten und vorläufig Verschonten – für diese Akten gilt, ein klassisches Zitat abgewandelt: Die Glaubwürdigkeit liegt im Auge des Lesers. Was Wehner gerettet hat vor den Todesmühlen der Stalinschen Prozesse, welcher vorbeugenden Notwehr er sich bedient hat, ob er je vor der Wahl stand, ein kommunistischer Märtyrer zu werden oder durch eigenes Handeln und Verhalten ein Überlebender zu sein – ich weiß es nicht. Niemand mehr weiß es. Und wer will wissen, wie er sich an Wehners Statt bewährt hätte? Als was bewährt? Als ein Held?

Natürlich ist mein Blick auf Wehner beeinflußt davon, daß ich bis zu einem gewissen Grade noch immer im Bann des vielschichtigen, schwierigen, selbstquälerischen Menschen stehe, sobald ich über ihn nachdenke. Unter welchem Bann stehen jene, die Gewißheit über ein böses Tun und Lassen Wehners damals zu besitzen glauben? Zu meinen Lebzeiten hat es geistigen Totalitarismus unterschiedlichster Herkunft gegeben. So bin ich öfter auch einem totalitären Antikommunismus begegnet, der über jeden sachlichen Einwand gegen die kommunistische Lehre hinausführt: bis in ein geschlossenes Weltbild, das unter Relativierungen und mit Bezügen zum real existierenden Menschen sich auflösen würde; damit dem kommunistischen artverwandt im Totalitären. Ich denke, jene mit dem selbstgewissen Urteil über Wehner in Stalins Moskau stehen im Banne ihres Totalitarismus.

Als wir Ende August 1966 nach Abschluß meiner Gespräche mit Wehner für das Buch nach Deutschland zurückfuhren, verabschiedeten uns Lotte und Greta am Fuße der Freitreppe. Wehner hatte uns schon nach dem Frühstück Lebewohl gesagt und war nach oben gegangen. Nun hörten wir ihn auf der Mundharmonika musizieren. Er spielte Volkslieder vom Abschiednehmen. Unter den deutschen Stämmen ist keiner sentimentaler als der sächsische.

Meine »Gespräche mit Herbert Wehner« erschienen im November 1966 im Rowohlt Verlag als Taschenbuch. Der damalige Programm-Geschäftsführer des Verlags war Fritz Raddatz, ein guter Verleger, ein Schriftsteller von Rang, mir und meiner Frau stets ein Freund und ein unerbittlicher Snob in Geschmacksfragen. Er hatte eine Zeitlang die Marotte, die aktuellen politischen Taschenbücher müßten im Obertitel eine Alternative ausdrücken, was in manchen Fällen sinnlos konstruierte Gegensätze ergab. Aber bei den Gesprächen mit Wehner machte die Marotte Sinn. »Staatserhaltende Opposition oder Hat die SPD kapituliert?« fragte die große weiße Schrift auf dem rötlich getönten Titelbild des Buches, das Wehner erregt hinter den Mikrofonen des Rednerpults im Bundestag zeigte; kleiner in gelb darüber und darunter: Günter Gaus, Gespräche mit Herbert Wehner. Die Alternative zwischen staatserhaltender Opposition der SPD oder ihrer Kapitulation vor einer von vielen Linken empfundenen Pflicht, einen gänzlich anderen Staat zu schaffen, drückte den grundsätzlichen Inhalt der Gespräche genau aus; dazu kamen deutschlandpolitische Überlegungen.

Auf der Rückseite des Buches gaben Stichworte die Themen an, die Wehner und ich erörtert hatten. Hier einige davon: Die Grenzen Kurt Schumachers. Der Weg zum Godesberger Programm. Die SPD und die Gewerkschaften. Der Sinn einer Kanzlerdemokratie. Was heißt gemeinsame Außenpolitik? Die Rede vom 30. Juni 1960. Wieviel von Deutschland kann gerettet werden? Ist die Oder-Neiße-Grenze endgültig? Was einem Friedensvertrag vorbehalten bleibt. Ministergespräche zwischen Bonn und Ost-Berlin? Vorschlag: eine deutsche Wirtschaftsgemeinschaft. Was wird aus der CDU? Die Restauration in der Bundesrepublik. Das erste Jahr einer sozialdemokratischen Bundesregierung. Verzicht auf Utopien. Ist eine Große Koalition gefährlich?

Raddatz hatte mich, als er das Manuskript gelesen hatte, mit einem Telegramm beglückt: »Ich habe Ihnen für drei brillant geführte Gespräche mit Wehner und ein höchst gelungenes Buch zu danken.« Jedenfalls wurden von dem Bändchen binnen fünf Wochen 60 000 Stück verkauft. Die Kurzfassung eines Vorabdrucks der deutschlandpolitischen Passagen war die Aufmachermeldung in den »Heute«-Nachrichten und der Tagesschau. Über Wochen diskutierte die politische Klasse der Bundesrepublik den Vorschlag einer deutsch-deutschen Wirtschaftsgemeinschaft. Meine »Gespräche mit Herbert Wehner« sind lange vergriffen. Ich begegne ihnen oft, wenn ich Veröffentlichungen über die Geschichte der Bundesrepublik lese; in einigen werden sie mit Quellenangabe zitiert, in anderen diebisch ausgeschlachtet.

Die Diskussion über das Gesprächsbuch fiel zusammen mit der von der FDP bewirkten Selbstauflösung der Bonner Koalition aus Union und Liberalen unter Bundeskanzler Erhard. Nicht nur Wehner hatte das kommen sehen. Aber hatte er auch vorausberechnet, wann er seine politischen Positionen der Öffentlichkeit ausformuliert unterbreiten müßte, als er mich im Frühjahr 1966 fragte, ob ich ein Buch mit ihm machen wolle, das im November erscheinen würde? In Bonn wurde im Dezember 1966 die Große Koalition unter Bundeskanzler Kurt Georg Kiesinger (CDU) gebildet, in die der Vorsitzende der Sozialdemokratischen Partei, Berlins Regierender Bürgermeister Willy Brandt, widerwillig als Außenminister eintrat. Herbert Wehner wurde Bundesminister für Gesamtdeutsche Fragen. Für die eine seiner beiden Hauptaufgaben, den Nachweis der Bonner Regierungsfähigkeit der SPD, hatte er ein wichtiges Etappenziel erreicht. Nach seiner Vereidigung als Minister, unter der Berufung auf Gott – der ältere Wehner war protestantisch fromm geworden –, umarmte er in einem Nebenzimmer des Plenarsaals seine Frau und sagte den Tränen nahe: »Lotte, Lotte…«

Ich war inzwischen ein einigermaßen namhafter Journalist in der Bundesrepublik und war unter diesen, soweit sie wie ich politisch links von der Mitte aus argumentierten, der einzige, der für die Große Koalition im Bund eintrat. Dazu war ich keineswegs von Wehner veranlaßt worden. Wenn es nicht Staatsnähe war, dann war es Ideologieferne, die mich im Umgang mit der Politik, auch schon als journalistischer Beobachter und Kommentator, das Notwendige und Machbare suchen und nicht das offen bekannte oder verschleiert wirkende Dogmatische als das politisch Wesentliche ansehen ließ. Im Grunde bin ich stets ein linker Konservativer gewesen, der die fließende Grenze zwischen Pragmatismus und Opportunismus immer im Auge zu behalten trachtete, um nicht über sie hinweggetragen zu werden. Seinerzeit, als ich manches Gute an der Großen Koalition fand, büßte ich fast meine seit 1965 bestehende Zugehörigkeit zu dem Kreis ein, der sich um Günter Grass aus überwiegend noch jungen Schriftstellern, Journalisten, Wissenschaftlern als eine sozialdemokratische Wählerinitiative gebildet hatte. Wir waren nicht Mitglieder der SPD, aber der Weltläufigkeit und Modernität Willy Brandts zugeneigt und überzeugt, die Bundesrepublik bedürfe eines grundlegenden Machtwechsels in Bonn, um ganz und gar unser Staat zu werden. Ich war der einzige, schließlich doch geduldet, der den Umweg über eine Große Koalition für richtig und moralisch zulässig ansah. In unserem Kreis galt ich bei hitzigen Diskussionen durchaus als der Alleinschuldige an der uns doch befremdenden 68er-Bewegung.

Unter dem Datum des 28. Dezember 1966 schrieb Herbert Wehner aus Öland einen Brief an die »Liebe Familie Gaus«, aus dem ich zitiere: »Bleiben Sie, bitte, alle weiter munter und gewissenhaft und helfen Sie einander, durchzukommen. Dann ist schon viel erreicht… Hier auf Öland haben wir Weihnachten erlebt, wie es brieflich nicht wiederzugeben ist, es sei denn, man nähme in Kauf, des Schwärmens bezichtigt zu werden. Oder würden Sie, ohne die Augenbrauen zu verziehen, hinnehmen, daß wir am offenen Meer Schwäne schwimmen sahen? Daß wir uns allabendlich über den Sternenhimmel und den Mond freuen, können Sie sich wohl denken. Welche musikalischen Genüsse wir tagsüber haben, das könnte ich Ihnen sogar durch das Nennen von Überschriften nicht glaubhaft machen. Obwohl mir das Essen mit der Briefwaage zugemessen wird – was sehr bekömmlich ist –, fehlt es an nichts. Sie würden sicher auch in dieser Jahreszeit Freude an Öland haben… Nun danke ich Ihnen von Herzen für die große Hilfe, die ich von Ihnen, lieber Günter Gaus, im zu Ende gehenden Jahr erfahren habe. Das war eine gute Fortsetzung der nicht ganz zufälligen Bekanntschaft im Herbst 1963… Ihre Familie schließe ich in meinen Dank ein, sie gehört dazu… Herzlich Ihr Herbert Wehner.« Die nicht ganz zufällige Bekanntschaft im Herbst 1963.

Im Sommer 1967 fuhr Familie Gaus zum zweiten Mal nach Öland. Wir wohnten diesmal nicht bei Wehners, sondern hatten ein kleines rotes Holzhaus im Nachbardorf gemietet. Mittags fuhren wir zur Familie Wehner. Die Nachmittage und Abende waren eine Wiederholung der Freuden des Vorjahres. Aber mit diesen Wochen ging auch schon, wir ahnten es nicht, die Vertrautheit zu Ende. Bevor wir im nächsten Sommer, im August 1968, wieder auf die Insel fuhren, war bekannt geworden, daß ich Rudolf Augsteins Angebot angenommen hatte, im Frühjahr 1969 als Chefredakteur zum *Spiegel* zu gehen. Ich wurde viel darüber befragt. Die *Stuttgarter Zeitung* wollte zum Schluß eines längeren Interviews von mir wissen, ob ich den etwas entpolitisierten *Spiegel* zur politischen Polarisierung zurückführen wolle, die ihn einst ausgezeichnet habe: »Das hieße praktisch also ein Ende der Großen Koalition, die Sie doch herbeigewünscht haben?« Ich antwortete: »Ich war für diese Große Koalition als Journalist. Ich glaube nach wie vor, daß die Situation Ende 1966 diese Große Koalition notwendig machte. Ich muß aber sagen, gerade wenn jemand die Große Koalition wollte, fühlt er sich auch durch das, was sie alles nicht erreichte, besonders schmerzlich getroffen... Für den *Spiegel* kann ich nur sagen: Wenn es keine Große Koalition mehr gibt, würde es für den *Spiegel* wieder etwas lustiger.«

Lustiger: Ich wollte der Redaktion in Hamburg signalisieren, daß ich nicht über allem schwer zu werden gedächte und dem *Spiegel* geben würde, was des *Spiegel*s ist. Herbert Wehner fuhr schon auf, wenn man im Gespräch den Ausdruck »politisches Spiel« benutzte: Politik sei kein Spiel. Lustiger: Unter dem Datum des 20. Juli 1968 erhielt ich Post von Wehner, der schon in den Parlamentsferien auf Öland war. Er bedankte sich zunächst für meine Grüße zu seinem zweiundsechzigsten Geburtstag am 11. Juli, in denen ich von der »Genugtuung« geschrieben hatte, die er doch über seine politische Nachkriegsarbeit empfinden könne. Aber nach seinem Dank wurde, was der Bundesminister handschriftlich preisgab, zur Selbstentblößung eines Zerrissenen und Enttäuschten: »Ich plage mich mit Fragen und Problemen. Aber es ist niemand, mit dem ich sie bis zum Grunde wenigstens so weit erörtern könnte, daß mir klar wäre, worin der Rest besteht. Das ist nicht weniger schlimm als die Tagesroutine. Vor einigen Wochen geschah es mir, daß ein Gesprächspartner gegen Schluß einer Unterredung sagte: ›Ich liebe Sie, Sie sind ein Mensch.‹ Ich ließ es mir nicht anmerken, wie mich das berührt hat. Der Partner selbst befand sich meines Erachtens in sehr schwerer Lage, doch auch er meinte, tun zu müssen, was er tat, weil er sonst versäumte, was seine Pflicht ist. Mit ihm vermochte ich über meine Fragen und Probleme nicht zu sprechen. Es kam darauf an, seine eigenen zu beraten.«

Weiter aus Wehners Brief zitiert: »Mit Spannung folge ich mittels Rundfunk den Ereignissen um die Tschechoslowakei. Es ist aufreibend. Aber ich kenne niemand, der sich dafür interessiert, mit mir darüber zu sprechen. Als ich einmal – es war vor zwei Wochen – einige Bemerkungen machte, die für Herrn Kiesingers Ohr bestimmt waren, mußte ich rasch das Thema wechseln. Ich will Ihnen nichts vorjammern. Es war nur das Wort ›Genugtuung‹, das mich zu solchem Sinnieren gebracht hat.«

Und immer noch Wehner: »Nachdem ich Ihre Zeilen gelesen hatte, fand ich in der Post die *Stuttgarter Zeitung* mit Ihrem Interview... Betrübt war ich (und bin es noch) über Ihre Schlußbemerkungen. Sie betreffen den *Spiegel* und das, was Sie mit ihm vorhaben, nur indirekt, aber um so mehr sagen sie zunächst und bis auf weiteres über Ihr journalistisch-politisches Programm. Wenn Sie Bemerkungen über die Große Koalition machen...: Journalistisch mögen Sie damit gut fahren, weil manche nun warten und erwarten werden, was Sie alles zu bringen haben. Aber zunächst haben Sie sich dem Haufen zugesellt, der auch dagegen ist und nun besonderes Gewicht beansprucht, weil er erst dafür gewesen ist. Es steht mir nicht zu, Sie zu tadeln. Es ist auch mehr fragend gemeint... Vielleicht kommt es mir nur so vor, weil ich ziemlich wund und empfindlich bin. Es kann sein, daß das alles so richtig und smart ist. Aber es bleiben auf meiner Seite doch einige Fragen.« Soweit Wehners Brief vom Juli 1968.

Smart: Er hatte nicht unrecht mit seinem Urteil über meine Bemerkungen in Richtung *Spiegel*-Redaktion. Zu Unrecht fühlte er sich bestärkt in seinem jüngst entstandenen Mißtrauen mir gegenüber, der ich seit einiger Zeit, wie schon erwähnt, in einem kleinen Gesprächskreis um Egon Bahr dann und wann ostpolitische Fragen diskutierte. Herbert Wehner, im Gemüt zerrissen, enttäuscht, politisch in Sorge über die gedeihliche Zukunft seiner Hauptaufgaben, fiel in eine argwöhnische Abkapselung aus vergangenen Zeiten zurück. Er blieb verschlossen mir gegenüber, als wir wieder in unserem gemieteten Haus auf Öland waren. Er kam nicht auf seinen Brief zu sprechen. Heiterkeit, Leichtigkeit, Ungezwungenheit wahrte er ganz und gar wie früher im Umgang mit Bettina, halbwegs auch mit E., mit mir nur noch in Spuren. Wenn wir nachmittags am Strand unversehens unseren Ton aus den beiden vorigen Sommern wiederfanden, konnte es geschehen, daß er dann geradezu brüsk in ein andauerndes mürrisches Schweigen fiel. Wir sahen Herbert Wehner, Lotte und Greta nicht mehr an jedem Tag.

Der Prager Frühling ging zu Ende in diesem Sommer '68. Eines Mittags kamen wir zu Wehners Haus. Er grub im Garten Kartoffeln aus. Das Radio im nahe stehenden Automobil mit offenen Türen, stets war in diesen Tagen ein Radio eingeschaltet, meldete, der Alleinvertretungsanspruch der Kommunistischen Partei der Tschechoslowakei auf die historische Wahrheit und das daraus abgeleitete Recht auf die Führung der Gesellschaft bestehe nicht mehr. Wehner hob einen Kartoffelbusch aus dem Acker, schüttelte die Erde von ihm ab, stach den Spaten wieder in den Boden, um weiter zu ernten, und sagte unvergeßlich lapidar: »Nun ist es vorbei. Jetzt dauert es nicht mehr lange.« Im Tonfall einer Mitteilung über das Unausweichliche einer Naturgesetzlichkeit.

An zwei Tagen, wir kamen nur kurz vorbei, hatte Wehner Besuch von Leo Bauer. Dieser altgediente Kommunist, Jahrgang 1913, war 1945 aus dem französischen Untergrund nach Deutschland zurückgekehrt, war Abgeordneter im ersten hessischen Nachkriegs-Landtag gewesen und dann in die DDR gegangen, wo er Chefredakteur des Rundfunks wurde. In einer von Moskau ausgehenden Säuberungswelle gegen Westemigranten wurde Bauer wegen Spionage für den Westen zum Tode verurteilt, was schließlich in fünfundzwanzig Jahre Zwangsarbeit in Sibirien umgewandelt worden war. Nach seiner vorzeitigen Freilassung war er in die Bundesrepublik gegangen. Wehner half ihm, Redakteur beim *Stern* zu werden. Mein Freund Egon Bahr sagt, Leo Bauer sei einer der ganz wenigen gewesen, die mit Brandt und Wehner eng verbunden waren. Er stellte Kontakte zur italienischen KP her, mit deren Hilfe Bahr seine deutschlandpolitischen Vorstellungen in Moskau bekannt machen wollte, bevor Walter Ulbricht quertreiben konnte.

Eines Abends waren wir, Leo Bauer war abgereist, Essensgäste bei Familie Wehner. Nach dem Essen standen Wehner und ich wieder nebeneinander am Spültisch; er tauchte Geschirr und Besteck ins Wasser, reinigte es, ich trocknete ab. Unvermittelt, die Pfeife im rechten Mundwinkel, begann er über die führenden Genossen seiner Partei zu sprechen. Sein Urteil war vernichtend und von selbstzerstörerischer Resignation. Er wandte sich nicht an mich; er drehte nicht den Kopf zu den Frauen, die hinter uns am Tisch in der Wohnküche saßen. Es war wie das Öffnen eines Ventils. Der Überdruck im Kessel wird gemindert, wohin der Dampf entweicht, ist nicht von Belang. Wehner hob seine Stimme nicht, murmelte aber auch nicht vor sich hin. Bei manchen Namen, die er nannte, war der Tonfall sarkastisch höhnend, so bei Willy Brandt, bei anderen verächtlich ätzend, so bei Helmut Schmidt. Ließ er einen Namen aus dem Vorstand der SPD und anderer bekannter Sozialdemokraten aus? Ich weiß es nicht mehr, bin aber sicher, daß er Egon Bahr nicht nannte. Wir alle hörten schweigend zu. Auch Lotte Wehner, die ihn sonst gelegentlich ablenkte, auf andere Themen brachte, sagte kein Wort. Nur Adenauer hatte ich einst so reden hören, als er beim Vorgespräch für unser Fernsehinterview über Erhard und Schröder urteilte.

Ein Gespräch kam danach nicht mehr in Gang. Wir fuhren bald zu unserem Quartier im Nachbardorf, Bettina schlief schon auf der Rückbank im Wagen. Als ich nach rechts blickte, sah ich, daß E., die nicht nah am Wasser gebaut hat, still weinte. Schließlich sagte sie, sie wolle derlei nie mehr anhören müssen. Sie sei ganz und gar erschöpft. Wehner dürfe doch nicht alle Leute seiner Partei niedermachen. Er sei schrecklich. Sie fügte hinzu: und schrecklich arm dran.

Im Sommer 1970, ich war seit etwas über einem Jahr beim *Spiegel*, nahmen wir noch einmal Aufenthalt auf Öland. Es gibt davon nichts zu erinnern. Im Dezember 1970 erschien im *Spiegel* ein zitatenreicher Bericht über die schlechte, teilweise feindselige Stimmung unter den sozialdemokratischen Ministern im Kabinett Willy Brandts, der seit einem Jahr Bundeskanzler war. Wehner, inzwischen Fraktionsvorsitzender der SPD im Bundestag, wurde über Helmut Schmidt zitiert: Der führe »lästerliche Reden, die ihm nicht verziehen werden sollen«. Er habe einen Mangel an Takt im Umgang mit Genossen. Brandt hatte Wehners Äußerungen »irrational« genannt. Schmidt warf Wehner vor, die Solidarität verletzt zu haben. Am stärksten und einprägsamsten, verglichen mit häßlichen Bemerkungen der Minister übereinander, war Wehners Urteil über die Hinterbänkler der SPD-Fraktion, die sogenannten Kanalarbeiter, die eine derbe Geselligkeit in der Bonner Gaststätte »Rheinlust« betrieben. Wehner über sie: Säufer und Säue. Der Artikel war gut recherchiert, nichts wurde dementiert, gebt dem *Spiegel*, was des *Spiegels* ist.

Am letzten Tag des Jahres 1970 schrieb mir Wehner: »Was aus der Stelle im *Spiegel*, Nr. 52, für mich noch an Verdruß und Schlimmerem herauskommt, bleibe dahingestellt. Sie werden es sich schwerlich ausdenken oder ausdenken wollen. Mißverstehen Sie mich, bitte, nicht, als gehörte ich zu denjenigen, die nur oder vorwiegend Annehmliches von sich gelesen haben möchten. Aber dies ist – und wird bleiben – ein gezieltes Geschoß mit Widerhaken.«

In den Jahren 1971 und 1972 standen die Ostverträge im Bundestag zur Debatte und ungewissen Abstimmung. Die knappe Parlamentsmehrheit der Koalition aus SPD und FDP, 1969 nach der Großen Koalition gebildet, schwand dahin. Bundeskanzler Brandt war bedroht von einem Mißtrauensvotum. Der *Spiegel*, damals wohl einer der stärksten Meinungsmultiplikatoren in der Bundesrepublik, war kein Parteiblatt, aber der von Brandt und Außenminister Scheel geführten Regierungskoalition und ihrer Ostpolitik sehr gewogen. In all der Zeit räumte Wehner dem Chefredakteur des *Spiegel* keinen einzigen Termin für ein Informationsgespräch mehr ein. Erst als ich schon im Staatsdienst war, im Jahr 1973, kam ich wieder in Kontakt mit diesem Mann, der mich mehr noch als Willy Brandt fasziniert hat. Aber das gehört in ein anderes Kapitel meiner Erinnerungen.

Lotte Wehner, die nach meinem Eindruck vieles bemerkte und verstand, ohne darüber zu reden, hatte Weihnachten 1970 in einem Brief an E. noch einmal erinnert an das Jahr 1966: »Ja, der erste Sommer war noch ungetrübt und unmittelbar, der Reiz des sich Kennenlernens und der gemeinsamen Erlebnisse überstrahlte alles, und jeder gemeinsame Tag war ein Geschenk. Es war Urlaub, im wahrsten Sinne des Wortes. Alltag – Generationstrennung – was sind die Ursachen für Verschleiß? Sei es wie es wolle, es war schön!«

X.

Chefredakteur des *Spiegel*

Im Jahr 1962 wechselte Hans Detlev Becker aus der Chefredaktion des *Spiegel* in die Verlagsleitung des Blattes. Ich vermute, Rudolf Augstein wollte damit die Redaktion aus der Erstarrung in einer formalen Routine befreien, die Becker dem Nachrichtenmagazin aufgenötigt hatte. Auch spielte Augstein seinerzeit mit dem Gedanken, eine neue Zeitung zu gründen, worin ich rückblickend eine der vielen Fluchten weg vom *Spiegel* sehe, die der so begabte wie wankelmütige Mann unternommen hat; alle sind gescheitert. Damals gab der Verleger John Jahr seine Beteiligung am *Spiegel* ab. Jahr, unter anderem Verleger des *Stern*, war einst Anzeigenwerber für die kommunistische »Arbeiter-Illustrierte« und später für ein Frauenblatt gewesen. Er soll das Kriegsende 1945 im Besitz eines Ledersäckchens voller Diamanten erlebt haben. Verbürgt ist, daß er 1952 den *Spiegel* aus der hannöverschen Provinz in die Medienstadt Hamburg geholt hat, wo Axel Springer und Henri Nannen ihre Bühnen hatten. Jahr protzte nicht mit seinem neuen Reichtum. Der Drucker Richard Gruner, im Alter Augstein näher als der wesentlich ältere Jahr, erwarb fünfundzwanzig Prozent Anteile am *Spiegel*. Er wies gern in der Bar »Die Insel« an der Hamburger Außenalster auf die Knöpfe seines dunkelblauen Blazers hin, die aus Gold gefertigt waren. In solch wechselvollen Zeiten mochte Augstein wohl auch gern ei-

nen ihm bedingungslos treuen Sachwalter der Verlagsge-
schäfte an seiner Seite wissen: der zweite Grund für Beckers
Berufswechsel.

Rudolf Augstein, Herausgeber des *Spiegel*, ernannte zwei
Chefredakteure, die seit langem zum Blatt gehörten: Johannes K. Engel und Claus Jacobi, beide 1927 geboren. In der
Redaktion wurde gespottet, der Buchstabe K stehe für »Ku-
kuruz«, denn Engel besitze gar keinen zweiten Vornamen.
Er habe sich mit dem K nur den von ihm so sehr bewun-
derten Amerikanern anpassen wollen: Dwight D. Eisenho-
wer, John F. Kennedy oder George W. Bush. Tatsächlich
heißt Engel mit zweitem Vornamen Karl. Niemand war länger Chefredakteur des *Spiegel* als er: ein Vierteljahrhundert.
Augstein hat Engel zum Jubiläum gerühmt: »Wenn es in
Deutschland einen Chefredakteur überhaupt gibt, der den
Idealtypus des Nachrichtenmagazins in sich verkörpert,
dann ist das Johannes K. Das ist nicht etwa Becker und ich,
und das ist auch nicht Böhme oder Gaus, Funk wird es vielleicht werden, Jacobi ist es auch nicht. Engel ist es.«

Das war ein Kompliment mit einem Hauch von Bosheit.
Es kennzeichnete einen Magazin-Journalismus, bei dem die
Verpackung der angebotenen Ware wichtiger war als deren
Inhalt. Engel rühmte sich gern, daß er aus gegebenem Anlaß – ein runder Geburtstag von Albert Einstein? – übers
Wochenende eine Titelgeschichte über dessen Relativitäts-
theorie verfaßt hatte, jeder Leser habe sie danach verstanden. Es war Engels unerschütterliche Überzeugung, daß in
einer Magazin-Story alle Rätsel der Welt zu lösen sind; und
daß die faßliche Lösung, graphisch gut aufgemacht und stilistisch schmackhaft serviert, den idealtypischen Lesern von
Johannes K. Engels *Spiegel* das Wohlgefühl vermittelt, auf
dem Gipfel der Aufklärung zu Hause zu sein.

Claus Jacobi, eng befreundet mit Goldknopf-Gruner,
hielt sich viel zugute auf seinen Verkehr auch in altreichen

Kreisen der Hamburger Gesellschaft. Er war ein geschmeidiger Journalist, der flüssig und mit anspruchslosem Wortwitz schrieb. Er gab sich gern wie ein Gentleman-Farmer aus Neu-England. Vom Korrespondentenposten des *Spiegel* in Washington D.C., wo er viel Kontakt mit Amerikanern vom Kennedy-Typ gesucht hatte – deren Lebenszuschnitt imponierte ihm, die Politik war ihm ziemlich gleichgültig –, war er mit der verpflichtenden Maxime zurückgekehrt: »Nie wieder arm.« Erheiternd wirkte Jacobis unbezwingbare Sucht nach name dropping, dem scheinbar beiläufigen Fallenlassen der Namen von Prominenten, mit denen er vorige Woche oder auch gerade gestern erst wieder einmal Umgang gehabt hatte. Jacobi krönte die Einrichtung seines Büros im Stil des Anglo-German Club an der Hamburger Außenalster – auf alt getrimmte neue Möbel – mit einer antiken Queen-Anne-Statue: seine Art Dialektik von Nachahmung und vereinzelter Originalität.

Der von Verteidigungsminister Franz Josef Strauß in Gang gesetzte Anschlag des Staates auf den *Spiegel* im Herbst 1962, die beiden neuen Chefredakteure waren in dieser Position fast noch Frischlinge, rückte das Nachrichtenmagazin im Verständnis der mit Augstein und den Seinen sympathisierenden Öffentlichkeit politisch nach links. Es war eines der großen Mißverständnisse der bundesrepublikanischen Gesellschaft. Links angesiedelt nämlich war der *Spiegel* bis dahin gelegentlich gewesen, niemals aber bewußt und absichtsvoll. Das Nachrichtenmagazin war den Regierenden in Bonn oft lästig, teilte jedoch in seiner Tonart, etwa in Gewerkschaftsfragen, viele der rechten Ressentiments des bundesrepublikanischen Bürgertums. Strauß war in seiner Berserkerwut unbezahlbar für das Blatt. Er steigerte mit seinem am Ende fehlschlagenden Handstreich »etwas außerhalb der Legalität« nicht nur die Auflage des *Spiegel*. Bedeutungsvoller war noch, daß Augstein dank Strauß ins

Blickfeld der sich in den sechziger Jahren allmählich ent-
wickelnden, ganz überwiegend studentischen 68er-Bewe-
gung geriet, die ihn bis dahin als Herausgeber von Papas
Montagsblatt eher rechts liegengelassen hatte.

Chefredakteur Jacobi verkannte spätestens von 1967/68
an die politische Lage und das Interesse Augsteins. Auf des
Spiegels saubere, fleckenlose Erscheinung in besseren Kreisen gerade jetzt bedacht, woran auch Jacobis Verbleiben auf
manchen Einladungslisten gebunden war, versuchte er, dem
gegenzusteuern, was von ein paar jüngeren Korrespondenten und Redakteuren (aber auch älteren, die sich besannen)
links angerichtet wurde im Blatt. Eines Freitags, fast schon
nach Redaktionsschluß, säuberte »Jaco« einen in seinen Augen anstößigen Artikel ohne Rücksprache mit Redakteur
oder Verfasser. Rudolf Augstein hörte davon und hielt in der
großen Redaktionskonferenz am nächsten Montagvormittag ein gnadenlos ausgedehntes Scherbengericht. Er zitierte
aus dem Artikel und fragte scheinheilig den zuständigen
Redakteur, was ihn denn wohl geritten habe, einen so sinn-
widrigen Satz, der den Artikel verfälsche, in den Text hin-
einzuflicken. Jeder am Tisch wußte, auf wen die Frage zielte.
Jacobi flüchtete nach vorn. Bevor der Befragte peinliche Auskunft hätte geben können, gestand der Chefredakteur: »Das
war ich, Rudolf.« Noch mit einem halben Dutzend weiterer Belege für Jacobis verstohlene Tendenzumkehr stellte ihn
sein Freund Rudolf vor der Redaktion an den Pranger. Honi
soit qui mal y pense. Gab es ein weithin stillschweigendes
Einvernehmen zwischen den neuen »Linken« im *Spiegel* und
dem Herausgeber, der sich von Jacobis Kurs als Chefredakteur – im Zweifelsfalle eher gegen links – ins Abseits von
der neuen Stimmung im Land gerückt fühlte? Augstein hat
gern über Bande gespielt.

Bald nach dieser Redaktionskonferenz, von der ich erst
Jahre später hörte, war es dann im Herbst 1968, daß Aug-

stein mich bei seinem sprichwörtlichen »Löffel Suppe« einlud, in die Chefredaktion einzutreten. Das Blatt solle »wieder politischer« werden und nicht »mehr und mehr zu einem Vergnügungspark umgestaltet«. Einzelheiten wurden nicht erörtert; Augstein war Mitglied der FDP; ich hielt mich parteilos links von der Mitte auf. Wir sprachen über die ersten erkennbaren Ansätze einer neuen Bonner Ostpolitik und über Willy Brandt. Monate später, nach einigen weiteren Gesprächen und einem Besuch Beckers in Baden-Baden für die Feinabstimmung des Vertrags, das Gehalt war üppig, begann ich am 31. März 1969 mit meiner Arbeit in der Chefredaktion des »deutschen Nachrichtenmagazins«. Ich wollte nicht wieder an einem 1. April antreten; das hatte ich 1958 getan, und es war bekanntlich eine unglückselige Geschichte geworden. Mein zweiter Aufenthalt beim *Spiegel* geriet zu einer gelegentlich schwierigen, im ganzen guten Zeit. Ich war mit Lust und Leidenschaft ein politischer Blattmacher. Mit meinem Partner Engel, der seine blattmacherischen Talente mehr auf graphischem Gebiet und auch in einer gewissen, durchaus nützlichen Beckmesserei praktizierte, kam ich gut zurecht. Er überließ mir diskussionslos die Leitung des politischen Teils, bis hinein in kultur- und bildungspolitische, auch allgemein kulturelle Fragen. Ich führte den *Spiegel*-Essay als ein neues Format ein. Engel schuf im hinteren Teil des Blatts mit dem Ausbreiten naturwissenschaftlicher und technischer Novitäten, von Volkshochschulwissen und modernen Lebensgewohnheiten ein Magazin, das damals seinesgleichen nicht fand im Land. In der Arbeit an der jeweils aktuellen Ausgabe – Themenauswahl, Platzverteilung zwischen den Ressorts, Bebilderung, graphische Gestaltung – lösten wir uns wöchentlich ab. Es funktionierte.

Am 5. März 1969 war Gustav Heinemann zum Bundes-präsidenten gewählt worden. Heinemann, ein frommer Protestant, war im Herbst 1950 wegen Adenauers Wieder-bewaffnungspolitik demonstrativ als dessen Bundesinnen-minister zurückgetreten. Zwei Jahre später verließ der Gutbürgerliche auch die CDU und gründete die »Gesamt-deutsche Volkspartei«, die mit einer militärischen Neutrali-sierung der beiden deutschen Nachkriegsstaaten eine Wiedervereinigung anstrebte. Erfolglos. Die Bundesbürger wollten es nicht ausprobieren und stimmten für die Sicher-heit unter den Amerikanern. Heinemann wurde schließlich 1957 Bundestagsabgeordneter für die SPD. In einer spät-abendlichen Debatte des Bundestags am 23. Januar 1958 über die Bonner Außenpolitik in einer geteilten Nation hiel-ten Heinemann und nach ihm Thomas Dehler, ein altlibe-raler Honoratior der FDP, der sich ebenfalls als ehemaliges Kabinettsmitglied von Adenauers Politik hintergangen wußte, ihre kaltglühende (Heinemann) wie bebende (Deh-ler) Abrechnung mit dem Macchiavellismus des ersten Bundeskanzlers. Der Plenarsaal, die Zuschauertribüne und die Pressebänke des Hohen Hauses waren voll besetzt. Ich kann sagen: Ich bin dabei gewesen. Es war ruhig im Saal. Zwischenrufe wurden nicht gemacht. Ein parlamentarisches Wunder ereignete sich: Keinerlei Rechthaberei wurde laut auf dem Rednerpult. Zwei gestandene Männer, von denen jeder eine hochbeachtliche Lebensleistung vorzuweisen hat-te, ließen nichts als ihr Gewissen zu Wort kommen, das sie genötigt hatte, gegen Konrad Adenauer zu opponieren. Der alte Fuchs hatte gerade, wenige Monate vorher bei der Bundestagswahl im Herbst 1957, die absolute Mehrheit für sich und die CDU/CSU gewonnen.

Rückblende: Ich war spät an jenem Wahlabend 1957 als Bonner Korrespondent der *Deutschen Zeitung und Wirt-schaftszeitung* in die SPD-Baracke gegangen, um die Stimmung dort abzuschmecken. Die meisten Räume waren leer; ein paar Referenten hatten sich zusammengehockt; Kollegen traf ich keine, auch keine Sekretärinnen. Ein verlassener Ort, ein aufgegebenes Hauptquartier. In einem hinteren Zimmer traf ich, ohne aufgehalten worden zu sein, auf Erich Ollenhauer, damals Vorsitzender der SPD, und Fritz Heine, Pressechef der Partei. Zwei, drei ihrer Mitarbeiter saßen mit ihnen stumm an einem langen Konferenztisch. Nur Heine, der mich kannte, nahm Notiz von mir. Er fragte mich, ob ich meinte, sie sollten wieder nach London gehen. Natürlich spaßeshalber gefragt, spaßeshalber. Ollenhauer und Heine waren dort im Exil gewesen.

Zwölf Jahre nach Adenauers Triumph wurde sein Gegner Heinemann Bundespräsident. Er schaffte es im dritten Wahlgang. Den Ausschlag zugunsten des sozialdemokratischen Kandidaten hatten die Stimmen der Freien Demokraten gegeben. Walter Scheel, der Vorsitzende der FDP, hatte die Wahlmänner seiner Partei am Vortag zu einer Klausur in ein West-Berliner Hotel geladen, um sie dafür zu gewinnen, für den gesamtdeutsch gesinnten Sozialdemokraten Gustav Heinemann zu stimmen und nicht für Gerhard Schröder vom rechten Flügel der CDU. Beide Kandidaten waren Minister in der Großen Koalition unter Kanzler Kiesinger; Heinemann für Justiz, Schröder für Verteidigung. Scheel nahm den Begriff »Klausur« wörtlich, er hätte die stundenlange Gesinnungsmassage auch ein Konklave nennen können. Vorsichtshalber hatte er die ganze oberste Etage des Hotels gemietet; gegenüber den Berliner Messehallen, in denen am nächsten Tag die Wahl des Bundespräsidenten stattfinden würde. (Die Sowjets runzelten darob die Stirn; es gab Verzögerungen im Straßenverkehr zwischen dem Bundesgebiet und West-Berlin; das Viermächteabkommen über Berlin und das deutsch-deutsche Transitabkommen ruhten noch im Schoß einer künftigen Ostpolitik.)

Scheel ließ auch das Abendessen für die zweiundachtzig anwesenden Wahlmänner der FDP in der für Journalisten gesperrten Hoteletage servieren. Kein Bericht über den jeweiligen Stand von Scheels Stimmenwerbung, darin vor allem von Mischnick und Genscher unterstützt, sollte nach draußen gelangen. Erst nach drei Probeabstimmungen, die letzte gegen zehn Uhr abends, in der schließlich siebenundsiebzig von zweiundachtzig Wahlmännern für Heinemann zu stimmen gelobten (und es dann auch taten), ließ der FDP-Vorsitzende das Konklave öffnen. Da war für jede Zeitung, deren Korrespondenten unten in der Hotelbar warteten, der Redaktionsschluß vorüber. Kommentare, die möglicherweise noch einmal Umstimmungen einiger Wahlmänner hätten bewirken können, konnten vor der Wahl des neuen Bundespräsidenten nicht mehr veröffentlicht werden.

Am nächsten Abend, als der Präsident gewählt worden war, fand sich in einem großen West-Berliner Lokal, dessen Namen und Ort ich vergessen habe, ein Kreis um Heinemann zusammen, der in seiner Zusammensetzung jenem Teil der politischen Klasse der Bundesrepublik entsprach, der in den kommenden paar Jahren tonangebend wurde im Land. Gustav Heinemanns Wahl ins höchste Staatsamt markierte den Beginn der Ära Willy Brandt in der bundesrepublikanischen Geschichte. Da waren versammelt freisinnige Sozialdemokraten und Liberale; nicht parteigebundene, aber mit der »anderen Bundesrepublik«, einer nichtrestaurativen, sympathisierende Schriftsteller, Künstler, Intellektuelle; dazu kamen Achtundsechziger, die sich von Heinemann und Brandt veranlaßt fühlten, aus ihrem ideologischen Abseits hinauszustreben. Wer dazugehörte, sah die Bundesrepublik mit der neuen Ära weltläufiger werden. Dabei galt: Gefühl ist alles. Vieles blieb im Ungefähren, aber wurde gerade deswegen als politischer Antrieb eher stärker. Heinemann sagte öffentlich, er liebe seine Frau und nicht den Staat. Die bei-

den älteren Söhne Brandts und seiner schönen, selbstbewußten Frau Rut aus Norwegen wurden auch schon mal
bei Demonstrationen gegen staatliche Autoritäten festge-
nommen – und die Eltern blieben gelassen. Ungewohnte Bekundungen und Verhaltensweisen. Eine Zivilgesellschaft
erhob ihr Haupt. Wer dagegenstand, nicht jeder ein Reaktionär, fühlte sich in Treibsand geraten.

Gustav Heinemann hat mich immer an einen Paulskir-
chen-Demokraten von 1848 erinnert. Von ihm habe ich das
schöne Lied der 48er Revolution über »Absalom, Absalom«
gelernt, das Heinemann vergnügt anstimmte, wenn er ein
gutes Skatblatt ordnete: »Er hängt an keinem Baume, er
hängt an keinem Strick; er hängt nur an dem Traume der
Freien Republik.« An jenem Abend des 5. März 1969, als
wir um unseren frisch gekürten Bürgerpräsidenten versammelt waren, hätten wir nicht einen Epochenwechsel benennen können. Aber ich weiß noch wie gestern, daß nicht allein ich das Empfinden hatte, etwas Neues, etwas so noch
nicht Dagewesenes beginne in der Bundesrepublik; gesellschaftlich weit bedeutender als die Bonner Regierungsteilhabe der SPD an einer Großen Koalition (deren Bedeutung
ich ja ohnehin als ein ziemlich einzelner behauptet hatte).
Für meinesgleichen war die nun anhebende, nicht überlange
Zeit die politisch glückliche in unserem Leben; in aller Naivität.

Am Morgen nach dem Anbruch der neuen Zeit mußte
der Portier im Hotel »Kempinski«, nahe dem Kurfürstendamm, in dem ich abgestiegen war, eilig einen Notarzt rufen, damit dieser mein lang anhaltendes, allen großmütter-
lichen Praktiken widerstehendes Nasenbluten stoppte. Das
Drama hatte nichts mit dem Epochenwechsel zu tun. Als der
Arzt die geplatzten Äderchen schließlich erfolgreich tampo-
niert hatte, sagte er zu mir: »Ich kenne Sie doch. Sie habe
ich gestern den ganzen Tag im Fernsehen gesehen, wo Sie

mit großen Kopfhörern auf beiden Ohren über die Wahl berichtet haben. Ihr Nasenbluten hat von daher eine ganz natürliche Erklärung.« Zwei untertassengroße Kopfhörer auf den Ohren – besser ausgestattet war das Fernsehen seinerzeit nicht –, in denen mir mitgeteilt wurde, wann nach welchen Fraktionssitzungen der nächste Wahlgang beginne; über Stunden hatte ich bundesweit live berichtet. Wie von einem Karnevalszug. Die Direktorenkonferenz der ARD hatte beschlossen, bevor ich zum *Spiegel* wechselte, sollte ich noch die Wahl des neuen Bundespräsidenten »ins Fernsehen bringen«. Ehrung oder Abstrafung? So oder so: Ich habe zu Beginn der Ära Brandt Blut vergossen.

Walter Scheel, ein Bruder Leichtfuß, eine rheinische Frohnatur, die gern in aller Öffentlichkeit volkstümelnde Lieder sang – er war kein kurzatmiger Politiker. Sein politisches Talent verband Zielstrebigkeit mit zäher Ausdauer und guten Nerven. Er hatte mit der Stimmabgabe der freidemokratischen Wahlmänner für Heinemann nachweisen wollen, daß die FDP keineswegs nur über ein Bündnis mit der CDU/CSU wieder in eine Bonner Regierung gelangen könnte. Scheels Partei, so hatte sie nun gezeigt, konnte ihre Hand auch nach links, zur SPD hin vergeben. Der nächste Schritt der sozialliberalen Annäherung folgte sehr bald, wurde aber diskret getan.

An einem meiner ersten Arbeitstage im *Spiegel* erhielt ich eine Einladung von Alex Möller zu einem Abendessen am Samstag, dem 12. April 1969, das er mir zu Ehren in seinem Haus in Karlsruhe geben wollte: aus Anlaß meines Wechsels von Baden-Württemberg nach Hamburg, aus der Programmdirektion des Südwestfunks in die Chefredaktion des *Spiegel*, so hieß es im Einladungsschreiben. Alex Möller, aus einem altsozialdemokratischen Kleineleutemilieu stammend, war in einem langen Arbeitsleben zum Generaldi-

rektor einer großen, nach ihrem Hauptsitz in Karlsruhe be-
nannten Lebensversicherung aufgestiegen. Er sprach, wenn
man ihn darauf brachte, ungekünstelt von seiner Herkunft;
die Karriere hatte ihn nicht verführt, einen Schleier darüber
zu ziehen. Und ebenso ungeniert war er erfüllt von einer
ganz ursprünglichen, nicht aus Snobismus versteckten Freude am Erreichten. Der »Millionär«, wie er als damaliges
Unikum in der SPD unter den Journalisten nicht unfreund-
lich genannt wurde, zeigte gern, wie weit er es gebracht
hatte. Ich sagte ihm zum Abendessen zu; ohnehin fuhr ich
am Wochenende ins nahe gelegene Baden-Baden, um Frau
und Tochter zu besuchen, die noch nicht nach Hamburg
übergesiedelt waren.

Der runde Eßtisch in Möllers Haus war für drei Personen gedeckt. Der Gastgeber begrüßte mich: »Es kommt
noch Walter Scheel.« Ich hätte es auch der Menükarte entnehmen können, die auf den Gedecken lag. Auf die Karte
war eine Litfaßsäule gezeichnet, auf der leicht koloriert ein
Plakat unter dem Titel »AM präsentiert« und dem Kopf
Alex Möllers die Speisefolge annoncierte: Reibekuchen mit
Kaviar, Frische Krebse natur – Wantzenauer Hähnchen mit
neuen Kartoffeln, Salate – Rumtopf mit Crème nature. Darunter die Getränke: Moskowskaja-Osobaja Vodka – 1966er
Schallstatter Batzenberg Riesling Silvaner – 1966er Gumb-
willer Kittele Riesling, Weingut Schlumberger – Laurant-
Perrïer brut rosé. Der Generaldirektor ließ sich nicht lum-
pen. Rechts und links neben der Litfaßsäule standen zwei
Personen, ihre Figuren karikiert, aber die Köpfe als gut ge-
troffene Porträts gezeichnet: Walter Scheel und Günter
Gaus. Ich präsentierte ein Exemplar des *Spiegel*, dessen
Titelbild ein großes Fragezeichen zeigte: Was würde der
neue Chefredakteur aus dem Blatt machen? Scheel aber hielt
in seiner rechten Hand ein Zepter, auf dem oben die drei
Buchstaben F.D.P. prangten. Der Parteivorsitzende traf bald

ein. Er war aus seinem Ferienhaus im Salzkammergut an-
gereist.

Wir setzten uns zu Tisch. Ein Bürobote aus Möllers Ge-
neraldirektionsetage, weißes Jackett, schwarze Hose, servierte. Spätestens beim Zwischengericht, frische Krebse natur, hatte ich begriffen, daß die Ehre, die mir Möller erwies,
darin bestand, Ohrenzeuge zu sein beim ersten tastenden
Gespräch über die Möglichkeit einer Bonner Koalition aus
SPD und FDP nach der Bundestagswahl im kommenden
Herbst. Ein Zeuge, auf den sich beide Seiten nötigenfalls berufen konnten. Alex Möller, später Bundesfinanzminister,
war Vorstandsmitglied der Sozialdemokraten. Seine Partei
hatte ihn mit der Sondierung beauftragt. Scheel war mit dem
Arrangement – Essen aus Anlaß meines Wechsels nach
Hamburg – einverstanden gewesen. Das Gespräch der beiden Politiker blieb in Einzelheiten vage, war aber im sachlichen Kern eindeutig. Als wir vom Tisch aufstanden, stimmten Alex Möller und Walter Scheel darin überein, nach
diesem Beginn lohne es sich, weiter miteinander »über das
Thema« zu sprechen.

Scheel und ich nahmen noch Platz an der Hausbar von
Generaldirektor Möller; solche Einrichtungen waren damals
sehr in Mode. Der Gastgeber stand neben uns und freute
sich unserer Anerkennung: Er sammelte Whiskys, und wir
waren beeindruckt von der Reichhaltigkeit seiner Sammlung. Eine Kopie der Möllerschen Barkarte, die vor mir liegt,
verzeichnet siebenundsiebzig Marken. Wir nippten von einigen. Scheel bestand auf Stichproben. Er ließ sich die eine
oder andere Rarität wenigstens vorzeigen – der Bürobote
stand jetzt hinter der Bar –, um zu sehen, ob Möller eine
ehrliche Karte hatte. Der Vorsitzende der FDP hatte einen
Fahrer nach Karlsruhe bestellt, der ihn nun in dem Auto,
mit dem er aus Österreich gekommen war, nach Bonn trans-
portierte. Vom Fahrer und Büroboten mehr getragen als ge-

stützt gelangte der kommende Vizekanzler, Außenminister und Nachfolger Heinemanns als Bundespräsident in seinen Wagen.

Bei meiner Rückkehr zum *Spiegel* im Frühjahr '69 fand ich Erich Böhme noch auf demselben Platz vor, den er eingenommen hatte, als ich 1961 von dort zur *Süddeutschen Zeitung* gewechselt war. Er war Wirtschaftskorrespondent im Bonner Büro des Nachrichtenmagazins. Bei nächster Gelegenheit, es war meine erste Personalentscheidung als Chefredakteur überhaupt, setzte ich ihn zum allgemeinen Leiter des Büros ein, zuständig nun auch für politische Berichterstattung. Ich erwartete von ihm einen verträglichen, moderierenden Umgang mit dem knappen Dutzend Mitarbeiter in Bonn. Seine gelegentlich etwas penetrante Bonhomie, hessisch getönt, ließ darauf rechnen. Aber ich hatte noch einen zweiten Grund, ihn zu befördern: Ich hatte Erich Böhme 1958 nachgezogen, als ich zum ersten Mal zum *Spiegel* gegangen war, und empfand deswegen, ich sei ihm einen Aufstieg im Blatt schuldig. Es war eine folgenschwere Personalentscheidung, wie sich zeigte.

Die *Spiegel*-Redaktion gewöhnte sich an mich. Ich arbeitete gern mit ihr. Große politische Themen jeder Art, Titelgeschichten, Serien diskutierte ich gründlich mit den zuständigen Autoren und Redakteuren. Einige altgediente Ressortchefs beobachteten argwöhnisch, ob die verstärkte politische Berichterstattung grundsätzlich ins Parteipolitische hineinreichte. Sie tat es nicht. Aber die von Augstein und mir deutlich forcierte Unterstützung der neuen, auf Entspannung zielenden Deutschland- und Ostpolitik rückte den *Spiegel* mehr in die Nähe von Brandts SPD und Scheels FDP als in die der CDU Kiesingers. Bundeskanzler Kiesinger politisierte noch immer so, als könne er sich an den schmerzhaften Realitäten im geteilten Deutschland vorbeimogeln, indem er die DDR »ein Phänomen« nannte. Und auch die von mir angeregte, vom Herausgeber eher interesselos aufgenommene Beschreibung der Lage gesellschaftlich benachteiligter Gruppen in der Bundesrepublik griff politisch eine vorherrschend »linke Thematik« auf.

Die Argwöhner in der Redaktion unterstellten, ich sei Genosse in der SPD. Ich war zu hochmütig, sie zu berichtigen. Ich argwöhnte meinerseits, die älteren Herren des *Spiegel* (Redakteurinnen gab es damals so gut wie keine) stießen sich – unbewußt – an der Repolitisierung des Blattes überhaupt, prinzipiell. Denn das Eintreten des Blattes für eine bestimmte politische Zielsetzung beeinträchtigte die Schiedsrichterattitüde, die manchen Altgedienten zu eigen war: vermeintlich über dem Parteienstreit stehend, aber mit dem Tonfall vieler *Spiegel*-Geschichten doch dem Geschmack der schweigenden Mehrheit entsprechend. Dem wirkte jetzt entgegen, daß der *Spiegel* die Aufbruchstimmung des linksliberalen Lagers widerspiegelte und damit verstärkte. Die Meinung, die er montags vorgab, multiplizierte sich damals von Dienstag an in den Redaktionsstuben der Provinzpresse. Meine wichtigsten Partner in der Hamburger Redaktion waren vor allem jüngere Redakteure, die auf die eine wie andere Weise von der 68er Studentenbewegung geprägt worden waren: allgemein links eingestellt oder ideologisch fixiert. Mit ihnen hatte ich zwei Jahre später die bittersten Auseinandersetzungen in meiner Zeit als Journalist.

Ich war der erste Autor des *Spiegel*, der politische Kommentare unter Klarnamen im Blatt veröffentlichte. Bis dahin hatte Augstein unter dem Pseudonym »Jens Daniel« solche Beiträge verfaßt; einige wenige Male Hans Detlev Becker als »Moritz Pfeil«. Ich schrieb häufiger als der Herausgeber, manchmal in jeder dritten Nummer des Blatts. Ich gab meine Kommentare Augstein zum Gegenlesen, so wie er mir seine. Geändert wurden weder seine noch meine Texte. In der Ausgabe vom 22. September 1969, eine Woche vor der Bundestagswahl, zeichneten Rudolf Augstein und ich, einmalig in unser beider Leben, einen Kommentar mit den Namen Augstein und Gaus. Unser gemeinsamer Text beschrieb die Alternativen, die nach unserer Meinung zur Wahl standen. Diesmal kamen wir um eine parteiliche Zuordnung unseres politischen Bekenntnisses nicht herum: »Wir wollen ... einen Bundeskanzler Brandt an der Spitze einer Koalition aus SPD und FDP, gleichgültig, welche Zahlen die Demoskopen dieser Gruppierung voraussagen.«

Wir hatten leicht schreiben. Unter dem Datum des 24. September schickte Herbert Wehner seine Überlegungen zu möglichen Konsequenzen aus dem Wahlergebnis an Willy Brandt, den Vorsitzenden der SPD. Ein Blatt mit der Überschrift: »Regierungskombinationen«. Darunter aufgelistet: »A. Vom Wahlresultat her; B. Von den politischen Notwendigkeiten her; C. Von den politischen Neigungen der denkbaren Partner und den Notwendigkeiten der SPD her.« Wehner war ein Gelernter. Er zeigte sich gründlicher als Augstein und ich in unserem Kommentar. Im einzigen Punkt von zehn Erwägungen, in dem er von der Sache her als erste Option ein Bündnis aus SPD und FDP begründet (häufiger empfiehlt er Große Koalition oder Opposition), analysiert er: »Auswärtige, Sicherheits- und Deutschlandpolitik (Friedens-Sicherheit) ist schwierig mit der CDU infolge der Haltung der CSU und wird schwierig in Kombination mit der FDP sowohl wegen deren Neigung zum Spekulativen nach der anderen Richtung als auch wegen der nationalistischen Opposition der CDU/CSU, insofern deren Zahl ins Gewicht fallen würde.« Dann empfiehlt er, zwischen dem Nationalismus der Union und der von ihm geargwöhnten Neigung der Liberalen zum Spinnen, eine Koalition aus SPD und FDP, falls sie nach dem Wahlergebnis möglich ist. Man wird sagen dürfen: zähneknirschend. Das Abschmelzen der knappen sozialliberalen Regierungsmehrheit durch Übertritte von

FDP-Abgeordneten ins rechte Lager im Jahr 1972 erwies, wie recht Wehner in seinem Papier drei Jahre vorher gehabt hatte.

Viel spricht dafür, daß Wehner mit seiner schriftlichen Analyse samt einem Begleitbrief: »Lieber Willy!« auf unseren Kommentar reagieren wollte. Er schickte mir seinerzeit Brief und Analyse in Kopie. Im ersten Absatz seines Schreibens an Brandt kann Wehner nicht verbergen, will es wohl auch gar nicht, daß er gekränkt ist: »Lieber Willy! So, wie es aussieht, wirst Du wohl keine Gelegenheit haben, mit mir vor der Wahlnacht zu sprechen. Ich kenne nicht die Gespräche, die mit anderen über denkbare oder wünschbare Regierungskombinationen nach der Wahl geführt worden sind. Es ist nicht meine Absicht, mit eigenen Gesprächen solche Kombinationen zu konstruieren oder von Dir und Deinen Freunden ins Auge gefaßte Kombinationen zu durchkreuzen. ... Es erscheint mir aber erlaubt und ratsam, Dir eine knappe Übersicht zu geben, die ich heute niedergeschrieben habe.« Es erscheint ihm erlaubt. Ach, Herbert Wehner; eifersüchtig, beleidigt in seiner Professionalität ob des Laientheaters, an dem der Vorsitzende der SPD, Willy Brandt, dann und wann seinen Spaß hatte und aus dem er wohl auch, seinem Denkgeschmack nach, politischen Nutzen zog.

Später in seinem Brief schreibt Wehner, damals Minister für Gesamtdeutsche Fragen in der Großen Koalition: »Falls meine persönlichen Wünsche Dich interessieren, so möchte ich nur kurz bemerken, daß ich am liebsten nicht ein zweites Mal in einer Regierung, die so geführt wird wie die jetzige, tätig sein möchte.«

Am Samstag vor der Bundestagswahl, am 28. September 1969, kamen Egon Bahr, Leo Bauer und ich vormittags in der Residenz von Außenminister Willy Brandt auf dem Bonner Venusberg zusammen. (Brandt blieb auch als Bundes-

299

kanzler dort oben wohnen. Er benutzte den für Ludwig Erhard gebauten Bungalow im Park des Kanzleramts unten am Rhein als Ort für Besprechungen.) Rut Brandt war zu Hause. Ihr Mann war noch auf dem Rückflug aus Lübeck, seiner Geburtsstadt, wo er seine letzte Wahlrede gehalten hatte. Wir drei, Bahr, Bauer und ich, waren verabredet, für Willy Brandt verschiedene kurze Texte zu formulieren. Sie sollten dem Vorsitzenden der SPD dazu dienen, nach dem Vorliegen halbwegs zuverlässiger Stimmenauszählungen (ordentliche Hochrechnungen gab es noch keine) als erster, bevor Kiesinger es tat, vor Mikrophone und Fernsehkameras zu treten, um etwaige Ansprüche aus dem Wahlergebnis öffentlich zu benennen. Wir erwarteten, daß die Wahl in jedem Falle knapp ausgehen würde. Drei Papiere entstanden: für einen Wahlsieg von CDU/CSU, für einen – hoch unwahrscheinlichen – Vorsprung der SPD und für eine knappe Mehrheit aus SPD und FDP. Gerade dafür wollten wir am Samstag auf dem Venusberg vorsorgen, denn Sonntagabend war keine Zeit mit Textformulierungen zu verlieren. Bevor Kleinmütige oder Freunde der Großen Koalition oder Anhänger eines Lagers rechts von der Mitte sich zu Wort meldeten, sollte Willy Brandt auch im Namen von Walter Scheel verkünden: SPD und FDP riskieren den Machtwechsel – zum ersten sozialdemokratischen Bundeskanzler nach zwanzig Jahren Kanzlerschaft der CDU.

Brandt traf aus Lübeck ein. Er musterte unsere Entwürfe und zog sich bald zurück. Wir Texter gingen auseinander; ich fuhr mit dem Auto nach Hamburg zurück. Das Wahlergebnis am folgenden Abend entsprach unseren Hoffnungen: Im Bundestag war eine knappe sozialliberale Mehrheit gegeben. Brandt konnte seinen Anspruch aufs Kanzleramt anmelden. Ich saß in der Redaktion des *Spiegel*; unser Blatt würde erst Dienstag statt Montag erscheinen, um den Wahlausgang vermelden zu können. Das Telefon klingelte. Aus der SPD-Baracke in Bonn fragte ein Mitarbeiter Brandts, ob wir die geheimgehaltene, private Telefonnummer Walter Scheels kennten. Sie hätten sie nicht, und der SPD-Vorsitzende wollte seine Erklärung für eine Koalition aus SPD und FDP nicht abgeben, ohne vorher noch einmal mit Scheel telefoniert zu haben. Die Chefredaktion des *Spiegel* konnte behilflich sein.

Vier Wochen später, an einem Sonntagvormittag, saß ich im Vorzimmer von Bundeskanzler Brandt im ersten Stock des alten Palais Schaumburg. Horst Ehmke, jetzt Chef des Kanzleramts, hatte mich gebeten, nach Bonn zu kommen, um den Entwurf der ersten Regierungserklärung eines sozialdemokratischen Bundeskanzlers zu redigieren und zu kürzen. Die zuständigen Referenten des Hauses kamen nicht zurecht mit den zuständigen Referenten der einzelnen Ministerien, die den Beitrag ihrer Ressorts zur Rede des Kanzlers vor dem Bundestag möglichst unangetastet sehen wollten. Aus den wichtigsten Vorhaben der jeweiligen Ministerien sollte sich nach den Richtlinien des Kanzlers – Motto: Mehr Demokratie wagen – das politische Programm der sozialliberalen Bundesregierung ergeben. Nun waren die Einzelstücke fast unverändert aneinandergehängt worden. Das Dokument eines Unentschieden in einer Schlacht von Referenten.

Es war ein geschäftiger Sonntag im Büro des Kanzlers. Alle Schreibtische im Vorzimmer waren besetzt. Ich saß an einem Sofatischchen und plagte mich mehrere Stunden mit den ministeriellen Texten. Redigieren, vorsichtig umformulieren, Passagen umstellen und, vor allem, kürzen. Die Koalition machte ihre ersten Atemzüge. Es gab noch viel, auch sonntags, mit dem Regierungschef zu besprechen. Minister eilten an mir vorbei, stutzten, wir wechselten ein paar Worte. Conny Ahlers, einst der Verfasser der *Spiegel*-Geschichte, die Strauß 1962 zu seiner Polizeiaktion gegen das Blatt veranlaßt hatte, mit Lust am Haudegentum, aber ein hochinformierter Kenner des Bonner Parketts, jetzt sozialdemokratischer Regierungssprecher – Freund Conny kam mit Rüdiger von Wechmar, Dodel genannt, an meinem Tisch vorüber. Als Agenturjournalist ging Dodel mit Ahlers zu Brandt hinein, als stellvertretender Regierungssprecher auf FDP-Ticket kam er von ihm zurück.

Das Hin und Her in diesem Vorhof der Kanzlermacht an einem frischen Oktobertag, das Klingeln der Telefone, das Klappern der Schreibmaschinen, zum Kanzler strebende Minister, Wortwechsel zwischen zwei Referenten in einer Ecke des großen Raumes, ein Redakteur mit vielen Bleistiften vor einem dicken Stoß von Papieren: Es hätte das erste Bild eines politischen Lustspiels sein können, in dem viel Stegreif gespielt werden mußte. Ein paarmal kam ich hinter meinem niedrigen Tischchen hervor, um die Beine zu strecken. Ich trat an eins der hohen Fenster und sah in den Park hinunter. Am Nachmittag, ich war fast fertig mit meiner Arbeit, sah ich Rut Brandt mit dem jüngsten Sohn, Matthias, spazierengehen. Sie waren vom Venusberg heruntergekommen. Matthias war 1961 geboren, und man hatte damals gesagt, er sei wohl ein Wunschkind, aber ganz gewiß auch ein Wahlkind: Im Jahr 1961 war Brandt zum ersten Mal Kanzlerkandidat gewesen und hatte einen Wahlkampf im amerikanischen Stil geführt – wozu, so unser Spott, Rut Brandts Schwangerschaft nach dem Vorbild Jacqueline Kennedys gehört hatte. Als ich nun im Oktober 1969 Rut und Matthias im Park des Palais Schaumburg sah, war mir nicht nach Spotten zumute. Ich habe mich statt dessen gefreut: Die Unsrigen waren im Kanzleramt angekommen. Es war eine schiere Gefühlsaufwallung, und wenn ich heute davon schreibe, geniere ich mich. Es kommt mir komisch vor. Aber seinerzeit zeigte die naive Freude, wie sehr und wie lange meinesgleichen auf ein Ende der restaurativen Epoche der

Bundesrepublik, wie wir sie sahen, gewartet hatte. Auf das Eintreten der Alternative. Deren Ausgang war offen, die erwartungsvolle Freude aber gegenwärtig.

Seinerzeit waren die großen Zeitungen und Zeitschriften blühende Unternehmen. Was kostet die Welt? Henri Nannen, der schon damals fast legendäre Chefredakteur der großen Wundertüte *Stern*, mietete zum zwanzigsten Geburtstag seiner Illustrierten für drei Tage das Fünf-Sterne-Hotel »Maritim« am Timmendorfer Ostseestrand: komplett von der Kellerbar bis zum letzten Zimmer. Eingeladen waren die Chefs und wichtigen Mitarbeiter der großen Werbeagenturen und Anzeigenkunden des *Stern* mit ihren Damen. Auch gebeten waren Verleger, Herausgeber, Chefredakteure von *Zeit* und *Spiegel*. Zur Garnierung einige Künstler sowie eine Bar-Combo und ein großes Tanzorchester. Nicht kleckern, sondern klotzen: Der *Stern* zahlte alles, von der gut gekühlten Flasche Champagner zur Begrüßung auf dem Zimmer bis zur Gulaschsuppe um Mitternacht. Einige Gäste prahlten am zweiten Tag damit, feine Gesellschaft, die wir waren, am Vorabend auf Kosten des Gastgebers mit einem Taxi zur Reeperbahn nach Hamburg hinübergefahren zu sein und mit dem wartenden Taxi frühmorgens nach Timmendorf zurück.

Ich vermute, wegen der steuerlichen Abzugsfähigkeit der dreitägigen Gasterei wurden vormittags zwei, drei kleine Vorträge gehalten, Erscheinen fakultativ. Ich meine mich zu erinnern, daß ich zwanzig Minuten über die Kunst des Fernsehinterviews referiert habe. All die andere Zeit flanierten wir durch die Räumlichkeiten des Hotels; nahmen einen Drink und einen Snack; konversierten mit dem und jenem wie die und jene mit uns; schwammen im Pool, von dem aus man unter einer Glaswand hindurch in ein Outdoor-Becken gelangte, dessen erwärmtes Wasser in der frischen Ostseeluft dampfte. Heinrich (Heiner) Senfft flirtete am

303

Beckenrand mit E.; Senfft war seinerzeit der beste Presse-
anwalt der Bundesrepublik. Er vertrat den *Stern* in dessen
großen politischen Prozessen (in der bayerischen Spiel-
bankaffäre beispielsweise), als die Medien den offenen Konflikt auch vor Gericht noch nicht scheuten und nicht wie
heute bei größeren Tieren gewöhnlich klein beigaben, um
keine Geschäftsinteressen zu verletzen. Senfft wurde einer
meiner (wenigen) engen Freunde. Er ist von jener seltenen
Art, die nach einer hitzigen Debatte am Vorabend am nächsten Morgen kommt und gegebenenfalls sagt: Ich habe nach-
gedacht, ich hatte unrecht, und du hattest recht. Heiners
zweite Frau, Marita, genannt Moritz, gehört wie ihr Mann
in den engen Kreis von E. und mir. Die drei Tage des *Stern*
endeten in einer, wie sagt man: rauschenden Ballnacht, Smo-
king und Abendkleid obligatorisch. Die deutsche Medien-
metropole Hamburg hatte gezeigt, was sie sich leisten
konnte.

Zu meinem vierzigsten Geburtstag am 23. November
1969 machte mir Augstein eine Liebeserklärung. (Er meinte,
er mache sie mir zu meinem fünfundvierzigsten und war
überrascht zu hören, daß ich erst vierzig wurde: »Fast zu
jung für deinen Posten.«) In seiner Sütterlin-Schrift mit den
langen Unterstrichen schrieb er: »Lieber Günter! Laß mich
Dir, und sei es aus Anlaß Deines fünfundvierzigsten, sagen,
wie froh ich bin, daß es mir ... gelungen ist, Dich bei uns
zu vertäuen. Ich wüßte, wie man vielleicht in guten Ehen
sagt, überhaupt nicht, wie ich ohne Dich auskommen sollte ... Privat wünsche ich Dir, Du möchtest nicht so ehrgeizig sein. Als *Spiegel*-Freund wünsche ich Dir, daß Du es
bleibst. Sei glücklich dabei! Dein Rudolf.« Scherz, Satire,
Ironie und tiefere Bedeutung. Jeder Hund hat seinen Tag.
Mein Tag zeigte sich gerade von seiner schönsten Seite.

Und nicht einmal ein schwerer Reitunfall beim Springen
zwei Wochen später konnte ihn ganz eintrüben: Denn nicht

trat ein, was in den ersten Tagen nach dem Anbrechen des Rückgrats befürchtet worden war, eine Querschnittslähmung. Ärzte und Schwestern kamen in der Zeit oft ins Zimmer und forderten mich auf: »Bewegen Sie mal Ihre Zehen.« Als ich begriffen hatte, was sie prüfen wollten, hörte ich gar nicht mehr auf, meine Zehen einzurollen und wieder auszustrecken. Sechs Wochen mußte ich flach auf dem Rücken liegen. Dann rollte man mich mit dem Bett ans Schwimmbad des Unfallkrankenhauses in Hamburg-Boberg und hob mich mit einem Kran ins Wasser. Ach, der Ehrgeiz, von dem Rudolf geschrieben hatte: Ich ließ während meiner Bettlägerigkeit meine Sekretärin aus dem *Spiegel* kommen und diktierte ihr Kommentare fürs Blatt.

Soll ich Erinnerungen unterdrücken, weil sie Eitelkeit preisgeben? Noch im Rückblick gefällt mir, daß ich Post ins Krankenhaus bekam vom Bundespräsidenten Heinemann, der in seinem Brief einen seiner trockenen Scherze machte: Mein jüngster Kommentar zeige, daß ich zum Glück nicht auf den Kopf gefallen sei; von Bundeskanzler Brandt (zum Reiten meinte er: »Die Devise, lebe gefährlich, hat auch ihre Schattenseiten«) und von vielen Ministern seines Kabinetts. Handschriftlich meldete sich der rheinland-pfälzische Ministerpräsident Helmut Kohl: »Wie ich immer sage, an allem ist die neue Regierung schuld, Soz bleibt Soz. Mit herzlichen Grüßen und allen guten Wünschen Ihr Helmut Kohl.« Post von dem und jenem und nicht zuletzt auch von Gabriele Henkel. Sie war die Gastgeberin eines Düsseldorfer Salons, in dem, die Personen von ihr handverlesen, Kunst, Politik, Medien und großes Industriegeld zusammenkamen. Die Mischung konnte intelligente Konversation ergeben, immer waren Selbstbespiegelungen zu bewundern, auch Liebedienerei trat auf. Es war kurzweilig – auch im direkten Wortsinne. Denn Gabrieles Ehemann Konrad Henkel (»Persil bleibt Persil«) riß, sommers wie winters, es mochte stürmen oder schneien, abends um elf Uhr die Fenster im Erdgeschoß auf, um die Gäste zum Aufbruch zu nötigen.

Einen Blick nur auf Gabriele Henkels Briefstil: »Mein so sehr Lieber, ich war entsetzt und zugleich erleichtert, als ich von Ihrem Unfall hörte ... Es hätte natürlich viel schlimmer kommen können ... Wenn ich nicht so irrsinnig viel Arbeit hätte in diesen Tagen ... hätte ich längst geschrieben. Seien Sie doch so lieb und diktieren Sie mir mal ein Briefchen, ein Bulletin.«

Auch Günter Grass schickte einen Brief ans Schmerzenslager: »Lieber Günter Gaus, es fällt mir sehr schwer, Dich liegend und nicht umhergehend zu begreifen ... Vielleicht neigst Du jetzt dazu, Deinen unbeweglichen Zustand in Verbindung mit Deinem vierzigsten Geburtstag zu sehen. Trotzdem möchte ich ... raten, nicht zur Bibel-Lektüre zu greifen (sosehr sich Herbert Wehner über das rasche Ergebnis seines Geburtstagsbriefs freuen würde). Deinem Witz, Deiner Ironie und Deiner Klarsicht wäre eher, so meine ich, Heine-Lektüre angemessen. (Es muß ja nicht gleich ›Die Matratzengruft‹ sein.) Willy Brandt erzählte mir von Deinem Mißgeschick. Es mag Dich amüsieren, daß Dein Arbeitsausfall sozialdemokratischen Politikern wie eine ernsthafte Gefährdung der Regierungskoalition schmeckt. Während der letzten Jahre haben wir uns befreunden dürfen. Ich muß das so geschwollen dankbar formulieren, weil es um die Vierzig herum schwierig, ja oft unmöglich erscheint, befreundet zu sein. Vielleicht gelingt es uns, wenn wir behutsam genug sind, diese Freundschaft in das neue Jahrzehnt einzubringen. Ich wünsche es Dir und mir, Dein Günter Grass.«

Unsere Freundschaft hat das nächste Jahrzehnt überdauert. In den achtziger Jahren ist sie dann abhanden gekommen. Sie wurde wortlos beiseite geräumt. Es hat mich gekränkt.

In meinen Jahren als Chefredakteur des *Spiegel* reiste ich gewöhnlich zweimal jährlich nach Washington D.C., um mit Henry Kissinger im Weißen Haus ausgedehnte vertrauliche Hintergrundgespräche über den Zustand der Welt, an den er nun unmittelbar mit Hand anlegte, zu führen. Ich hatte den mir aus Harvard ganz gut bekannten Politikstrategen zuletzt Ende 1968 vor meiner Übersiedlung nach Hamburg gesehen, in Baden-Baden, wo er mich beim Mittagessen nachdrücklich davor gewarnt hatte, von Richard Nixon einen Gebrauchtwagen zu kaufen. Inzwischen war ich in Hamburg tätig und Kissinger in Washington: als Sicherheitsberater von Präsident Richard M. Nixon im Weißen Haus. Was kümmert mich mein Geschwätz vom letzten Jahr?

E. begleitete mich 1970 auf meiner Reise in die USA. Wir verbrachten einige Tage in New York und flogen dann nach Washington, wo ich mit Kissinger verabredet war. Sein Büro hatte nach meiner Erinnerung etwas Kellerartiges, das Tageslicht fiel von oben her auf den Schreibtisch. Die ärarische Möblierung war damals im ganzen sympathisch bescheiden; keine Prokuristen-Polstermöbel um einen Teakholztisch gruppiert, auf dem Kristallaschenbecher stehen. Die Ordnung von Papieren auf Kissingers Schreibtisch und auf halbhohen Schränken an den Bürowänden wirkte ein kleines bißchen zerstreut, was sie aber für Kissingers Durchblick ganz gewiß nicht war. Stilistisch könnte man, Möbel und Aktenhaufen im Auge, definieren: preußisch-professoral.

Henry wußte, daß meine Frau mit mir nach Washington gekommen war. Was sie denn tue? Sie nehme, antwortete ich, an einer Besichtigung der öffentlich zugänglichen Räume des Weißen Hauses teil. Kissinger, sehr freundlich, wies sein Vorzimmer an, Mrs. Gaus in einer Besuchergruppe ausfindig zu machen und in sein Büro zu geleiten. Als man sie geholt hatte, führte er uns beide einen kurzen, der Öffentlichkeit verwehrten Gang entlang, an dessen Ende eine Tür offenstand. Daneben wachte, in strammer Haltung, ein Marineinfanterist. Ob er sich wohl, wenn niemand in Sicht war, an die Wand lehnte? Er sah nicht so aus. Die Türöffnung war mit einer Samtkordel versperrt, wie sie in Museen benutzt wird, um Besucher in gebührender Entfernung von Ausstellungsobjekten zu halten. Hier freilich waren keine Besucher abzuwehren, hier markierte die Kordel eine Art magische Grenze.

Jetzt schlug Henry Kissinger sein Pfauenrad vor uns – und wie prächtig gelang es ihm. E. und ich, wir hätten uns dankbar begnügt, von der Kordel aus einen Blick in das Oval Office, das Amtszimmer des amerikanischen Präsidenten, zu werfen. Es war leer, Nixon weilte an diesem Freitagmittag schon im kalifornischen San Clemente. Aber Kissinger überbot sich. Er hängte die Kordel ab; der Marineinfanterist blickte konzentriert an uns vorbei auf die Korridorwand gegenüber; Kissinger ließ uns eintreten. Wir waren im Oval Office. Auf dem Schreibtisch Präsident Nixons lag ein Blatt Papier. Henry Kissinger, die Pfauenfedern ganz entfaltet, trat an den Tisch heran, hob das Blatt auf, las flüchtig, was für den Präsidenten der USA aufgeschrieben worden war, und legte es uninteressiert wieder ab. Wie wäre ich erst beeindruckt gewesen von dem Ort, hätte ich geahnt, daß nur drei Jahre später Nixon seinen Außenminister Kissinger, zu dem war Henry inzwischen aufgerückt, neben diesem Schreibtisch auf die Knie nötigte, damit sie gemeinsam wegen Watergate und dessen Folgen beteten.

Von Washington reisten wir noch für eine Woche nach Kalifornien. E. war bis dahin nicht in Amerika gewesen. Nachts gegen drei Uhr Pacific Time mußte ich antworten auf eine Frage, mit der ich seit zwei Monaten nur gespielt hatte. Ein Telefonanruf aus Deutschland holte mich im Hotel in San Francisco aus dem Schlaf. Aufgeschreckt stand ich neben meinem Bett, als mich Johannes Rau fragte, ob ich mich nun also entschieden hätte, Intendant des Westdeutschen Rundfunks zu werden. Rau, damals Wissenschaftsminister in Nordrhein-Westfalen, war der führende Sozialdemokrat in den Wahlgremien des WDR; meine Mehrheit galt als gesichert. Rau hatte in den vergangenen Wochen in den Kulissen an ihr gearbeitet. Nun sei es enthüllt; in den Zeitungen stehe, der *Spiegel*-Chefredakteur werde Intendant des WDR. Ich tat endlich, was ich vor zwei Monaten hätte tun müssen. Ich sagte, ich wolle beim *Spiegel* bleiben. Die Lust am Status eines Vielumworbenen hatte mich verführt – bis in ein unredliches Spiel hinein, wie ich nun deutlich empfand. Zehn Minuten nach Rau war Rudolf Augstein am Telefon: Was denn nun sei? Ich bekannte und bereute und versicherte ihn meiner Treue. Augstein, der Hamlet aus dem *Spiegel*-Hochhaus in Hamburg, der so oft mit Gedanken an diese und jene Veränderung getändelt hatte, war es zufrieden.

Klaus von Bismarck wurde statt meiner Intendant des Westdeutschen Rundfunks. Wir mochten einander, trafen uns oft bei Hamburger Freunden. Mich beeindruckte, mit welcher Leidenschaft er tanzte; wir fochten gemeinsam auf Podien für die Anerkennung der Oder-Neiße-Grenze. Ich verdanke ihm eine besonders schöne Bismarck-Anekdote; keine vom Alten, sondern von der Familie. Ich hatte Klaus von Bismarck, der gern ritt, eingeladen, gelegentlich der nächsten Intendanten-Konferenz in Hamburg mit mir einen Ausritt zu machen. Er nahm sofort an. Ich besorgte ihm ein Pferd, und wir ritten zwei Stunden im Sachsenwald, meinem Reitgelände östlich vor den Toren Hamburgs, an dessen Rand E., Bettina und ich, der Alleinreiter in der Familie, wohnten. Ganz natürlich kamen wir in diesem großen Forst, den der preußische König Wilhelm I. nach der Reichsgründung 1871 dem gefürsteten Reichskanzler Otto von Bismarck und dessen Nachkommen geschenkt hatte, auf die reich gewordene Verwandtschaft meines Reitgenossen zu sprechen. Auf einer langen Schrittstrecke nach einem ausgedehnten Galopp erzählte mir Klaus von Bismarck: Mitte der dreißiger Jahre habe der Enkel des Reichskanzlers, ein Diplomat im Dienst des Dritten Reichs, eine Schwedin geheiratet. Deren Vater sei wohl als irgendein höherer Gartenarchitekt am schwedischen Königshof angestellt gewesen; bürgerlicher Herkunft. Vielleicht um diesen Makel zu kaschieren (der im Hause Bismarck keiner sein durfte: die Mutter des Reichskanzlers war bürgerlichen Standes gewesen), habe der Brautvater eine ganze Reihe von Titeln auf der Verlobungsanzeige aufgeführt. Mein Bismarck schmückte die Anekdote ein wenig aus, um sie zuzuspitzen. So habe da etwa gestanden: königlich-schwedischer Gartenarchitekt, kgl.-schwed. Wasserarchitekt, kgl.-schwed. Luftarchitekt, kgl.-schwed. Feuerarchitekt und noch das eine oder andere. Klaus von Bismarcks Vater, Rittergutsbesitzer in Pommern, bedankte sich artig für die Anzeige, sagte sich zur Hochzeit an und unterzeichnete: Gottlieb von Bismarck, Vorsitzender der Viehversteigerungshalle Stargard – wir trabten wieder an und ließen unsere Pferde bald in einen heiteren Galopp fallen.

Nun war ein Sozialdemokrat Bundeskanzler geworden und ein Freidemokrat Außenminister. Und sie versuchten, nach einem Fahrplan, den federführend Egon Bahr entworfen hatte, eine Entspannungspolitik nach Osten hin vertraglich zu verankern. Schon unter Außenminister Brandt in der vorangegangenen Großen Koalition hatte ein diplomatischer Briefwechsel mit dem Ostblock begonnen. Herbert Wehner hatte damals in einer vertraulichen Aufzeichnung über solche »Gesamtdeutsche Politik und Ostpolitik« scharfsichtig vermerkt: »Die Bonner Brief-Aktionen sind, wenn man sie fortsetzt, eine Möglichkeit, den Schlüssel für die deutsche Frage in Moskau zu suchen, ohne den Moskauer Schlüssel-Bewahrer insgeheim betrügen zu wollen: Die Briefe laufen nämlich am Ende auf eine Anerkennung des Status quo hinaus. Diese Konsequenz muß man sehen, ohne daß man sie unbedingt aussprechen muß. Auf diesem Wege zu marschieren ist jedenfalls realistischer als die Konzeption des früheren Außenministers Schröder, die DDR im Ostblock zu isolieren und über Ost-Berlin hinweg sich mit Moskau zu verständigen: Diese Konzeption war nichts anderes als die Fortsetzung früherer deutscher Rußlandpolitik, die die Existenz der Staaten zwischen Deutschland und Rußland gern unberücksichtigt ließ.« So Wehner schon zu Zeiten der Großen Koalition.

Manche in der Redaktion des *Spiegel* blieben weniger intellektuell als emotional damit überfordert, Teile einer Regierungspolitik im Blatt gutzuheißen und so zu unterstützen. Zwar hatten wir die jetzt konsequent beginnende Ostpolitik publizistisch gefordert – aber nun wurde sie doch von einer Regierung praktiziert. Konnte dann der *Spiegel* noch dafür sein? Das Opponieren als einziger Daseinszweck: Auch darin trat eine apolitische Grundhaltung zutage, obwohl diese sich gab, als sei sie die Quintessenz des Politischen. Ich sah das geistig Anspannende der für den *Spiegel* ungewohnten Situation darin, Mißdeutungen als Parteinahme nicht zu scheuen beim Eintreten für Brandts Ostpolitik, aber um so genauer darauf zu achten, daß die Kritikfähigkeit gegenüber dem Handeln des Kanzlers und seiner Regierung bei Notwendigkeit erhalten blieb: keine Schonzeit für Brandt und Scheel trotz ihrer Ostpolitik. Im Grunde war es der Versuch, den *Spiegel* aus der Lagerbildung der Bundesrepublik herauszuhalten, die seit dem Regierungsantritt der sozialliberalen Koalition in Bonn und ihrer »Anerkennungspolitik« verstärkt im Gange war, zum Teil fanatisch und bösartig: »Stellt Brandt an die Wand.« Ich denke, mein Bemühen blieb eitel, hier im Sinne von vergeblich. Die Zeitläufte waren aufs Grobschlächtige eingestellt. Der *Spiegel* unter meiner Chefredaktion galt als Regierungsblatt, basta. Wahr jedoch bleibt, daß man lange wird suchen müssen, bis man in einem regierungsfeindlichen Blatt einen in der Sache so kritischen Kommentar gegen Willy Brandt finden wird, wie ich ihn Anfang 1971 im *Spiegel* veröffentlichte: »Warten auf einen Kanzler.« Brandt, so kritisierte ich, sei politisch nur teilweise ein Bundeskanzler: nur in der Außenpolitik. »Die Hinwendung zur Innenpolitik (ist von ihm) wohl nicht mehr zu erwarten ... Seiner angenehmen Art entsprechend scheint sich seine Mitwirkung (in der Wirtschaftspolitik) ... auf das Beschwichtigen zwischen den Ressort-Herren und das begütigende Zurechtrücken mißverständlicher Ministerworte zu beschränken.«

Willy Brandt fühlte sich gekränkt. Unter dem Datum des 15. Februar 1971 schrieb er mir: »Auf die Gefahr hin, daß auch Sie mich für mimosenhaft empfindlich halten: Nichts hat mir seit langem so geschadet – und zugleich weh getan –, wie Ihr böses Wort vom Teilkanzler. Ich habe mich trotzdem nicht davon abhalten lassen, das zu tun, was in diesen Wochen notwendig und möglich ist. Es wird sicher möglich sein, hierüber einmal in Ruhe zu sprechen. Im Augenblick würde allerdings nicht viel dabei herauskommen.«

Rut Brandt hat ein paar Monate später ein Gespräch zwischen dem Kanzler und mir arrangiert. Im März 1971 war sie für zwei Wochen mit E. und mir, Heiner Senfft und dessen erster Frau und dem Malerehepaar Hajek zum Ski-Langlauf ins norwegische Lappland geflogen, noch über den Polarkreis hinaus, nach Kautokeino. Eine wunderbare Zeit. An manchen Tagen trieb uns der Wind über dem unendlichen Schneefeld vor sich her, wenn wir auf unseren Skibrettern standen und die Arme ausbreiteten. Wir machten Rennen in

Rentierschlitten, und der Lappe, der unsere Gruppe als Pfad-finder begleitete, entfachte binnen kurzem aus einem Bündel Holz ein Feuer auf dem blanken Schnee und kochte Kaffee, das lappländische Nationalgetränk. Abends, im einzigen kleinen Hotel im Lappendorf, tanzten wir nach Schallplattenmusik. Ich fand Gelegenheit, Rut Brandt zu begründen, warum ich nicht davon lassen wollte, den Bundeskanzler trotz Zustimmung zu seiner Ostpolitik und viel Sympathie für den weltläufigen Melancholiker auch scharf zu kritisieren, sobald ich dafür einen Anlaß sah. Rut vermittelte daraufhin ein Gespräch in Bonn.

An einem Tag fuhren E. und ich früh mit einem Taxi, vermutlich eins von keinem Dutzend zwischen Nordpol und Polarkreis, in einer knappen Stunde ins finnische Lappland hinüber; das schwedische und russische waren für dortige Maßstäbe auch nicht sehr weit entfernt. Gleich hinter der Grenzstation wartete auf einem zugefrorenen See ein kleines, einmotoriges, schlittenkufiges, viersitziges Miet-Flugzeug, eine Piper, wenn ich es recht erinnere. Der Pilot flog uns in wenigen hundert Metern Höhe lange über schwarze Wälder und Schneewüsten, die weit über den Horizont hinausreichten. Wir sahen still hinunter. Ach, Königin, das Leben ist doch schön. Nach anderthalb Stunden landeten wir in einer kleinen Bucht des riesigen Inarisees. Die Freunde, die wir besuchen wollten, Karl-Heinz und Maria Kramberg, hatten eine orangefarbene Plane auf dem Eis ausgebreitet, damit der Pilot seinen Landeplatz erkannte. Wir kamen neben dem Eisloch zum Stehen, das die Überwinterer morgens aufhackten und aus dem sie ihr Wasser schöpften. Nach zweieinhalb Stunden würden E. und ich wieder mit dem Flugzeug abgeholt werden. Karl-Heinz (Dixi) war ein namhafter Buchrezensent im Feuilleton der *Süddeutschen Zeitung*. Mit seiner Frau Maria, so scharfzüngig wie herzensgut, gehörte er zu unserem Münchner Kegelklub »Corona«, benannt nach unserer Freundin Corona Hepp. Wir – die meisten von uns Jounalisten – gaben uns sehr exklusiv. Einst hatten wir Joachim Kaiser die so sehr erbetene Aufnahme verweigert. Die Krambergs waren Monate vorher mit zwei großen Bücherkisten – und Polarkleidung – in einem Motorboot über den See gekommen, bevor er im frühen Herbst zugefroren war bis zum späten Frühling im nächsten Jahr.

Sie wohnten in einer angemieteten staatlichen Holzfällerhütte, Sauna im Schuppen nebenan. Der nächste Nachbar, ein Lappe, Fischer und Jäger, lebte dreizehn Kilometer entfernt, er versorgte sie mit Fisch und Wild. Auf seinem Motorschlitten fuhr er die Krambergs bei Bedarf in knapp zwei Stunden über den See zu einem Dorf mit einem Lebensmittelgeschäft. Freitags wanderten sie auf Skiern zu einem Lappendorf, besuchten den finnischen Lehrer der Lappenschule, gingen gemeinsam in die Dorfsauna, feierten, redeten so gut es ging und blieben über Nacht. Zur dunkelsten Zeit des Winterhalbjahrs, das die Krambergs dort oben verbrachten, im Dezember, wurde es mittags eine knappe halbe Stunde gerade hell genug, um außerhalb der holzgeheizten Hütte lesen zu können. Kramberg schrieb viel bei Karbidleuchte; dauerhafte Rezensionen, Essays, ein Drehbuch fürs Fernsehen. Sie lebten umständlicher als in München, aber E. und ich spürten bei unserem Besuch die Zufriedenheit unserer Freunde. Als sie das flammende Bild beschrieben, das Polarlichter an den dunklen Himmel warfen, glühten sie vor Freude. Nichts Esoterisches hatte sie verlockt. Er war Soldat in Lappland gewesen und war nicht mehr von der Landschaft losgekommen. Zunächst waren er und seine Frau im Sommer dort wochenlang einsam gewandert. Als wir zu unserer beim Nachbarn per Funk angemeldeten Stippvisite kamen, überwinterten sie zum ersten Mal. Sie haben es dann viele Jahre immer wieder getan. Es hat sich nicht gefügt, daß wir sie noch einmal dort besucht haben.

Rudolf Augstein hatte seinerzeit keine finanziellen Sorgen, aber ihn plagten Ängste. Richard Gruner hatte seine fünfundzwanzigprozentige Beteiligung am *Spiegel* an den Herausgeber für vierzig Millionen Mark verkauft; das war viel Geld Anfang der siebziger Jahre. Michael Nesselhauf, damals Augsteins junger Mann, ein hochqualifizierter Jurist, einst auf dem Weg einer wissenschaftlichen Karriere, aber dann von Ehmke, dessen Assistent er an der Universität Freiburg gewesen war, an den *Spiegel*-Herausgeber vermittelt – Nesselhauf also hatte Augstein einen durchaus günstigen Kredit verschafft. Aber Augstein fühlte sich eingeengt, geängstigt gar. Jedenfalls wußte er diesen Eindruck zu erwecken. Rudolf, so scheint mir heute, hat oft ein Bild von sich vermittelt, in dem sich unentwirrbar – manchmal wohl auch für ihn selber – Wahres und Vorgetäuschtes vermischten. Er wollte nun seinerseits Anteile am *Spiegel*, der ihm jetzt allein gehörte, verkaufen. Die Rede war von fünfzig Prozent, die der Großverlag Gruner und Jahr, in dem unter anderem der *Stern* erschien, übernehmen sollte.

Vielleicht zum ersten Mal traf er auf einen Widerspruch, den nicht ein einzelner erhob, sondern eine Gruppe, die er nicht beiseite schieben konnte. Nicht nur von Linken im Haus, sondern auch von Alt-Etablierten wurde Unwillen darüber laut, die Hälfte des Blattes einem Konzern auszuliefern. Alexander von Hoffmann, Ressortleiter Politik, Hermann Gremliza, der Kopf und Wortführer der 68er Linken, Michael Nesselhauf und ich kamen am Montag, dem 18. Januar 1971, zu einem Frühstück zusammen, um über Möglichkeiten der Abwehr zu beraten. Später in der Woche gab es – außerhalb der üblichen Redaktionssitzung – mehrere Besprechungen; schließlich eine Konferenz, an der Augstein, Becker, die Chefredaktion, Nesselhauf, Gremliza und eine Redaktionskommission, die an einem Mitbestimmungsstatut arbeitete, teilnahmen. Es war praktizierte Mitbestimmung ohne Mitbestimmungsregeln. Ich formulierte den Standpunkt der Redaktion: »Rudolf, wir sind entschieden gegen den Verkauf von fünfzig Prozent des *Spiegel* an den Verlag Gruner und Jahr.« Bedenken wurden auch gegen die Preisgabe von fünfundzwanzig Prozent geäußert. Die Stille im Konferenzsaal war nach meinen dürren Worten beredt. Wir waren alle mehr oder weniger befremdet vom Ungewohnten, das wir ins Leben gerufen hatten. Aber Jupiter schleuderte keine Blitze. Augstein gab sich zufrieden.

Ich hatte nicht davon gesprochen, was wir tun würden, wenn der Eigentümer uns auslachen sollte nach unserem mannhaften Nein. Wir hatten das nicht unter uns erörtert. Ganz gewiß wären wir darüber auseinandergelaufen. Wir hatten ein Bündnis nur auf kurze Zeit geschlossen, wie sich bald zeigen sollte. Verzichtete Augstein damals auf die Nagelprobe unserer brüchigen Macht, weil er von Anfang an geplant hatte, nur fünfundzwanzig Prozent zu verkaufen? Hatte er uns einen vermeintlichen Erfolg gewährt, der ohne materielle Bedeutung für ihn war, aber sein Ansehen im Hause noch erhöhte? Augstein war vernarrt in solche Spielchen. Genau betrachtet – und erst nachträglich bedacht – war sein politisches Denken weniger auf große Linien ausgerichtet als auf die Berechnung von kleinen taktischen Schrittfolgen.

Einige Zeit nach unserem Widerspruch gegen einen Verkauf von fünfzig Prozent des *Spiegel* bat mich der Herausgeber über die Gegensprechanlage, die auf den Redaktionstischen stand, in sein Büro. Ich stieg aus dem meinen im zehnten Stock des *Spiegel*-Hochhauses in seines im elften Stock hinauf. Augstein wedelte mit einem kleinen Stück Papier: »Willst du einmal einen nennenswerten Scheck sehen, Günter?« Er reichte ihn mir. Der Scheck war ausgestellt auf vierzig Millionen Mark. Der Kaufpreis, den Gruner und Jahr für fünfundzwanzig Prozent des *Spiegel* zahlte. Es hat auch seinerzeit schon andere Formen des Geldtransfers gegeben, von Konto zu Konto. Aber Rudolf Augstein hatte den Scheck in Händen halten wollen.

Zu dieser Zeit, vor allem im ersten Halbjahr 1971, war die Redaktion in Gruppen, Ausschüssen und Vollversammlungen damit beschäftigt, ein Mitbestimmungsstatut in Struktur- und Personalfragen hitzig zu debattieren. Hinzu kamen Überlegungen, wie umzugehen sei mit der Inbesitznahme von fünfzig Prozent des Eigentums am *Spiegel*, die Augstein der Belegschaft, also neben der Redaktion auch den Verlagsangestellten, aushändigen wollte. Fünfzig Prozent und nicht ein Prozent weniger. Ich bin sicher, daran hatte ein Hintergedanke des Herausgebers mitgewirkt: Ihr wolltet mich nicht die Hälfte verkaufen lassen; nun seht zu, wie ihr mit einem Maß an Eigentum zurechtkommt, das immer wieder unausweichlich Entscheidungen fordert. Eine fein gesponnene Heimzahlung, großzügig, aber für Augstein auch eine Risikominderung bei schlechterem Geschäftsgang. Die Wirtschaft schaltete spürbar weniger Anzeigen.

In den Debatten über Art und Umfang der redaktionellen Mitbestimmung neben Herausgeber und Chefredaktion bildeten sich zwei Pole heraus: die sogenannte Hauslinke und der sogenannte Herrenclub, der sich um die »Herzöge«, die Ressortleiter, gruppierte. Der teilweise ehrabschneiderische Streit belegt im Rückblick die Verstiegenheit mancher ideologischen Glaubenswahrheiten, das Befangensein im Theoretischen, das Seminarhafte, aber auch einen Idealismus, der freilich fanatisch werden konnte, mit dem vor allem die politisierten Studenten ins real existierende Leben drängten. Der monatelange Konflikt zeigte mit seinen Ausdeutungen des angeblich höheren Sinns von Gezänk zwischen Hauslinken und Herrenclub, von Tagesordnungsraffinessen bei Vollversammlungen der Redaktion und von überkandidelten Analysen schnell wechselnder Stellungnahmen, daß die 68er bei ihrem Marsch aus den Teach-Ins durch die Institutionen früher als anderswo im *Spiegel* angekommen waren. Wir hatten die aufgeweckten Seminaristen engagiert.

Ich geriet mehr unter Feuer als Augstein. Der Herausgeber bestätigte mit seinem Widerstand gegen eine schier uneingeschränkte Mitbestimmung das Bild, das die Linken von einem kapitalistisch gesinnten Eigentümer hatten. Chefredakteur Gaus aber, der Augsteins Ablehnung der radikalen, notwendige Entscheidungen hemmenden Modelle teilte, galt als ein Abtrünniger. Hatte er nicht mit der Hauslinken die Re-Politisierung des *Spiegel* betrieben? Das hatte er.

Was den 68ern, die den Theoriejargon unter den Hauslinken bestimmten, als meine Abtrünnigkeit galt, war für mich ein Konflikt zwischen den an westdeutschen Universitäten nachgewachsenen Dogmatikern und den Pragmatikern meiner Generation. Die üble Nachrede, die ich erfuhr, hat geschmerzt. Inzwischen sind viele der damaligen Dogmatiker aus der Generation der 68er und der Pragmatiker unter den 45ern, wie ich die Jahrgänge nenne, die gleich nach Kriegsende ihre geistige Prägung erhielten, gleichermaßen zu Opportunisten geworden.

Der Machtkampf erhielt schließlich seine Zuspitzung durch den Streit zwischen dem Bonner Büro und dem sogenannten D-I-Ressort in der Hamburger Redaktion. D I war in der Zentrale zuständig für das Redigieren, gegebenenfalls Kürzen und dann und wann auch – in Absprache mit dem Bonner Büro – Umschreiben der Berichte aus Bonn. Der Konflikt, der sich daraus von Zeit zu Zeit ergab, ist dem journalistischen Gewerbe in allen Medien eingeboren. Natürlich halten sich die Korrespondenten vor Ort für die gut Informierten, weil sie den handelnden Personen des Geschehens nah sind, manchmal nicht nur räumlich. Die Redakteure in der Zentrale hingegen reklamieren für sich den

größeren Überblick und die sicherere Formulierungsfertig-
keit im Vergleich zu der heißen Feder, die manche Korrespondenten gern führen. Das Ausgleichen zwischen Bonner
Büro und D I gehörte zu meinem täglichen Brot als politischer Chefredakteur.

Einige Zeit vor den heftigen, bösartig werdenden Frak-
tionskämpfen in der *Spiegel*-Redaktion über das Maß an
Mitbestimmung hatte ich wieder einmal die Mißstimmung
und Übellaunigkeit zwischen Bonner Büro und D-I-Ressort
zu dämpfen. Später behauptete die Hauslinke agitatorisch,
ich hätte schon damals die »Zerschlagung« von D I – der
Umgangston in der Redaktion wurde martialisch, oft auch
infam – im Sinn gehabt, die Redakteure aber darüber getäuscht und »belogen«. In Wahrheit hatte ich neuerlich einen Waffenstillstand für eine möglichst lange, erfahrungs-
gemäß eher kürzere Zeit stiften wollen.

Mein alter Kollege Erich Böhme, von mir als Chef des
Bonner Büros des *Spiegel* eingesetzt, vereitelte dies am Ende.
Als der ideologisch garnierte Hader zwischen Hauslinken
und Herrenclub schon nahe der Siedehitze war, legte er
Brennmaterial nach: Er machte das Ideologische kenntlich
durch eine Personalisierung des Machtkonflikts. Ich hatte
im Düsseldorfer Büro unseres Blatts zu tun gehabt. Böhme
kam eigens aus Bonn herüber, um mir vor meinem Rückflug nach Hamburg mitzuteilen, das Bonner Büro könne und
wolle mit D I nicht mehr zusammenarbeiten. Erich Böhme
ohne Federlesen: wir oder die. Die Bonner Korrespondenten hatten bis dahin als buchstäblich Außenstehende sich
wenig eingemischt in die Mitbestimmungsfragen. Das Thema interessierte sie nur bedingt. Aber mit dem D-I-Ressort,
das Böhme mit seinem Ultimatum überzog, hat er den
Mittelpunkt getroffen: Mit dem Ressortleiter Alexander von
Hoffmann, älter als die 68er, und Hermann Gremliza, belesener Taktiker und Stratege des Feldzugs der Dogmatiker,

Ironiker von Graden, sich spiegelnd in Karl Kraus, später Herausgeber von *Konkret* – mit Hoffmann und Gremliza war D I Kopf und Seele der Hauslinken. Böhme: mit denen nicht mehr.

Viel spricht im Rückblick dafür, manche Kenner der Vorgänge führen Indizien an, daß Erich im Auftrag Augsteins gehandelt hat. Für den Herausgeber war im klassischen Sinne die Machtfrage gestellt. Dann wäre Böhme, ich denke es inzwischen, der bestellte Agent provocateur einer durch einen sachlichen Kompromiß ohne personelle Konsequenzen nicht mehr lösbaren Zuspitzung gewesen. Ich habe das seinerzeit nicht für möglich gehalten. Aber einmal auf den Verdacht gebracht, finde ich Hinweise im Charakterbild Böhmes. Er war geartet und gewohnt, sich von Stärkeren, Entschlosseneren, Entschiedeneren bestimmen zu lassen. Für einige Zeit bin ich beruflich eine solche Führkraft für ihn gewesen. Wieviel mehr konnte es Augstein sein, als er einen Helfer im Kampf für seine Machtfülle im *Spiegel* brauchte. Jedoch, jedoch: Böhme entlehnte Stärke von der Stärke jener, denen er sich überantwortet hatte. Er gewann daraus. Seine Frau Monica führte ihm später in Hamburg ein großes gesellschaftliches Haus, in dem Böhme schnell zum Salonlöwen wurde. Und er war dann zäh und umsichtig im Sichern der mit entlehnter Kraft erreichten Position.

Nach Böhmes Ultimatum im Mai 1971 flog ich bedrückt nach Hamburg zurück. Wir hatten keine Wahl: Ein auch nur arbeitsunwilliges Bonner Büro konnte sich der *Spiegel* nicht leisten. Ich hatte bis dahin gehofft, zum guten Ende könnte, auch mit meiner Hilfe, ein an der Praxis orientiertes Mitbestimmungsstatut zwischen den Gruppen ausgehandelt werden und alle Teilnehmer des Feldzugs, rechte wie linke, würden der Truppe nach überwundener Spaltung erhalten bleiben. Manche der Hauslinken taten dem Blatt journalistisch gut. Ich schätzte sie. Es war durchaus möglich,

daß einige der 68er noch nicht lange genug ihren Seminar-
übungen entwachsen waren, um schon die Entwicklungs-
stufe der praktischen Vernunft erreicht zu haben. Aber nun
konnte das nicht mehr erprobt werden. Die Frontstellung
des Bonner Büros führte unausweichlich vom Sachlichen ins
Personelle hinüber. Kurz hoffte ich noch darauf, daß mit nur
einem Opfer, der Änderungskündigung für Alexander von
Hoffmann – nicht mehr Ressortleiter D I, sondern zuständig für die wichtiger werdende Berichterstattung aus Brüs-
sel –, das tobende Gefühlsmeer in der Redaktion besänftigt
werden könnte. Verblendet Hoffnung? Macht sie so naiv, so
uneinsichtig, sich vorstellen zu können, blind Tobendes könne zur Besinnung gelangen, bevor es sich – interessehalber
auch mit gezielter Nachhilfe von Mächtigen – selber ganz
totgelaufen hat? Herausgeber und Chefredakteure beschlossen Hoffmanns Funktionskündigung. Teilte Augstein meine
Hoffnung bei diesem Beschluß? Oder zielte er schon weiter?
Er und ich, wir waren einander zugetan in diesen Jahren.
Aber wie gut habe ich ihn gekannt? Ich stelle mir die Frage
selbstkritisch.

In der Redaktion sprach sich auf den Korridoren, in der
Kantine und in der Sauna im Kellergeschoß herum – wie
denn auch nicht? –, daß Hoffmann in D I abgelöst werden
sollte. Zum Redaktionsschluß am 11. Juni 1971, am späten
Freitagabend – Engel und ich wechselten uns wöchentlich
im Spätdienst als Chefredakteur ab, ich war in dieser Woche verantwortlich – kam Alexander von Hoffmann, ein
gläubiger, durch und durch redlicher linker Spätentwickler,
in mein Büro herauf, um ganz beiläufig zu fragen, wann es
wieder einmal eine Aussprache zwischen D I und dem Bonner Büro geben werde. Ich hätte lügen können: demnächst;
dann hätte Hoffmann wieder hinuntergehen oder aus der
Deckung seiner vorgetäuschten Frage herauskommen müssen. Taktisches Verhalten widerstrebte mir, und ich sagte,

nicht unverzagt, die Redaktionsleitung wolle übermorgen, am Montag, ausführlich mit ihm sprechen. Die Wahrheit, die ich damit hatte durchblicken lassen, war für Kundige nicht mehr verschleiert. Noch in der Nacht instruierte die linke Führung ihren Anhang. Am Sonnabendnachmittag trafen sich vierzig Redakteure zu einer ersten Kampfbesprechung. Später erfuhren wir, daß erste Rechte sich der Hauslinken wenigstens verbal beigesellten. Wußte man denn, was nächste Woche sein würde? Sie sind dann alle zur etablierten Macht zurückgekehrt. Über politisches Handeln in concreto habe ich auf späteren Stationen meines Berufslebens noch bedeutend mehr gelernt. Aber über die Grundsubstanz alles Politischen, uns Menschen, war mir der Machtkampf im *Spiegel* im Jahr 1971 Lehre genug.

Am Sonntag dann versammelte sich die Gegenkraft, die Spitze des Establishments. Ein beträchtlicher Teil meiner Erinnerungen stützt sich auf ein visuelles Gedächtnis. Eine Szene wie aus einem Film über Herren der öffentlichen Meinung tritt mir wieder vor Augen – und wirkt auf mich in ihrer Klischeehaftigkeit im Rückblick erheiternd. Am frühen, noch sonnigen Juniabend rollten drei schwere, luxuriöse Wagen durch einen Privatpark zu einer weiß gekiesten Auffahrt vor einem langgestreckten Haus im NS-Stil der dreißiger Jahre. Damals war das große Landhaus gebaut worden, ein Karinhall hoch über der Elbe auf dem Weg nach Blankenese, in dem der Herausgeber des *Spiegel* seinerzeit residierte. Ich konnte die Vorfahrt gut beobachten, ich chauffierte den dritten Wagen. Ausstiegen Hans Detlev Becker, Johannes K. Engel und ich. Wir schritten zur Tür. Augsteins junger Mann, Michael Nesselhauf, war schon vor uns gekommen; sein kleines Sportkabriolett war an der Seite geparkt.

In einer filmischen Rückblende hätte gezeigt werden können, wie wir den Tag verbracht hatten: Becker war Golfspielen gewesen, sein Handicap lag damals unter zehn. Engel hatte wohl einen kurzen Törn mit seiner Segeljacht gemacht, einer Arpège, die in Travemünde ankerte. Ich war vormittags lange im Sachsenwald geritten und hatte nachmittags mit meiner Tochter das Spring-Derby in Hamburg-Flottbek besucht, von wo ich nun zur Krisenkonferenz bei Rudolf gekommen war. Wie schön sich in diesem Erinnerungsfilm Bild an Bildchen reiht, ein Klischee ans andere – und es wäre doch ein wahrheitsgetreuer Dokumentarfilm.

In der großen Halle von Augsteins Landhaus – durch die hohen Fenstertüren war ein Frachter zu sehen, der auf der Elbe stromabwärts fuhr; und nun wird der Film endlich abgeblendet –, drinnen also berichtete uns Nesselhauf, der Erkundigungen eingeholt hatte, die Redaktion erwäge einen Streik. Augstein fragte, wie viele Nummern des Blattes ausfallen könnten, bevor wegen der Verluste im Anzeigengeschäft finanzielle Engpässe entstehen würden. Nesselhauf, der die Konten kannte, antwortete unter nachdrücklicher Zustimmung Beckers, nach zwei durch Streik verhinderten Heften würde der Verlag klamm werden. Aber, so fügte er hinzu, die Redaktion werde am Ende nicht streiken. Zu viele Redakteure hätten Ratenzahlungen zu leisten für einen sehr gehobenen Lebensbedarf. Wir erörterten einen Zermürbungskampf. Film ab: Es war noch nicht ganz dunkel, als drei große Limousinen und ein kleiner Sportzweisitzer durch den Park auf die Elbchaussee zurückfuhren. Augstein stand vor seinem Haus, den ungarischen Hirtenhund neben sich, der seiner Köchin gehörte.

Ein Vierteljahr später hatten Hoffmann, Gremliza und einige andere aus der Fraktion der Hauslinken die Redaktion verlassen; ihre finanziellen Abfindungen waren nicht schäbig. Ich empfinde diese zweite, interne *Spiegel*-Krise nach wie vor als Niederlage. Am meisten irritierten mich jene Redakteure, die sich nun als Sieger sahen und den Abgestoßenen, Verstoßenen nachhöhnten. Die politischen Zeitläufte halfen uns, zum Blattmachen als unserer vorrangigen Tätigkeit zurückzufinden. Die knappe Mehrheit der Bonner Regierung schmolz durch Übertritte von Abgeordneten zur Opposition dahin. Die Ostverträge der sozialliberalen Koalition standen auf der Kippe. Bundeskanzler Brandt hatte ein Mißtrauensvotum durchzustehen. Schon früh im Jahr 1972 hatte ich einen Kommentar unter dem Titel »Neuwahlen in diesem Jahr« im *Spiegel* veröffentlicht, zu denen es dann vorzeitig im September 1972 kam. Im Herbst 1971 war Willy Brandt der Friedensnobelpreis zugesprochen worden. Er erwies mir die Ehre, mich einzuladen, mit Golo Mann und dem Stuttgarter Historiker Eberhard Jäckel, der wie ich parteilos zur sozialdemokratischen Wählerinitiative gehörte, seine Dankrede für den Festakt in Oslo zu entwerfen. An einem Sonntag saßen Mann, Jäckel und ich im Kanzlerbungalow im Park des Palais Schaumburg und schrieben auf, welche Chance für Deutschland in dieser Anerkennung seines Kanzlers lag. Oft verkannte Patrioten, die wir waren. Am Nachmittag kam Willy Brandt vom Venusberg zum Gegenlesen herunter und brachte einige Dämpfer in unserem Entwurf an.

Alljährlich in den sommerlichen Parlamentsferien besuchten Augstein und ich wichtige Politiker aus allen Fraktionen in ihren Urlaubsquartieren. Wir blieben ein, zwei Tage zu ausgedehnten, entspannten Gesprächen. Auch blödelten wir ein bißchen – schließlich waren wir in der Sommerfrische –, falls der Besuchte dem gewachsen schien. Unser Besuch im Sommer 1972 bei Walter Scheel war folgenreich. Ich zitiere hier aus einem Text, den ich als Erinnerungsblatt bei Augsteins Tod im November 2002 veröffentlicht habe:

Wir waren von Hamburg aus mit einem Lear-Jet nach Salzburg geflogen. Augstein liebte diese kleinen Dinger. Er betrat sie stets mit einem dicken Packen Zeitungen unter dem Arm, riß Artikel heraus und stopfte sie in eine Aktentasche, warf den Rest zu Boden; manches las er mir vor und minderte so meine Flugangst. Von Salzburg fuhren wir mit einem Leihwagen in einer knappen Stunde nach Hinterthal. Am Rande dieses Gebirgsdorfs im Salzburgischen hatte sich Scheel ein Ferienhaus in einem Alpenstil erbauen lassen, den »herzig« zu nennen geboten war. (Aus diesem Haus war er drei Jahre vorher zum Sondierungsgespräch mit Möller nach Karlsruhe gekommen.)

Walter Scheel und seine Frau Mildred bewirteten uns zunächst auf der Terrasse vor dem Haus mit Kaffee und Kuchen. Von hier konnte Scheel den deutschen Touristen zuwinken, die am Grundstück vorbeigingen und »hallo, hallo« riefen. Ein paarmal eilte der Außenminister zum Gartenzaun und schüttelte den Landsleuten die Wählerhände. Die Lage der Bonner Regierungskoalition war kritisch.

Augstein meinte, wir sollten hineingehen. Er bat um ein Bier, ich trank einen Whisky. In der Halle vor dem Kamin sitzend, musterte ich mit verstohlener Faszination eine Wand, in der ziemlich hoch oben eine Nische mit zwei Reihen Büchern eingelassen war. An der Wand führte eine Treppe empor. Die Bücher mußten von den Maurern in der Nische verstaut worden sein. Jetzt jedenfalls hätte man sie nur noch mit einer außergewöhnlichen Leiter erreichen können: einer, deren eines Bein um eine Treppenstufe kürzer wäre als das andere.

Rudolf Augstein sagte: »Walter, ich will für die FDP in den Bundestag. Ich kandidiere.« Keine Blödelei. Scheel gab sich sogleich entzückt von der – ihn wie mich und in der folgenden Woche die ganze Redaktion und die FDP überraschenden – Ankündigung. Er war wohl auch entzückt. Der Parteiführer sah einen Kandidaten vor sich, der für seinen Wahlkampf weniger Geld aus der Parteikasse erwartete als mitbrachte. Auch mußte er nicht erst bekannt gemacht werden. Der Vorsitzende der FDP sagte zu Augstein, es sei wunderbar, wunderbar, daß er Abgeordneter werden wolle. Er ließ sich von Mildred einen Obstler eingießen und bekräftigte noch einmal: wunderbar. Rudolf feuerte einen zweiten Schuß ab: »Und ich will Fraktionsvorsitzender werden.« Selbst der politische Praktiker Scheel war drei Atemzüge lang sprachlos. Als er sich gefaßt hatte, war er imstande, in zwei Sätzen aus einer realen Einschätzung der Lage zu einer lügenhaften Behauptung zu wechseln. Scheel sagte Augstein, das werde nicht einfach sein. Und dann fügte er – ganz gewiß gegen sein besseres Wissen – hinzu: »Dennoch, wir kriegen das hin.« Nichts sollte die gute Laune trüben, hoch auf dem gelben Wagen, an diesem Nachmittag in Hinterthal, wo den Freien Demokraten in sehr ungewissen Zeiten ein Hoffnungsträger erschienen war.

Augstein wußte für Scheel auch gleich personalpolitischen Rat. Wolfgang Mischnick, Fraktionsvorsitzender der FDP im Bundestag, sollte Präsident der Hessischen Landeszentralbank werden. Warum denn auch nicht? Scheel und Augstein gingen ums Haus, um Einzelheiten zu erörtern: welchen Listenplatz und derlei; für den von Jesus faszinierten Intellektuellen Augstein einen betont schwarzen Wahlkreis. Es blieb die einzige Blödelei des Tages, mit der freilich ernst gemacht wurde.

Auf der Rückreise nach Hamburg sprachen wir über Augsteins Absicht. Ich bezweifelte nachdrücklich, daß er Fraktionsvorsitzender werden könne. Dazu gehörte nicht viel Einblick ins politische Geschäft. In das Geflecht von Abhängigkeiten, Einflußmöglichkeiten, Interessenkoalitionen einer Fraktion kann ein Seiteneinsteiger, wer immer er ist, nicht von oben eindringen. Bemerkenswert war, wie geradezu störrisch Rudolf Augstein überzeugt war, daß er die Macht in der Fraktion der FDP übernehmen werde. Warum nicht Staatsminister bei Scheel im Auswärtigen Amt, Rudolf? Eine große außenpolitische Rede, und du bist ein Spitzenmann im Parlament. Rudolf wurde ungeduldig. In seiner schleppenden Redeweise, Gedankenstriche, Doppelpunkte und Sarkasmen konnte er stimmlich ausdrücken, kehlig der Ton, sagte er: Aber Günter, Günter... Ich kann ihn noch hören.

In den nächsten Wochen ging Augstein daran, seinen Wechsel in den Bundestag abzusichern. Er erklärte seine Herausgeberschaft für ruhend. Willy Brandt teilte er mit, als er ihn in Paderborn traf, beide auf dem Weg in ihre Wahlveranstaltungen, daß er mich für ein etwaiges Angebot, Regierungssprecher zu werden, nicht aus meinem Vertrag entlassen werde. Mit der Hauspost stellte mir Augstein einen Schuldschein über eine sechsstellige Summe zu, fällig, wenn ich am 1. Januar 1974 noch Chefredakteur des *Spiegel* wäre. Rudolf wollte einen Zeitvorrat anlegen, um im Bundestag Fuß zu fassen. Ich habe den Schuldschein nicht einlösen können.

Brandt und Scheel und ihre Koalition gewannen die Wahl. Augstein wurde Bundestagsabgeordneter und feierte im Bonner Kanzleramt – ich schrieb in Hamburg einen Kommentar: »Die Last des Sieges«. Es war Augsteins letzter frohgemuter Auftritt als Parlamentarier. Wolfgang Mischnick – aber Rudolf, Rudolf – blieb Fraktionsvorsitzender. Nach den ersten Sitzungswochen in Bonn kam Augstein regelmäßig zu uns nach Reinbek heraus. Er wirkte unsicherer, als ich ihn je sonst erlebt habe. Wir wanderten im Sachsenwald, manchmal bis zu Bismarcks Mausoleum in Friedrichsruh. Rudolf rezitierte Fontanes schwache Ballade über die Ehrfurcht noch in mehr als tausend Jahren vor dem großen Toten, der hier ruht. Auch gesungen hat er. Geredet haben wir über seinen Platz in der Fraktion: also nicht Vorsitzender. Einer der Stellvertreter? So und so viele gibt es. Sollte Augstein versuchen, einen weiteren Stellvertreter vorzuschlagen? Würde er eine Mehrheit dafür finden? Manche in der Fraktion hatten eine offene Rechnung mit dem *Spiegel*. Das Hin und Her, die Unsicherheiten in Augsteins Bündnissuche endeten schließlich in der Alternative: Graf Lambsdorff oder Augstein. Lambsdorff wurde 1972 einer der stellvertretenden Fraktionsvorsitzenden der FDP. Was nun, Rudolf? Doch Staatsminister im AA?

Unter der Woche verbrachte Augstein viel Zeit im Bonner Büro des *Spiegel*. Suchte er Unterschlupf in einem vertrauten Milieu und Halt an einer selbstbestimmten Hackordnung? Die Bonner Korrespondenten des Blattes berichteten mir, manche Informanten, die ins Büro kämen, fühlten sich geniert, sozusagen ertappt, wenn sie Augstein dort sitzen sahen. Könnte ich ihm vielleicht einen Wink geben? Es erübrigte sich. Ende November 1972 fragte mich Brandt, ob ich als beamteter Staatssekretär zu ihm ins Kanzleramt kommen wollte und alsbald als Ständiger Vertreter der Bundesrepublik – Brandt sagte: Botschafter – nach Ost-Berlin gehen. Nach einiger Bedenkzeit sagte ich zu. Augstein, der so oft seinem Geschöpf, dem *Spiegel*, zu entfliehen versucht hatte – zu Frauen, ins Bücherschreiben, in Neugründungen –, kehrte für diesmal erleichtert zum Journalismus zurück. Meine Zeit als Chefredakteur des *Spiegel* war zu Ende.

Bettina Gaus
Ein Nachwort

Die letzten beiden Sätze des vorliegenden Fragments haben
meine Mutter und ich in Absprache mit dem Verlag umge-
stellt. »Meine Zeit als Chefredakteur des *Spiegel* war zu
Ende.« – Es erschien uns schlüssiger, das letzte Kapitel damit enden zu lassen als mit einem Hinweis auf die beruflichen Wünsche von Rudolf Augstein nach 1972. Das nach-
gelassene Manuskript eines toten Ehemannes und Vaters
ändert man ungern, und man verfährt dabei besonders zurückhaltend. Der Autor kann sich nicht mehr wehren und
sein Werk nicht mehr verteidigen. In diesem Fall wurde uns
die Entscheidung allerdings dadurch erleichtert, daß wir
überzeugt sind: Er wäre unserer Meinung gewesen. Warum
hat er diesen Abschnitt seiner Erinnerungen dann nicht
selbst so abgeschlossen, wie es – nach vielen Gesprächen
kann ich schreiben: gewiß – seinem Verständnis des publizistischen Handwerks entsprach?

Unwichtig können meinem Vater die letzten Sätze, die er
für die Öffentlichkeit schrieb, nicht gewesen sein, zumal er
angesichts der Schwere seiner Erkrankung befürchten
mußte, daß es eben die letzten bleiben würden. Er schmeckte
Formulierungen stets sehr sorgfältig ab, und er grübelte
lange über Antworten auf Fragen nach, sogar über scheinbar nebensächliche. Punkt, Komma oder Semikolon? Mein
Vater kannte die Macht der Sprache. Er wußte, wieviel ein

Autor von sich auch unfreiwillig preisgeben kann, wenn er seine Worte nicht sorgsam wägt, und er hat solche Selbstentblößungen, wenn sie anderen unterliefen, gelegentlich ebenso lustvoll wie spöttisch analysiert.

Was mein Vater zu Papier brachte, das meinte er. Er hat alle seine Bücher von Hand geschrieben, in einer altmodischen, schwer lesbaren und sehr persönlichen Adaption der Sütterlin-Schrift. Den ersten Satz zuerst, den letzten Satz zuletzt. Eine solche Arbeitsweise erzwingt Disziplin und verbietet Flüchtigkeit. Im Ergebnis spielt es keine Rolle, ob ihm gar nichts anderes übrigblieb oder ob dies das absichtsvolle Resultat der Verweigerung gegenüber modernen Entwicklungen gewesen ist.

Die intellektuellen Chancen, die der Entwicklung des Computers innewohnen, sind meinem Vater fremd geblieben. Von leichter Hand geführte Neugliederungen eines Kapitels, das mühelose Umstellen ganzer Absätze oder die vorübergehende Ablage von Abschnitten, die gerade nicht mehr so recht zu passen scheinen, in neu angelegten Dateien: All das hat er sich nie erlaubt, und er hat es sich auch nicht erlauben können. Die handwerklichen Kenntnisse, die dafür benötigt werden, standen ihm nicht zu Gebote. An einer Stelle dieses Buches schreibt er, er wolle nicht mehr lernen, wie das Internet funktioniert, und er gibt vor, damit die technischen Abläufe zu meinen. Das ist reine Hochstapelei. Er wußte ja nicht einmal, wie man googelt. Allerdings muß man sagen: Für das, was mein Vater zur Arbeit benötigte, brauchte er das auch nicht zu wissen. Sein Gedächtnis arbeitete fotografisch und präzise. Wie oft habe ich, wenn ich selbst an einem Artikel schrieb, den einfacheren und schnelleren Weg gefunden, ihn nach einem Datum oder einem Sachverhalt zu fragen, als das Archiv zu bemühen? Ungezählte Male. Bis heute verwähle ich mich gelegentlich.

Welche Dateien mein Vater hinterlassen habe, wurden meine Mutter und ich nach seinem Tod oft gefragt. Und welcher Ordnung er dabei gefolgt sei. Keine Dateien. Keiner Ordnung, außer der in seinem Kopf. Bis zum Ende seines Lebens hat er die Fähigkeit zur Unterscheidung dessen behalten, was für ihn wichtig und was für ihn unwichtig gewesen ist. Wenn er, oft durchaus selbstironisch, gegen die von ihm befürchteten Begleiterscheinungen der modernen Kommunikationstechnologien wütete – Oberflächlichkeit und Flachsinn –, dann habe ich manchmal überlegt: Wie hätte er wohl als Zeitgenosse auf die Erfindung der Buchdruckerkunst reagiert? Die er – natürlich – noch höher schätzte als die Erfindung des Rades. Negativ hätte er reagiert, wie ich vermute. Mein Vater war ein konservativer Mensch. Revolutionen waren seine Sache nicht.

Das ist nicht gleichbedeutend mit Maschinenstürmerei. Einer seiner letzten Wünsche, den er noch im Krankenhaus äußerte, war die Anschaffung eines der modernsten und vielseitigsten Handys, die auf dem Markt zu haben sind. Was hätte ausgerechnet er mit einem solchen Gerät anfangen können, der bis zum Schluß an der schlichten Aufgabe scheiterte, einen Anruf vom Schlafzimmer meiner Eltern in deren Wohnzimmer umzuleiten? Gar nichts hätte er damit anfangen können. Besitzen wollte er es halt. Es ist traurig, daß ihm das Vergnügen versagt geblieben ist, gegenüber seiner sechzehnjährigen Enkelin Nora mit diesem Handy anzugeben. Das hätte ihm soviel Spaß gemacht. Dafür – und nur dafür – wäre er sogar bereit gewesen, einige der Funktionen des Geräts zu erlernen.

Humor, Konservativismus, Genußfähigkeit und eine – resignative – Einsicht in die Grenzen der eigenen Möglichkeiten: wenn ich meinen Vater mit nur sehr wenigen Begriffen charakterisieren wollte, dann fände ich diese Eigenschaften und Verhaltensweisen eine brauchbare Grundlage. Zwingend müßte allerdings noch die bedingungslose Solidarität mit denen genannt werden, die er für schwächer hielt als sich selbst. Und vor allem für schwächer als jene, die er als die privilegierte Schicht seiner eigenen, westdeutschen Gesellschaft betrachtete.

Schwächer. Das kann materiell oder politisch verstanden werden. Mein Vater hatte in dieser Hinsicht ein weites Herz. Auch die Kennzeichnung der Bedingungslosigkeit ist nicht einfach so dahingeschrieben. Sie konnte die Bereitschaft zu Loyalität und Verständnis gegenüber Menschen einschließen, deren Verhalten oder Überzeugungen er für falsch hielt. Selbst dann, wenn er wußte, daß er sich mit dieser Form der Treue selbst angreifbar machte – und dafür dann auch angegriffen wurde. So eine Haltung nennt man, glaube ich, Anstand. Das ist eine anstrengende Haltung, für die Umgebung ebenso wie für diejenigen, die sie einnehmen. Wer sie dauerhaft einnimmt, braucht gelegentlich Stützen. Aufbrausende Aggressivität kann eine solche sein.

Aber keine dieser Eigenschaften und Verhaltensweisen erklärt, weshalb mein Vater das letzte von ihm geschriebene Kapitel so ganz anders beendet hat als die vorangegangenen Abschnitte seiner Erinnerungen. Der von ihm gewählte Schluß hing seltsam in der Luft. Warum hat er das zugelassen? Weil er eben nicht nur der kühle, streng sachliche Analytiker war, den die Öffentlichkeit kannte, sondern auch ein Mann, der geprägt war von den Gefühlen, den Bräuchen und den kollektiven Erinnerungen seines kleinbürgerlich-bäuerlichen Herkunftsmilieus. An das er sich liebevoll und mit Respekt erinnerte und dessen Gedankengebäude er tief verinnerlicht hatte – was seinen Blick darauf nicht etwa trübte, sondern schärfte. Aberglaube ist ein Schlußstein dieses Gebäudes.

»Meine Zeit war zu Ende.« Einen solchen Satz hätte mein Vater nicht als letzte Formulierung vor einem Aufenthalt im

Krankenhaus gewählt. Das wäre ihm als schlechtes Omen erschienen.

Zweimal war er im Laufe seines letzten Lebensjahrzehnts an unterschiedlichen Erscheinungsformen von Krebs erkrankt, zweimal durfte er hoffen, die Krankheit überwunden zu haben. Dann wurde im März 2004 überraschend ein großer Speiseröhrentumor diagnostiziert, der eine sehr schwere Operation unausweichlich erscheinen ließ. Ein weiteres, ein letztes Mal wurde ihm unmittelbar vor Augen geführt, daß das Leben endlich ist. Er bat vor dem Eingriff, der ihm bevorstand, um einen kleinen Aufschub. Zwei Werktage, zwischen denen ein Wochenende lag. Wenigstens das Kapitel, an dem er zu diesem Zeitpunkt gerade arbeitete, wollte er noch beenden. Er hat es beendet. Die letzten Sätze diktierte er bis spät in den Abend hinein, bevor er dann am nächsten Morgen mit seinem Handkoffer endgültig das Haus in Reinbek verließ, das fünfunddreißig Jahre lang sein Zuhause gewesen war.

Die Spuren, die Tante Anna in seinem Leben hinterließ, reichten tiefer als die lebenslange Neigung zu Erdbeertorte. Zwar hätte er es gewiß niemals einer Wahrsagerin und ihrem Pendel überlassen, das eigene Schicksal oder das Los vertrauter, nahestehender Menschen vorherzusagen. Er hätte sich nicht von Scharlatanen dahingehend trösten lassen mögen, daß Ottchen gar nicht tot war. Oder daß er selbst den Krebs besiegen könnte. Aber es konnte ja dennoch nicht schaden, wenn man sich – vorsichtshalber, nur vorsichtshalber – an bestimmten Richtlinien orientierte, an Ritualen, an Regeln, die vielleicht – wer weiß, wer weiß – doch eine gewisse Sicherheit zu bieten vermochten. Und die unter anderem besagten: Man schreibt nicht vom Ende, wenn man sich für eine Operation in eine Klinik begibt, die das Leben kosten kann.

Geholfen hat es nichts. Ihm nicht, uns nicht und nicht all denen, die gerne noch mehr von ihm erfahren hätten. »Das alles ist verloren«, sagte Egon Bahr auf der Trauerfeier in der Marienkirche zu Berlin, deren Turm zu diesem Zeitpunkt von einem riesigen Werbeplakat für Sat 1 beherrscht wurde. Anke Engelke hat somit meinem Vater in gewisser Weise den letzten Segen erteilt. Das hätte ihm nicht gefallen, obwohl er ihr komödiantisches Talent schätzte. Er hatte eben eine konservative Grundhaltung. Werbung an Kirchtürmen: das schien ihm nicht ziemlich zu sein. Er wollte die Kommerzialisierung der Gesellschaft nicht auch noch an diesem Punkt erleben müssen. Daß nicht etwa das Antlitz des Kapitalismus, sondern dessen Fratze beim Abschied von meinem Vater das letzte Wort zu behalten schien, das hätte ihn geschmerzt. Allerdings wohl kaum überrascht. Vielleicht hätte ihn die würdige Predigt von Pfarrer Christhard-Georg Neubert ein wenig getröstet.

Das alles ist verloren: Egon Bahr meinte die Erinnerungen meines Vaters an seine Zeit als Staatssekretär im Kanzleramt, an seine Erlebnisse als erster Leiter der Ständigen Vertretung der Bundesrepublik bei der DDR, an den Zusammenbruch der DDR und auch seine Ansichten über die Entwicklung des vereinten Deutschland, die ihm unheimlich war. Ja, das alles ist verloren. Endgültig. Egon Bahr hat recht. Oder irrt er? Es hat nicht an wohlmeinenden Ratschlägen gefehlt von Leuten, die glaubten, die Erinnerungen meines Vaters ließen sich auf die eine oder andere Weise ersetzen. Material gebe es schließlich genug, und wenn alle Beteiligten guten Willens seien, dann könne das Projekt nicht fehlgehen.

Die erstaunlich hohe Zahl derartiger Anregungen, die uns erreichte, erweckt den Verdacht, daß in der Mediengesellschaft allmählich die Grenzen zwischen einem Individuum und dessen öffentlichen Äußerungen verschwimmen – jedenfalls in den Augen mancher, die von einem Verlust nicht unmittelbar persönlich betroffen sind. Sie scheinen Fernsehsendungen, auf Konserve gebannt, und archivierte Artikel mit der vollständigen Persönlichkeit ihres Urhebers zu verwechseln. Was für ein bedrückendes Menschenbild. »Warum sollte das Memoiren-Fragment von Günter Gaus unvollendet bleiben?« schrieb einer, der ihn gut gekannt hat, in einem Brief, und ich möchte gar nicht darüber nachsinnen, zu welch bissigen Kommentaren eine solche Frage meinen Vater veranlaßt hätte.

Sondern sie nüchtern beantworten. Die Memoiren von Günter Gaus bleiben unvollendet, weil Günter Gaus tot ist. Erinnerungen haben die Eigenschaft, subjektiv zu sein. Jedenfalls dann, wenn man eine solche Aufgabe ernst nimmt und sich selbst erinnert. Also eben nicht einen anderen oder eine andere damit betraut.

Mein Vater hat sich selbst erinnert. An seine Kindheit, seine Jugend, an den Krieg, die Nachkriegsjahre und an die Zeit seines beruflichen Aufstiegs. Also an mehr als die Hälfte seines Lebens, an Jahre mithin, in denen er sich wenig oder gar nicht für die deutsche Frage und die deutsche Nation interessiert zu haben scheint. In dem Kapitel, das von seiner Zeit als Programmdirektor des Südwestfunks erzählt, nennt er einige Beispiele, die seiner Ansicht nach beweisen, daß ihn die deutsche Teilung und deren Folgen schon zu einem sehr viel früheren Zeitpunkt beschäftigt haben, als ihm selbst bewußt gewesen ist. Vielleicht ist das so gewesen. Ich will da nicht postum mit ihm rechten. Aber als Beleg dafür scheint mir eine gelegentliche journalistische oder journalistisch-administrative Beschäftigung mit einem der zentralen politischen Themen der deutschen Nachkriegsgeschichte denn doch nicht hinreichend zu sein. Und wenn er sich tatsächlich schon Jahre vor seiner Amtszeit in der DDR für dieses Thema interessiert haben sollte, dann hat er das zumindest weitgehend für sich behalten.

1974 besuchte ich meine Eltern als damals immerhin Siebzehnjährige erstmals in Berlin. Ich war überrascht zu erfahren, daß der Westteil der Stadt vollständig vom Gebiet der DDR umschlossen war. Dieses für mich heute kaum noch nachvollziehbare Maß an Kenntnislosigkeit schockierte meinen Vater und meine Mutter tief. Zu Recht, wie ich finde. Für aufschlußreich halte ich meine Ignoranz dennoch. Besonders viel kann bei uns zu Hause über die deutsche Teilung bis dahin nicht geredet worden sein.

Ich bin in einem Elternhaus groß geworden, in dem politische Gespräche, in Gegenwart und auch unter Einbeziehung eines Kindes oder einer Heranwachsenden, ebenso selbstverständlich zum Alltag gehörten wie eine Unterhaltung über den Gesundheitszustand der Großeltern oder mögliche Ausflugsziele am kommenden Wochenende. Die Ermordung von John F. Kennedy 1963 – damals war ich sechs Jahre alt –, der Einmarsch von Truppen des Warschauer Paktes in Prag 1968, das gescheiterte Mißtrauensvotum gegen Willy Brandt im Bundestag 1972 und sogar der ferne Putsch gegen den chilenischen Präsidenten Salvador Allende 1973: All diese Ereignisse hatten eine Bedeutung für mich, persönliche Reminiszenzen waren und sind damit verknüpft, nicht zuletzt an gelegentlich erbitterte Streitgespräche im Familienkreis. Aber Berlin? Die deutsche Identität? Das war für meinen Vater und »seinesgleichen« lange, sehr lange kein Thema gewesen. Die Zäsur, die der Wechsel nach Ost-Berlin für sein Leben bedeutete, gewinnt in meinen Augen dadurch noch mehr an Gewicht.

Wie gesagt: Erinnerungen sind stets subjektiv. Auch meine Rückschau kann keinen Anspruch darauf erheben, ein letztgültiges Urteil zu sein. Weder meine Mutter noch ich wünschen, die Deutungshoheit über das politische Vermächtnis meines Vaters so zu beanspruchen, wie es manche Familien und insbesondere Witwen anderer Verstorbener heute gerne tun. Einige Rahmendaten sind für das Verständnis seines Lebenslaufes allerdings nicht unwichtig, und sie erklären – zumindest teilweise – die Rangfolge der politischen Prioritäten, die mein Vater bis in die siebziger Jahre des letzten Jahrhunderts hinein für sich gesetzt hat. Wir hatten keine Verwandten in der DDR. Weder im überwiegend intellektuellen Freundeskreis meiner Eltern noch in der überwiegend nicht-intellektuellen, weitläufigen Familie gab es jemanden, der durch die deutsche Teilung irgend etwas eingebüßt hatte, was als schwerwiegender Verlust empfunden worden wäre.

Halt, das trifft nicht zu. Während ich dies schreibe, fällt mir ein, daß eine enge Freundin meiner Eltern im Zuge der Vereinigung von einer in bescheidenen, wenngleich auskömmlichen Verhältnissen lebenden Frau zu einer reichen Erbin geworden ist. Mein Vater, der den Grundsatz »Rückgabe vor Entschädigung« zeitlebens für eine politisch wie wirtschaftlich katastrophale Fehlentscheidung hielt, hat ihr das von Herzen gegönnt und ihr auf jedem Schritt des Weges durch die Instanzen jeden nur denkbaren Erfolg gewünscht.

Gottlob. Wie schauerlich muß der Umgang mit jemandem sein, der sogar das Schicksal der Menschen, die ihm nahestehen, stets und in jeder Situation durch den Filter seiner Überzeugungen laufen läßt! Das hat mein Vater nie getan. Und wenn er die politischen Prozesse, die einer Entscheidung zugrunde lagen, für noch so falsch hielt: Niemals hätte ihn das daran gehindert, sich vorbehaltlos mit jemandem und für jemanden zu freuen, der daraus Nutzen ziehen konnte, ohne vorher Lobbyist in eigener Sache gewesen zu sein. Mein Vater hatte Grundsätze. Aber ein Prinzipienreiter war er nicht.

Das ist jedoch nicht der Grund, weshalb ich den Fall der Freundin meiner Eltern für erwähnenswert halte. Bemerkenswert finde ich vielmehr, daß ich – die ich sie ziemlich gut kannte – erst mehrere Jahre nach dem Zusammenbruch der DDR überhaupt erfuhr, daß sie an diese Entwicklung berechtigte Hoffnungen auf Wohlstand knüpfen durfte. Die Vorkriegsstellung: Sie spielte keine Rolle in dem Nachkriegsdeutschland, das ich kennengelernt habe, jedenfalls nicht in materieller Hinsicht. Hin ist hin, weg ist weg. Wie hätte der linksliberale, prononciert nicht-revanchistische Freundeskreis dieser Frau, zu dem meine Eltern gehörten, wohl reagiert, hätte sie 1968, 1977 oder auch 1986 angemerkt, und sei es schüchtern, daß da noch einige Fragen – Eigentumsfragen! – aus ihrer Sicht ungeklärt seien. Mit Hohn und Spott wäre sie übergossen worden. Aber hat sie selbst damals überhaupt diese Fragen für ungeklärt gehalten? Ich bezweifle das.

Für meine Eltern und diejenigen, die ihnen geistig nahestanden, schien jahrzehntelang die deutsche Frage beantwortet zu sein, in jeder Hinsicht und dauerhaft. Oder doch zumindest in dem Zeitmaß dauerhaft, das ein Menschenleben erfassen kann. Freude oder gar Genugtuung hat das nicht ausgelöst. Die Teilung des Landes wurde meiner Erinnerung nach als ein zwar hoher, aber zugleich als unvermeidlicher Preis für die Verbrechen des Nationalsozialismus und den verlorenen Krieg betrachtet. Demokratisierung von Staat und Gesellschaft, Abkehr von jeder Form des Nationalismus und vor allem auch des Militarismus: Das waren zentrale Anliegen jenes westdeutschen intellektuellen Milieus, das die Restauration ebenso fürchtete wie ablehnte und in ihr die größte Bedrohung für die allmählich erstarkende Bundesrepublik sah.

International sollte gedacht werden. Eine gefühlvolle Bindung ans eigene Land, ans eigene Volk gar? Gefährlich. Man hatte gesehen, wohin das führen kann. »Ich liebe nicht den Staat, ich liebe meine Frau.« Der Satz des Bundespräsidenten Gustav Heinemann wurde zum geflügelten Wort, weil er das Lebensgefühl und das Credo all derer zusammenfaßte, die – ungeachtet dessen, was sie politisch voneinander trennte – mit dem Amtsantritt des Sozialdemokraten 1969 die Hoffnung auf einen politischen Wechsel verbanden. »Ich liebe unser Land«, sagte am 23. Mai 2004 Horst Köhler in seiner ersten Rede, nachdem er ins höchste Staatsamt gewählt worden war.

Das hätte meinem Vater, der einige Tage vorher gestorben war, nicht gefallen. Obwohl er die Empfindung, mindestens in der zweiten Hälfte seines Lebens, teilte. Aber es ist für ihn eben nur (nur?) eine Empfindung gewesen. Kein Postulat. Als er 1974 seinen Posten in Ost-Berlin antrat, da glaubte er, in ein fremdes Land zu reisen. Daß sein neues Arbeitsgebiet interessant sein würde und eine reizvolle intellektuelle Herausforderung bedeutete: das hat er gewußt. Wie stark ihn die Begegnung mit dem anderen deutschen Staat und den dort lebenden Menschen sofort und unmittelbar emotional berührte – das hat vermutlich niemanden so sehr überrascht wie ihn selbst.

1983 zog er in seinem bei Hoffmann und Campe veröffentlichten Buch *Wo Deutschland liegt* eine erste öffentliche Bilanz seiner Zeit als westdeutscher Vertreter in Ostdeutschland. »Wer oft durch das schöne Land drüben gefahren ist, wer das gar noch privilegiert wie ich tun konnte: nicht unterwegs zu Verwandten, auf ein Ziel hin, sondern schlendernd sozusagen, mit allen Sinnen zum Aufnehmen bereit –, der hat immer wieder einmal, wenn er im entsprechenden Alter ist, eine Art Erinnerungsschlag gegen das Herz erhalten. Mir ist das so ergangen, einem Braunschweiger, der drüben lebte, als er fünfzig Jahre alt wurde. Zunächst begriff ich nicht, wenn ich durch ein mecklenburgisches Dorf, eine thüringische Kleinstadt fuhr, was mich anwehte; am Ortsrand etwa, da, wo die Dorfstraße in die Chaussee überging, mit Obstbäumen auf beiden Seiten. Dann aber wurde mir bewußt, daß ich, obwohl als Kind niemals dort gewesen, einen äußeren

Eindruck umgesetzt hatte in das Nacherleben einer Autofahrt mit den Eltern in den dreißiger Jahren: durch ein anderes Dorf und eine andere Kleinstadt, aber doch durch dieselbe – und hier muß ich sagen *deutsche* – Ortsbeschaffenheit.«

Deutsche Ortsbeschaffenheit. Mein Vater hatte zu seinem Lebensthema gefunden, das ihn bis zum Schluß nicht mehr loslassen sollte: Die Liebe zum eigenen Land – und die Sorge darüber, wohin es steuert. Den Schritt zum Nationalstolz oder gar hin zum Nationalismus hat er nicht getan. In seinem Mißtrauen gegen alles, was danach roch und schmeckte, blieb er sich treu.

Der zitierte Abschnitt aus seinem Buch legt Mißverständnisse nahe. Daß es Sentimentalität gewesen sei und die romantische Verklärung alter Zeiten, die in meinem Vater die Zuneigung zu Land und Leuten geweckt hatten: das kann man in die Zeilen hineinlesen. Eine solche Interpretation ließe jedoch außer acht, in welch starkem Maß bei einem homo politicus, wie er es war, frühe Prägungen eben nicht nur die Grundlage für Gefühle, sondern auch und gerade für Analysen bilden. Die linke Gesinnung meines Vaters hatte ihre Wurzeln in seiner Kindheit und Jugend. Er hatte am eigenen Leib erfahren, was materielle Sorgen, existentielle Ängste und auch soziale Diskriminierung bedeuten können. Vergessen hat er es nie.

Ihm ist Nähe zum System der DDR und zu den dort Mächtigen von Gegnern immer wieder unterstellt worden. Diese Unterstellungen waren oft böswillig, manchmal auch nur albern: Daß er die Fahne der DDR bei seiner Akkreditierung – wie bei solchen Anlässen üblich – gegrüßt hatte, wurde beispielsweise besonders übel vermerkt. Wie hätten es die Kritiker denn gerne gehabt? Welche Form des Männermuts vor Herrscherthronen schwebte ihnen vor? Hätte mein Vater, die Faust geballt, entschlossen rufen sollen: »Nieder mit dem Kommunismus! Reißt die Mauer ein!«

Manchen Leitartiklern hätte das gewiß gefallen. Ob dies ein erfolgversprechender Weg gewesen wäre, jene menschlichen Erleichterungen für die Bewohner der DDR zu erreichen, die eines der wesentlichen Ziele der Diplomatie der kleinen Schritte waren, steht auf einem anderen Blatt. Aber unter den Auswirkungen derart heroischen, wenngleich – für Westdeutsche – weitgehend folgenlosen Widerstands hätten ja nicht die Kommentatoren selbst zu leiden gehabt.

Der Weg vom Merker zum Täter, wie mein Vater selbst seinen Wechsel aus dem Beruf des Journalisten in den des Diplomaten bezeichnet hat, befriedigte ihn, und er machte ihm darüber hinaus auch einfach Spaß. Siebzehn Verträge hat er mit der DDR ausgehandelt, darunter die Vereinbarung über den Bau der Autobahn zwischen Hamburg und Berlin, auf die er besonders stolz war. Ungezählte Male hat er die Strecke selbst befahren. Ob er es je tat, ohne sie Beifahrern gegenüber, durchaus selbstironisch, als »Gaussche Autobahn« zu bezeichnen? Falls ja, dann bin ich jedenfalls nicht dabei gewesen.

Die Vorstellung ist abwegig, daß jemand, der Erfolg so sehr genossen hat wie er, mühselige Verhandlungen anders geführt haben könnte als vom Wunsch beseelt, für die eigene Seite ein möglichst günstiges Ergebnis zu erzielen. Ebenso abwegig wie die Vorstellung, daß eine Regierung einen Diplomaten mehr als sechs Jahre lang immer wieder mit außerordentlich schwierigen Aufgaben betraut, der ein augenzwinkerndes Verhältnis zu seinen Verhandlungspartnern entwickelt hat. Nein, alle Vorwürfe, die – ausgesprochen oder unausgesprochen – die Grenze zum Parteienverrat streifen, diskreditieren sich bereits durch den ihnen innewohnenden Mangel an Logik. Was allerdings noch nie jemanden beeindruckt hat, der Fakten nur dann zur Kenntnis nimmt, wenn sie geeignet sind, die eigene, vorgefaßte Meinung zu bestätigen.

Die Einschätzung, dass mein Vater für das System der DDR neben aller – offenkundigen – Kritik, die er daran hatte, auch weniger offenkundige Sympathie empfand, ist dennoch nicht falsch. Anders als manche derjenigen, die sich daran heute nicht mehr so gerne erinnern, hat er allerdings nie einen Zweifel daran gehabt und gelassen, welchen deutschen Staat er für den menschlicheren hielt und in welchem er lieber leben wollte. Westdeutschland, keine Frage. Kein Kind der Aufklärung – und er war ein Kind der Aufklärung – hätte individuelle Menschenrechte wie Wahlrecht und Freizügigkeit zu Freiheiten erklärt, die umständehalber zur Disposition gestellt werden können. Das hat ihm jedoch nicht den Blick darauf verstellt, daß es auch noch andere Menschenrechte gibt. Weniger leicht definierbar, aber nicht weniger bedeutsam.

Wehmütig, wie mir scheint, schrieb er in dem Buch *Wo Deutschland liegt* im Blick auf die DDR »von der ganz selbstverständlichen Gewißheit des mitteldeutschen Kleinbürgerstandes – im Kern: Arbeiter und Genossenschaftsbauern –, die tonangebende gute Gesellschaft zu sein. Es ist für ihn nichts da, wohin er nach oben schielen könnte. Dem allgemeinen Bewußtsein mangeln der Respekt, die insgeheime Bewunderung, das Unterlegenheitsgefühl, alle jene Unsicherheiten, die, meistens uneingestanden, einen Bewußtseinsfaktor hierzulande bilden, der das Empfinden und Verhalten vieler Menschen mitbestimmt. Es gibt weder den Juniorchef noch seinen Herrn Vater; weder den Großbauern noch den Honoratiorentisch: jene Größen fehlen, die in unserer gegliederten Gesellschaft für eine breite Aufsteigerschicht ein Stachel im Bewußtsein sind; ein Stachel zum Nacheifern oder der ständigen Erinnerung an Unterschiede, die man für sich nicht aufheben konnte.«

Da ist sie wieder. Die Solidarität mit jenen, die er als schwächer, als unterprivilegiert empfand. Mein Vater kannte den Preis, der für diese – nur scheinbar klassenlose – Gesellschaft entrichtet worden war, und er hat auch darüber geschrieben: über die fast vollständige Abwanderung des mittleren und gehobenen Bürgertums in den Westen, solange das noch möglich war. Ganz gewiß hat er eine Gesellschaft nicht als ideal betrachtet, die an ihren Gliedern amputiert worden war. Und doch, und doch: Seine Befriedigung darüber ist unleugbar, daß die sogenannten kleinen Leute – eine Kennzeichnung, die er niemals herablassend gebrauchte – das Sagen hatten im anderen deutschen Staat.

Ob er seinen Vater, an dem er besonders hing, vor Augen hatte, wenn er Genugtuung über das Selbstbewußtsein von Kleinbürgern in der DDR äußerte und empfand? Im Fragment seiner Erinnerungen erwähnt er eine Reise mit seinem Vater nach Paris. Was er nicht erwähnt, aber oft erzählte: daß mein Großvater auf diesen Ausflug in die große Welt nicht nur begeistert, sondern auch verunsichert reagierte. Fremd war ihm der Sohn plötzlich geworden, der sich darin so souverän zu bewegen schien. Bis dann ein Kellner auftauchte, der mehrfach nachfragte, ob mein Vater seine auf französisch aufgegebene Bestellung für das Frühstück tatsächlich ernst meinte. Und der sich schließlich, als mein Vater nachdrücklich bejahte, in gutem Deutsch und einigermaßen fassungslos erkundigte: »Sie wünschen wirklich – rohe Eier?« Nein, die wünschte er nicht. Mein Großvater hat diese Begebenheit übrigens noch sehr viel häufiger geschildert als mein Vater und niemals ohne ein sehr anrührendes, schadenfrohes Kichern. Der Kellner hatte ihm seinen Sohn zurückgegeben.

Der Wunsch nach Selbstbewußtsein und materieller Sicherheit für die nicht tonangebenden Schichten der Gesellschaft: Das waren tragende Säulen des politischen Koordinatensystems, das mein Vater für sich entwickelt hatte. Neben der Lehre, die er aus Krieg und Rassismus der Na-

tionalsozialisten gezogen hatte. »Nie wieder!« Als er befürchtete, die SPD werde sich über dem, was sie derzeit offenbar unter »Modernisierung« und »Reformen« versteht,
von ihrer Rolle als Anwältin der Schwachen verabschieden,
und als er darüber hinaus den Eindruck gewann, sie hielte
Militäreinsätze inzwischen für eine neue, vielversprechende
Form der Diplomatie: da ist er 2001, kurz nach dem Beginn
des Afghanistan-Krieges, ebenso unauffällig und leise aus
der Partei ausgetreten, wie er 1976 eingetreten war.

Er hätte die Gründe für seinen Parteiaustritt gerne noch
einmal ausführlich dargestellt. Er wollte auch noch einmal
von seiner Zeit als Ständiger Vertreter erzählen, von seinem
kurzen Zwischenspiel als Wissenschaftssenator in West-Berlin, von seiner – überaus engagierten – Arbeit als Herausgeber der Wochenzeitung *Freitag* und der *Blätter für deutsche und internationale Politik*. Bis zuletzt hat er sich
beteiligt an der öffentlichen Diskussion. Ohne Amt, ohne
Mandat und ohne Funktion. Der Einfluß, den er noch immer nehmen konnte, war erstaunlich für jemanden, der seit
1981 »privatisiert« hatte. Er hätte es sich gewünscht, die
politische Debatte noch viel länger mitzubestimmen. Mein
Vater hatte einen (vergleichsweise) gnädigen Tod, aber lebenssatt: nein, lebenssatt ist er nicht gewesen. Bis zu seinem
letzten Tag wollte er sich einmischen und überzeugen.

Auch deshalb – vor allem deshalb – ist es ihm ein Anliegen gewesen, seine Memoiren abzuschließen. Wenigstens
einmal die eigene Sicht der Dinge am Stück und ohne Furcht,
unterbrochen zu werden, darzustellen zu dürfen: das wäre
für ihn ein großes Glück gewesen. Es hat nicht sollen sein.
Seine Erinnungen an seine Zeit in der DDR und danach bleiben ungeschrieben.

Ungeschrieben bleibt auch das letzte Kapitel seiner Erinnungen. Es sollte die Überschrift tragen: »Klar«. Noch einmal widerfuhr meinem Vater im Dezember 2001, was ihm

im Laufe seines Lebens so oft widerfahren ist: Er interessierte sich für ein Thema, er sah eine berufliche Herausforderung – und er fand einen Menschen. Im Besucherraum des Gefängnisses Bruchsal in Baden-Wüttemberg führte er für seine Reihe »Zur Person« das erste Fernsehinterview mit dem ehemaligen RAF-Terroristen Christian Klar, der zu diesem Zeitpunkt seit neunzehn Jahren inhaftiert war.

Nervös wirkte der damals Neunundvierzigjährige auf ihn. Die erkennbare Mühe, die es dem Häftling bereitete, sich zu konzentrieren, hat meinen Vater tief verstört. Er konnte keinen Sinn in einer Fortdauer der Haft mehr sehen. Weder den der Resozialisierung noch den der Vereitelung weiterer Straftaten. Er sah nur einen Mann, dessen Taten er mißbilligte und für dessen Recht auf eine eigene, wenigstens in Teilen noch selbstbestimmte Biographie er bis zuletzt eingetreten ist.

Ich habe meinen Vater nur sehr selten weinen sehen. Als er mir erzählte, daß Klar auf einer Postkarte um Gnade gebeten hat, die ein Segelschiff zeigte, da weinte er. Er hat das Maß der Sehnsucht nach Freiheit, das er aus diesem Motiv herausgelesen hat, nur schwer ertragen. Seinen diskreten Bemühungen um eine Begnadigung des Gefangenen blieb der Erfolg versagt. Das hat er nicht mehr erleben müssen. Es war uns, seiner Familie, vergönnt, ihm an seinem Todestag – an dem er sich zum letzten Mal nach dem Stand der Dinge erkundigte – wahrheitsgemäß zu sagen, die Angelegenheit sei noch nicht entschieden. Das ist sie, wenn man so will, noch immer nicht. Nichts ist endgültig, solange Menschen leben.

Berlin, im Juni 2004

ANHANG

»Die Geschichte und wir«
(Abituraufsatz von Günter Gaus
aus dem Jahre 1949)

Als wir um 10 Uhr aus dem Theater kamen, war die Geschichte schon geschehen. Maria war aus dem Hause fort-
gegangen. Ihren neuen grauen Mantel hatte sie angezogen,
Kaffeewasser für uns aufgesetzt, und dann hatte sie uns verlassen. Wir saßen im Theater, und sie mußte die Treppe hin-
untergegangen sein, die Haustür hinter sich zugezogen haben und durch die Straße gegangen sein. Sicherlich lief sie.
Sie verspürte wohl Angst. Aber weglaufen, welcher Gedanke? Wir wohnen nicht in einer vornehmen Straße. Ma-
rias Weg führte an schlechten Gaststätten und dunklen Tor-
einfahrten vorbei. Unsere arme Maria. Unsere schlechte
Maria. Bestimmt sah sie der Kriegsverletzte, der an diesen
hellen Sommertagen bis spät in die Nacht hinein an der Ecke
vor dem Gemüseladen bettelte, dann die Else K., der man
vorwarf, eine Dirne zu sein. Die stand gleich in der Nähe
unseres Hauses, unbeweglich wartete sie jeden Abend. Vielleicht aber auch nur auf ihren Mann aus Rußland. Außer
diesen beiden Menschen konnten Maria gesehen haben:
Herr M. sowie Fräulein Karin v. H. Sie trafen sich bisweilen vor der Haustür des Herrn M.

Nun wußten wir also, wie es geschehen war. Es, die Geschichte. Maria hatte uns verlassen, der und der und die und
die mußten sie gesehen haben in ihrem grauen Mantel. So
war die Geschichte. Und wir, wie waren wir? Mutter hatte

inzwischen den Kaffee aufgegossen, das Wasser hatte Maria uns noch hingestellt. Es war gut, diesen Kaffee zu trinken und an Maria zu denken. Mein Vater weinte am Tische. Er hatte Maria nie geschlagen, nie getadelt und nie geliebt. Sie waren gutmütig aneinander vorbeigegangen. Plötzlich sagte Mutter: »Vielleicht hat sie einen Brief zurückgelassen. Maria.«

Wir suchten sogleich. Sooft wir auf ein Teil stießen, das eine Verbindung mit Maria besaß, hielten wir ein. Da hatte Mutter oder Vater oder ich dann ein Wäschestück, ein Buch oder Bild in der Hand, und wir sprachen von ihr. Wir sprachen nicht gut oder schlecht über sie, wir sagten Alltägliches.

»Morgens holte sie Milch. Sie kochte Essen. Sie hatte Freunde. In der Schule war sie sehr gut.« Das sagte Mutter, denn sie war stolz auf Maria. Und damit hatte sie recht, schließlich war Maria eine Schreibmaschinenkraft, so hieß es in ihrem Betrieb. Ich lachte, als sie es erzählte, mein Vater hatte dunkle Augen vor Schmerz.

Wir suchten also oder erzählten. So verhielten wir uns in dieser Geschichte.

Leider fanden wir keinen Brief von Maria. Ich war sehr müde geworden und legte mich ins Bett. Lange Zeit, so schien es mir, hörte ich Mutter Geschirr spülen. »Bald«, überlegte ich, »schlägt es zwölf. Dann ist Maria gestern von uns gegangen!« Bald würde es vorgestern sein, bald überhaupt nicht mehr wahr. Damals mußte ich in der Schule ein Gedicht lernen. Ein Mann bat die Götter, einen Fluch von ihm zu nehmen. Maria war nicht unser Fluch gewesen, und ich wollte nicht beten. Natürlich kann ich nicht sicher sagen, was meine Eltern an jenem Abend noch besprachen, ich schlief ja. Aber ich kann es mir gut denken. Mutter wird das Geld gezählt haben, mein Vater saß wohl auf dem Sofa, die Beine hochgezogen und die Augen geschlossen. Dann

sagte die Frau: »Es ist eine Geschichte mit Maria.« »Ja.«
Kummer und Gram dieses Gesprächs legten sich auf meinen Schlaf. Als meine lieben Eltern dann in ihre Kammer
gingen, schien ihnen der Mond in das Gesicht. Mein Vater,
der genau spürte, daß jener sie verlache, zog die Vorhänge
zu und erstickte den Mond darin. Dann zog er sich aus, legte
das Bruchband ab und hätte nun schlafen können. Aber Maria war von uns gegangen.

Am Tage darauf kam das Mädchen zurück. Die Geschichte war zu Ende. Ich kann versichern, daß meine Eltern und
ich uns fast genauso verhielten wie an allen Tagen.

Niemand fragte: Warum? Und keiner merkte die Unter-
lassung. Wir fragen nicht; wir verstehen nicht zu fragen, da
uns niemand fragt. Wir leben, fraglos leben wir. Sie dürfen
nicht glauben, ich wüßte nichts über Geschichte, ich kenne
nur Geschichten. Es war keine Vergangenheitsarbeit, es war
keine Flucht. Dies sollte eine heilsame Geschichte sein. Hören Sie mir bitte gut zu:

Nietzsche unterscheidet drei Möglichkeiten der Geschichtsbetrachtung: die monumentale, die antiquarische
und die kritische. Er sieht in der monumentalen Betrachtung
eine Möglichkeit, Kraft zum Weiterleben zu gewinnen, aus
dem Erkennen des Großen heraus. (Wie überhaupt seine
ganze Geschichtsarbeit aus erkennendem Sehen und nicht
aus Forschung besteht.) Die antiquarische Geschichtsbetrachtung ist bestrebt, sorgfältige Kleinarbeit zu leisten. Sie
verharrt ohne Ausblicke in die Zukunft. Diese Ausblicke gestattet vor allem die kritische Arbeit. Sie soll, nach Nietzsche, aus der Vergangenheit das »nur Gewesene« herauslö-
sen. Deutlicher: Sie soll Zeitloses von Zeitbedingtem trennen.

Was aber haben wir aus der Geschichtsbetrachtung gemacht? Es ist uns nicht gelungen, eine gültige Deutung zu
finden. Immer wieder versuchen wir, aus der Geschichte heraus Begründungen für unser gegenwärtiges Handeln abzu-

leiten. Das ist in der Weise, die wir bisher anwandten, nicht möglich, ja, es kann verbrecherisch werden. Wir müssen endlich einsehen, daß das Grundphänomen, daß etwas geschieht (Geschichte), ewig ist, aber wie und warum etwas geschieht, wandelbar.

Unser ganzes Denken ist ausgefüllt von Geschichte. Schon Nietzsche spricht von der Gefahr der »Zuvielgeschichte«.

Wir brauchen eine geschichtslose Zeit als notwendige Schonzeit für unsere Generation. *Das ist keine Flucht!* Es ist im Gegenteil ein Schritt zu den Quellen zurück.

Ich sage: Die Geschichte ist ein Mosaikbild. Die Bausteine der Bilder sind die Menschen, in Beschaffenheit und Stärke immer gleich. Das Mosaikbild aber wandelt sich, als unsere Geschichte. Unter diesen Wandlungen aber werden einige Steine zerrieben, durch alle geht ein Schmerz.

Bei den Wandlungen, die unsere Welt seit 100 Jahren durchlebt, laufen wir in naher Zukunft Gefahr, als Steine in der Gesamtheit zerrieben zu werden. Wir laufen diese Gefahr, wenn wir aus der Geschichte weiterhin Stoff zu heldischmonumentalen Volkslesebüchern und nationalbetonten Gefühlen entnehmen.

Diese Ideen der Geschichte waren gut, als sie harmonisch sich ergaben. Jetzt sind sie tot. Wir aber versuchen, unfähig die harmonischen Gesetze zu erkennen, sie immer und immer wieder zu beleben. Das liegt allein daran, daß unsere Geschichtsbetrachtung fast ausschließlich nationalmonumental ist (das wollte Nietzsche bestimmt nicht). Kritische Betrachtung ist nur an den Punkten gestattet, an denen die Harmonie der Geschichte die Disharmonie der monumentalen Betrachtung zu stören droht.

Wir brauchen eine geschichtslose Zeit. Wir dürfen nicht mehr auf die Geschichte sehen, wir müssen den Menschen suchen. Denn der Mensch ist die einzige Münze, mit der auf dieser Welt gehandelt wird. Sein Wert bestimmt alle Werte. Er ist die Geschichte oder sollte sie jedenfalls sein. Die Achtung vor ihm haben wir verloren, das macht auch die Geschichte wesenlos. Finden wir ihn und die Achtung vor ihm, dem einzelnen, wieder, entdecken wir die Geschichte neu. Das ist aber erst der zweite Schritt! Die menschliche Geschichte.

Sie werden nun verstehen, warum ich jene Kurzgeschichte schrieb. Wir brauchen den Mut zu ganz *einfachen Leuten und ihrer Geschichte*. Das ist gesagt für die Geschichte im allgemeinen.

Geschichte heute? Seien Sie ehrlich: Wir stehen ihr hilflos gegenüber. Wir sind ihr nicht verwandt. Aber eine häßliche Vetternwirtschaft verbindet uns dennoch mit ihr. Man stellt die Gleichung auf: Geschichte + Menschheit = ? Es soll etwas dabei herauskommen. In der Tat entstehen: Taten und Tote, Helden und Lügner, Tapfere und Lebende. Bisweilen werden auch große Menschen. Ihr Los ist schwer. Nach fünfzig Jahren sind sie entmenscht, da sie zu Geschichte wurden. Für die meisten anderen Leute, für mich und Sie, gilt, daß sie nur Geschichte machen, wenn man Geschichte mit ihnen macht.

Verzeichnis der Fernsehinterviews

»Zur Person«   ZDF

1963

10.04.1963	Ludwig Erhard
12.06.1963	Edmund Rehwinkel
10.07.1963	Gustaf Gründgens
04.09.1963	Sefton Delmer
02.10.1963	Thomas Dehler
15.10.1963	Otto Brenner
30.10.1963	Martin Niemöller
11.12.1963	Edward Teller

1964

08.01.1964	Herbert Wehner
04.03.1964	André François-Poncet
01.04.1964	Willi Daume
29.04.1964	Franz Josef Strauß
27.05.1964	Arthur Koestler
24.06.1964	Erich Mende
22.07.1964	Eugen Gerstenmaier
30.09.1964	Willy Brandt
28.10.1964	Hannah Arendt

25.11.1964	Josef Hermann Abs
23.12.1964	Kasimir Edschmid

1965

07.01.1965	Fritz Erler
21.01.1965	Kai-Uwe von Hassel
04.03.1965	Golo Mann
01.04.1965	Walter Hallstein
20.05.1965	Sir Hugh Carlton Green
10.06.1965	Ulrich de Maizière
28.09.1965	Günter Grass
14.10.1965	Rainer Barzel
18.11.1965	Oswald von Nell-Breuning
16.12.1965	Otto von Habsburg
29.12.1965	Konrad Adenauer

1966

08.02.1966	Helmut Schmidt
21.04.1966	Asher Ben-Nathan

»Zu Protokoll« SWF

1967

08.10.1967	Klaus Schütz
03.12.1967	Rudi Dutschke

1968

28.01.1968	Christiaan Barnard

24.03.1968	James Dotson und Neil Keltner
19.05.1968	Herbert Wehner
08.09.1968	Franz Josef Strauß
03.11.1968	Gustav Heinemann
08.12.1968	Karl Schiller

1969

02.02.1969	Walter Scheel
30.03.1969	Indira Gandhi
18.05.1969	Graf Wolf von Baudissin
13.07.1969	Dorothee Sölle

1970

26.04.1970	Horst Ehmke
21.06.1970	Carl Theodor Freiherr von und zu Guttenberg
04.10.1970	Helmut Kohl

1971

03.01.1971	Joachim Steffen
07.03.1971	Hans Jochen Vogel
06.06.1971	Gerhard Schröder (CDU)
19.09.1971	Rainer Barzel
07.11.1971	Heinz Oskar Vetter
19.12.1971	Erhard Eppler

1972

13.02.1972	Julius Döpfner
09.04.1972	Ulrich de Maizière
04.06.1972	Egon Bahr

| 17.09.1972 | Rudolf Augstein |
| 29.10.1972 | Hermann Dietzfelbinger |

1973

| 15.01.1973 | Norbert Blüm |

»Deutsche«   **WDR**

1984

08.01.1984	Albrecht Schönherr
19.02.1984	Richard von Weizsäcker
01.04.1984	Otto Schily
27.05.1984	Aenne Burda
15.07.1984	Lothar Späth
19.08.1984	Oskar Lafontaine
02.09.1984	Stephan Hermlin

1985

20.01.1985	Christa Lewek
17.03.1985	Fritz Landshoff
26.05.1985	Heiner Geißler
09.06.1985	Eva Rühmkorf
04.08.1985	Franz Steinkühler
22.09.1985	Ernst Engelberg
12.10.1985	Thomas Dehler
03.11.1985	Edzard Reuter
08.12.1985	Hans Mayer
29.12.1985	Heinrich Albertz

1986

02.02.1986	Rita Süßmuth
20.04.1986	Otto Reinhold
15.06.1986	Wolf Biermann
07.09.1986	Reinhard Mohn
02.11.1986	Martin Walser
14.12.1986	Franz Xaver Kroetz

1987

01.03.1987	Willy Brandt
29.03.1987	Kurt Biedenkopf

1989

09.04.1989	Hermann Kant
28.05.1989	Daniel Cohn-Bendit
22.10.1989	Erich Kuby

»Zur Person«   **DFF**

1990

13.02.1990	Friedrich Schorlemmer
20.02.1990	Lothar de Maizière
27.02.1990	Gregor Gysi
06.03.1990	Ingrid Köppe
14.03.1990	Christoph Hein
20.03.1990	Hans Modrow
17.04.1990	Gottfried Forck
08.05.1990	Markus Meckel

11.06.1990	Heinz Warzecha
09.07.1990	Peter-Michael Diestel
06.08.1990	Markus Wolf
03.09.1990	Manfred Stolpe
01.10.1990	Horst Klinkmann
29.10.1990	Barbara Thalheim
26.11.1990	Klaus Gysi

1991

05.02.1991	Heinrich Fink
11.03.1991	Wolfgang Thierse
15.04.1991	Volker Braun
27.05.1991	Hans-Jochen Vogel
24.06.1991	Wolfgang Ullmann
12.08.1991	Stefanie Spira
16.09.1991	Regine Hildebrandt
28.10.1991	Angela Merkel
25.11.1991	Joachim Gauck
23.12.1991	Hans Bentzien

»Zur Person«   **ORB**

1992

06.02.1992	Ulf Fink
12.03.1992	Bernhard Vogel
19.03.1992	Gustav Just
28.04.1992	Manfred Stolpe
30.04.1992	Thomas Langhoff
11.06.1992	Günter de Bruyn
03.09.1992	Gisela Oechelhaeuser

08.10.1992	Friedrich Wolff
12.11.1992	Albert Hetterle
17.12.1992	Ellen Brombacher

1993

21.01.1993	Jurek Becker
25.02.1993	Christa Wolf
10.03.1993	Ignatz Bubis
25.03.1993	Rolf Hochhuth
22.04.1993	Kurt Mätzig
10.06.1993	Wolfgang Mattheuer
31.08.1993	Jens Reich
19.10.1993	Johannes Rau
07.12.1993	Richard Schröder

1994

08.02.1994	Rolf Kutzmutz
29.03.1994	Roman Herzog
26.04.1994	Hildegard Hamm-Brücher
31.05.1994	Helga Königsdorf
13.09.1994	Karl Döring
11.10.1994	Walter Jens
15.11.1994	Rudolf Scharping
13.12.1994	Richard von Weizsäcker

1995

31.01.1995	Reinhard Höppner
05.03.1995	Frank Castorf
09.04.1995	Egon Bahr
28.05.1995	Gerhard Schürer
10.09.1995	Joschka Fischer

21.10.1995	Alexander Schalck-Golodkowski
18.11.1995	Wolfgang Schäuble
16.12.1995	Heide Simonis

1996

27.01.1996	Rudolf Bahro
24.02.1996	Oskar Lafontaine
23.03.1996	Lothar Bisky
13.04.1996	Daniela Dahn
11.05.1996	Norbert Blüm
15.06.1996	Werner Eberlein
13.07.1996	Dieter Hildebrandt
17.08.1996	Heinz Berggruen
14.09.1996	Willi Sitte
12.10.1996	Antje Vollmer
09.11.1996	Katharina Thalbach
07.12.1996	Ignatz Bubis

1997

25.01.1997	Kurt Böwe
22.02.1997	Volker Rühe
22.03.1997	Berndt Seite
26.04.1997	Otto Prokop
31.05.1997	Jiri Grusa
28.06.1997	Gustav-Adolf Schur
06.07.1997	Inge Viett
03.09.1997	Wolfgang Clement
01.10.1997	Helmut Thoma
29.10.1997	Hans-Jochen Tschiche
19.11.1997	Hermann Kant
17.12.1997	Günter Grass

1998

21.01.1998	Burkhard Hirsch
18.02.1998	Sigmund Jähn
18.03.1998	Johannes Mario Simmel
15.04.1998	Hartmut Bagger
13.05.1998	Claus Peymann
10.06.1998	Gerhard Schröder
01.07.1998	Wolfgang Kohlhaase
26.08.1998	Helmut Kohl
16.09.1998	Katharina Witt
18.11.1998	Harald Ringsdorff
16.12.1998	Georg Tabori

1999

20.01.1999	Michael Succow
17.02.1999	Otto Schily
17.03.1999	György Konrad
14.04.1999	Valentin Falin
12.05.1999	Dagmar Schipanski
09.06.1999	Moritz Mebel
07.07.1999	Peter Ensikat
01.09.1999	Michael Naumann
29.09.1999	Matthias Platzeck
27.10.1999	André Brie
24.11.1999	Günter Gaus (anläßlich seines 70. Geburtstags interviewt von Egon Bahr)
01.12.1999	Jörg Schönbohm
22.12.1999	Margot Käßmann

2000

19.01.2000	Jutta Wachowiak

16.02.2000	Hermann Scheer
15.03.2000	Edzard Reuter
19.04.2000	Hans-Christian Ströbele
17.05.2000	Klaus Schlesinger
21.06.2000	Gabriele Zimmer
19.07.2000	Renate Künast
16.08.2000	Adolf Dresen
20.09.2000	Rudolf Dreßler
18.10.2000	Christa Wolf
15.11.2000	Siegfried Unseld
13.12.2000	Andrea Fischer

2001

24.01.2001	Inge Keller
09.02.2001	Paul Spiegel
14.03.2001	Harald Schmidt
11.04.2001	Peter Struck
09.05.2001	Alice Schwarzer
13.06.2001	Bruno Ganz
18.07.2001	Gisela May (100. Sendung)
22.08.2001	Helmut Holter
19.09.2001	Eduard Geyer
17.10.2001	Nida-Rümelin
14.11.2001	Lenka Reinerowa
12.12.2001	Christian Klar

2002

16.01.2002	Klaus Wowereit
13.02.2002	Egon Günther
13.03.2002	Thomas Flierl
10.04.2002	Jutta Limbach
15.05.2002	Peter Sodann

12.06.2002	Günther Jauch
10.07.2002	Heinrich Graf von Einsiedel
21.08.2002	Frank Schirrmacher
25.09.2002	Jo Jastram
23.10.2002	Henry Kissinger
13.11.2002	Edgar Most
11.12.2002	Renate Schmidt

2003

15.01.2003	Wolfgang Hilbig
12.02.2003	Hilmar Kopper
12.03.2003	Dieter Stolte
09.04.2003	Heinz-Florian Oertel
14.05.2003	Jochen Kowalski
11.06.2003	Kurt Sanderling
09.07.2003	Franz Müntefering
20.08.2003	Henning Scherf
17.09.2003	Bärbel Höhn
15.10.2003	Gerhard Wolf
12.11.2003	Jürgen Böttcher (Strawalde)
26.11.2003	Gerhard Schröder

2004

14.01.2004	Wolfgang Menge
11.02.2004	Sahra Wagenknecht
08.03.2004	Edelgard Bulmahn

Bücher von Günter Gaus

Zur Person. Porträts in Frage und Antwort, München 1964

Bonn ohne Regierung? Kanzlerregiment und Opposition. Bericht, Analyse, Kritik, München 1965

Gespräch mit Hannah Arendt, München 1965

Staatserhaltende Opposition oder Hat die SPD kapituliert? Gespräche mit Herbert Wehner, Reinbek bei Hamburg 1966

Plädoyer für den Rechtsstaat, Karlsruhe 1969

Zur Wahl gestellt: CDU/CSU, SPD, FDP, NPD, DKP, SDS. Interviews und Analysen, hg. von Günter Gaus, Reinbek bei Hamburg 1969

Texte zur deutschen Frage. Mit den wichtigsten Dokumenten zum Verhältnis der beiden deutschen Staaten, Darmstadt u.a. 1981

Wo Deutschland liegt. Eine Ortsbestimmung, Hamburg 1983

Deutschland und die Nato. 3 Reden, Reinbek 1984

Die Welt der Westdeutschen. Kritische Betrachtungen, Köln 1986

Zur Person. Von Adenauer bis Wehner. Portraits in Frage und Antwort, Köln 1987 (neue, erweiterte Aufl.)

Deutschland im Juni. Eine Lektion über deutsch-deutsche Befindlichkeiten, Köln 1988

Wendewut. Eine Erzählung, Hamburg 1990

Über Deutschland und die Deutschen, Berlin 1990

Deutsche Zwischentöne. Gesprächs-Porträts aus der DDR (Friedrich Schorlemmer, Lothar de Maizière, Gregor Gysi, Ingrid Köppe, Christoph Hein, Hans Modrow), Hamburg 1990

Günter Gaus im Gespräch mit Ulf Fink, Bernhard Vogel, Gustav Just, Thomas Langhoff, Gisela Oechelhaeuser, Friedrich Wolff, Albert Hetterle, Ellen Brombacher, Berlin 1993

Günter Gaus im Gespräch mit Christa Wolf, Rolf Hochhuth, Kurt Maetzig, Wolfgang Mattheuer, Jens Reich, Berlin 1993

Kein einig Vaterland. Texte von 1991 bis 1998, Berlin 1998

Zur Person. Portraits in Frage und Antwort, Berlin 1998 (neue, erweiterte Aufl. in 5 Bänden)

Was bleibt, sind Fragen. Die klassischen Interviews, hg. v. Hans-Dieter Schütt, Berlin 2000

Zeittafel

1929: Am 23. November wird Günter Gaus in Braunschweig als Sohn eines Kaufmanns geboren.

1949–1951: Nach dem Abitur Studium der Geschichte, Germanistik und Kunstgeschichte an der Universität München.

1951–1952: Ausbildung an der Journalistenschule, dem späteren Werner-Friedmann-Institut, in München mit Volontariaten bei verschiedenen Zeitungen.

1952–1958: Redakteur bei der *Badischen Zeitung*, Freiburg (1952–56), dann bei der *Deutschen Zeitung und Wirtschaftszeitung* (Stuttgart, ab 1957 Bonn).

1955: Gaus heiratet Erika Butzengeiger. Aus der Ehe geht eine Tochter hervor: Bettina (geb. 1956).

1958–1965: Politischer Redakteur beim *Spiegel* in Hamburg und Bonn (1958–1961) und bei der *Süddeutsche Zeitung* (1961–1965).

1963: Start der Interviewreihe »Zur Person« im ZDF. Erster Interviewpartner ist der damalige Bundeswirtschaftsminister Ludwig Erhard. Gaus führt seitdem über vier Jahrzehnte hinweg Fernsehgespräche mit Prominenten aus Politik, Wissenschaft und Kunst und wird mit dieser TV-Reihe berühmt.

1964: Adolf-Grimme-Preis für »Zur Person«.

1965: Programmdirektor und stellvertretender Intendant des Südwestfunks. Mit der Veröffentlichung des Buches *Bonn ohne Regierung? Kanzlerregiment und Opposition* stellt sich Gaus als politischer Publizist vor.

1966: Erster Moderator und Leiter des TV-Nachrichtenmagazins »Report« aus Baden-Baden. Veröffentlichung von Gesprächsaufzeichnungen mit Herbert Wehner unter dem Titel *Staatserhaltende Opposition oder Hat die SPD kapituliert?*

1969–1973: Als Chefredakteur des *Spiegel* ist Gaus einer der wichtigsten journalistischen Befürworter der Ostpolitik von Bundeskanzler Willy Brandt.

1973: Willy Brandt ernennt Gaus zum Staatssekretär im Bundeskanzleramt.

1974–1980: Nach Inkrafttreten des Grundlagenvertrags wird Gaus zum ersten Ständigen Vertreter der Bundesrepublik bei der DDR ernannt. Als »Chefunterhändler« der Bundesrepublik Deutschland handelt er insgesamt 17 Abkommen mit der DDR aus, darunter die Verkehrsverträge über den Bau einer neuen Autobahn Berlin–Hamburg, den Ausbau des Teltow-Kanals und die Pauschalierung der Straßennutzungsgebühren im innerdeutschen Reiseverkehr.

1976: Eintritt in die SPD.

1981: Im Januar Abberufung vom Posten des Ständigen Vertreters der Bundesrepublik bei der DDR. Bis zu Neuwahlen im Mai Wissenschaftssenator im neu gebildeten Berliner Senat des Regierenden Bürgermeisters Hans-Jochen Vogel. Danach widmet Gaus sich verstärkt journalistischen und publizistischen Aufgaben. In seinen Büchern beschäftigt er sich vor allem mit der Analyse der west- und ostdeutschen Gesellschaft. Im Oktober beruft ihn der SPD-Vorsitzende Brandt zum deutschland- und außenpolitischen Berater der Internationalen Kommission beim SPD-Vorstand.

1982: Der Film »Blick zurück – nach vorn«, in dem Gaus seine persönlichen Erfahrungen in und mit der DDR thematisiert, wird im ZDF ausgestrahlt.

1983: Veröffentlichung des Buches *Wo Deutschland liegt. Eine Ortsbestimmung*, in dem sich Gaus mit den Lebensverhältnissen in der DDR auseinandersetzt.

1984: Beginn einer neuen Fernseh-Interviewreihe im WDR unter dem Titel »Deutsche«.

1986: Veröffentlichung des Buches *Die Welt der Westdeutschen. Kritische Betrachtungen*, ein Psychogramm der westdeutschen Gesellschaft.

1988: Gaus wird für seine Interviewreihe »Zur Person« mit der »Besonderen Ehrung« des Adolf-Grimme-Preises ausgezeichnet. Veröffentlichung des Buches *Deutschland im Juni*.

1989: Nach dem Fall der Mauer regt Gaus eine »Deutschland-Konferenz der vier Siegermächte« mit dem Ziel einer »zentraleuropäischen Konföderation« anl.

1990: Gaus startet im Deutschen Fernsehfunk (DFF) eine neue Folge seiner erfolgreichen, nun von Alexander Kluge produzierten Reihe »Zur Person« mit Interviews bekannter politischer Persönlichkeiten der DDR, die er nach der Wiedervereinigung beim ORB fortsetzt. Mit der Erzählung *Wendewut* tritt er zum ersten Mal literarisch hervor. Mitherausgeber der linksorientierten Wochenzeitung *Freitag*.

1991: Verleihung des Deutschen Kritikerpreises. Januar–Juni: Mitglied im neu geschaffenen Rundfunkbeirat der fünf neuen Bundesländer.

1998: Veröffentlichung von *Kein einig Vaterland. Texte von 1991 bis 1998.*

1999: Die im Laufe der Zeit entstandenen über 180 Interview-Porträts werden an das Haus der Geschichte der Bundesrepublik Deutschland in Bonn in Form einer Videodokumentation übergeben.

2002: Verleihung des Berliner Verdienstordens.

2004: Günter Gaus stirbt am 14. Mai während der Arbeit an seinen Memoiren im Alter von 74 Jahren an Speiseröhrenkrebs.

Personenregister

Abich, Hans 215 f.

Adenauer, Konrad 131,
143, 151, 157, 174 f.,
183–187, 198 ff., 207,
222, 234 f., 255, 257,
263, 281, 289 f.

Agartz, Viktor 183 f.

Ahlers, Conrad 301 f.

Ahlsen, Ria 264

Allende, Salvador 336

Altmeier, Peter 220

Arendt, Hannah 202 f.

Armstrong, Louis 179

Arnold, Hans 216

Augstein, Katharina 165 f.

Augstein, Rudolf 13, 148,
164–169, 175, 248 f.,
277, 284–288, 296 ff.,
304 f., 304 f., 309,
315–318, 320 f., 323–
329

Axen, Hermann 91

Baez, Joan 182

Bahr, Egon 16, 18, 241,
279, 281, 299 f., 310,
334

Balzac, Honoré de 138

Barnard, Christiaan 193

Bauer, Leo 280 f., 299 f.

Becher, Johannes R. 136

Becker, Hans Detlev
165 f., 169, 204, 248,
284 f., 288, 297, 315,
322 f.

Bekessy, Imre 155

Bekessy, Janos 155

Bendix, Ralph 242 f.

Bergengruen, Werner 136

Beumelburg, Werner 136

Biedenkopf, Kurt 183

Bilk, Acker 179

Birnbaum, Immanuel 177

Bischoff, Friedrich 205

Bismarck, Gottlieb von
310

Bildnachweis

»Ein wichtiger Beitrag
zur Zeitgeschichte«
Die Zeit

Die Fernsehinterviews, die
Günter Gaus in den 60er Jahren
mit einer Reihe hochrangiger
Persönlichkeiten führte, gelten
heute als Klassiker dieses
Genres: Die sachbezogene und
zugleich emphatische
Gesprächsführung steht stellver-
tretend für das demokratische
Ideal des respektvollen, seriösen
Kommunizierens. Zugleich sind
die Interviews – mit Konrad
Adenauer, Rudi Dutschke,
Gustaf Gründgens, Thomas
Mann, Franz Josef Strauß,
Helmut Schmidt und anderen –
ein historisches Dokument zur
Frühzeit der Bundesrepublik.

Was bleibt, sind Fragen
Die klassischen Interviews
ISBN-13: 978-3-548-36774-3
ISBN-10: 3-548-36774-7

»Eine eindrucksvolle, den Leser
mitreißende Vatersuche«
Frankfurter Allgemeine Zeitung

August 1944: Der Abwehroffizier
Hans Georg Klamroth wird als
Hochverräter hingerichtet.
Jahrzehnte später sieht
Wibke Bruhns Filmaufnahmen
von ihrem Vater während
des Prozesses gegen die
Verschwörer des 20. Juli. Der
Anblick läßt sie nicht mehr los:
Sie macht sich auf eine lange
Suche nach seiner und auch
ihrer eigenen Geschichte. Ein
einzigartiges Familienepos.

»Eine faszinierende Mischung
aus privater Chronik, zeit-
geschichtlichem Report und
persönlicher Identitätssuche«
Der Spiegel

Meines Vaters Land
Geschichte einer
deutschen Familie
ISBN-13: 978-3-548-36748-4
ISBN-10: 3-548-36748-8

ULLSTEIN

Die große Familienbiographie über eine der bedeutendsten deutschen Familien

Mit seinem Buch über die Dohnanyis schlägt Jochen Thies ein faszinierendes Kapitel sowohl der Zeit- als auch der Musikgeschichte des 20. Jahrhunderts auf. Im Mittelpunkt stehen der große ungarische Komponist Ernst von Dohnányi, dessen Sohn Hans – als eine der zentralen Figuren des Widerstands gegen Hitler – sowie dessen Söhne Klaus und Christoph, Politiker von hohem Renommee der eine, Dirigent von Weltrang der andere.

»Ein lehrreiches und anrühren- des Buch über die Deutschen und ihre Geschichte«
Frankfurter Neue Presse

Die Dohnanyis
Eine Familienbiographie
ISBN-13: 978-3-548-36768-2
ISBN-10: 3-548-36768-2

ULLSTEIN